Ganz wie bei uns daheim

SERIE PIPER

Zu diesem Buch

Familie werden ist nicht schwer, Familie sein dagegen sehr? Unsentimental und doch voller Liebe, mit Witz und Charme erzählen hier bekannte Autoren über Familien als solche und ihre eigene im besonderen. Man findet Genossen in Freud und Leid des Familienlebens bei Isabel Allendes kleiner Alba, bei Wolfram Siebecks weitverzweigter Verwandtschaft oder bei Barbara Noacks Geschwistern. Es ist ein buntes Völkchen auf dem Familienplaneten: Väter und Mütter, Brüder und Schwestern, Onkel, Tanten, Nichten, Neffen, die Schwäger und Schwägerinnen nicht zu vergessen, und erst recht nicht die Schwiegermütter... Mit dieser Versammlung ernsthafter und fröhlicher Geschichten kann man erfolgreich Familienbande wieder ins rechte Licht rücken und Gewitterwolken am Familienhimmel zerstreuen.

Lia Franken, geboren 1930. Sie lebt und arbeitet als Journalistin, Redakteurin und Verlagslektorin in Zürich. Herausgeberin zahlreicher Anthologien.

Ganz wie bei uns daheim

Die schönsten Familiengeschichten

Herausgegeben von Lia Franken

Piper München Zürich

Ungekürzte Taschenbuchausgabe
Piper Verlag GmbH, München
1. Auflage Dezember 1997
2. Auflage April 1998

Umschlag: Büro Hamburg
Simone Leitenberger, Susanne Schmitt, Annette Hartwig
Umschlagabbildung: Christopher L. Morris
Druck und Bindung: Clausen & Bosse, Leck
Printed in Germany ISBN 3-492-22437-7

Inhalt

KURT TUCHOLSKY

Familienbande

Die Familienbande . . . also wir wollen höflich sein.

Was hält die Familie zusammen –? Die gemeinsame Abstammung? Die Stimme des Blutes? Das allein kann's nicht sein.

Wenn Onkel Edgar, der schon als junger Mann nach Madagaskar gegangen ist, weil er sich zuviel auf den Rennplätzen herumgetrieben hat, wieder zurückkommt, dann verkriechen sich die Kinder und sagen zu Mama: «Da ist ein fremder Herr im Salon!» Und auch in den vier Wochen, wo er in der Familie lebt, wird das nichts Rechtes. Da fehlt irgend etwas . . .

Es fehlt die Gemeinsamkeit der kleinen Hauserlebnisse. Und die sind es, die die Familie zu einer kompakten Einheit zusammenschweißen, mit Verlaub zu sagen. Familienmitglieder sind alte Kriegskameraden.

Denn die Vertraulichkeit zwischen den Angehörigen desselben Familienstammes, eine Vertraulichkeit, die dem andern noch die Haut abschält, um zu sehen, was darunter ist, stammt daher, daß alle Beteiligten, Schulter an Schulter und Unterhose an Unterhose, den Stürmen des Lebens getrotzt haben. Der Familienkalender hat seine eigene Einteilung und mit dem gregorianischen wenig zu tun. Das war im Jahre 1921? Nein: «Das war damals, als Tante Frida deine Stehlampe umgeworfen hat!» Vor zwei Jahren –? Nein: «Du weißt doch, Erich kam mit seiner Zensur, und da hat sich Papa noch so aufgeregt . . .» So war das.

Krach eint.

Der Gasometer läuft. Erst tropft er, niemand merkt's, dann

tropft er stärker, immer noch merkt's keiner; dann drippelt er ganz rasch, ein kleiner See steht im Korridor – und nun laufen sie alle zusammen. Der Gasometer ist gar kein Gasometer mehr, sondern Prüfstein der Charaktere, Riff, an dem sich die Wogen der Temperamente brechen, Stein der Weisen und Stein der Dummen; Anlaß, Exposition und das Ding an sich. – «Hundertmal hab ich schon gesagt, ihr sollt besser auf den Gasometer aufpassen!» – «Vorhin, gnä' Frau, wie er noch nicht gelaufen hat, da hat er noch nicht gelaufen – und da hab ich noch nachgesehen – –» – «Bring mal ein Wischtuch her – nein, das nicht – Gott, ist das ein Ochse! – den Scheuerlappen!» – «Mama, wo ist denn mein Schrankschlüssel?» – «Mama, es hat geklingelt!» – «Ich bin kein Ochse!» – «Widersprich nicht immer –!» – «Aua, Edith kneift mich!» – «Gnädige Frau, die Gasrechnung!» – «Der Gasmann soll mal herkommen –!» – «Mama, wo ist denn mein Schrankschlüssel?» – «Hier sehn Sie mal: der Gasometer läuft!» – «Ick bin bloß für die Rechnung – det er looft, det jeht mir jahnischt an!» – «Mama, wo ist denn mein Schrankschlüssel?» – «Emma, wenn Sie noch ein einziges Mal . . .» Krach eint.

Die Einigung wird um so stärker empfunden, je mehr sich die Mitglieder dieses Indianerstammes voneinander zu entfernen wünschen. Das machen sie so:

«Papa, guck mal – unser neuer Teppich –!» Papa: «Na, da habt ihr euch ja schön bekauft –!» (Ihr – er gehört nicht dazu.) «Arthur, Tante Rosa kommt heute abend zum Abendbrot – sei pünktlich!» – «Kinder, ihr müßt auch immer die ganze Verwandtschaft einladen. Das wird ja schön langweilig werden bei euch!» – Es ist der letzte schwache Versuch des Individuums, sich als solches zu behaupten – aber er mißlingt immer: denn der Mensch in der Familie ist gar kein Mensch, sondern nur Gruppenteil, Partikel einer Kollektivität und Glied in der Kette, die ihn sanft und unnachgiebig umschlingt. Und das eint.

Daher man denn nicht sagen sollte: Herr X. stammt aus der Familie der Henkeltopfs – sondern man sollte sagen: Er entstammt der Hausgemeinschaft Geisbergstraße 67, Maaßenstraße Nr. 11 und Haberlandstraße 5 – denn es sind nicht die Bande des Blutes, die einen – sondern die Bande des Krachs und der gemeinschaftlichen Erlebnisse.

Daher die grandiose Respektlosigkeit, die Familienmitglieder für einander haben. Kommt ein Fremder hinzu und bewundert die feingeschwungene Nase Gerties; den süßen Brustansatz Lieschens; das Pfeiftalent Fritzchens und den Witz Papas, dann gähnt die Familie und ist höchstens gelangweilt geschmeichelt. Eine Sensation ist das nicht mehr. Wegen des Geruchs im Korridor hat die feingeschwungene Nase Gerties zu oft sich selbst gerümpft; den süßen Brustansatz Lieschens haben sie bis da, Fritz pfeift und soll das nicht, und Papa macht immer dieselben Witze. Man ist kein Held in Unterhosen: Vor seinem Kammerdiener nicht und vor der Familie schon gar nicht.

Man liebt sich auseinander, aber man zankt sich zusammen.

Und weil sich gleichnamige Pole abstoßen, so stoßen sich die Pole der Familie so lange ab, bis sie ganz rund geschliffen sind, auseinander können sie nicht, und sie kennen sich viel zu genau, um sich lieben zu können, obgleich jeder von sich behauptet, er sei ein unverstandenes Kind, und die in der Familie hätten auch nicht den Schimmer einer Ahnung, wer da unter ihnen weile – und wenn die Familie nicht wäre, so wäre jeder schon längst Napoleon und Ford und Josephine Baker in einem. Denn wer ist an allem schuld –? Die Familie.

Man kann sich fremde, große Männer und Frauen nur sehr schwer in ihrer Familie vorstellen: für uns schweben sie ewiglich in einer Wolke des Ruhmes und der Gloriole ihrer Werke. In Wahrheit ist das aber ganz anders.

«Benito!» sagt Frau Mussolini zu Herrn Mussolini; «den Kragen kannst du nicht mehr umbinden – erstens ist er ausgefranst, und zweitens siehst du darin wirklich nicht gut aus. Ich habe mich neulich so über die Fotografie im *New York Herald* geärgert, ausgerechnet an dem Tag mußt du diesen alten Kragen tragen!» – «Mach mich nicht nervös», sagt der Diktator.

«Das ist ein schöner Kragen – eine gute italienische Marke, und das englische Zeug mag ich nicht, das du mir da gekauft hast . . . Himmelherrgottdonnerwetter – jetzt ist das Knopfloch geplatzt!» – «Beenchen . . .» – «Porco dio!» sagt Italien und wirft den Kragen wütend auf den Boden. «Madonna! Verfl – –»

Ein guter Familienvater braucht den Krach; es ist wie mit dem Druck der Atmosphäre: ohne den zerplatzte er. Daher sich denn auch Junggesellen mit einer Geliebten zu umgeben pflegen, die ihnen tagtäglich denselben Zimt aufführt. Denn was eint die Familie –?

Blut ist dicker als Wasser; Krach ist dicker als Blut, und stärker als alle drei beide ist die Gewöhnung.

BARBARA NOACK

Brüder und Schwestern

Immer diese Familienfeiern!

Ich habe nur noch einen Großvater. Von dem anderen ist bloß die Pension übriggeblieben, von der Oma lebt. Mein Großvater mag mich. Er steckt mir immer was zu, am liebsten heimlich. Mein Großvater hat gern Heimlichkeiten mit mir gegen die übrige Familie.

Mein Vater sagt, es sei furchtbar, wie der Alte mich, das Karlchen, verzieht. Ihm selber habe er damals nichts erlaubt, aber auch rein gar nichts.

Bloß ins Kreuz geboxt habe er ihn wegen seiner laschen Haltung. Und die kurzen Haare – Streichholzlänge und ausrasierter Nacken –, das verzeiht er dem Alten nie, sagt mein Vater.

Mein Großvater sagt: «Dein Vater, Karlchen, das will nun ein junger Mann sein. Dabei verträgt er rein gar nichts. Keinen Mumm in den Knochen. Und mit achtunddreißig schon herzkrank. Du, Karlchen, du bist aus anderem Holz geschnitzt, aus anderem Schrot und Korn. Du schlägst nach mir.»

Als ich noch klein war und in den Ferien bei den Großeltern, haben sie Großvater und mich gemeinsam an die frische Luft geschickt, wenn wir zu Hause störten. Aber Großvater kannte Wirtschaften, wo wir vor allzu frischer Luft sicher waren und wo ich schon morgens heiße Würstel kriegte. Er hat mich auch von seinem Bier trinken lassen.

Großvater wußte immer, wo es junge Katzen, alte Dachpappe, eine Brandstätte oder eine Beerdigung mit Blasmusik gab. Da gingen wir dann hin. Wir haben auch gemeinsam die Züge kontrolliert, meistens hatten sie etwas Verspätung.

Er war viel geduldiger mit mir als die anderen Erwachsenen, aber das kam wohl daher, weil ich aus seinem Schrot und Korn geschnitzt bin und der einzige, der nicht türmte, wenn er von Generalfeldmarschall Rommel erzählte, wie der ihm vor Tobruk ins Auge geschaut und gesagt hatte: «Na, denn wollen wir mal.»

Nun hatte Großvater seinen fünfundsechzigsten Geburtstag. Wir mußten schon zu Mittag hin. 15 Stück Verwandte in der kleinen Wohnung.

Wir Kinder standen rum, was sollten wir sonst machen. Das Turnen auf dem Schaukelstuhl war verboten, und die Kukkucksuhr durften wir auch nicht mehr anfassen, weil die Reparatur nach unserem letzten Besuch so teuer war.

Mama half Oma in der Küche. Oma sagte: «Ist das nun nicht ein Wahnsinn, so einen aktiven Mann, der seine Nase in alles reinstecken muß, so früh zu pensionieren? Gestern hat er den Mülleimer kontrolliert. Ob er auch mit Papier ausgelegt ist. Wenn ich daran denke, daß in seiner Familie alle achtzig werden! Wenn ich mir vorstelle, noch fünfzehn Jahre tagein, tagaus einen Mann im Haus, der den Mülleimer kontrolliert!»

Onkel Fritz lief meiner Schwester hinterher, die schon sechzehn ist.

Papa und Onkel Lothar gingen runter, Onkel Lothars neues Auto anschauen. Als sie wieder raufkamen, war Papa sauer.

Endlich wurde zu Tisch gebeten. Bei der Bulljong gab Onkel Fritz mit seinem Ferienhaus in Spanien an und lud meine Schwester dahin ein, der alte Dackel.

Tante Lucie in dem roten Kleid, wo sie oben aus dem Ausschnitt platzt, hielt ihre Hand immer so, daß man ihren neuen Ring sehen konnte.

Onkel Lothar erzählte von seiner Neckermannreise nach Bangkok, und damit die Verwandten nicht dachten, wir hätten es inzwischen zu gar nichts gebracht, erzählte Mama, daß Papa in eine Bausparkasse eingetreten sei.

Als Oma das Rossbief auf den Tisch stellte, erhob sich mein Onkel Lothar. Mein Papa hatte schon vorher gesagt, wetten, daß der Lothar sich wieder reden hören will? Onkel Lothar las ein Loblied auf Großvater vom Blatt. Großvater und Onkel Lothars Frau waren sehr gerührt. Aber wenn einer schon beim Essen reden muß, warum dann nicht bei der Bulljong, an der wir uns eh die Schnauze verbrannt haben?

Nach dem Essen wuschen Mama und Tante Lucie ab, und Tante Lissy und ihr Mann guckten sich genau in der Wohnung um. Bei der Bauerntruhe blieben sie stehen und sagten, alles andere wäre Trödel hier, aber die wär schön und sie müßten rechtzeitig festmachen, daß sie die mal erben.

Papa und Onkel Fritz kriegten sich politisch in die Wolle, und Oma rannte zum Fenster und machte es zu wegen der Nachbarn.

In der Küche sagte Tante Lucie zu Mama, die moderne Kindererziehung sei Käse. Kinder müßten spuren, ohne Prügel ginge es nicht, und wenn einer in der Schule nicht mitkommt, dann liegt das eben daran, daß er faul ist. Mama sagte, du spinnst doch, Lucie, und dann sah sie uns Kinder im Flur stehen und sagte, warum spielt ihr nicht, geht runter und spielt schön.

Tante Lucie rief uns nach: «Aber macht euch nicht dreckig, sonst gibt's was.»

Wir gingen also runter und standen auf der Straße rum. Onkel Lothars Sohn gab mit dem neuen Auto von seinem Vater an. Da machten wir es madig.

Mitten in unsere Prügelei rief Oma aus dem Fenster: «Nach oben kommen, Kinder, Kaffee trinken.»

Nun spielten wir endlich schön, nun mußten wir wieder hoch.

Tante Hanna erzählte beim Kaffee pausenlos von ihrer Tochter und wie die Geburt von ihrem Enkel in Karlsruhe vor sich gegangen ist. Konnte einem richtig übel werden.

Ich war nervös wegen dem Mohrenkopf auf dem Teller mit den Konditorstücken, daß mir den keiner wegschnappt, weil Kinder kommen doch immer zuletzt mit Nehmen ran.

Und was hab ich geahnt – Tante Lucie nahm ihn direkt vor

meiner Nase. Ich kann sie sowieso nicht ausstehen, sie küßt so naß.

Onkel Fritz sagte zu meiner Schwester, er könne ruhig Kuchen essen, er wäre fabelhaft in Form. Kein Gramm zuviel, ob sie mal anfassen möchte? Er nähme es nicht nur rein figürlich, sondern überhaupt mit jedem Zwanzigjährigen auf.

Tante Lissy befühlte das ganz mit Löchern bestickte Tischtuch, wahrscheinlich weil sie prüfen wollte, ob es zu erben lohnt.

Dann klingelte es, und es kam ein Glückwunschtelegramm von Mamas Schwester aus Celle.

Großvater sagte, nein so was, daß die an mich gedacht hat. Er weiß ja nicht, daß Mama ihrer Schwester geschrieben hat, vergiß bloß nicht den Geburtstag von meinem Schwiegervater.

Leider gab es ein Gewitter, und wir Kinder mußten oben bleiben. Da saßen wir wieder rum.

Ich fragte Großvater, ob ich fernsehen darf. Er sagte, ja, mein Junge, aber es war kaum was zu verstehen, weil alle durcheinanderquatschten. Drehte ich eben lauter. Kam Onkel Lothar und gab mir fünf Mark, damit ich den Kasten abdrehe. Der schmeißt auch mit dem Geld rum, der.

Wir waren noch bummvoll vom Mittag und vom Kaffee, da gab es schon Abendbrot, und Großvaters Kriegskamerad kam zu Besuch.

Sie sprachen von nichts anderem als von ihrer Kompanie in Afrika. Es muß eine schöne Zeit gewesen sein, weil Großvater immer davon anfängt, wenn er einen gehoben hat.

Meine Schwester sagte: «Gib Opa die fünf Mark, damit er endlich aufhört, davon zu reden.»

Aber war ich blöd –? Fünf Mark! Kann ich mit dem Geld rumschmeißen wie Onkel Lothar?

Großmutter hatte meinen Vetter in die Küche geschickt, den Eierlikör holen. Wie er nicht wiederkam, schickte sie mich nach.

Er war gerade dabei, die Likörflasche unterm Wasserhahn

wieder aufzufüllen, er sagte, das Zeug schmeckt zu dufte. Dann wurde ihm schlecht. Hab ich gelacht.

Großvater und sein Kriegskamerad sangen «O du schöner Westerwald», und ich fragte mich, warum singen alte Männer immer «O du schöner Westerwald», wenn sie besoffen sind?

Papa, Onkel Lothar und Tante Lissys Mann, von dem ich immer den Namen vergesse (aber wir sehen ihn ja sonst nie, Mama spricht schon seit Jahren nicht mehr mit Tante Lissy), spielten Skat.

Tante Lucie zeigte ihren Schmuck rum, und Mama guckte alte Fotoalben an.

Onkel Fritz kniff meiner Schwester in den Hintern, das sah zufällig Papa und wurde tücksch.

Mama rettete die Lage, indem sie munter rief: «Nun gehen wir alle nach Haus, die Kinder müssen ins Bett.» Es wurde auch Zeit.

Auf der Straße stritten sich Mama und Papa um die Autoschlüssel. Papa sagte, er wäre noch sehr wohl in der Lage zu fahren. Mama sagte, das bist du nicht, soll dir bloß einer vorne reinfahren, du brauchst gar nicht schuld sein, aber wenn sie deine Fahne riechen, bist du dran, und die Versicherung zahlt nichts.

Mama fuhr uns heim und schimpfte die ganze Zeit auf Papas Verwandtschaft und auf den Obstsalat, der wäre zu süß gewesen. Hätte sie Sodbrennen nach gekriegt.

Papa sagte: «Wenn du nichts zu meckern hast, bist du auch nicht glücklich.»

Betrachtungen einer kleinen Schwester

1. Großer Bruder

Ein großer Bruder ist was Schönes. Er hat immer Streichhölzer. Und manchmal hat er die Pflicht, auf kleine Schwester aufzupassen.

Er schenkt ihr Gummibärchen und Lutscher, wenn sie ihm verspricht, brav zu sein, ohne daß er auf sie aufpassen muß.

Er läßt sie vor sich auf dem Fahrrad sitzen und macht ihr Spielzeug heil.

Er kann auch Kartenkunststücke.

Wenn böse Buben kleine Schwester an den Haaren ziepen oder mit Dreck beschmeißen, braucht sie bloß mit ihrem großen Bruder zu drohen. Großer Bruder rächt kleine Schwester immer, dafür prügelt er sich viel zu gern.

Kleine Schwester von großem Bruder hat's gut.

2. Kleiner Bruder

Kleiner Bruder hat bloß Blödsinn im Kopf. Er piesackt kleine Schwester und will ihr nicht parieren.

Wenn er was anstellt, sagt er hinterher, kleine Schwester sei es gewesen.

Er lauert ihr im Dunkeln auf und jagt sie mit Fröschen. Und immer diese alberne Schießerei.

Kleiner Bruder ist ständig pleite, aber kleine Schwester pumpt ihm nichts mehr. Kriegt sie ja doch nicht wieder. Wenn's aber drauf ankommt, halten beide zusammen, z. B. gegen große Schwester.

3. Große Schwester

Große Schwester erlaubt kleiner Schwester aber auch gar nichts.

Sie haut immer gleich und tut so, als ob ihr das Telefon allein gehört.

Sie kommt sich wer weiß wie wichtig vor.

Sie gibt mit ihrem bißchen Busen an.

Sie läßt kleine Schwester nie zuhören, wenn es interessant wird. Mit ihren Freundinnen kichert sie albern und hat wichtige Geheimnisse. Jungen natürlich.

Sie versucht, kleine Schwester herumzukommandieren und verlangt ständig Botendienste von ihr.

Außerdem muß kleine Schwester ihre ollen Kleider auftragen.

Das waren großer Bruder, kleiner Bruder, große Schwester. Fehlt noch kleine Schwester.

Kleine Schwester habe ich nicht. Gott sei Dank.

Kleine Schwester ist was Furchtbares.

Die brüllt sofort, wenn ihr die Großen was verbieten. Sie petzt und lügt.

Wenn man sie um einen Gefallen bittet, wird sie frech.

Sie klaut großer Schwester ihr Parfüm und ihre Schokolade und ihre Halsketten und das gute Briefpapier und Scheren und überhaupt alles, was sie gerade haben möchte.

Sie stört große Schwester ständig, wenn sie mit ihrem Freund telefoniert, und wenn er kommt, geht sie ihnen nicht von der Seite.

Kleine Schwester kommandiert kleinen Bruder herum.

Kleine Schwester ist was Schlimmes. Darum will ich keine haben. Ich weiß Bescheid.

Schließlich bin ich selber eine.

Der Familiensonntagsspaziergang

Karli mag nicht spazierengehen. Seine Schwestern mögen nicht. Sie kennen überhaupt nur einen Jungen, der gern spazierengeht.

Karlis Eltern gingen früher auch nicht gern spazieren, sie geben es sogar zu. Trotzdem treiben sie ihre Kinder Sonntag für Sonntag durch die Gegend, weil es doch so gesund ist.

Sonntagsspaziergang ist nach Karlis Meinung so gesund wie rohe Möhren, Frühgymnastik und kalte Duschen, wie all die Sachen, die einem Jungen das Dasein verleiden können.

Vorneweg marschieren die Eltern, umkreist von Karlis Schwester Lilli. Die Mutter sagt: «Lilli, lauf uns nicht pausenlos vor die Füße», aber Lilli muß so nah bei den Erwachsenen gehen, sonst kriegt sie ja nicht mit, was sie sich erzählen.

Hinter ihnen trottet Susi. Alle zehn Meter bleibt sie stehen und zieht die Strümpfe hoch.

Hinter Susi kommt eine Weile niemand, und dann kommt leider Karli.

Karli schubst Kiesel vor sich her, holt aus und tut so, als ob er jemand Bestimmten treffen möchte. Oder er verdrischt die Blätter an den Büschen mit einem pfeifenden Stecken.

Ab und zu bleibt der Vater stehen und ruft: «Karli, trödel nicht so!»

Dann setzt sich Karli kurzfristig in Trab. Kurzfristig.

Optisch gesehen erinnert unsere Familientruppe an einen Almabtrieb – jeder trottet, wie es ihm paßt, und die Autos müssen derweil halten.

Worin liegt wohl der tiefe Sinn eines solchen Sonntagsspaziergangs? Können Sie das bitte mal dem Karli sagen?

«In frischer Luft und Bewegung.»

Aha. Sehr gut. Aber Karli weiß schöne Spiele, bei denen er noch viel mehr Bewegung und Luft hätte. Worin liegt also der Sinn?

In tödlicher Langeweile und Milzstechen, sagt Karli selber.

Ab und zu bleibt der Vater stehen und ruft: «Karli, trödel doch mal, ich hab was am Fuß!» Seine Mutter kommt und fragt, wo? und Karli sagt: Da! Und sie sagt: Ich seh' nichts, und Karli sagt: Es ist aber was, bestimmt! Sein Vater sagt: «Alles Falle. Der Bengel will bloß nicht spazierengehen.»

Womit er absolut recht hat.

Man geht übrigens nach der Uhr und nie ohne Ziel. Dieses Ziel kann eine schöne Aussicht sein oder eine Gastwirtschaft. Die Aussicht ist meistens mit einem Anmarsch in die Höhe verbunden, bei dem man ins Schwitzen und Japsen gerät. Wenn man dann endlich oben ist, guckt man runter. Und was sieht man da? Das, was die Erwachsenen eine schöne Aussicht nennen. – Und was sieht Karli? Bäume von oben. Dächer. Einen Fluß, der sich ringelt. Und deswegen hat er so weit und so hoch latschen müssen.

Da ist ihm eine Gastwirtschaft als Wanderziel schon lieber, aber nur, solange er Durst und Hunger hat. So lange. Danach nicht mehr. Danach will er zurück. Nun kann es aber passieren, daß sein Vater ein zweites Bier trinkt und Sitzfleisch kriegt und noch ein bißchen bleiben will, was drängelst du denn, Junge, hier ist es doch gemütlich.

Und damit ist der ganze Sonntag im Eimer.

Armer Karli.

Im Sommer bricht die Familie bereits um sieben Uhr früh zum Spazierengehen auf, denn später ist es zu heiß dazu. Das bedeutet für Karli, daß er nicht mal am Sonntag ausschlafen kann.

Aber die schwerste Zeit steht ihm im Spätsommer bevor, wenn seine Mutter plötzlich mit dem Aufjubeler: «Schaut mal, ein graublättriger Nadelholzschwefelkopf!» ins Unterholz neben dem Wanderweg einbricht.

Armer, armer Karli. Alle Hoffnung auf eine baldige Heimkehr stürzt in ihm zusammen. Er kennt die Sammelwut seiner Familie, die der Anblick des ersten eßbaren Pilzes auslöst. Manchmal hält sie mehrere Stunden an.

Karli steht abseits von einem Bein aufs andere und schaut zu, wie sie gierig suchen, im Waldboden scharren, sich bücken, niederknien, die Plastiktüten vom Frühstück mit Pilzen füllen, worunter auch solche sind, von denen sie nicht mit Sicherheit sagen können, ob es sich um giftige oder nichtgiftige handelt.

Karlis anfangs ehrliche Sorge um den Fortbestand seiner Familie wandelt sich mit zunehmender Langeweile in blanke Kaltblütigkeit: Wozu sammeln sie Pfunde? Wozu? Wenn sie sich unbedingt vergiften wollen, genügt doch wohl ein Pilz – oder?

Aber noch ist nicht Spätsommer. Noch pflücken Mutter und Schwestern Margeriten vom Wegrand zu Sträußen, die zu tragen ihnen dann lästig ist.

Karli trödelt hinterdrein. Sonntag für Sonntag. Dabei werden seine Gedanken immer finsterer: Ich futter Gras, dann kriege ich Magenkrämpfe und muß nach Haus.

Ich sammel Regenwürmer und stecke sie ihnen in den Kragen.

Ich spring in Pfützen – werden sie naß.

Ich trete in weichen Teer, das zieht mir die Schuh' aus. Ohne Schuh' kann ich nicht laufen.

Sie sollen sich an einer Fliege verschlucken!

Aber am liebsten wäre es ihm, es bräche sich einer von der Familie (außer Karli selber) ein Bein.

Dann hätte er endlich sonntags seine liebe Ruhe – wenigstens für ein paar Wochen.

Die Verwandtenexplosion

Am Heiligen Abend waren die Familien noch unter sich: Vater, Mutter, Kinder.

Am nächsten Morgen schwärmten die Großmütter aus. Es müssen Millionen gewesen sein, die in der Zeit von 10 bis 12.30 Uhr in allen Teilen der Bundesrepublik unterwegs zu ihren verheirateten Söhnen und Töchtern waren. Sie wurden mit Fassung erwartet, manche auch im Wagen abgeholt. Es schien niemand aufzufallen, daß die Großmütter gleichzeitig zu allen Kindern kamen, auch wenn diese sehr weit voneinander entfernt wohnten.

Noch am Nachmittag des ersten Feiertages fiel dann ein Teil der Schwäger und Schwägerinnen mit ihren Kindern in die Familien ein, der Rest folgte am zweiten Feiertag. Doch wo sie auch herkommen mochten: In keiner Familie nahm die Zahl der Verwandten ab! Die Meldungen über dieses seltsame Phänomen bewogen viele Familienväter, aufmerksamer als bisher die Haustüre zu beobachten, durch die fortwährend neue Verwandte hereinquollen. Gerüchte, wonach verheiratete Schwestern die Wohnungen auch durch die Küchenfenster betreten hätten, konnten nicht bestätigt werden.

Noch während die zweite Schwäger-Welle bei den Familien einlief, trafen die ersten Tanten ein. Vor allem die ledigen Tanten hatten sich in den letzten Jahren mit unheimlicher Schnelligkeit vermehrt.

Als sie jetzt, am zweiten Weihnachtstag, zwischen 14.00 und 16.00 Uhr in die Familien eindrangen, bereiteten sich die ersten Familienväter auf die Flucht vor.

Dann überstürzten sich die Verwandten. Zu den Großmüttern, Schwägern, Schwägerinnen und Tanten gesellten sich die Schwestern und Brüder mit ihren Kindern sowie Onkel, Großtanten und Großonkel, Vettern, Kusinen und Schwiegereltern. Der Einbruch der Schwiegereltern am zweiten Feiertag besiegelte das Schicksal der Familien; denn mit den Schwiegereltern kamen deren Verwandte: Schwiegertanten, Schwiegeronkel, Schwiegeropas . . .

Die Regierung gab Schwiegeralarm und ordnete ein Sofortprogramm zur Familienauseinanderbringung an. Die Zahl der Väter, Mütter und Kinder, die in panikartiger Flucht das Land verlassen, geht in die Hunderttausende. Es besteht Ansteckungsgefahr.

Familienporträt

Der Tag, an dem meine Mutter aus dem Sanatorium heimkehrte, setzte zugleich meiner Kindheit ein Ende.

Ich hielt meine Augen weit offen für die Menschen um mich herum. Und viel zu früh lag in meiner Art, wie ich sie beobachtete und beurteilte, ein bitterer, gleichgültiger Zug. Das also war meine Familie – und? Ich hatte sie mir nicht ausgesucht; weshalb sollte ich diese Leute lieben, die mir da vorgesetzt worden waren? Sie mochten einander selber nicht, wenn man danach gehen konnte, wie jeder hinter des anderen Rücken über den nächsten sprach. «Vickerl, magst du nicht das Album anschauen?» wurde ich dann gefragt, und sobald sie sahen, daß ich es mir unter Vaters Schreibtisch bequem gemacht hatte, augenscheinlich ganz in das Album vertieft, gingen sie hemmungslos daran, den neuesten Familienklatsch durchzuhecheln. Ich liebte das Album mit seinen altmodischen Fotos und Daguerreotypen, aber ich spitzte nebenbei meine Ohren gut.

So genau, als hätte ich eine besonders absurde Komödienszene gesehen, erinnere ich mich daran, was an dem Tag geschah, an dem das Familienporträt entstand. Es war ein weihevoller, festlicher Anlaß, wenn ein Familienporträt aufgenommen wurde. Dieses eine sollte das glanzvolle Geschenk sein, welches Großmutters größten Wunsch zu ihrem siebzigsten Geburtstag erfüllen sollte. Die Vorbereitungen waren kompliziert und aufregend. Die Rotköpfe erschienen vollzählig; sie hatten die lange Reise von Berlin eigens unternommen, weil sie natürlich auf dem Familienporträt nicht fehlen durften. Tante Jennys Mann, grämlich und ewig hustend – in einer seltsamen

Weise, so, als schäme er sich –, war für dies eine Mal von dem Diwan aufgestanden, auf dem er seine Tage zubrachte, die Tage eines Mannes, dessen Organismus von einer beginnenden Tuberkulose unterminiert war. Dieser Onkel Leo war ein großer, breitschultriger Mann mit einer ansehnlichen Nase und hohen, blanken Backenknochen; er sah kräftiger aus als jeder andere in unserer Familie, von der er, wie ich glaube, nie als völlig vertrauenswürdiges Mitglied anerkannt wurde. Mama fürchtete sich vor ihm; sie klammerte sich während der ganzen Prozedur an Onkel Sandor, der – eitel wohlwollendes Lächeln – schwere Wolken des supereleganten Eau-d'Espagne-Parfüms verbreitete.

Ja, Mama war wieder bei uns, und dies war ihr erster, unsicherer Schritt in die normale Welt, eine Welt zudem, die unglücklicherweise nur von Papas Verwandten repräsentiert wurde. Selbstverständlich zeigte sich jeder von seiner besten Seite, ausgenommen mein kleiner Vetter Hans, den ich davon abzuhalten hatte, das Studio des Fotografen zugrunde zu richten. Mama und die Tanten waren in schweren schwarzen Taft gekleidet – was hätte es sonst auch sein können? Die Herren trugen Cutaways und würdevolle Mienen, und alle Anwesenden lächelten und scherzten und benahmen sich, als stünden sie auf einer Bühne. Nur der Fotograf und sein Assistent machten den sorgenbeladenen, beschäftigten und kummervollen Eindruck vielgeplagter Unternehmer.

«Machen Sie's kurz, halten Sie uns bitte nicht so lange auf», nörgelte Vater. Er war frisch rasiert – und das gar an einem Mittwoch! –, außerdem räusperte er sich unablässig. Mit verhaltener Begeisterung begann der Fotograf, uns zu einer sowohl gefälligen als auch respektabel aussehenden Gruppe zusammenzustellen. Wir, die Kinder, wurden in den Vordergrund gesetzt und mittels der damals üblichen halseisenähnlichen Vorrichtung am Platz festgehalten. Verständlicherweise befreiten sich meine jüngsten Verwandten unter entsetztem Geschrei und wilden Protesttränen. Worauf mein Vater reflexartig mit Ohrfeigen reagierte.

Damit nahm alles seinen Anfang.

Er hatte ein Streichholz an die Zündschnur gehalten, und das ganze Dynamit, das – wie überall – in Vaters Familie aufgespeichert war, explodierte. Tante Cora, die der Fotograf als das fotogenste Objekt im Mittelpunkt plaziert hatte, zog die heulenden Kinder an ihren mütterlichen Busen (wie Medea in einem meiner sorgsam verborgen gehaltenen Bücher) und zeigte ihren ganzen Stimmumfang, der einst ausgereicht hatte, noch die Galerien in den Theatern von Morovska Ostrava, Lemberg und Kaliningrad zu erschüttern. Schwach, wirklich nur ganz schwach, aus reiner Verblüffung, und weil er einen Sinn für Proportionen hatte, ohrfeigte Vater auch mich. Instinktiv rannte ich zu meiner Mutter, doch Mama schob mich weg. Sie zitterte, und ihre Augen flackerten gefährlich, und mein Wunsch, beschützt zu werden, wurde auf der Stelle abgelöst von der nur allzu vertrauten Notwendigkeit, sie selbst zu schützen. Es war eine der seltenen Situationen, in denen ich weinen mußte. Zornestränen waren es, doch mein Zorn war nur Teil der allgemein herrschenden Stimmung. Onkel Georg hatte geradezu eine kämpferische Haltung zwecks Verteidigung seiner lieben Frau angenommen, Tante Jenny, schrille Schreie ausstoßend, die an eine Polizeipfeife denken ließen, hing an den Rockschößen ihres Gemahls, um ihn von irgendwelchen Handlungen ungewissen Ausgangs abzuhalten. Alles schrie, und jeder brüllte die nächstbesten Beleidigungen. Onkel Leo, immer schon grob und vulgär, ließ sich jetzt sogar zu einem Ausbruch in unbekannter Sprache hinreißen: Jiddisch – eine größere Schande war nicht möglich für die verfeinerten und ihrer Umgebung sorgsam angepaßten österreichischen und deutschen Juden.

Alles, was es an Nachteiligem und Unehrenhaftem zu sagen gab, wurde in diesem wilden Spektakel ans Tageslicht gezerrt. Das eine Mal, als Vater Onkel Georg vor dem Bankrott, wenn nicht vor Schlimmerem, zu retten hatte; und umgekehrt, die vielen Male, da Vater zu filzig, zu widerlich war, um ihm zu helfen. Sämtliche Jugendsünden von Onkel Sandor wurden ausgegraben, seine schamlosen Liebesaffären, der Kummer, den er seiner frommen Mutter zufügte, und die zwei Kinder, die er einer gewissen Person gemacht hatte (Konnte man einfach hingehen und Kinder *machen*? Wie machte man sie? Und was war dann daran schlecht?), und die unnütze Drohne, die von Tante Jenny aus reinem Trotz geheiratet worden war. Und für Tante Cora gab es genauso wenig Grund, sich hochmütig zu gebärden! Vielleicht erinnerte sie sich noch beiläufig, was seinerzeit in Keczskemet passiert war?! An dieser Stelle versetzte Onkel Georg Vater einen Kinnhaken; und während Vater noch den Atem anhielt, gab Onkel Leo – klatsch, klatsch! – Onkel Georg zwei laut schallende Backpfeifen. Die Frauen schrien auf, und das letzte, was ich sah, bevor ich meinen Kopf zwischen die Knie steckte, war Onkel Sandor, wie er sich aus Mamas Griff befreite und die Kämpfer trennte.

Der Fotograf hatte dem Schlachtfeld taktvoll den Rücken gekehrt; möglicherweise war er als Spezialist für Familienfotos bereits abgehärtet gegen derlei unbedeutende Meinungsverschiedenheiten. Jahre später, als ich Ibsen entdeckte, erschien mir der Stoff seiner Stücke sehr vertraut.

Sobald der schweren Artillerie die Munition ausgegangen war, tauchten der Fotograf und sein Assistent wieder auf, brachten alle dazu, aufs neue zu der schönen Gruppe zusammenzurücken, und befestigten uns in der alten Stellung. Eine würdige, achtbare Familie, die ihr Bestes tat, um ihre greise Mutter zu ehren.

Jetzt ist es wohl klar, weshalb wir Kinder und unsere Mütter auf diesem Familienporträt rote Nasen und nasse Augen haben und warum die versammelten zehn Lächeln ein wenig verkrampft wirken.

Es war zu dumm, daß Großmutter, als man ihr schließlich das Geschenk übergab, den letzten Schimmer ihres Augenlichts verloren hatte ...

IRENE DIKKERS

Mütter, Väter, Kinder . . .

Traumhaus einst und jetzt

Früher, vor langer Zeit – ich glaube, ich verlor gerade die Milchzähne –, träumte ich von einem Haus in Hollywood mit einem ovalen Swimmingpool, einem Konzertflügel vor offenen Fenstertüren und Aussicht auf das in der Ferne murmelnde Meer. Die Seidenvorhänge wehten in einer milden Brise, und ich schenkte Kaffee aus einer hohen antiken Kaffeekanne ein. Ich hatte dabei natürlich keine Zahnlücken, sondern ein vollständiges, herrliches Gebiß und ein freundliches Lächeln. Ich hatte auch Mann und Kinder und Geld. Mein Mann glich Gregory Peck, meine Kinder Shirley Temple und Mickey Rooney. Ihre Fotos standen in großen silbernen Rahmen auf dem Flügel. Denn in meinem Traum waren sie nie zu Hause, wahrscheinlich auf dem Rummelplatz oder sonstwo. Es wurde nicht geschrien und gezankt in meinem Traumhaus, Parkett und Fußbodenfliesen blieben sauber, die Betten waren gemacht wie mit dem Lineal gezogen (aber nicht von mir), nirgends häufte sich die Bügelwäsche, nirgends lag Spielzeug herum, nirgends konnte man über Schulranzen und Turnschuhe und Fahrradteile stolpern und sich das Genick brechen. Es klingelte auch nie das Telefon, und es kamen nie wichtige Geschäftsfreunde zum Essen (der Mann meiner Träume hatte offensichtlich keinen Beruf; Geld war von selbst da). Kurz: Ich hatte selige Zukunftsträume, die nur durch die unselige Wirklichkeit berichtigt werden konnten.

Zehn, fünfzehn Jahre später war es soweit: Ich hatte Mann und Kinder, wenig oder kein Geld, Ringe unter den Augen und keine Träume mehr, jedenfalls nicht diesen Traum. Aber durch den Alltag rennend, versprach ich mir ein neues Traumhaus mit tausend elektrischen Geräten, die alles für mich tun würden, was ich jetzt noch stöhnend selber machen mußte. Dann würde ich mit angezogenen Beinen in einem Sessel neben einer Schachtel Kognakkirschen sitzen und lesen, einem Konzert von Brahms lauschend, um zehn Uhr vormittags.

Zwischen dem Maestoso und dem Allegro konnte ich dann meinen Maschinenpark summen hören: Waschmaschine, Geschirrspülmaschine, Kühlschrank, Grill, Plattenspieler und was sonst noch. Spitze! (Den Ausdruck gab es damals noch nicht, aber ich dachte es trotzdem, mit einem Seufzer des Verlangens.)

Der Weg zu einem volltechnisierten Haus ist mühselig und teuer, aber ich ging ihn fest entschlossen. Völlig unerwartete Hilfe bekam ich durch die sich ändernden Auffassungen über «Die Aufgabe des Mannes und der Frau in der Gesellschaft».

Der Mann, bis dahin mehr oder weniger passives Familienmitglied, das nach Büroschluß Zeitung, Pantoffel und Bier neben seinem Stuhl fand, wurde unfreiwillig in den Haushalt miteinbezogen. «Muß das sein?» rief er ärgerlich. Ja, es mußte. Die Zeit arbeitete gegen ihn. Und die Kinder, verlangend nach Fußball und Monopoly, mußten abtrocknen. Aber Männern und Kindern in der ganzen Welt ist Faulheit angeboren, ebenso wie Phantasie (bei Frauen ist das weniger ausgeprägt), und so redeten sie schon von elektrischen Rasenmähern, Geschirrspülmaschinen, Schuhputzmaschinen, Rückenschrubbern und Parkettbohnermaschinen, bevor die überhaupt erfunden waren, um nämlich mehr Zeit zu haben für Indersonneliegen, Fußball, Flirten und Weltverbessern. So daß alle diese Geräte auch prompt erfunden und auf den Markt gebracht wurden.

Und so begann unser entschlossener Vormarsch auf ein neues Traumhaus, ein Haus voller elektrischer Geräte. Gewisse Elektrofabriken müssen durch unsere Einkäufe Riesendividenden gemacht haben. Im Laufe der Zeit wurden zahllose Kartons über unsere Schwelle gezerrt, die fröhlich auf dem gerade von Hand gebohnerten Parkett ihre Kratzer hinterließen: Staubsauger, Mixer, Fernseher, Höhensonne, Kaffeekocher, Trockenhaube, Fruchtpresse, alles mit komplizierten Gebrauchsanweisungen in 35 Sprachen, die mir das Herz in die Hose sinken ließen, denn ich probiere lieber alles ohne Erklärung aus. Die Geranien verschwanden aus meiner Küche, für sie war kein Platz mehr. Das Lexikon mußte dem Fernseher weichen, der kupferne Kerzenhalter dem Lautsprecher, das antike Nähtischchen der elektrischen Nähmaschine. Und so lebten wir lange und glücklich.

Tja, stimmt das? Wurden wir tatsächlich glücklicher? Das ist eine beängstigende Frage, die Mütter sich selbst völlig zwecklos (denn man kann ja doch nichts dagegen machen) unter der Trockenhaube oder abends im Bett unter der Heizdecke stellen. Manchmal dachte ich: Ja, mit Toaster, Diaprojektor und Auto geht es einem doch besser. Es ist auch schön, wenn man eine Elektronenorgel hat, auf der man seine Aggressionen austoben kann. Gegrilltes Huhn ist besser als geschmortes. Und wenn man einen Wäschetrockner hat (ich habe noch keinen), muß es herrlich sein, wenn man nie bei Regenböen rausflitzen muß, um die Wäsche abzunehmen.

Aber sonst? Wenn man um die zwanzig Elektrogeräte im Haus hat, sind immer mindestens zwei kaputt, im Begriff kaputtzugehen oder haben eine Macke. Die Geschirrspülmaschine hustet, der Mixer bockt, auf dem Fernsehschirm nieselt es, das Dampfbügeleisen dampft nicht. Man lebt ruhiger, wenn man keinen Apparat hat, als wenn man einen hat, der den Geist aufgibt. Geschmortes Huhn ist prima, aber nicht, wenn man gegrilltes essen wollte.

Und so dachte ich schmerzlich an unsere Urzeit zurück, als ich noch Schulter an Schulter mit meinen Kindern abwusch und von Hand den Teig rührte und der Wind mir das Haar trocknete. Als ich noch mit einem Körbchen am Lenker mit dem Fahrrad einkaufen fuhr und abends nicht rasen mußte, um keinesfalls die Tagesschau zu verpassen. Als noch ein Kachelofen Wärme und Gemütlichkeit ausstrahlte, in dem man

Äpfel braten konnte, und als wir uns noch Wärmflaschen machten, um unbeschadet durch die Frostnacht zu kommen. Aber wenn ich grüblerisch so etwas von mir gab, riefen alle schrill: «Arme Mama, du leidest an Jugenderinnerungen!» Und sie sprachen Jugenderinnerungen aus wie Pubertätspikkel oder Masern. So daß ich nichts mehr sagte und in aller Stille das elektrisierte Glück in Zweifel zog.

Die Probe auf die Richtigkeit dieser Zweifel kam vorige Woche. Ein schöner Herbstabend, die ganze Familie zwanglos und harmonisch beieinander im gedämpften Lampenschein. Die Stereo-Anlage vibrierte von einer rockartigen Musik, frei nach Telemann. Das Fernsehen war an, eine Diskussion im Gange. Lotte setzte in der Küche summend frischen Kaffee auf. Die Geschirrspülmaschine spülte Geschirr. Ich flickte mit der elektrischen Nähmaschine ein Bettuch. Mein Mann werkte mit der Bohrmaschine, es mußte eine Schiffsglocke an die Wand. «Hängt sie gerade?»

In diesem Moment brannte die Hauptsicherung durch. Wir saßen im Stockdunkeln in weihevoller Stille, denn der Rock, frei nach Telemann, brach ebenfalls abrupt ab. Erste Reaktion: Kichern. Zweite Reaktion: Ach! und oh! rufen und weiterkichern. Dritte Reaktion: Kerzen und Streichhölzer suchen. «Das kommt von der Sch . . . bohrmaschine», sagte jemand vorwurfsvoll im Dunkeln.

«Nie und nimmer. Die ist in Ordnung. Lotte, du hast doch Kaffee aufgesetzt? Hat das Ding vielleicht 'n Kurzen?»

«Triumph der Technik», brummte Hans, sich an den Möbeln entlangtastend und sich stoßend.

«Prima, ich bin das Bettuch los», sagte ich froh. «Wollen wir was Schönes machen?»

«Was Schönes?» riefen sie ungläubig unisono ins Dunkel. «Wie kann man ohne Strom was Schönes machen?» Daß die Menschheit auch vor Edison was Schönes tat, begriffen sie nicht.

Wir spielten zu guter Letzt bei Kerzenlicht «Siebzehn und vier». Das hatten wir ewig nicht mehr gemacht. Wir saßen in der Runde dicht beieinander, wir sahen plötzlich ohne Lampenlicht viel sanfter und hübscher aus. Wir schwatzten zwischendurch in gedämpftem Tonfall, was möglich war, weil wir nicht das Fernsehen überschreien mußten. Wir zündeten das Kaminfeuer an, weil auch die Zentralheizung ausgesetzt hatte. Das Holz knisterte gemütlich, die Flammen züngelten spielerisch, es war himmlisch romantisch, alle wurden davon ein wenig verträumt. Ich begriff plötzlich, warum in der berühmten Nacht, da ganz New York ohne Licht war, der Grundstein zu so vielen Babys gelegt worden war. Dunkelheit rührt ans Herz. Stromausfall fördert das Zusammengehörigkeitsgefühl.

Die Sicherung ist inzwischen ausgewechselt. Alles funktioniert wieder. Wir knipsen Lampen an und aus, wir essen wieder Toast und stopfen schmutzige Strümpfe in die Waschmaschine. Wir mixen, mähen elektrisch den Rasen und staubsaugen, als ob es nie anders gewesen wäre. Wieder das Traumhaus, wie ich es mir erträumt habe. Aber tief in meinem Herzen regt sich in den unerwartetsten Augenblicken das Heimweh nach Kerzenlicht und Stille.

Deine Rede sei ja oder nein

Kein Mensch weiß, wie es anfängt. Man sitzt friedlich am Tisch, und auf einmal gibt es Streit: über Geradesitzen oder Endiviensalat oder Kobolde. Und während man zischt oder erklärt oder taktvoll von etwas anderem anfängt, begreift man, daß es tiefer liegt. Es geht nicht nur um Geradesitzen oder Endiviensalat oder Kobolde, es geht um Prinzipien der Erziehung.

Als verdutzter Elternteil, der gerne modern sein will (was auch immer das bedeuten mag), fällt man in diesem Moment jedoch rein instinktiv in die soliden veralteten Prinzipien zurück.

Und niemand kann einem raten. Denn es gibt zwar Koch- und Strickbücher, aber keine brauchbaren Erziehungsbücher.

Selbst die ungeschickteste Hausfrau bringt mit Anleitung ein Frikassee à la macédoine oder ein selbstgestricktes dreiteiliges Kostüm fertig. Aber wenn es um die Erziehung unserer Lieben geht, gibt es nur sehr theoretische, detailfreudige Handbücher, die mindestens einen Doktorgrad in Psychologie oder Pädagogik voraussetzen. Die geduldig alle vierzehn Komplexe beschreiben, die ein Kind von einer neurotischen Mutter kriegen kann, oder die vierzehn Neurosen, die sich die Mutter durch ein falsch erzogenes Kind zuziehen kann. Die ebenso wissenschaftlich wie unerbittlich sind, deren Tiefgang niemand begreift und für die niemand qualifiziert ist. Und die keine Antwort geben auf die Frage, was man tun soll, wenn Hans mit seinem neuen Taschenmesser fachkundig die Sitzfläche vom Stuhl abgetrennt hat oder Lotte noch vor ihrem zehnten Geburtstag todelend nach Hause kommt von ihrer ersten heimlichen Zigarette.

Ich verstehe schon, warum es solche Erziehungsbücher nicht gibt. Weil nämlich kein Mensch auf der ganzen Welt genau weiß, was man in solchen Situationen tun soll. Muß man tolerant sein oder streng? Dafür gibt es keine Regeln. Denn jeder Fall ist ein Fall für sich. Und jede Mutter hat, was ihre Kinder betrifft, ihren Privathimmel und ihre Privathölle. Denn wie sieht die Praxis aus? Hans hat, zum x-tenmal, sein Zimmer wie ein Schlachtfeld zurückgelassen. Seine Mutter, bleich vor Wut, gelobt sich selbst, den Lotterknaben endlich mal hart anzupacken, ihm eine Standpauke zu halten, ihm klarzumachen, daß er es in dieser Welt nie zu etwas bringen wird, solange er die schmutzigen Socken unter dem Kopfkissen versteckt. Und dann kommt Hans nach Hause, nichtsahnend, mit einem klebrigen Sahnebonbon, das er sich vom Munde abgespart hat. «Hier, für dich . . .», sagt er verlegen.

Und was tut eine Mutter, ob sie nun in Alaska oder in Kenia wohnt? Sagt sie: «Ich will deinen feuchten Bonbon nicht. Räum lieber dein Zimmer anständig auf!» Nein, sagt sie nicht. Sie lächelt und steckt sich das Sahnebonbon feierlich in den Mund. Alle in bleicher Wut gefaßten Vorsätze werden über den Haufen geworfen von einem Sahnebonbon, das ihr nicht einmal schmeckt.

Mit so einer Mentalität, die allen Müttern der Welt mehr oder weniger eigen ist, können Psychiater wenig anfangen. Aber Mütter können auch wenig mit Psychiatern anfangen, denn in dem Moment, wo man sie braucht, wie beispielsweise bei dem Sahnebonbon, halten sie fünf Kilometer entfernt Sprechstunde für Neurose Nummer acht.

Das Schwierige bei der Erziehung ist, daß sie so viele Facetten hat, die auf den ersten Blick so harmlos und völlig bedeutungslos aussehen.

«Mama, kriege ich eine Mark für den Klassenabend?»

«Dürfen wir aufbleiben und Rudi Carrell gucken?»

«Weißt du, wie der Blutkreislauf von Amphibien funktioniert?»

Die Antworten sind sehr einfach: Ja, ja, nein, nein. Aber Fragen ist ein wichtiges Stück der Kinderwelt, und jede Antwort muß daher ein Stück verantwortlicher Tiefenpsychologie sein. Der Klassenabend sollte eigentlich vom Taschengeld bezahlt werden; Rudi Carrell und Fernsehen ist immer eine heikle Streitfrage und der Amphibienblutkreislauf nur ein (beinahe geglückter) Versuch, die Eltern zu verkohlen, zu beweisen, daß die doch nicht alles wissen. Harmlose Fragen? Keine Rede davon. Eine Welt von unbewußtem Geltungsdrang, Pubertätslaunen und Ressentiments. Genau wie bei den Erwachsenen: «Ist was, Schatz?» – «Nein, nichts.» Hinter dieser Konversation kann sich eine drohende Scheidung oder ein Bankrott verstekken.

Bei allen Unsicherheiten in der Erziehung von Kindern des zwanzigsten Jahrhunderts ist mir eines mit Bestimmtheit klargeworden: Je kürzer die Antwort, desto besser. «Rudi Carrell, NEIN!» ist besser als: «Ach, ich glaube, es wäre besser, wenn du dich der Algebra widmen würdest und mal früh schlafen gingst, die letzte Sendung war sowieso mies, und außerdem kriegen wir Besuch . . .» Kinder wollen wissen, woran sie sind. Sie wollen eine klare Wahrheit, auch wenn ihnen diese Wahrheit nicht paßt. Um den heißen Brei herumreden, hat bei Kindern keinen Sinn. Kurz und bündig ja oder nein und nicht zuviel erklären.

Denn mit Erklärungen fährt man sich fest. Kinder fragen oft nervtötend. «Mama, warum bist du eigentlich mit Papa verheiratet?» und «Wie macht man Aspirin?» und «Trägt Gott eine Sauerstoffmaske?» In der Kürze liegt die Würze. Etwas von der Wahrheit abweichen, ist immer noch besser als herumeiern. Darum bei allen Fragen frisch drauflos, auch wenn man keine Ahnung hat. Sei selbstsicher, wenn auch die Zweifel an dir nagen! Sag deutlich ja oder nein (öfter nein!), wenn dich deine Kinder etwas fragen, und bleibe dabei! Sei konsequent, und laß dich nicht von Sahnebonbons verführen!

Mein Mann, Reserveoffizier, sagte es schon in unserer Verlobungszeit: «In der Familie geht Disziplin vor Liebe.» Ich hielt es damals für eine typisch militärische Betrachtungsweise, aber jetzt bin ich mir da nicht mehr so sicher. Liebe und Disziplin sind beide unumgänglich. Das eine geht nicht ohne das andere.

Rudi Carrell, NEIN! ist schwieriger als Rudi Carrell, JA!, denn für nein braucht man wahrscheinlich mehr Liebe als für ja. Verwöhnen ist eine Form der Vernachlässigung, das muß man ganz klar sehen.

So schlängeln wir uns zwischen den Schmerzen und Ekstasen der Elternschaft hindurch, mit einer Prise Intuition und einem Teelöffel gesundem Menschenverstand.

Solange die Kinder die tiefe Sicherheit haben, daß sie von ihren Eltern geliebt werden, haben wir uns nicht entsetzlich dumm angestellt.

Und vielleicht passiert anderen dann auch einmal, was mir beim Abwaschen in der Küche passiert ist. Mit dem Geschirrtuch die Teller streichelnd, philosophierte unser ältester Sohn: «Früher hatte ich schon mal 'ne Wut auf euch. Dann wollte ich weglaufen und andere Eltern haben. Aber jetzt, wo ich groß bin und zurückblicke, finde ich doch, daß ihr eure Sache gut gemacht habt.» Sein Alter in dieser Minute der Wahrheit: Dreizehn!

Einer der unheilverkündendsten Sätze im Familienleben lautet: «Mußt du nicht mal wieder zum Friseur?» Augenscheinlich eine unschuldige Frage, etwa wie: «Essen wir heute abend Bratkartoffeln?» oder «Rufst du bitte mal den Schornsteinfeger an?» Eine kleine Frage am Frühstückstisch, zwischen zwei Schluck Kaffee und einem Butterbrot. In Wahrheit aber genauso eine gemeine Frage, wie Abgeordnete sie an Minister stellen: «Ist es dem Minister bekannt, daß . . .» usw. Natürlich ist es dem Minister bekannt. Er hat eine Menge Berichte darüber gelesen und viele schlaflose Nächte deshalb verbracht. Diese Frageform ist die subtilste Art der Kritik, um jemanden wissen zu lassen, daß er augenblicklich etwas tun muß, um einen abscheulichen Mißstand abzustellen.

«Mußt du nicht mal wieder zum Friseur?» Der Mißstand ist in diesem Fall das Haar unseres ältesten Sohnes, der ein lebensgroßes farbiges Porträt von «Pretty Things» (Haarlänge 35 cm) im Kleiderschrank hängen hat, den *Musikexpreß* studiert, als wären es Einsteins Theorien, und den Friseur meidet wie eine gefährliche Infektionskrankheit.

So eine achtlose Frage ist wie ein Stein, der in einen stillen Weiher geworfen wird. Noch lange danach macht er Wellen. «Zum Friseur? Ich?» fragt Hans, aufs äußerste erstaunt. Ich kenne das schon. Dieses Gespräch läuft alle vier Wochen wortwörtlich genau gleich ab.

«Ja, du», sagt mein Mann fröhlich, aber seine Stimme ist etwas höher als sonst. «Dein Pelz geht schon ziemlich weit über die Ohren, und dein Vater hat's nun mal gerne kurz. Okay, mein Lieber?»

Nun gibt es zwei Möglichkeiten. Entweder gebe ich dem Sohn die Chance, seine Theorien über Haarlänge, Friseure, Haarmode, Freunde und andere Väter ausführlich darzulegen (das dauert zehn Minuten und erfordert das Äußerste an Geduld, vor allem vom Vater, bei dem das Äußerste an Geduld morgens nicht sehr dehnbar ist), oder ich beginne ziemlich ungereimt von etwas anderem: «Willst du Käsebrot mit zur Schule?» Oder: «Macht ihr heute eine Geschichtsarbeit?» Oder noch besser: «Hast du in der Zeitung von dem Brandstifter gelesen?» Koste es, was es wolle, vom Thema Haare muß abgelenkt werden. Blitzableiter sein, dazu sind wir Mütter ja da.

Ich wähle meistens die letzte Möglichkeit, aus Feigheit, und weil es noch so früh ist. Um 7 Uhr morgens ist niemand reif für Diskussionen, am allerwenigsten über Haare. Vielleicht noch über das Kartellgesetz oder die Inkakultur oder das Fernsehspiel vom gestrigen Abend, aber nicht über Haare. Haarprobleme sind zu tiefschürfend. Haare sind Status, Zeiterscheinung, Rebellion. Haare sind darum ein sehr mißliches Thema, etwa so was wie freie Liebe. Das Frühstück ist dafür nicht geeignet.

Die Küche schon, viel, viel später beim Abwaschen. Der Sohn trocknet ab und erzählt angeregt über die Schule. Der Vater läßt den Hund raus und ist 500 Meter vom Konfliktstoff entfernt.

Ich sage: «Hans, nun geh mal zum Friseur, Vater findet Haare über den Ohren gräßlich.»

Hans grinst und sagt: «Ja, aber in der Schule haben es alle noch viel länger.»

«Du bist ja auch nicht alle», sage ich. «Ich gebe dir Geld, überrasche Vater morgen mal mit kurzen Haaren.»

Hans ist leidenschaftlich dagegen, aber er geht. Mit Blei in den Schuhen, tausend Beschwerden, irren Grimassen und Schwüren wie «Diesmal noch und nie wieder!» verschwindet er am nächsten Tag per Fahrrad in Richtung Friseur. Einem fragend diktatorischen Vater kann er Widerstand leisten, einer freundlich suggerierenden Mutter nicht.

Eine Stunde später ist er zurück, die Ohren frei, aber hinten sind die Haare kaum kürzer. «Gut so?» brummt er, mit langen Jeansbeinen in die Küche schlurfend.

Ich will ihn nicht kränken. «Ja, viel besser.»

Abends sieht mein Mann nichts. Er ißt in Gedanken und versteckt sich dann hinter der Zeitung. Hans beobachtet ihn genau, hält schließlich die Spannung nicht mehr aus und fragt: «Fällt dir nichts auf an mir?»

«An dir?» Mein Mann sieht ihn scharf an, von Kopf bis Fuß und zurück. «Nein, nichts. Bist du verliebt oder so was?»

«Er war beim Friseur», sage ich schnell, «schön, nicht?»

Der Vater schaut ungläubig, so wie auf des Kaisers neue Kleider. «Da ist aber nicht viel runter, ein Angström vielleicht.»

Ein Angström, was ist denn das, um Himmels willen? Ich habe nie etwas davon gehört und Hans offenbar auch nicht. So hat Erziehung ja nun auch keinen Sinn, denke ich böse, wenn man sie durch unbegreifliche Worte erschwert. In gewöhnlicher, unverfälschter Umgangssprache ist sie gerade mühsam genug.

Als ich Hans später in seiner Dachkammer einen Gutenachtkuß gebe, grinst er mich an. «So 'n Quatsch von Vater mit dem Angström.» Ich gucke augenscheinlich so unterentwickelt, daß er fragt: «Weißt du wirklich nicht, was das ist? Ist doch nicht die Möglichkeit! Angström haben wir gerade in der Schule gehabt, das ist der zehnmillionste Teil von einem Millimeter. Vielleicht auch von einem Zentimeter. So genau weiß ich's im Moment nicht mehr. Jedenfalls verdammt wenig. Klasse, was, daß Vater das noch weiß, nach all den Jahren!»

Auf der Treppe ruft er mir noch hinterher: «Von einem Millimeter. Jetzt weiß ich's wieder.» Und damit wäre der Haarkonflikt, dank Vaters naturwissenschaftlichen Kenntnissen, für diesmal wieder beigelegt.

HANS FALLADA

Familienfahrt

Endlich ist es soweit!

Obwohl unser Zug vom Stettiner Bahnhof erst gegen acht Uhr fährt, ist die ganze Familie, Vater einschließlich, schon um halb sechs aus den Betten gejagt worden, denn auch die Betten müssen noch eingepackt werden! Während die Mutter sie mit der alten Minna in einen ungeheuren Bettsack aus rotem Segeltuch stopft und pfropft, ist Christa in der Küche damit beschäftigt, Stapel Butterbrote anzuhäufen. Brote mit Wurst. Brote mit Ei. Brote mit kaltem Braten. Brote mit Käse. Aber so eifrig Christa auch schmiert und belegt, die Stapel wollen nicht recht wachsen, denn immer wieder machen wir Kinder einen Einbruch in die Küche und holen uns neue Frühstücksbrote. Unser Appetit ist ebenso ungeheuer wie unsere Aufregung. Nun geht es also wirklich los!

Plötzlich fällt mir ein, daß ich noch mit dem Portier reden muß. Zur Freude aller Hausgenossen rasen Ede und ich morgens um halb sieben die Treppen mit Donnergepolter hinunter und begrüßen den immer recht griesgrämigen wahren Herren des Hauses. Kein Wunder, daß er griesgrämig ist – er fährt ja nicht an die See, er hat ja keine Ferien!

Zum zehntenmal mindestens lege ich ihm meine Kaninchen ans Herz, ich halte sie unten im Keller. Besonders, daß Mucki auch jeden Abend seine gewohnte Mohrrübe bekommt, ist so wichtig!

Der Portier ist eitel Ablehnung. «Ach, deine ollen Karnickel, die haben ja Lause!»

Ich protestiere gekränkt.

«Und doch haben se Lause! Wenn de keene Oojen nich hast, mußte sie mal mit de Lupe in de Ohren kieken! Det sind schon keene Lause mehr, det is en janzet Lauseleum!»

Nachdem der Portier mich so zerschmettert hat, wendet er sich an meinen Bruder Ede. «Und du mit deinem Hamster! Ich sare dir, ich komme for nischt nich uff! Futtern will ick em woll und ooch Wasser jeben, aber de Kiste is zu schwach, det sare ick dir! Wenn der stiften jeht, ick stifte nich hinterher! Ick nich!»

Wirklich hält Ede seit einem Vierteljahr in seiner Stube einen Hamster, der in einer drahtbespannten Kiste wohnt! Vater weiß offiziell nichts davon, wie Vater offiziell auch nichts von meiner Karnickelei weiß! Aber meine Karnickel sind sanfte anhängliche Tiere, während Edes Hamster, Maxe genannt, ein Ausbund von Bosheit ist. Bisher ist Ede von der Bestie nur angefaucht, angespuckt und gebissen worden, trotzdem hängt er mit tiefer Liebe an diesem Geschöpf. Er bildet sich ein, er werde dem Hamster mit der Zeit das Pfeifen und das Tanzen beibringen – wie einem Murmeltier!

Jetzt versichert Ede dem Portier, daß der Hamster sich in seiner Kiste sehr wohl fühle, er habe noch nicht einen Ausbruchversuch gemacht.

«Ach, red bloß keenen Stuß!» sagt der Portier mürrisch. «Wenn de erst weg bist, wird det Tier sich schon Jedanken machen. Ick hab keene Zeit, bei ihm zu sitzen und ihm Jeschichten zu erzählen, wie schön et in deine Kiste is! Wenn ick und wäre euer Vater, ick erloobte det nich, det jrenzt ja an Tierquälerei, die Karnickel in 'nem dunklen Keller und det Hamsterjeschöpf in 'ne Kiste! Aber mir jeht det nischt an. Ich bin nich im Tierschutz! Aber wat sonst mit die passiert, da bin ick Nante! Det vasteht ihr doch?!»

Da wir's verstehen mußten und da ein anderer Tierfütterer nicht greifbar war, verstanden wir es auch. Etwas bedrückt stiegen wir die Treppe wieder hinauf. Als ich aber den herrlichen Wirrwarr in der Wohnung sah, vergaß ich sofort meinen Kummer. Der ganze Haushalt war in Auflösung begriffen.

Fünf weibliche Wesen rannten – anscheinend ziellos – hin und her, setzten hier etwas ab, trugen dort etwas fort.

Minna rief: «Frau Rat, ich muß noch mal den Schlüssel haben für den großen Schließkorb!»

Fiete trug ein Zigarrenkistchen mit Puppenkleidern herbei und verlangte von Mutter, sie sollten noch in den verschlossenen Koffer. Itzenplitz suchte zwischen Vaters Büchern Reiselektüre. Christa schmierte noch immer Stullen.

Auf der Diele stand Vater und versuchte, das Gepäck zu zählen, ein fruchtloses Beginnen, denn immer wenn er die endgültige Zahl ermittelt zu haben glaubte, wurde ein Stück wieder weggeschleppt und zwei neue kamen hinzu.

«Louise!» rief Vater. «Es wird Zeit, die Gepäckdroschke zu holen! Kann ich Hans jetzt schicken?»

«Einen Augenblick noch, Arthur! Ich muß erst mal nachsehen, ob die Badetücher auch eingepackt sind.»

«Aber beeil dich!» rief Vater mahnend, und nun bestürmten Ede und ich ihn, wer von uns beiden bei dem Kutscher auf dem Bock fahren durfte. Vater wollte mal sehen; er war von dem ungewohnten Trubel bereits ziemlich nervös, wollte aber unbedingt seinen Ruf als glänzender Organisator, bei dem alles wie am Schnürchen geht, aufrechterhalten.

«Ich schicke jetzt Hans!» rief er nach einem neuen Blick auf die Uhr. «Es wird höchste Zeit!»

«Einen Augenblick bitte noch, Arthur! Wir kriegen den Bettsack nicht zu!»

«Lauf los, Hans!» sagte mein Vater leise und machte sich auf den Weg, beim Verschnüren des Bettsackes zu helfen.

Ich lief die Treppe hinunter. Ganz ohne Auftrag schloß sich Ede mir an. Ich mußte es schon dulden, aber lieb war es mir nicht. Es hatte so etwas Pompöses, wenn man allein in einer Droschke fuhr. Zu zweien wirkte es lange nicht so überwältigend.

Es war der erste Tag der großen Ferien. Ganz Berlin, soweit es Kinder hatte und es sich leisten konnte, war im Aufbruch. Wir sahen wohl Gepäckdroschken, aber sie waren alle besetzt.

Wir liefen hin und her, wir suchten mit immer größerem Eifer, denn wir wußten, mit welcher Ungeduld der pünktliche Vater auf unsere Rückkehr wartete. Aber es war wie verhext. Leere Droschken sahen wir genug, aber keine, deren Fassungsvermögen unserem Auszug angemessen war. Es mußte durchaus eine Gepäckdroschke sein, also ein schwarzer verschlossener Kasten mit stabilem, von einem Gitter begrenzten Dach, auf das die Mehrzahl der Koffer zusammen mit dem Bettsack getürmt werden konnte.

Endlich erwischten wir am Nollendorfplatz solch Ungetüm. Stolz stiegen wir ein und ließen uns vornehm in die dunkelblauen Kissen zurücksinken. Aber gleich waren wir wieder aufrecht und sahen zu den Fenstern hinaus. Es war erhebend anzuschauen, wieviel schweißtriefende Familienväter, Jungen, Dienstmädchen und Portiers nach Gepäckdroschken liefen.

«*Beati possidentes!*» sagte ich zu Ede und war stolz, daß er noch nicht so viel Latein konnte, sondern daß ich es ihm übersetzen mußte. «Glücklich, wer da hat!»

Ja, wir waren viel beneidet. Überall standen auf den Bürgersteigen hinter Kofferbastionen Familientrupps. Alte Großmütter winkten unserm Kutscher verzweifelt mit Regenschirmen. Jungens sprangen einfach auf das Trittbrett unserer Droschke und boten dem Kutscher eine Mark extra, wenn er sie fuhr. Wir schlugen sie so lange auf die Finger, bis sie loslassen und abspringen mußten.

Auch Vater stand in der Luitpoldstraße hinter einigen Koffern, hielt nach uns Ausschau und wollte schelten, weil wir so spät kamen. Aber der Kutscher nahm uns in Schutz. «Lassen Se man die Jungens!» sagte er. «Die haben noch Schwein jehabt, det se mir jekriegt haben! Heute jibts in janz Berlin keine freie Jepäckdroschke. – Na, Herr Portier», wandte er sich an unseren Hausgewaltigen, der eben mit Minna einen Riesenkoffer heranschleppte, «is det det jrößte Stück? Na, denn wolln wa mal anfangen mit's Bauen!»

Und sie fingen an, den Koffer über Rad und Bock auf das

Verdeck hinaufzustemmen. Aus dem Hause kamen immer neue Familienmitglieder mit Gepäckstücken, Plaidrollen, Schirmbündeln, zwischen denen unsere Strandschippen vom Vorjahre steckten. Aber Ede und ich beteiligten uns nicht mehr an der Schlepperei, wir begutachteten «unsere Gäule». Winnetous berühmter Zucht entstammten sie bestimmt nicht, aber ich war dafür, daß es doch Ostpreußen seien. Ede stimmte für Hannoveraner – eine Ahnung hatten wir beide nicht.

Vater versuchte unterdes das Verstauen des Gepäcks durch Ratschläge zu unterstützen. Aber das Familienoberhaupt wurde jetzt nicht beachtet, selbst Minna hörte nicht auf seine Worte. So verschwand Vater plötzlich im Haus, um Mutter auf Trab zu bringen.

Endlich waren alle unten, endlich waren alle Koffer verladen und festgebunden. Endlich saßen alle, ich recht schmollend, denn ich hatte mich in den Wagen zwischen die Schwestern klemmen müssen, während Ede auf dem Bock thronte. Aber auch nicht eigentlich auf dem Bock, sondern auf einigen neben dem Kutscher untergebrachten Koffern: das Fassungsvermögen des Wagenverdecks hatte sich doch als zu gering erwiesen.

Mutter lehnte aus dem Fenster und gab Minna, die erst die Wohnung in Ordnung bringen wollte, ehe sie auf Urlaub ging, jene letzten Ratschläge, die wohl schon vor einigen Jahrtausenden die verreisende Hausfrau ihrer Schafferin gegeben hat: «Und sehen Sie, Minna, daß die Wasserleitung nicht tropft. Und der Gashaupthahn muß noch zugemacht werden. Ehe Sie im Speisezimmer einwachsen, reiben Sie die Stelle auf dem Parkett, wo Christa Glut verloren hat, mit Stahlspänen ab. Hänschen holt sich Frau Tieto selbst. Und die Blumen stellen Sie alle zusammen auf den Boden vom Balkon, dann hat es Frau Markuleit einfacher mit dem Gießen. Es wird ja auch einmal regnen. Und vergessen Sie nicht, die Schrippen und die Milch abzubestellen. Und die Zeitung soll der Junge solange bei Eichenbergs abgeben . . .»

«Los!» rief Vater dem Kutscher zu, und mit dem Anziehen der Pferde sank Mutter in ihren Sitz zurück.

«Ach, Vater!» rief sie ängstlich. «Ich habe sicher noch was vergessen ... Da war bestimmt noch was ...»

«Wenn noch was ist», sagte Vater entschlossen, «kannst du ja Frau Tieto eine Karte schreiben. Wir müssen jetzt los, sonst versäumen wir den Zug!»

«Im nächsten Jahr werde ich noch eine Stunde früher aufstehen», sagte Mutter. «Man wird nie in Ruhe fertig. Ich bin ganz abgehetzt ... Was ich nur vergessen habe? Da war doch noch was!»

Und sie versank in Grübeln.

Unterdes war die Droschke, ächzend und klappernd, die Martin-Luther-Straße hinaufgefahren und bog jetzt auf den Lützowplatz ein. Der lag ganz in der Morgensonne. Auf dem Herkulesbrunnen rauschte und strömte schon die Wasserkunst und blinkte im Licht mit tausend grünen, gelben und blauen Tropfen. Kinder saßen schon in den Sandkisten und spielten. Wir aber würden heute abend schon im Seesand spielen!

Und während der Wagen nun rascher die grüne Hofjägerallee hinunterrollte, kam mir plötzlich alles ganz unwirklich vor. Jawohl, ich saß hier in einer Droschke, ich fuhr mit meinen Eltern und Geschwistern in die Sommerfrische – aber tat ich das wirklich? Das ein Jahr hindurch gelebte Stadtleben saß so fest in mir, daß dies, was jetzt wirklich geschah, mir ganz unwirklich erschien.

Mir war so seltsam, als sei ich noch zu Haus in der Luitpoldstraße. Ich meinte, mich dort stehen zu sehen in meinem Zimmer, mich und doch nicht mich, denn ich fuhr ja auch hier in einer Droschke durch den Tiergarten! Und es überkam mich, wie es mir schon einige Male – aber nur schwach – geschehen war, daß es eigentlich zwei Hans Fallada gebe, zwei ganz gleiche Hans Fallada, und sie erlebten beide genau das gleiche, aber sie ertrugen es nicht gleich.

Ich hatte schon versucht, diesen Gedanken zu Ende zu denken, aber ich war nicht damit zustande gekommen. Denn wenn es zwei ganz gleiche Hansen gab, so mußten sie bei denselben Eltern in derselben Stadt leben, und nicht nur in derselben Stadt. In der gleichen Straße mußten sie wohnen, im gleichen Haus und – immer mehr verengte sich der Kreis – im gleichen Zimmer. Im gleichen Bett mußten sie schlafen, in der gleichen Haut stecken, mit dem gleichen Munde reden – der andere Hans Fallada mußte also auch in mir sein.

Aber das stimmte nicht, denn ich fühlte ihn nicht in mir, sondern ich sah ihn außer mir. Wohl war er ganz gleich, aber er war doch wieder ein anderer, denn ich konnte ihn mit meinem inneren Auge außerhalb von mir sehen. Er war auch ich, aber er war ein Ich, das nicht ganz so wirklich war wie ich, der hier in einer Droschke fuhr, er war wie ein Schatten oder ein Gespenst. Oder wie ein Doppelgänger.

Manchmal konnte diese Erscheinung etwas sehr Beängstigendes haben, so wenn dieses zweite Ich etwas tat, was mir gar nicht recht war, und mein erstes Ich hatte dafür einzustehen, als habe es dies selbst getan. Aber in diesem Augenblick, eingezwängt in der übervollen Droschke an einem frischen Sommermorgen, war es fast erlösend, daß ich dies andere Ich dort in der Wohnung zurückließ, mürrisch und unzufrieden. Ein tiefes Glück überkam mich, daß ich fort von ihm fuhr, in den Sommer hinein, an einen Ort, wo es dieses andere Ich bestimmt nicht gab.

Ich wußte, es würden glückliche Ferien. Ich sah auf die Bäume des Tiergartens, ich sah das Grün und die hellen Kleider, ich war plötzlich so fröhlich wie noch nie. In mir sang es: «Ich fahre in die Ferien! Berlin ist erledigt! Ich fahre von der Schule fort! In meinem Zimmer steht der andere Hans Fallada, dessen ich mich immer schämen muß, und ich fahre fort von ihm! Was bin ich glücklich!»

Ein deutliches Mal fühlte ich mich in diesen Jahren ganz im Einklang mit mir. Es gab keine Zerrissenheit, keinen Zweifel mehr . . . Ich war wirklich glücklich . . .

Wir sind noch manches Mal nach dieser Reise durch Berlin in einer Gepäckdroschke zur Sommerfrische gefahren. Jedesmal habe ich mich dieses Gefühls von damals erinnert. Ich habe versucht, es mir zurückzurufen. Ich habe mir vorgesagt: «Ich reise. Ich reise wirklich! Ich fahre in die Ferien! Ich fahre von allem fort!» Aber dieses Gefühl des Wirklich-Unwirklichen ist nie wieder in mir entstanden, nie wieder habe ich das gleiche Glück empfunden.

Auch an jenem Tage schwand es viel zu rasch dahin.

Wir nähern uns nun dem Stettiner Bahnhof. Wir sind nicht mehr nur eine einzelne Gepäckdroschke, wir sind ein ganzer Heerestroß geworden. Aus jeder Querstraße biegen sie in die Invalidenstraße ein.

Fiete und ich liegen halb aus den Fenstern, wir halten Ausschau nach einer noch höher beladenen Droschke, als unsere ist, aber wir entdecken keine, uns gebührt die Palme!

Mutter hat endlich gefunden, was sie vergessen hat: «Im Büfett steht noch ein halber Napfkuchen, ich wollte ihn doch auf die Reise mitnehmen! Ich werde sofort Tatie eine Karte schreiben, daß sie ihn sich holt. Schade –!»

Und Vater gibt etwas nervös seine Instruktionen. «Ihr Kinder bleibt alle bei Mutter! Sie auch, Christa! Louise, du bleibst mit den Kindern in der Halle am Fuß der Treppe. Die Gepäckaufgabe besorge ich allein. Hoffentlich hat sich niemand in unser bestelltes Abteil gesetzt!»

Und wir halten vor dem Stettiner.

«Gepäckträger!» ruft der Vater.

Aber der Stettiner Bahnhof ist ein wallender, wogender Strudel. Vor uns Gepäckdroschken, die halb ausgeladen sind, hinter uns Gepäckdroschken, die abladen wollen und schon zu drängeln beginnen. Und kein Gepäckträger, der auf Vaters Ruf hört!

«Ihr da, macht en bißken dalli, wat?!» ruft der Kutscher hinter uns. «Oder habt ihr Stehplatz bezahlt –?!»

Vater wirft alle seine Dispositionen um.

«Kutscher, geben Sie die Koffer herunter. Christa, wir beide wollen sehen, daß wir sie ihm abnehmen. Louise, halte die Kinder bei dir und nimm das Handgepäck an dich. Zähle die Stücke!» Wir sind nur Teilchen einer wirbelnden, laufenden, scheltenden, lachenden Menschenmenge. Plötzlich stecke ich mit der Nase im Bauch eines Herrn. Der Bauch ist weich. Der Herr hebt mich in die Luft, ruft: «Junge, träume nicht!» und setzt mich auf einen Koffer, von dem ich sofort wieder weggejagt werde, denn es ist nicht unserer.

Papa müht sich im Verein mit Christa an dem Riesenkoffer. Seine Zähne sind zusammengebissen, seine spitzen Schnurrbartenden zittern.

«Achtung, Christa! Setzen Sie den Koffer doch nicht auf den Hund ab!»

Ein «Blauer» drängt sich gemächlich durch das Gewühl, nimmt grade bei uns Posto und sagt, meinem Vater auf die Schulter tippend: «He Sie! Hier dürfen Sie Ihre Koffer aber nicht abstellen! Der Eingang muß freigehalten werden!»

Ich bin entsetzt, daß mein Vater von einem gewöhnlichen Schutzmann mit «He Sie!» angesprochen und einfach auf die Schulter getippt wird. Wäre ich der Vater, würde ich mich mit einer großen Gebärde zu erkennen geben: «He Sie! Ich bin Kammergerichtsrat!»

Aber Vater sagt nur ein wenig verzweifelt: «Es sind gar keine Gepäckträger zu kriegen!»

«Hätten Sie früher aufstehen müssen!» sagt der Schutzmann, ganz unberechtigt, denn wir sind sehr früh aufgestanden. «Jedenfalls müssen die Koffer hier weg! Und das dalli!»

Damit entschwindet der Blaue, ehe ihm Vater noch antworten kann.

Unterdes ist ein kleiner Streit zwischen Mutter und Ede ausgebrochen. Ede soll ein Handköfferchen und ein Schirmpaket tragen, weigert sich aber. Er trägt einen Arm, als sei er frisch geimpft, im Ausschnitt seines Sommermantels und behauptet, ihn sich oben auf der Droschke gestoßen zu haben. Er könnte mit ihm nichts tragen. Mutter will die gestoßene Stelle sehen, aber Ede weigert sich, öffentlich seinen Arm zu entblößen. Er hält sich fern von Mutter. Er kommt mir komisch vor, wie er da seinen Arm im Mantel hält . . .

Vater ist verschwunden, und wir müssen ohne männlichen

Schutz die Beschimpfungen und Flüche der Kutscher und Mitreisenden ertragen. Ich zittere davor, daß der Blaue zurückkommt und uns noch immer bei diesem Kofferberg findet. Vorsichtshalber schiebe ich mich zwischen andere Leute, ich will lieber nicht zu einer so beschimpften Familie gehören. Aber Mutters scharfes Auge, das ununterbrochen die Küchlein zählt, merkt sofort mein Verschwinden. Sie ruft mich, und ich muß nun direkt neben ihr stehen, im Brennpunkt aller Beschimpfungen. Ich entdecke, daß ich Vater beschuldige, alles verkehrt zu machen. Bei uns geht immer alles schief, was bei anderen glattgeht. Die hinter uns haben längst Gepäckträger ...

Jetzt fängt auch der Kutscher an zu rebellieren. Er will und muß fortfahren, er verlangt von Mutter das Fahrgeld. Mutter wagt es ihm nicht ohne Vaters Einverständnis zu geben, vielleicht braucht Vater den Mann noch. Der Kutscher wird immer gröber, statt mich über ihn zu ärgern, schäme ich mich nun auch meiner Mutter ...

Gottlob, da kommt Vater! Er ist begleitet von zwei Gepäckträgern, die einen großen Karren schieben. Vater wirkt etwas bleich und aufgelöst, aber seine Schnurrbartspitzen zittern nicht mehr. Im Umdrehen ist das Gepäck aufgeladen und rollt durch den Eingang. Unterdes hat Vater den Kutscher gelöhnt, der sich sofort aus einem groben in einen höflichen Mann verwandelt hat. Er tippt sogar zum Abschied an seinen Lackzylinder und wünscht uns glückliche Reise und gute Erholung.

Wir drängen uns unter Mutters Kommando an die Treppe, die zu den Bahnsteigen hinaufführt. Jedes von uns – außer Ede, der seinen Kopf durchgesetzt hat – trägt mindestens zwei Handgepäckstücke, Christa und Mutter sogar drei oder vier. Am Fuß der Treppe angekommen, wird alles abgesetzt, eine Bastion gebildet – und sofort wieder eingerissen, denn schon wieder werden wir als Verkehrshindernis beschimpft.

Ich klettere zwei oder drei Stufen hoch und halte mich an dem Geländer fest. So erhöht sehe ich auf die brausende Halle hinab, auf dieses endlose, immerfort wechselnde Gewühl von

Köpfen. Ich versuche, an der langen Schranke der Gepäckabfertigung Vater zu erkennen unter den Hunderten, die dort in drei, vier Gliedern stehen. Aber das ist ein vergebliches Bemühen. Ungeheure Kofferberge versperren jede Aussicht. Dann blicke ich nach den Schaltern hin. Vor allen Schaltern drängen sich die Leute. Gottlob, dorthin braucht Vater wenigstens nicht. Wir haben schon unsere Fahrkarten, wir haben sogar ein bestelltes Abteil!

Aber wie, wenn sich andere hineingesetzt haben wie im vorigen Jahr? Es gab Schamlose, die rissen einfach den «Bestellt»-Zettel vom Fenster und behaupteten, es hätte nichts daran gestanden. Das führte dann immer zu endlosen, immer erregter werdenden Verhandlungen, denen Vater, wie ich fand, nie gewachsen war. Vater blieb immer leise und höflich, die andern konnten noch so sehr schimpfen. Ich hätte an Vaters Stelle noch doller geschimpft! Ach, es war nicht zu leugnen: So oft wir die manchmal lästig empfundene Ordnung des eigenen Heims verließen, war alles bedroht. Wir galten nichts mehr. Vor unserm uns solchen Respekt einflößenden Vater schien niemand Respekt zu empfinden, alles Sichere war unsicher geworden.

«Hans!» rief die Mutter und – siehe da! – Vater war wieder bei uns! Das Gepäck war aufgegeben. Noch erregt vom eben überstandenen Kampf erzählte Vater, daß es bestimmt noch mit diesem Zug mitkommen würde, die Gepäckträger hätten es ihm fest versprochen. «Und ich gehe, sobald ihr eure Plätze habt, sofort an den Packwagen und passe auf, daß es auch wirklich mitkommt!»

«Hoffentlich!» sagte Mutter mit einem tiefen Seufzer. «Wie sollen wir sonst nächste Nacht schlafen?»

Der Marsch zum Bahnsteig, zum Zug beginnt. «Bahnsteig sieben!» ruft Vater noch der Mutter zu. Sie macht mit Fiete die Führerin, während Vater mit mir die Nachhut bildet. Es ist aber unmöglich, in geschlossener Formation zu marschieren. Immerzu drängen sich Leute dazwischen. Wir sammeln uns erst wieder am Häuschen des Billettknipsers. Vater zeigt das

Fahrscheinheft und läßt uns vorangehen, während er die Häupter seiner Lieben zählt. Plötzlich stößt er einen Schrei aus. «Louise!» ruft er über die Sperre fort. «Wir müssen doch sieben sein und sind nur sechs! Wo ist Eduard?»

«Ede?!» ruft die Mutter. «Ede!! Er war doch vorhin noch da! Hast du ihn denn nicht auf der Treppe gesehen?»

«Ich weiß nicht!» ruft Vater und sieht sich verzweifelt um.

«Los! Los!» ruft der Billettknipser. «Machen Sie hier keine Verstopfungen! Sie müssen die Sperre freimachen!»

«Wann hast du Ede zum letztenmal gesehen?» ruft Vater.

«Ich weiß doch nicht! Als wir zur Treppe gingen, war er noch da – glaube ich!»

«Also jetzt raus oder rein!» wird dem Vater energisch gesagt. «Ihretwegen können wir nicht den ganzen Betrieb stillegen!»

«Ich suche den Jungen!» ruft der Vater wie ein letztes Vermächtnis. «Nehmt eure Plätze ein!»

Und er stürzt sich wie ein Schwimmer in die Fluten.

Sehr bedrückt gehen wir den endlosen Zug entlang. Mutter versucht durch Befragen festzustellen, wann wir Ede zum letztenmal gesehen haben, als ob das jetzt noch irgendeine Bedeutung hätte! «Ist denn sein Handkoffer da? Nein? Auch nicht! Ach Gott, der Junge, der Junge! Was der nur immer anstellt! Er wird doch nicht schlechten Leuten in die Hände gefallen sein! Und der arme Vater! Er hat es so gerne, wenn alles still und glatt zugeht! Und heute klappt rein gar nichts . . .»

«Mutter», sage ich. «Hier fangen die Bestellt-Abteile an. Wir wollen mal sehen, ob wir unsern Namen finden.»

Wirklich, wir brauchen gar nicht lange zu suchen, da steht schon unser Name an einer Scheibe.

«Gottlob!» sagt Mutter. «Ist wenigstens das in Ordnung! Und das Abteil scheint auch noch leer zu sein!»

Aber als wir die Tür öffnen, sitzt doch schon jemand drin, und wer kann das anders sein als unser lieber Bruder Ede –?!!

«Ede!» ruft die Mutter ganz verblüfft. «Wie kommst du denn hierher?»

«Och!» sagt Ede. «Auf der Treppe haben sie mich egalweg gestoßen. Da hab ich gedacht, ich geh lieber voraus und halt uns das Abteil frei. Und das war gut, Mutter, dreimal haben hier andere einsteigen wollen!»

«Aber wie bist du denn ohne Karte durch die Sperre gekommen, Ede?»

«Och, Mutter», sagt Ede wieder. «Das war ganz einfach! Ich hab dem Knipser gesagt, Vater kommt hinterher – und das war nicht gelogen. Vater ist doch hinterhergekommen!»

«Dein Vater ist nicht hinterhergekommen», sagt die Mutter streng. «Dein Vater sucht dich auf dem ganzen Bahnhof. – Hans, laufe los, und sage Vater ... Nein, du bist noch zu klein. Fiete – nein, besser Itzenplitz – nein, du kannst auch nicht über die Leute wegsehen! Christa, gehen Sie und sagen Herrn Rat ...»

«Ach, Frau Rat, bitte, bitte, lassen Sie mich nicht gehen! Ich verlauf mich sicher und ich find den Herrn Rat bestimmt nicht! Und dann fährt der Zug ab, und ich hab keine Bekannten in Berlin, und nach der Luitpoldstraße finde ich auch nicht zurück ...»

Sie weint schon.

«Also gehe ich!» sagt Mutter gottergeben. «Aber daß sich keines von euch aus dem Abteil rührt! Und wenn jemand einsteigen will, sagt, daß alle Plätze bezahlt und besetzt sind. Und wenn der Schaffner kommt und die Karten verlangt, sagt ihr, Vater kommt gleich. Und den Vordersitz in der Fensterecke kannst du nicht haben, Ede, den bekommt Vater ...»

Ehe noch der Streit zwischen uns Geschwistern um die Fensterplätze recht in Gang ist, verschwindet Mutter im Gewühl des Bahnsteigs. Wir fühlen uns recht verloren und verlassen. Wenn der Zug nun abfährt, ehe die Eltern kommen? Kein Geld, keine Fahrkarten – was sollen wir denn nur machen?

«Hans!» tuschelt Ede mir geheimnisvoll zu. «Gib mir deinen Fensterplatz, ja –?»

«Ich denke ja gar nicht daran!»

«Doch!» sagt er bittend. «Ich muß ihn einfach haben! – Kuck mal hier runter!»

Und er zeigt auf den Fensterplatz, von dem ihn Mutter vertrieben hat.

Ich sehe darunter, und sofort ertönt mir ein bekanntes, aber schwaches Fauchen entgegen. «Hast du wirklich deinen Hamster mitgenommen?» frage ich erstaunt.

«Aber klar doch, Mensch! Ich werde ihn doch dem Markuleit nicht lassen, wo er so dämlich geredet hat! Die ganze Fahrt habe ich ihn vorne im Mantel gehabt, die Schnauze natürlich mit einem Lappen zugebunden. Beißen kann er nicht, aber er kriegt genug Luft!»

«Wenn das Vater merkt –!»

«Och –! Wenn wir erst fahren, schmeißt ihn Vater bestimmt nicht mehr raus! Und wenn ich ihn erst in Graal habe, stört er überhaupt nicht mehr. Ich fang mir 'n Weibchen dazu, und wenn ich Junge kriege, verklopp ich sie an die Tierhandlung. Für junge Hamster gibt's 'ne Masse Geld!»

«Na, denn steck ihn unter meinen Platz!» sage ich entschlossen. «Aber paß auf, daß die Gänse nichts merken, die schnattern sonst gleich los!»

Die Gänse oder die Schwestern waren gottlob völlig damit beschäftigt, aus dem Fenster zu schauen, einerseits nach den Eltern, andererseits nach der Uhr.

«Nur noch acht Minuten!» sagt Itzenplitz. «Wenn sie nicht kommen, habe ich das Kommando. Ich bin die Älteste!»

«Bist du nicht!» sage ich. «Christa ist es!»

«Christa, willst du kommandieren?» fragt Itzenplitz unsere siebzehnjährige Seniorin. «Siehst du, Hans! Sie will gar nicht und sie kann auch nicht. Sie hat ja von nichts eine Ahnung!»

«Und was willst du kommandieren?»

«Daß wir alle noch schnell aussteigen, ehe der Zug abfährt!»

«So! Du bist ja mächtig helle heut!» sage ich mit aller brüderlichen Höflichkeit. «Wo Mutter uns extra verboten hat, aus dem Abteil zu gehen!»

«Aber wir können doch nicht ohne die Eltern fahren!»

«Und warum können wir es nicht? Lassen das Abteil leer fahren, wo Vater es bezahlt hat, und er muß für alle sieben noch einmal nachbezahlen, wo er ganz gut mit Mutter allein uns nachfahren kann. Vielleicht holt er uns vor Gelbensande sogar noch ein, wenn er D-Zug fährt. Ich finde es direkt schick, wenn wir mal allein fahren! Wir würden einen Deebs machen, was, Ede –?»

«Natürlich!» echote Ede, der an seinen nun unter meinem Sitz verwahrten Hamster denkt. «Du kannst es mir zehnmal sagen, Itzenplitz, ich steig doch nicht aus, wo Mutter es uns extra verboten hat.»

«Und wir können doch nicht fahren!» springt Fiete jetzt ihrer Schwester bei. «Wir haben ja gar keine Fahrkarten!»

«Nur noch vier Minuten! Sieh mal, die Schaffner fangen schon an, die Türen zuzumachen! Christa, sollen wir fahren oder sollen wir aussteigen?»

«Ich weiß doch nicht!» jammert Christa los. «Aber wenn ich allein mit euch zu fremden Leuten gehen soll, das tue ich nicht! Und allein fahre ich auch nicht mit euch, ihr laßt euch ja doch nie was von mir sagen!»

«Siehst du, Hans», sagt Itzenplitz triumphierend. «Christa sagt auch, wir müssen aussteigen!»

«Nein, nein, ich steig nicht aus mit euch!» jammert die Heulliese. «Ich geh nicht mit euch unter die vielen Leute! Ihr lauft mir gleich alle weg, und ich steh da und weiß nicht wohin!»

«Ich stelle fest», verkünde ich stolz auf meine Geistesschärfe, «daß Christa nicht mitfahren und nicht aussteigen will. Was willst du nun eigentlich, Christa?»

«Ich weiß doch nicht! Warum fragt ihr mich denn immerzu? Aber das sage ich euch, wenn der Herr Rat nicht gleich kommt, dann fahre ich nach Haus! Ich hab's nicht nötig, so in der Welt herumzufahren wie 'ne Waise, ich hab richtige Eltern, bei denen ich bleiben kann!»

Gott sei Dank kam der Herr Rat mit seiner Rätin nun wirklich gleich. Er war so froh, den Zug noch erreicht zu haben, daß Ede nicht mehr als ein paar scherzende Scheltworte abbekam, nebst einem Zupfen am Ohrläppchen. Während Mutter dem Vater seinen Eckplatz gemütlich mit Kissen herrichtete – wir fuhren selbstverständlich Dritter –, während Vater das schwere Tuchjackett mit einem leichten aus Lüster vertauschte und auf den Kopf statt des Filzhutes ein leichtes Käppi setzte, das den schon blaß zwischen licht werdenden Haarsträhnen durchschimmernden Schädel vor Erkältungen schützte, während Itzenplitz schon mit Marlitts Goldelse anfing und Fiete von Christa ihre große Puppe verlangte, die doch auch etwas von der Reise sehen sollte, während Ede ungewohnt steif auf «meinem» Eckplatz saß, die Beine gewissermaßen als Gitter vor dem Versteck des Hamsters, den er mit einem Bindfaden ans Heizrohr gebunden hatte, während ich zum offenen Türfenster hinausschaute – während alledem hatte es auf dem Bahnsteig einen letzten Tumult, ein letztes hastiges Rennen und Schleppen gegeben. Die letzten Türen waren zugeschlagen, die Pfeife des Zugführers hatte geschrillt, und mit lautem Puffen und Dampfausstoßen hatte die Lokomotive unsern Zug in Gang gebracht.

Nun rollte er schon etwas freier, klapperte aber immer noch über Dutzende von Weichen, und ich sah neugierig in all die engen, rauchgeschwärzten Hinterhöfe, die mir bei dieser Ferienfahrt ins Freie besonders abscheulich vorkamen. All die Leute, die in ihnen hausen mußten, schienen mir beklagenswert. Ich begriff fast nicht, daß wir fast ein ganzes Jahr im dritten Stock eines solchen Hauses an der Luitpoldstraße gewohnt hatten!

Nun wurde der Blick etwas freier, ich sah in den Friedhof der Französischen und Hedwigs-Gemeinde und – plötzlich ganz traurig – wendete ich mich ins Abteil zurück und sagte zu Vater: «Wenn wir den Kirchhof wiedersehen, sind die großen Ferien schon vorbei!»

«Und die nächsten sind dir sechs Wochen näher!» lachte Vater und streckte sich behaglich auf seinem Fensterplatz aus. «Werde bloß nicht elegisch, mein Sohn, sondern freue dich dessen, was du hast! Das Dunkle der Zukunft, wie auch die unvermeidliche Fünf in deiner nächsten Algebraarbeit, darfst du jetzt ohne Sorge schlummern lassen. Sechs Wochen sind eine mächtig lange Zeit, Hans, und wir wollen sie genießen und uns nicht die Laune verderben lassen.»

Dieses mit einem Blick auf Ede, den Übeltäter.

Eben fuhr stolz in viel rascherem Tempo ein D-Zug an uns vorüber. Ich sah ihm neidisch nach, hatte schon wieder meinen kleinen Kummer über die Vergänglichkeit irdischer Freuden vergessen und rief: «Ach, Vater, warum fahren wir eigentlich nie D-Zug? Ich würde furchtbar gern mal D-Zug fahren!»

Vater lächelte mit all seinen Augenfältchen. «Aber warum denn, mein Sohn? Du sitzt hier wie dort auf Holz, aber du mußt es teurer bezahlen und hast weniger davon, denn du bist drei Stunden eher am Ziel. Warum sollen wir der Eisenbahn drei Stunden schenken?»

Ich bin nicht einmal sicher, ob nicht Vater wirklich so dachte. Vielleicht war es nicht nur Sparsamkeit, daß er stets mit uns den Personenzug benutzte. Seine ganze Natur war allem Hasten und Hetzen abhold. Er liebte es wirklich, wenn der Zug an jedem kleinen Bahnhof hielt. Dann sah er gemächlich aus dem Fenster zu, wie ein paar Bauersfrauen mit ihren Körben sich beeilten einzusteigen, und zog er den Kopf zurück, hatte er immer eine kleine Beobachtung gemacht, aus der sich ein Geschichtchen spinnen ließ. Ein hastiges Abschiedswort, die schwerwiegende Frage, was die Frauen in ihren Körben gehabt hätten, eine einsame Kuh, die aus dem Türspalt des Güterwagens ihre feuchte Schnauze gesteckt hatte, all dies und tausend anderes gab ihm den Stoff, aus dem er seine Plaudereien spann.

Richtig, jetzt fällt es mir wieder ein, mein Vater hatte eine besondere Vorliebe für die Bücher von Heinrich Seidel, diesem Behaglichkeitsphilosophen der kleinen Leute, des Alltagsglücks, dessen gar zu billiger Optimismus uns heute schon ein wenig fade schmeckt. Aber wie Seidels Leberecht Hühnchen beim Verzehren eines einzigen Eis sich an dem Gedanken ergötzte, daß er mit diesem einen Ei Hunderte von Hühnergenerationen vom Erdball nur zur Ernährung seines Wanstes tilge (er nannte das Schlampampen) und sich dadurch seine überragende Stellung als fast gottgleicher Mensch bewies, so sog mein so selten von seiner Arbeit fortkommender Vater aus jeder Blume Honig. Jeder Mensch war ihm interessant, jeder Vogelruf erfreute ihn, und noch auf jedem Schutthaufen entdeckte er Blumen, die niemand sonst sah! Warum sollte er da nicht auch mit besonderem Vergnügen die dritte Klasse eines Personenzuges benutzen –?!

Meine Mutter kam von ihrer Entdeckungsreise zurück. Sie hatte nach der «Örtlichkeit» oder, wie wir Kinder es einfacher nannten, nach dem «Örtchen» gesucht. Wenn man mit vier, eigentlich mit fünf Kindern (denn Christa konnte man wirklich nicht für voll rechnen!) sieben bis acht Stunden in der Bahn sitzt, war die Frage nach diesem Ort schon brennend. Aber Mutter brachte eben die beruhigendsten Nachrichten.

«Es liegt gleich hier nebenan», erzählte sie in dem halben Flüsterton der Diskretion, den das Thema gebot. «Wir teilen es nur mit den Leuten aus dem Abteil neben uns, da wird es doch nicht immer besetzt sein. Freilich, sie fahren mit fünf Kindern, und keines ist älter als zehn. Recht nette Leute, Vater, ich habe ein paar Worte mit ihnen geredet, aber die Frau trägt zu viel Schmuck, um wirklich fein zu sein. Sie fahren nach Brunshaupten, schon den fünften Sommer, denke dir! Sie sind sehr zufrieden mit Brunshaupten, Vater, sie sagen, es ist dort alles viel leichter zu kriegen als in Graal. Sie haben dort auch eine Landungsbrücke, so was macht den Kindern doch immer sehr viel Spaß, wenn ein Dampfer kommt, sagen sie. Wirklich angenehme Leute, trotz des vielen Schmucks. Kinder, ihr müßt im Nebenabteil ordentlich grüßen, wenn ihr ‹dahin› geht, hört ihr!»

Ich hörte es, aber ich war nur mit halbem Ohr bei Mutters Bericht über die Abteilnachbarn. Ich dachte an frühere Reisen, als wir noch kleiner waren. Zu den damaligen Zeiten muß noch keinesfalls jeder Bahnwagen über ein Örtchen verfügt haben, und was machte eine unselige Mutter mit ihren Kindern, wenn sie «dahin» müssen und es gibt kein «Dahin»!

Nun, *wir* fuhren mit einem Gerät, das wir das Gummipötterchen nannten. Wie es zu uns gekommen ist, ob durch Kauf oder Geschenk, das weiß ich nicht mehr. Aber jedenfalls war es da, war Familienbesitz, war sicher einmal nicht billig gewesen, und so blieb es denn auch bei uns, trotz offensichtlicher Fehler in der Konstruktion. Der Erfinder dieses Reisetopfes war nämlich von dem Gedanken beherrscht worden, daß Reisende wenig Platz in ihren Koffern haben. Er hatte also einen Topf nach dem Prinzip des Chapeau claque konstruiert: auf einen Druck an den beiden Seitenrändern ließ er sich flach zusammenlegen wie solch ein Seidenhut. Drückte man wieder, so sprang er auf, seine derbe graue Gummihaut strammte sich, und er bot willig seine Wölbung – nebenbei ein sehr verlockendes, aber nie erlaubtes Spielzeug für uns Kinder.

Aber der Erfinder hatte nicht bedacht, daß die Benutzer diese Raumersparnis teuer mit großer Unsicherheit bezahlen mußten. Es war ein Reisetopf, Reisen werden aber vorwiegend in nicht stille stehenden Behausungen ausgeführt, sondern meist in Wägen, die sich, mit Rädern versehen, mehr oder weniger schnell fortbewegen. Selbst auf der Eisenbahn, deren Schienen den menschlich denkbar glattesten Weg darstellen, gibt es nicht selten häufig plötzliche Stöße, Schwankungen in den Kurven, einen Ruck, den die auf der Lokomotive zu rasch gezogene Bremse auslöste.

Wohlan! Einen mäßigen gleichbleibenden Druck ertrug das Pötterchen willig, besonders dann, wenn sein Benutzer eine längere halb schwebende, halb hockende Stellung einzunehmen wußte. Verstärkte sich der Druck auf die Seitenwände aber plötzlich, hervorgerufen etwa durch das Schleudern des Wagens in einer Kurve, so wurde aus dem Töpfchen ein Chapeau claque. Plötzlich legte es sich zusammen und sein Inhalt . . .

Nein, ich muß sagen, ich hatte schon als Kind das Gefühl, es sei ein Pötterchen mit ausgesprochen boshaftem Charakter. Es wartete immer, bis sein Zusammenklappen auch Übles anrichtete. Es ertrug bis dahin auch stärkere Stöße willig, um seinen Benutzer in Sicherheit zu wiegen, ihn zu einem *Laisser faire laisser aller* zu verführen – und alle schrien auf!

Meine hart geprüften Eltern hatten sich eine große Gewandtheit im Umgang mit diesem Unhold angeeignet. Sie gaben uns Kindern Hilfestellung. Eines hielt unter dem rechten, eines unter dem linken Arm.

Vater sprach mahnend: «Mach nur schnell, Hans! Ich habe eben aus dem Fenster gesehen, wir haben ein Stück ganz grade Strecke vor uns!»

Und ehe wir uns noch versahen, bremste der Zug oder ging doch in eine Kurve – und wir schrien alle, alle auf!

Mancher wird fragen, warum meine Eltern nicht nach solchen Erfahrungen das moderne Gummitier wegwarfen und zum bewährten emaillierten Blech zurückkehrten, das wohl mehr Platz beanspruchte, dafür aber auch größere Sicherheit bot. Ich weiß es eigentlich auch nicht – aber der Mensch ist wohl so, daß er schließlich auch seine Plagen lieben lernt und ohne sie nicht mehr leben mag. Und dann wurden wir ja auch immer größer, das war nicht zu übersehen. Ein Emailletopf wäre eine Neuanschaffung gewesen, zu Haus hatten wir nur Steingut, das Porzellan genannt wurde und mit Blumen in verschiedener Zusammenstellung geziert war. Mutter sagte: «Es ist ja nur noch dieses eine Jahr, Vater. Dann sind die Kinder groß und können an einer Station auf den Bahnsteig. Und wir werden besser aufpassen . . .»

Ja, Pustekuchen, aufpassen! Das Pötterchen paßte viel besser auf. Da haben wir wieder den Salat!

Nun haben wir schon zweimal gefrühstückt, wir haben bereits dreimal so viel gegessen wie sonst zu Haus, und sind alle recht schläfrig oder schlafen auch schon. Mir gegenüber sitzt Christa, auf ihrem Schoß liegt Fietes schlafender Kopf, an ihrer Schulter lehnt Itzenplitz, schlummernd, mit offenem Mund. Christa sitzt steil aufrecht. Als Stab und Stütze hat sie vor sich zwischen den Knien ihren derben, ländlichen Schirm eingepflanzt in den Boden des Abteils. Ihre breiten roten Hände liegen fest auf dem Griff, der einen Vogelkopf darstellt. Aber trotz dieser aufrechten Haltung schläft auch Christa. Sie hat den Mund geschlossen und schnurkelt friedlich durch die Nase.

Ede schläft in seiner Ecke, um sich vor der Sonne zu schützen, hat er sich die Gardine über das Gesicht gelegt. Auch Vater hat die Augen geschlossen und die Beine weit von sich gestreckt. Er kann das gut, denn Mutter ist auf einen kleinen Plausch zu den Abteilnachbarn gegangen.

Der Zug fährt unermüdlich. Sein regelmäßiges «Rattata Rattata» bilde ich mir im Einschlafen in «Bald sind wir da – bald sind wir da!» um. Ich blinzle nur noch, ich werde auch sofort hinüber sein. Aber ganz kann ich doch nicht zur Ruhe kommen. Da ist irgendein Geräusch im Abteil, das mich stört. Es ist ein Geräusch, das hier nicht hergehört. Ich sage mir vor: «Bald sind wir da! Hurra!», aber ich horche dabei schon wieder. Ich mache die Augen wieder auf, die schon fest geschlossen waren. Ich sehe mich um, ich versuche festzustellen, woher dieses ungewohnte Geräusch kommt.

Da sehe ich etwas auf dem Boden des Abteils. Es sitzt da, hat einen Griepsch in den Vorderpfoten und nagt daran, ganz schnell und stoßweise. O Gott, der Hamster! Wir haben ja ganz den Hamster vergessen, Ede wie ich! Der Hamster ist los!

Ich sehe nach Ede hin, aber Ede ist ganz hinter seiner Gardine verschwunden, er schläft tief. Wollte ich einen Versuch machen, ihn zu wecken, würde eher das ganze Abteil wach. Ich kenne das bei Ede. Wir haben schon eine Weckuhr neben ihm aufgebaut, die lauteste Weckuhr des ganzen Hauses, und die haben wir auch noch auf einen umgestülpten Teller gestellt, den Lärm zu erhöhen. Ede schläft immer weiter. Ede ist nur zu wecken, wenn man ihn mit reichlich Wasser begießt oder aus dem Bett auf den Fußboden rollt.

Nein, Ede kann ich nicht wecken und will es auch nicht. Der Hamster sieht recht possierlich aus. Da ich doch nicht wieder einschlafen kann, sehe ich ihm lieber zu. Die ungewohnte Lebenslage, das Poltern und Rollen des Zuges scheinen unsern Maxe nicht zu stören, er benimmt sich friedlich und vertraut, als säße er vor der Tür seines Baues im heimischen Weizenakker.

Der Apfelgriepsch hat seine Schuldigkeit getan, er ist hinüber. Der Hamster nähert sich Christas Schuhen, beschnüffelt sie, wobei er seine rosa-weiße gespaltene Nase rasch über den langen gelben Schneidezähnen auf und ab zieht, und nun hat er entdeckt, daß zwischen Christas Schuhen ein Weg hindurch in das Dunkel unter ihrem Sitz führt! Er benutzt diesen Weg und verschwindet aus meinem Gesichtsfeld.

Eine Weile horche ich. Aber nichts läßt sich vernehmen, nichts geschieht. Es ist ein ausgesprochen langweiliger Hamster, ich habe das Ede schon immer gesagt. Ein Karnickel würde nie so lange tatenlos im Dunkeln sitzen! Der Hamster kann ruhig etwas tun, um mir die langweilig schläfrige Mittagsstunde zu vertreiben, ich habe seinetwegen meinen Eckplatz an Ede abgetreten!

Ich sehe mich suchend um. Über mir im Gepäcknetz liegt Vaters Stock. Ich hole ihn mir, und nun versuche ich, durch Christas eng beieinander stehende Beine ins Dunkle vorzustoßen. Hell erklingen die Eisenrohre der Heizung, aber ein ärgerliches Fauchen verrät mir, daß ich nicht nur sie getroffen habe. Der Hamster, der ein mutiges Tier ist, erscheint wieder und attackiert meinen Stock. Er sitzt auf den Hinterbeinen, zornig hat er die Zähne entblößt, er schnappt nach dem Stock. Dieses große, braungelbe Dings kann ihn nicht in Schrecken versetzen, es ärgert ihn, er wird immer wütender. Sieh da, diese Handvoll Fett und Fleisch und Zähne möchte den meterlangen Stock einfach verschlingen!

Ich ziehe den Stock vor und zurück, ich berühre den Hamster bald am Kopf, bald an der Brust – wie er sich bläht vor Zorn, wie seine Backentaschen anschwellen! Es ist ein wunderbares Spiel: ich bin ein kleiner Herrgott. Ich bin mit etwas Neuem in diese kleine Hamsterwelt eingebrochen. Aber Maxe gibt sich nicht geschlagen, nein, immer wieder nimmt er den Kampf mit dem nie gesehenen Ungeheuer auf. Er ist nicht feige. Ich aber bin ein milder Herrgott, der Hamster hat keine Ahnung, daß ein einziger Schlag dieses Stockes, gegen den er so verbissen kämpft, seinem kleinen Dasein für immer ein Ende bereiten würde – ich berühre ihn nur sanft . . .

Dann lasse ich den Stock sinken. Maxe begreift sofort, daß die Drohung vorbei ist. Mit seinen handförmigen Vorderpfoten schlägt er nach dem Stock, er zerrt an ihm mit den Zähnen ... Aber der Stock bleibt ruhig, er will nicht mehr. So wird auch der Hamster sachte friedlicher, er beschnuppert den Stock: ach, es ist nur so ein blödes totes Stück Holz, wie er es schon draußen auf den Feldern gefunden hat, es hat kein Leben in sich, es ist kein Gegner! Der Hamster dreht dem Stock verächtlich den Rücken.

Nun läuft er schnuppernd durch das Abteil. Wo es geht, bleibt er auf dem Boden, windet sich zwischen all den Schuhen hindurch, wo es nicht anders zu machen ist, überklettert er sie auch. Die Schläfer schlafen fest. Auf seinem Marsch findet der Hamster bald hier, bald dort ein paar Brotkrumen, die wir bei unserm Mahl verloren haben. Jedesmal beriecht er sie erst, dann schiebt er sie in seine Backentaschen.

Nachdem ich ihn als Gott in Zorn versetzt habe, bin ich jetzt gerne bereit, ihn zu füttern, denn sicher hat er Hunger. Aber er hat sich jetzt zu weit von mir entfernt, er ist am andern Ende des Abteils, in Vaters Nähe. Ich beobachte gespannt, was er nun tun wird, denn Vaters ausgestreckte Beine bilden eine Barriere.

Maxe beriecht zuerst Vaters Schuhe. Obwohl er mir den Rücken zukehrt, kann ich deutlich erkennen, wie sehr ihn der Geruch der Stiefelwichse anekelt. Einen Augenblick scheint er zu zögern, dann wendet er sich den Beinkleidern zu. Sie scheinen ihm sympathischer, vielleicht erinnern sie ihn an all das flockige weiche Zeug, das seine Hamsterin einst zum Wochenbett zusammentrug. Einen Augenblick wird meine Spannung riesengroß: Der Hamster scheint bereit, in die warme dunkle Höhle von Vaters Hosenbein hineinzusteigen, aber Maxe entschließt sich dann doch anders. Er klettert auf den Fuß. Ich denke natürlich, er will die Barriere nur überqueren, wie er die Schuhe überquert hat, um an die Grenzen seines Reiches zu kommen. Aber Maxe ist von einem Drang zur Höhe erfaßt: er beginnt an Vaters Beinen hochzuklettern.

Es ist ein wahrer Jammer, daß Ede schläft, daß ich keinen Gefährten bei diesem Anblick habe, mit dem ich den Überschwang meiner Gefühle teilen kann. Hinterher wird es mir keiner glauben, daß Maxe an Vaters Beinen hochgeklettert ist, sie werden mich mal wieder ermahnen, meine Phantasie zu zügeln. Aber da ist er! Da ist er im schönsten Sonnenlicht, klar am Tage, ohne alle Phantasien, der Hamster, der an Vaters Bein hochklettert, an einem kammergerichtsrätlichen, freilich mageren Bein!

Vater ist ein leiser Schläfer, zwar erwacht er noch nicht, aber das Kitzeln beunruhigt seinen Schlaf; er bewegt das Bein, nimmt es aus der gestreckten Ruhelage und stellt es aufrecht. Fast wäre Maxe gestürzt, aber seine Krallen haben sich im Stoff festgeklammert, er sitzt still da, überlegend, was nun eigentlich passiert ist.

Dann setzt er seinen Weg fort. Es gelingt ihm, die überhängende Wand der Kniescheibe zu bezwingen, nun ist er auf dem Knieplateau, sichtlich atemholend. Er überschaut, scheint's, die Landschaft, die sich von hier oben ihm darbietet. Es ist ihm nicht anzusehen, ob sie ihm zusagt, aber jedenfalls ist sein Wissensdurst noch nicht gestillt. Er setzt die Reise fort.

In meines Vaters Schoß liegen friedlich und entspannt die beiden Hände. Es sind sehr kleine, zierliche Hände, ich bewundere sie. Ich habe sie nie schmutzig gesehen, die Nägel waren immer gepflegt, während meine Hände Pfoten waren, und durchaus nicht immer sauber. Vielleicht lockt das Weiß dieser Hände Edes Hamster, vielleicht aber auch Vaters ererbter Siegelring mit dem schönen roten Stein, in den unser Familienwappen geschnitten ist. In vier Feldern sieht man darauf: einen Kesselhaken, ein Gartenhäuschen, auf das eine Baumreihe zuführt, eine Schafschere und den Reiher als Wächter: er hält einen Stein in der Kralle, schläft er ein, wird der Stein auf den andern Fuß fallen und ihn wecken.

Sicher lockt den Hamster der Ring. Er huscht zu den Händen, eine Weile beschaut er sie, hebt die Nase und prüft den Geruch, dann senkt er sie und beschnobert die Hand. Diese

Hand macht eine leise abwehrende Bewegung. Der Schläfer hat die Berührung der Nase gespürt, vielleicht meint er, eine Fliege zu verscheuchen.

Der Hamster sitzt sofort in Angriffsstellung da, aber die Hand schläft schon wieder mit dem ganzen Schläfer. Sie kann dem Maxe ganz und gar nicht unsympathisch sein, er schnobert noch einmal – wieder leichte Bewegung der Hand –, dann erklettert sie der Hamster und sieht ins Ärmelloch.

In diesem Augenblick verläßt die Hand ihren Platz und schüttelt sich. Maxe ist in den Schoß gefallen. Die Hand hat ganz blind drei-, viermal zugeschlagen, der Hamster faucht, nun beißt er zu . . .

– – Und ganz schnell schließe ich die Augen, versinke in tiefen Schlaf . . .

Ich höre Vaters Ausruf: «Was ist denn das – ?! Ich bin ja gebissen!»

Lauter: «Was ist das? Willst du mal loslassen, du kleine Bestie du?!» Ich höre ein leichtes Klacksen auf den Boden des Abteils, ein Quieken von Maxes Stimme, voller wütendem Protest, und nun sagt Vater höchst erstaunt: «Ein Hamster! Ein Hamster hier im Abteil! Gottlob! Ich dachte wahrhaftig schon, es wäre eine Ratte . . .»

An den Geräuschen merke ich, daß jetzt die Schwestern und wohl auch Christa erwacht sind, ich aber schlafe fort, und auch Ede scheint geruhig weiter zu schnurkeln.

«Ja, Kinder, ich bin gebissen!» sagt Vater. «Es ist aber nur ein Hamster gewesen. Ich will hoffen, daß er saubere Zähne hatte, sonst bekomme ich noch eine Blutvergiftung. – Nein, ihr könnt ihn nicht sehen, er ist irgendwo unter einen Sitz gekrochen. – Sagt mal, weiß jemand von euch, ob Eduard (siehe da! Schon wieder Eduard statt Ede!) seinen Hamster etwa mitgenommen hat? Aber ich bitte mir aus, daß ihr die Wahrheit sagt!»

«Eduards Hamster? Nein, Vater», sagt Itzenplitz. «Ich glaube das nicht. Er wollte ihn doch Herrn Markuleit in Pflege geben.»

«Ja, hat er das aber auch getan?»

«Runtergelaufen ist er heute früh noch mit Hans zu Markuleit», meldet Fiete. «Aber vielleicht, Vater . . . Wie wir auf dem Stettiner Bahnhof noch allein im Abteil waren, ohne dich, da hat Ede immerzu mit Hans getuschelt!»

Oh, du Petze, warte nur! Wenn wir erst in Graal sind, setze ich dir so viel Kletten in die Haare!

Vater hat nachgedacht, er ist ja nicht umsonst einmal Untersuchungsrichter gewesen. «Tat Ede nicht auf dem Stettiner so, als hätte er sich den Arm verletzt, trug ihn immer vorne im Mantel? Und nachher hier im Abteil hat er überhaupt nicht mehr über den verletzten Arm geklagt – das sieht Ede so gar nicht ähnlich!»

«Und Vater, daß Ede vorgelaufen ist auf den Bahnsteig – da hat er ihn doch sicher hier im Abteil versteckt», gibt nun auch Itzenplitz ihren Senf dazu. (Auch du wirst noch dein Teil bekommen! Bestimmt packen wir dir einen Regenwurm aufs Butterbrot!)

«Ja», sagte Vater. «Es scheint immerhin ein begründeter Verdacht vorzuliegen.»

Mit erhobener Stimme: «Ede!»

Schnurkeln.

«Ede!!»

Schnurkeln.

«Ede!!!»

Schnurkeln.

«Itzenplitz, sieh, daß du ihn wachschüttelst. Du darfst ihm ruhig stark auf den Fuß treten. Mein Finger tut ziemlich weh.»

Und lauter: «Und du, mein Sohn Hans, tu ruhig deine Guckäugelein auf! Ich sehe doch, daß du nicht schläfst, du mußt nicht so mit deinen Lidern zucken! – Nun, wie ist es, Hans? Hat Ede seinen Hamster hier ins Abteil gebracht?»

«Welchen Hamster?» frage ich und gähne dabei herzhaft. «Ist hier 'n Hamster? Das ist ja mächtig komisch!»

«Ich warne dich, Hans!» sagt mein Vater liebevoll. «Laß dich nicht in Lügen ein, du warst immer ein schlechter Lügner, wenn du nicht selbst an deine Lügen glaubtest. Und diesmal glaubst du nicht daran.»

«Aber ich habe wirklich keine Ahnung, Vater! Ein Hamster –? Ich habe ganz fest geschlafen . . .»

Gottlob erlöste mich Ede. Mit einem kombinierten Wut- und Schmerzensschrei fuhr er hinter der Gardine hervor.

«Du bist wohl verrückt geworden –?!» schrie er seine Schwester Itzenplitz an. «Mich so in den Arm zu kneifen –! Warte mal, ich werde dich noch ganz anders kneifen –!»

«Ede!» sprach Vater streng. «Ede – wo ist dein Hamster?»

Ede warf einen ängstlich-raschen Blick durch das Abteil und schwieg.

«Ede!» fuhr Vater mit erhobener Stimme fort. «Ich frage dich: wo ist dein Hamster –?! Ist er, wie du deiner Mutter versprochen hast, bei Markuleits – oder ist er vielleicht unser Reisekamerad?»

Ede lief immer röter an. Ihm schwante, daß etwas geschehen war. Aber er war ganz unsicher, wie weit er sich schon in Geständnisse einlassen sollte.

«Ede!» rief der Vater jetzt. «Ich frage dich zum drittenmal: wo ist dein Hamster –?!!! Willst du ihn etwa verleugnen –? Sieh dir dies an!» Und Vater wickelte ein blutiges Taschentuch von seinem blutigen Finger. «Eduard, ein Hamster hat mich gebissen – war es vielleicht dein Hamster?!»

«Vater!» sagte Eduard etwas überstürzt. «Mein Hamster beißt keinen. Bestimmt nicht! Hat mich noch nie gebissen! Und Markuleit hat so gemein von ihm geredet, heute früh, sicher hätt er ihn verhungern lassen. Das ist doch Tierquälerei, und da hab ich gedacht . . .»

«Eduard!» sprach Vater. «Du hast heute bereits mehrfach gelogen. Weder war dein Arm verletzt, noch bist du in dieses Abteil vorausgegangen, um uns die Plätze zu sichern. Es ist nicht empfehlenswert für dich, auf dieser Bahn fortzuschreiten, eine starke Trübung deiner Ferien könnte eintreten. – Ede, sag ganz einfach: du hast uns angeschwindelt?»

«Ja, Vater.»

«War dir klar, daß ich nie erlauben würde, den Hamster auf die Reise mitzunehmen?»

«Ja, Vater.»

«Und ist es etwa keine Tierquälerei, einen Hamster in einer kleinen vergitterten Kiste zu halten? Überlege es dir gut, Ede!»

«Ja, Vater, vielleicht ... Aber er kam mir immer ganz vergnügt vor – für einen Hamster, Vater. Ein bißchen brummig sind die alle ...»

«Mir kam er nicht vergnügt vor», sagte der Vater und betrachtete seinen Finger. «Ede, du hast eine Viertelstunde Zeit, deine sämtlichen heutigen Vergehen zu tilgen. Du wirst den Hamster einfangen – nein, du allein! Nicht ihr alle! – und du wirst ihn auf der nächsten Station in Freiheit setzen. Wir halten jetzt nur an ländlichen Orten, da wird dein Hamster sich schon glücklicher fühlen ...»

«Vater», bat Ede. «Darf ich ihn nicht wenigstens bis Graal mitnehmen? Ich dachte, wenn ich ein Weibchen für ihn fange, würde er sich nicht mehr so einsam fühlen ...»

«Ich weigere mich», sagte der Vater streng, «ich weigere mich, mir unsern Berliner Haushalt als eine Hamsterhecke zu denken. Mein Kopf weigert sich, meine Phantasie weigert sich, mein ganzes Wesen empört sich dagegen. Du weißt Bescheid, Ede! Eine Viertelstunde ...»

Und Vater setzte sich. Er zog seine *Tägliche Rundschau* aus der Tasche und verschwand ganz hinter ihr, zum Zeichen, daß er jede weitere Diskussion über diesen Fall ablehne.

Das sah Ede auch ein. Seufzend beugte er sich unter die Sitze und fing an, den Hamster zu locken. Aber Maxe war verstimmt, er weigerte sich, auf die Stimme seines Herrn zu hören. Blind und taub wie alles Erdgeborene ahnte er nicht, daß diese Stimme ihm zum erstenmal Angenehmes verkündete: die nahe Freiheit. Er beharrte widerborstig in einem äußersten Winkel, wo ihm die Heizrohre einen fast unangreifbaren Schutz boten. Nur sein wütendes Fauchen war zu hören.

Ich bot Ede wortlos Vaters Stock an. Er stocherte, und das Fauchen wurde grimmiger. Dann gab der Hamster seine unhaltbar gewordene Position auf, aber nur, um unter Vaters Platz eine ganz ähnliche zu beziehen. Vater mußte in seiner

Lektüre gestört werden. Schließlich erwies sich Vaters Befehl, Ede solle seinen Maxe allein fangen, als unhaltbar. Wir beteiligten uns alle an der Jagd, Vater nicht ausgenommen.

Es ist für sechs Personen nicht ganz leicht, im engen Abteil eines fahrenden Zuges ein zähnefletschendes, rasendes Ungeheuer einzufangen. In der Hauptsache mußte die Jagd auf den Knien durchgeführt werden, nicht zum Vorteil unserer Reisegarderobe, die wir am Morgen fleckenfrei angezogen hatten.

Das fand Mutter auch, als sie von ihrem nachbarlichen Plausch zurückkehrte. Sie stieß einen Schreckensschrei aus, als sie diesen staubaufwirbelnden Tumult sah, mit Stöcken und mit Stangen, den bösen Feind zu fangen . . .

«Aber Vater!» rief sie. «Itzenplitz, willst du mal! Fiete, dein Kleid! Hans, laß das, Ede, aber . . . Christa, nein, was macht ihr bloß –?! Wir wundern uns schon immer nebenan über das Gepolter . . .»

Vater klärte Mutter auf, indes wir die Jagd fortsetzten. Mutter seufzte tief. «Junge, Junge, was machst du nur immer für Geschichten –!»

Der Zug fuhr langsamer, hielt. Wir warfen einen flüchtigen Blick hinaus: Kiefernwald. Ein kleiner Schuppen nur als Haltestelle.

«Macht doch mal die Tür auf!» rief einer.

Die Tür flog auf.

«Daß aber keiner hinausfällt!» warnte Mutter.

Schon fiel einer, aber es war nur der Hamster, den ein zielgerechter Stoß ins Freie befördert hatte. Einen Augenblick war er unseren Blicken durch die Trittbretter entzogen. Dann sahen wir ihn wieder. Rasch lief er über den gelblich bekiesten Bahnsteig und stutzte einen Augenblick vor dem Lattenzaun. Aber schon hatte er sich durchgezwängt . . .

Einen Augenblick sahen wir ihn noch, wie er die Böschung zum Wald hinauflief. Dann verschwand er zwischen Heidekraut und Ginster – in die Freiheit . . .

«So Louise», sagte Vater und setzte sich wieder behaglich in seine Ecke, während der Zug schon weiterfuhr. «Und jetzt kannst du uns etwas zu Mittag geben. Ich habe von Brathühnchen flüstern gehört. Ich glaube, wir könnten jetzt ungestört essen, falls du nicht deine Karnickel, Hans, noch irgendwo im Hintergrund hältst –?»

Ich protestierte entrüstet.

«Bei euch weiß es nie jemand», sagte Vater friedlich. «Am besten ist man immer auf das Schlimmste gefaßt und genießt die ruhigen Stunden bis dahin als unverdientes Glück. Meistens pflegst du doch in jeder Sommerfrische mit einem kleinen Unfall zu debütieren, Hans!»

Wir sind 7

«Ich traf ein Bauernmädel,
Das sagt, es sei acht Jahr,
Es hatte . . . es hatte . . .»

Und da blieb Pansy Monaghan stecken.

«. . . es hatte wunderschönes . . .»

half der Inspektor freundlich aus. Pansy sah ihn aus großen, braunen, seelenvollen Augen an, dann atmete sie auf und fuhr fort:

«Es hatte wunderschönes
Und dichtes Lockenhaar.»

Der Inspektor strich sich über seine eigenen, etwas schütteren Haare, dann fiel ihm ein, daß das vielleicht keine allzu geeignete Illustration war. Er sagte hastig: «Wie deine eigenen Locken, mein Kind.»

Pansys lange seidige Wimpern streiften fast ihre Wangen. Sie sagte lächelnd (und, wie Miss Kelly fand, etwas geziert): «Und ich bin auch acht Jahre alt.»

Die anderen Kinder in der Klasse hielten den Atem an, während sie dieser gewagten Unterhaltung mit einem Schulinspektor folgten. Aber der Inspektor erwiderte Pansys Lächeln. Er hatte alle Mädchen gern, kleine oder große, und dieses Mädchen war wirklich ein ganz reizendes Geschöpf.

«Du und das kleine Mädchen in dem Gedicht von Wordsworth haben viel Ähnlichkeit.»

Mehr, als Sie ahnen, dachte Miss Kelly. Sie betrachtete ihre Schülerin mit ganz ungerechtfertigtem Mißvergnügen, da die Kleine sich tatsächlich sehr gut benahm und außerdem den Inspektor in gute Laune gebracht hatte.

«Und hast du auch Geschwister,
Die dich herzlich lieben?»

Ist sowieso ein dummes Gedicht, dachte Miss Kelly. Ich hab mir nie viel aus Wordsworth gemacht.

«Ja, sagt das Bauernmädel,
Im ganzen sind wir sieben.»

Der gefährliche Punkt war überwunden – Miss Kelly seufzte erleichtert. In diesem Augenblick erhob sich aus dem Hintergrund des Klassenzimmers, wo die Kleinkinder saßen, eine Stimme, die im Gegensatz zu Pansys sanfter, melodischer Stimme rauh und krächzend war.

«Das sind wir», sagte die rauhe Stimme.

Der Inspektor blinzelte. Ein sehr kleiner Junge war aufgestanden; er trug einen roten Sweater und dunkelblaue Trägerhosen, die straff über seinen Schultern saßen, weil er beide Hände in die Hosentaschen gesteckt hatte und die Hosen herunterzog. Er hatte ein rundes, verschmiertes Gesicht und einen blonden Haarschopf, der wie ein Hahnenkamm von seinem Kopf abstand. Er starrte den Inspektor aus kalten blauen Augen an.

«Das sind wir», wiederholte die rauhe Stimme. «Ich und sie.»

Der gelbe Haarschopf wies in die Richtung von Pansy. «Und die anderen – genau wie in dem schönen Gedicht – wir sind auch sieben!»

«Aber Daniel», sagte Miss Kelly hilflos.

Er starrte sie ärgerlich an.

«Ich heiße Toughy», sagte er zum Inspektor. «Toughy Monaghan. *Sie* nennt mich sonst auch nicht Daniel – nur wenn Sie hier sind. Mich nennen alle Toughy.» Er versuchte, mit den

Fäusten in den Taschen, die Hosen in die Höhe zu ziehen. Seine Mundwinkel waren verächtlich nach unten gezogen, als verhinderte ihn nur seine angeborene Höflichkeit, im großen Bogen männlich in die Ecke zu spucken. «Weil ich so ein strammer Kerl bin . . .», fügte er hinzu.

«Das bist du wirklich», sagte der Inspektor. Sie sahen sich in die Augen – Mann zu Mann. «Und wie alt bist du?»

«Fünf.» Toughy bemerkte Miss Kellys mißbilligenden Blick. «Fast fünf», fügte er hinzu.

«So – und du hast also noch sechs Geschwister?»

«Ja», sagte Toughy. «Zuerst kommt Mary; dic geht nicht mehr zur Schule – die ist zu Hause und hilft Mutti. Mary ist nämlich sehr alt – so um die sechzig oder siebzig, glaub ich. Und dann kommt Tommy. Das ist Tommy!» Er nahm eine Faust aus der Tasche und zeigte auf einen vierzehnjährigen Jungen mit einem gleichmütigen Gesicht. «Der kommt bald aus der Schule, weil er auch schon alt ist – fast so alt wie Mary.»

«Toughy . . .», sagte Miss Kelly, aber der Inspektor murmelte: «Bitte, Miss Kelly!» Toughy fuhr unbeirrt fort.

«Das sind Willie und Sissy.» Der schmutzige Zeigefinger wies auf einen Knaben und ein Mädchen; das Mädchen errötete, und beide begannen nervös mit den Füßen zu scharren. «Sie sind zwölf; das weiß ich, weil sie Zwillinge sind, und alle Leute fragen Zwillinge immerzu, wie alt sie sind.» Er machte eine Pause. «Zwillinge gelten doch als zwei?» erkundigte er sich ängstlich.

«Unbedingt», sagte der Inspektor.

«Und dann kommt sie – Pansy! Und dann komm ich! Und dann das Baby – das heißt Pius, wie die Päpste. Pius ist noch sehr jung, der kann noch nicht mal laufen und kein Wort sagen. Und das sind sieben», sagte er mit angriffslustiger Miene zum Inspektor. «Ich hab sie gezählt!»

«Wie viele Brüder und Schwestern du hast», meinte der Inspektor bewundernd.

Pansy Monaghans Augen wurden riesengroß und rund; diesmal war sie nicht geziert, sondern wirklich erregt. Sie sah auf das schmutzige Kerlchen herab, strich mit der einen Hand über ihre Locken und zupfte mit der anderen ihr Kleid zurecht. Dann sagte sie mit klarer, verächtlicher Stimme: «Er ist gar nicht mein Bruder – nur mein Halbbruder!»

Toughy stöhnte gequält.

«Das gilt doch, nicht wahr? Das muß doch gelten.»

Miss Kelly sagte: «Sei ruhig, Toughy», und fast gleichzeitig sagte der Inspektor laut und deutlich: «Natürlich gilt das!» Toughy war beruhigt und setzte sich wieder auf die Bank zu den anderen Kleinkindern. Aber Pansys Unterlippe zitterte. Der Inspektor sagte schnell: «Dann ist Tommy wohl dein Bruder, mein Kind?» Tommy sah ihm ernsthaft in die Augen.

«Nein», antwortete Pansy mit ihrer hellen, durchdringenden Stimme, «der ist auch nur mein Halbbruder, ebenso wie Toughy und die Zwillinge.»

Dem Inspektor schwirrte der Kopf. Er sah die fünf Monaghans bestürzt an. Dann ging er ein paar Schritte zurück; Miss Kelly folgte ihm. Er fragte sie leise und verzweifelt: «Wie oft war denn die Mutter verheiratet?» Und Miss Kelly antwortete ebenso verzweifelt: «Sie war überhaupt nicht verheiratet.»

Er sagte verdutzt: «Sie müssen mir später mehr über die Familie Monaghan erzählen.»

Der Inspektor war gerade erst in diesen Bezirk versetzt worden. Er trank fünf Tassen Tee – glücklicherweise hatte Miss Kelly reichlich Teewasser aufgesetzt –, bevor er die ganze Geschichte von Bridget Monaghan und ihren sieben Kindern gehört hatte.

Das Landstädtchen Doon liegt zwischen dem kleinen Dorf Ballybay an der lieblichen Küste von Waterford und dem Inland-Dorf Kilmuc; Doon ist etwa drei Meilen von jedem der beiden Orte entfernt. In dieser Gegend gibt es viele kleine Bauernhöfe mit zwanzig bis hundert Acker Land, die von fleißigen, sparsamen Bauern bewirtschaftet werden.

«Der einzige Mann im ganzen Bezirk, der niemals gearbeitet hat, war Bridget Monaghans Vater», sagte Miss Kelly nachdenklich. «Er besaß ein Haus und zehn Acker Land, die er nicht bestellte, sondern zusah, wie sie sich in Grasland verwandelten. Seine Frau war jung gestorben, und er lebte mit Bridget von einer Pension, die er von der englischen Regierung bekam. An schönen Tagen saß er vor seinem Haus inmitten der Rosen und anderen Blumen, die seine arme Frau gepflanzt hatte und die jahrein, jahraus weiterblühten und wucherten. Wenn es kalt und regnerisch war, saß er am Fenster, rauchte seine Pfeife und redete. Er redete wie ein Buch, wenn er einen Zuhörer fand, und das war meistens der Fall, da er amüsant zu erzählen wußte. Er sprach über Kriege – den Krieg von 1914 hatte er mitgemacht –, über Politik, über Religion und über jedes andere Thema, das ihm in den Sinn kam. Er sprach lebendig und anschaulich, und es gelang ihm, selbst die langweiligsten Dinge interessant erscheinen zu lassen. ‹Was zu reden und was zu rauchen hat der alte Monaghan immer›, sagten die Leute.»

«Muß ein glücklicher Mensch gewesen sein», bemerkte der Inspektor.

«Allerdings, obwohl die Leute auf ihn herabsahen, weil er so entsetzlich faul war; aber das war ihm ganz gleichgültig. Es wurde allgemein bedauert, daß Bridget ohne Mutter aufwuchs, aber trotzdem entwickelte sie sich zu einem netten, gepflegten und hübschen Mädchen.» Miss Kelly stocherte im Kamin und blickte träumerisch in die auflodernden Flammen. «Ich erinnere mich an Bridget als Schulmädchen. Sie war eine richtige Leseratte; sie las alles – Geschichte, Erzählungen, Gedichte. Und später, als sie nicht mehr zur Schule ging, sah man sie nie ohne ein Buch in der Hand. Um diese Zeit las sie nichts als Liebesgeschichten, lächerlich dumme Kitschromane, die sie jedoch für bare Münze nahm und wundervoll fand. Sie lebte in einer Traumwelt, die nichts mit Doon und dem Melken der Kühe, dem Buttermachen und dem Kartoffelstechen zu tun hatte.»

«Und wahrscheinlich hat sie niemals aufgehört, in ihrer romantischen Traumwelt zu leben», sagte der Inspektor.

Miss Kelly strich sich das graue Haar aus der Stirn und sah ihn mit ihren müden, gütigen Augen an.

«Ich glaube, das stimmt. Die Leute reden natürlich schlecht über Bridget Monaghan, das ist ja nur zu begreiflich, aber sie verstehen sie nicht. Bridget ist ein ewiger Backfisch. Sie hält jeden Mann für einen edlen Ritter . . . und das ist ihr Unglück», sagte Miss Kelly.

«Ich verstehe», murmelte der Inspektor. Er begann Miss Kelly sehr nett und sympathisch zu finden.

«Als Bridget sechzehn Jahre alt war, wurde sie Lehrmädchen in einem Schneideratelier in Waterford. Während der nächsten drei Jahre hörte man nichts von ihr. Dann starb ihr Vater, und Bridget kam plötzlich zurück in das kleine Haus in Doon mit den zehn Ackern Grasland . . . Und sie kam mit einem Baby und ohne Trauring.»

«Muß ein tapferes Mädel gewesen sein», bemerkte der Inspektor.

«Tapfer? Ich weiß nicht recht, ob das der richtige Ausdruck ist – eher gleichgültig. Sie gab nichts auf die Meinung anderer Leute; in dieser Beziehung war sie genau wie ihr Vater. Natürlich wurde viel über sie geredet, aber zu Bridget selbst sagten die Leute nichts. Sie war so ruhig und zurückhaltend, und so . . .», Miss Kelly zögerte, dann lächelte sie, «. . . so damenhaft, daß sich niemand traute, offen mit ihr zu reden.»

Möglich, daß der Inspektor Miss Kellys letzte Bemerkung etwas sonderbar fand; jedenfalls ließ er es sich nicht anmerken.

«Und so ließ sie sich in ihrem Häuschen als Schneiderin nieder; sie ist eine sehr gute Schneiderin und hat selbst jetzt noch viel zu tun.»

«Heutzutage sind die Leute eben toleranter.»

«Ja, vielleicht sind sie toleranter, aber als Bridget ihre Fehltritte beging, waren die Zeiten noch anders. Jetzt haben sich die Fehltritte leider etwas zu sehr angehäuft . . .»

«Man sollte nicht immer wieder denselben Fehler machen», sagte der Inspektor.

«Nein, aber Bridget hat es getan. Drei Jahre später kam

Tommy zur Welt, dann die Zwillinge, dann Pansy und dann Toughy. Und dann, nachdem wir alle gehofft hatten, daß sie endlich Vernunft angenommen habe, kam Pius.»

«So genannt nach den Päpsten», murmelte der Inspektor.

Miss Kelly lachte.

«Unser Priester war darüber sehr ärgerlich. Er war um diese Zeit fort, und an seiner Stelle amtierte ein junger Hilfsgeistlicher.»

Der Inspektor dachte über eine bestimmte Frage nach.

«Es kann nicht leicht sein, in einem Landbezirk wie hier etwas geheimzuhalten; wahrscheinlich weiß doch jeder, wer die Erzeuger der jungen Monaghans sind.»

«Das ist ja das Unglück», bestätigte Miss Kelly. «Alle wissen Bescheid – nur nicht über Marys Vater. Man sagt, er war entweder Matrose oder Gepäckträger. Einem anderen Gerücht zufolge war er allerdings ein Lord, und das wäre natürlich viel interessanter. Aber die anderen! Unglücklicherweise sehen alle Monaghans ihren Vätern sprechend ähnlich.»

Der Inspektor lachte laut.

«Natürlich ist es in gewisser Weise komisch», sagte Miss Kelly, «aber es hat auch viel böses Blut gemacht.»

«Sind Ehen in die Brüche gegangen?»

«Nein, das passiert bei uns nicht so leicht, aber gebrochene Herzen hat es gegeben. Und gerade als sich alles etwas beruhigt hatte, erschien Pius auf der Bildfläche, und jetzt warten wir alle darauf, wem er ähnlich sehen wird, wenn er in ein Alter kommt, in dem sein Vollmondgesicht menschliche Züge annimmt.»

Dieses Mal lachte der Inspektor lange und herzlich, und sie strich sich wieder mit einer müden Bewegung das graue Haar aus der Stirn.

«Ich mache mir nur um die Kinder Sorgen», sagte sie. «Es sind prachtvolle Kinder, selbst die affektierte kleine Pansy, die Ihnen Augen gemacht hat – sie will Filmstar werden! Und Mary ist ein besonders nettes Mädel. Sie würde eine gute Frau abgeben, aber ich kann mir nicht vorstellen, daß jemand eine

Tochter von Bridget Monaghan heiraten wird. Tommy kommt im nächsten Monat aus der Schule. Er macht sich nichts aus Büchern, sondern interessiert sich nur für die Landwirtschaft. Selbst jetzt pflügt und gräbt er in seiner Freizeit, und er hat wahre Wunder auf dem mageren Grasland vollbracht. Und Toughy . . .», ihr Gesicht verklärte sich, «nun, Sie haben Toughy ja kennengelernt.»

«Ein Jammer, daß die Frau nicht in eine andere Gegend zieht, wo man sie nicht kennt», meinte der Inspektor, «hauptsächlich der Kinder wegen.»

«Umziehen? Sie glauben gar nicht, wie oft man schon versucht hat, sie zum Umziehen zu bewegen, aber sie denkt gar nicht daran. Sie ist eigenwillig und stolz und würde sich um nichts in der Welt von einem der in Frage kommenden Männer unterstützen lassen.» Miss Kelly machte eine kleine Pause. «Man erzählt sich, daß sie jedem ihrer Kinder an seinem siebten Geburtstag mitteilt, wer sein Vater ist; danach wird die Angelegenheit nie wieder erwähnt.»

«Aber nach dem, was Sie mir erzählt haben, scheint man doch genau zu wissen, wer die Väter sind.»

«Das ist allerdings richtig. Selbst Toughy ist bereits eine lächerlich ähnliche Miniaturausgabe seines Vaters.»

Der Inspektor ließ sich seine Teetasse zum sechsten Male füllen. «Ja, dann ist es nur zu verständlich, daß das Erscheinen von Pius große Unruhe erzeugt hat», sagte er.

DIETER ZIMMER

Eine burschikose Klamotte

«Übernächste Woche gehen wir mit der Klasse ins Theater», verkündete Thomas beim Abendbrot.

«Mein Gott», sagte die Mutter, «da brauchst du nun aber endlich einen neuen Anzug.»

«Gefällt dir mein schöner blauer nicht mehr?» fragte Onkel Wolfgang mit gespielter Entrüstung.

«Ich finde ihn immer noch sehr schön», erwiderte die Mutter, «aber man kann auf den ersten Blick nicht mehr entscheiden, ob die Hose als lange oder als kurze Hose gedacht ist.»

Am nächsten Nachmittag zog Thomas mit der Oma durch die Kaufhäuser der Stadt, und auch am übernächsten und zwei weiteren. Dann hatten sie Erfolg.

Als Thomas abends die Neuerwerbung vorführte, kam zum erstenmal seit Wochen wieder Heiterkeit in der Familie auf.

«Wenn du dich mal verlaufen solltest in dem Anzug», grinste Onkel Wolfgang, «dann mußt du immer dem Lichtschein nachgehen. Dann findest du wieder ins Freie.»

«Ich habe eben auf Zuwachs gekauft», erklärte die Oma.

Die Mutter wollte wissen, welche Farbe der Anzug denn habe. Man habe ihn als blaugrau verkauft, sagte die Oma. Daß die Jacke verschiedene Knöpfe hatte, führte die Oma auf die Planwirtschaft zurück: Ausgerechnet bei diesem Anzug sei wohl eine Knopfzuteilung zu Ende gewesen und habe eine neue angefangen. «Ihr solltet ein bißchen dankbar sein, daß ich überhaupt einen erwischt habe», sagte sie nun fast beleidigt, «schließlich gehören wir nicht zu den Leuten, die in den Intelligenz-Läden kaufen dürfen.»

«Du hast recht», bestätigte Onkel Wolfgang. «Wenn Thomas so einen richtig schicken Anzug hätte, dann würden sie ihn noch für ein Bonzenkind halten.»

Als Thomas endlich von der Vorstellung erlöst war und mit hochgerafften Hosenbeinen davonstolperte, übertönte das Lachen sogar den Gesang aus dem Nebenzimmer.

Dort wohnte seit einer Woche eine ältere Dame, die das Wohnungsamt als Untermieterin geschickt hatte. Ohne den Vater war die Wohnung zu groß gewesen, jedenfalls nach Ansicht des Wohnungsamts. Erst nach dem Einzug hatte sich herausgestellt, daß die Dame Gesangslehrerin war.

Fräulein Krische hatte nicht viele Schüler, aber diese wenigen fanden meist erst abends Zeit, zum Unterricht zu kommen. So wurde die Familie nun beim Abendbrot Zeuge, wie im Nebenzimmer ein Knab' ein Röslein stehn sah und sich diesem so ungeschickt näherte, daß er «gebissen» wurde, wie Thomas es ausdrückte.

Am dritten Abend nach Fräulein Krisches Einzug hatte sich Thomas ans Klavier gesetzt und gegen den Gesang angekämpft. Mit Genugtuung hatte er bemerkt, daß er Fräulein Krisches Schüler hin und wieder aus dem Takt brachte. Am Morgen darauf hatte sie ihn jedoch angesprochen: «Wie ich höre, bist du ja ein ganz musikalisches Kind. Möchtest du nicht vielleicht bei mir singen lernen?»

Thomas hatte erschrocken die Hände gehoben: «Nee, bloß nicht! Ich muß ja schon Klavier und Fußball trainieren, da hab ich keine Zeit für das Geplärre.»

Das Wort war ihm so herausgeschlüpft, aber Fräulein Krische hatte ihn beleidigt angeschaut.

Als er sich nun seines neuen Anzugs entledigt hatte und ins Zimmer zurückkam, sang nebenan eine Dame: «Leise flehen meine Lieder.»

«Wenn's nur so wäre», seufzte die Mutter.

«Sag mal», wollte Thomas wissen, «wenn ich nächste Woche ins Theater gehe und die ‹Räuber› sehe, wird da auch gesungen?» Sie beruhigten ihn, daß dies nicht der Fall sei.

Die Auskunft stellte sich als richtig heraus. In dem Stück von Schiller wurde nicht gesungen, dafür jedoch viel und laut geflucht, was Thomas gut gefiel. Auch der äußere Rahmen beeindruckte ihn sehr: Der große Saal mit dem gedämpften Licht und den weichen Plüschsesseln und die vornehm gekleideten Leute. Er war froh, daß er den neuen Anzug trug, den die Oma noch passend gemacht hatte. Auf dem Weg ins Theater hatten einige Klassenkameraden in der Straßenbahn noch ihre Schnipsgummis und Papierkrampen sortiert, aber Gernot Stein, der als einziger schon mal im Theater gewesen war, hatte ihnen erklärt, dort sei es – anders als im Kino – nicht angebracht, die anderen Zuschauer zu beschießen.

Thomas fiel noch ein weiterer Unterschied zum Kino auf: Die wirklich interessanten Dinge wurden hier im Theater nicht gezeigt, sondern erzählt. Zum Beispiel berichteten die Räuber ziemlich ausführlich, wie sie ein Kloster überfallen und die Nonnen aus den Betten geholt hatten, aber gezeigt wurde das nicht.

Außerdem mißfiel Thomas eines, was ihn auch im Kino immer ärgerte: Jedesmal wenn eine Frau auftrat, wurde es langweilig. Da wurde von Liebe und Treue geredet, aber es passierte nichts. Er war froh, daß bei den «Räubern» nur eine einzige Frau mitspielte. In einer Szene nötigte sie ihm jedoch großen Respekt ab: Als Amalia in großer Erregung Franz, der Kanaille, die vielen Boshaftigkeiten mit einer schallenden Ohrfeige lohnte. Da stand Thomas auf und rief: «Jawoll! Gleich noch eine!» Auch drei oder vier Klassenkameraden feuerten Amalia an. Aber Fräulein Hase und einige Erwachsene in den vorderen Reihen zischten, und Gernot Stein flüsterte: «Ihr Arschlöcher! Wenn in dem Buch nur eine Ohrfeige steht, dann können die da vorn gar nichts machen.»

Thomas sah das ein. Schließlich hätte er auch nicht als Gänseprinzessin in seinem Gebüsch sitzen und dem Zwerg Nase statt des Pastetenrezeptes eines für Brotaufstrich vorlesen können.

Vorn auf der Bühne versuchte Franz, die Kanaille, durch

einen teuflischen Mord an seinem alten Vater das Moorsche Vermögen an sich zu bringen. Thomas ballte die Fäuste, und um ihn herum flüsterten Klassenkameraden leise Verwünschungen. Aber Gernot Stein zischte: «Keine Angst! Den erwischt's noch knüppeldicke.»

«Tod oder Freiheit!» rief Karl Moor, der Räuberhauptmann. Dann fiel der Vorhang, die Leute klatschten, und es war Pause. Die Klasse sammelte sich im Foyer und tauschte erregt ihre Eindrücke aus. Alle waren der Ansicht, die Räuber hätten ein herrliches Leben. Sie streiften durch die Wälder, überfielen Leute, zündeten Städte an, plünderten Klöster. Und vor allem: Sie gaben die Beute den Armen. War das ein Leben! Das war etwas anderes als in die Schule gehen, vorm HO Schlange stehen und zu Hause Geschirr abtrocknen. Sie stellten sich vor, ihr Leben gegen das der Räuberbande zu tauschen. Kreuz und quer durch die DDR zu ziehen. Oder vielleicht besser durch Westdeutschland, weil es dort mehr Sachen zu plündern gab: Kaugummi und Kreppschuhe, Walnüsse und Apfelsinen, Schokolade und Micky-Maus-Hefte. Gegen Ende der Pause entstand ein Streit darüber, wer die Bande führen solle. Aber Gernot Stein beendete die Diskussion mit der Bemerkung: «Ihr Knallköppe! Ihr kommt ja nicht mal von Gohlis bis ins Rosental, dann schnappen euch schon die Vopos.»

Nach der Pause ging es auf der Bühne nicht mehr so lustig zu. Insbesondere bekam der Räuberhauptmann Moor langsam Gewissensbisse, weil seine Leute zuviel mordeten. Dafür lösten sich die Verwicklungen allmählich auf, und das Stück schien gut auszugehen. Der alte Vater wurde, halb verhungert, aber lebendig, aus dem zerstörten Schloß befreit. Franz, die Kanaille, redete lange um eine Entscheidung herum, brachte sich aber dann doch um. Karl gab sich seiner Amalia zu erkennen, die sehr überrascht war, weil sie die Zusammenhänge bis dahin nicht richtig kapiert hatte. Thomas freute sich auf ein schönes Ende, wie bei «Zwerg Nase». Aber da überlegte es sich Karl Moor plötzlich anders. Anstatt das Familienschloß zu verkaufen und mit seiner Amalia vor der Polizei und den

Gerichten zu fliehen, erstach er die Geliebte und beschloß, im Kerker zu sühnen für alle Missetaten seiner Räuber. Man konnte sich nun ausrechnen, daß Karl aufgehängt würde. Und das Schloß würde vermutlich Volkseigentum und nie wieder richtig in Schuß gebracht. Während die meisten Zuschauer begeistert klatschten, war Thomas ein wenig enttäuscht. Auch die Klassenkameraden fanden auf dem Heimweg, Schiller habe den Schluß ein bißchen vermurkst. Jeder beteuerte, er wäre an Karls Stelle auf und davon. Einige hätten allenfalls Amalia zurückgelassen. Gernot versuchte ihnen zu erklären, daß das Stück dann keine Tragödie gewesen wäre. Thomas beschloß, beim nächsten Theaterbesuch möglichst keine Tragödie zu sehen.

«Na, wie war denn die bourgeoise Klamotte?» fragte zu Hause Onkel Wolfgang.

«Die was?»

«Das bürgerliche Rührstück. Hat es dir gefallen?»

«Also, es war ganz schön. Alle konnten ihren Text, und keiner hat was verloren, 'ne Nase oder 'ne Perücke, war alles schön festgemacht. Bloß den Schluß müßten sie mal ändern.»

«Wenn ich das Stück zu inszenieren hätte», sagte Onkel Wolfgang, «dann würde ich es in der heutigen Zeit spielen lassen. Zum Thema ‹Räuber› würde mir da eine ganze Menge einfallen.»

«Wir sollten froh sein», wandte die Oma ein, «daß wir wenigstens unsere guten alten Klassiker noch zu sehen bekommen. Oder willst du im Theater dauernd nur Aktivisten und Traktoristen sehen und was es noch für -isten gibt?»

«Nein, aber dieses Stück, das der arme Thomas da über sich ergehen lassen mußte, ist doch höchstens zu ertragen, wenn Heinz Rühmann den Karl spielt und Karl Valentin den Franz und Hans Moser den Vater Moor.»

«Und Adele Sandrock die Amalia», ergänzte Thomas. Er hatte die komische alte Dame gerade in dem Film «Amphitryon» gesehen.

Thomas schrieb diesen Besetzungsvorschlag mit in den

Klassenaufsatz, der dem Theaterbesuch schnell folgte. Er schrieb auch hinein, das Stück sei eine «burschikose Klamotte».

Aber Fräulein Hase stimmte beidem nicht zu.

«Potz Blitz!» rief Thomas, als er den Aufsatz zurückbekam, «ich habe schon wieder 'ne Vier.»

Zelten ist Glückssache

«Immer während der Tagesschau!» knurrte das Familienoberhaupt, als kurz nach acht das Telefon klingelte. Sven erhob sich aus seiner horizontalen Lage vom Teppich, schlurfte zur Tür und nahm mit einem gemurmelten «Komme ja schon» den Hörer ab.

«Es ist Onkel Felix, und er sagt, es ist sehr wichtig!»

«Dann hat er wieder irgendwas erfunden!» Rolf stemmte sich aus dem Sessel hoch und ging zum Telefon. Nach drei Minuten war er zurück.

«Die kommen morgen», verkündete er lakonisch.

«Etwa alle?»

«Alle!»

«Für wie lange?»

«Nur für einen Tag, dann wollen sie weiter nach Italien. Felix hat eine Campingausrüstung gekauft, und die will er bei uns im Garten erst mal ausprobieren, bevor er sich damit in die Öffentlichkeit wagt. Ein neues Auto hat er auch.»

«Der scheint ja mal was erfunden zu haben, womit er Geld verdienen kann», mutmaßte Sven, «nicht so was Blödes wie die Gurkenmaschine.»

Besagte Gurkenmaschine hatte mir Felix als Hochzeitsgeschenk überreicht mit dem Hinweis, es handele sich um ein handgearbeitetes Original und sei dementsprechend kostbar. Der Apparat hatte die Größe und auch ungefähr die Form eines riesigen Fleischwolfes und diente dem Zweck, Gurken zu hobeln. Vorausgesetzt, sie waren kerzengerade gewachsen und nicht dicker als höchstens 7 cm. Man steckte die Gurke in eine Art Trichter, drehte an einer Kurbel, die öfter mal abfiel, und unten kamen dann Scheiben verschiedener Stärke heraus. Außerdem war in Kauf zu nehmen, daß ein Drittel der Gurke entweder auf der Strecke blieb oder von Hand weiterverarbeitet werden mußte. Das eine Verfahren war zu teuer, das andere zu umständlich. Also kaufte ich mir einen handelsüblichen Gurkenhobel und verstaute das Monstrum irgendwo im Keller. Immer dann, wenn Felix seinen Besuch ankündigte, wurde es aus der Versenkung geholt, ich schrubbte die Patina monatelanger Dunkelhaft ab und stellte es mitten in die Küche, wo sein Erfinder es jedesmal liebevoll bewunderte.

«Da kannst du mal sehen, was gute Handarbeit ist», bekam ich regelmäßig zu hören, «überhaupt keine Verschleißerscheinungen!» Na ja, kein Wunder!

Aber vielleicht sollte ich erst einmal erklären, wer Felix überhaupt ist. Mit vollständigem Namen heißt er Felix Waldemar Böttcher und ist ein Jugendfreund von Rolf. Die beiden hatten sich auf der Kunstakademie kennengelernt, wo sie so lange perspektivisches Zeichnen lernten, bis Rolf seine Liebe zum Journalismus entdeckte und absprang. Felix zeichnete noch eine Weile weiter, weil ihm nichts Besseres einfiel, aber als sein Professor ihm eines Tages eröffnete: «Hören Se auf damit, werden Se lieber Zahnarzt!», packte auch Felix seine Stifte ein und verließ die Stätte der Musen, von denen ihn offensichtlich keine einzige geküßt hatte. Zahnarzt wollte er aber auch nicht werden, also wurde er Buchbinder. Im übrigen ist er ein Meister seines Fachs. Einige seiner Werke sind in unserem Bücherschrank zu bewundern. Ihr Inhalt ist weit weniger wertvoll als ihr Einband.

Sein Meisterstück hat Felix geschaffen, als ihm einmal Rolfs zerfledderter Reisepaß in die Hände fiel. Damals hatten diese Dinger nur einen einfachen hellgrünen Pappdeckel, und wer seinen Paß häufig brauchte und darüber hinaus ein Gegner irgendwelcher schützender Hüllen war, hatte nach ziemlich kurzer Zeit fliegende Blätter in der Brieftasche. Diese fliegenden Blätter konfiszierte Felix und brachte sie zwei Tage später in weinrotes Saffianleder gehüllt wieder zurück. Die Vorderseite des Passes zierte in Goldprägung der Name des Eigentümers.

Leider gab es jedesmal Schwierigkeiten beim Grenzübertritt. Die etwas verblüfften Beamten, denen ein deutscher Paß in dieser Form noch nie vorgelegt worden war, vermuteten hinter der Luxusausgabe entweder eine Fälschung, was ziemlich zeitraubende Untersuchungs- und Aufklärungsarbeiten erforderte, oder einen Diplomatenstatus, was entschieden vorteilhaft war. Diplomaten werden nicht kontrolliert, und die Zigaretten waren damals in der Schweiz weit billiger als bei uns.

Manchmal hörten wir monatelang nichts von Felix, aber er war immer dann zur Stelle, wenn man ihn brauchte. Er wurde unser Trauzeuge, er half bei den ersten drei Umzügen – vom vierten an verhinderten die zunehmenden Entfernungen seine Mitwirkung –, er wurde Svens Patenonkel, war Saschas Verbündeter bei allen möglichen Dummheiten und wollte sogar Steffi adoptieren, weil er der Meinung war, ich eigne mich nicht zur Erziehung von Mädchen. Im übrigen war er überzeugter Junggeselle mit einem ausgeprägten Hang zur Sparsamkeit. Seine Freundinnen wählte er weniger nach dem Äußeren als vielmehr nach ihren hauswirtschaftlichen Fähigkeiten aus. Waren seine Strümpfe wieder einmal alle sauber und seine Hemdenknöpfe ordnungsgemäß mit Fäden statt mit Alleskleber befestigt, erklärte er seiner jeweiligen Wohltäterin ziemlich unverblümt, man passe wohl doch nicht so richtig zusammen und eine schnelle Trennung sei das vernünftigste.

Diese Methode klappte jahrelang, und so waren wir ziemlich überrascht, als plötzlich eines schönen Tages morgens um vier das Telefon klingelte und Felix verkündete, er habe soeben geheiratet. «Meine Güte, muß der Kerl blau sein!» war Rolfs Kommentar, nachdem er den Hörer wieder aufgelegt hatte. Aber hier irrte der Meister. Er wußte nur nicht, daß sein Freund ein paar Wochen zuvor in die Staaten gereist war, dort ein kürzlich aus Deutschland eingewandertes Mädchen kennengelernt, sich Hals über Kopf verliebt und seine Angebetete in einem kleinen Provinznest abends um zehn Uhr geheiratet hatte. Übrigens auch in Amerika eine durchaus nicht übliche Zeit für eine Trauung!

Allen gegenteiligen Prognosen zum Trotz wurde die Ehe ausgesprochen glücklich, was nicht zuletzt die inzwischen drei und vier Jahre alten Sprößlinge Max und Moritz beweisen. Felix erfindet zwar immer noch irgendwelche vermeintlich zeit- und arbeitsparende Geräte, nur beschränkt sich sein Tatendrang jetzt auf seine private Sphäre, und ich brauche seine Schöpfungen nicht mehr auszuprobieren. Ich weiß nur, daß er seit Jahren an einem System bastelt, das Babywindeln überflüssig machen soll. Vielleicht liegt hierin der Grund, daß sein Sohn Moritz noch nicht «stubenrein» ist!

Am Spätnachmittag des nächsten Tages keuchte ein abenteuerliches Gefährt den Hügel herauf, hustete kurz und blieb auf halber Höhe stehen. Heraus sprang ein bärtiger Mann, griff zwei herumliegende Feldsteine und klemmte sie schnell unter die beiden Hinterräder. Es war Felix! (Jetzt hatte sich dieser Mensch doch tatsächlich einen Vollbart wachsen lassen!)

«Die Handbremse ist im Eimer», erklärte er sein merkwürdiges Tun, bevor er mich liebevoll umarmte.

«Wie gefällt dir meine neue Kutsche?» Damit wies er auf sein Vehikel, das ganz offensichtlich irgendwann einmal ein VW gewesen war, durch diverse An- und Umbauten aber mehr wie ein Mittelding zwischen Amphibienfahrzeug und Karussellauto aussah. Gekrönt wurde das Ganze von einem gefährlich schwankenden Aufbau auf dem Dach. Zu allem Überfluß war dieser rollende Blechhaufen in verschiedenen Farbtönen lackiert, wobei auf der einen Seite Grün, auf der anderen Blau dominierte.

«Was meinst du, was das für widersprüchliche Zeugenaussagen gibt!» begründete Felix seine fahrende Litfaßsäule. Er verfügt noch aus früheren Jahren über einschlägige Erfahrungen.

Inzwischen hatte sich auch die übrige Familie aus dem vollgestopften Fahrzeug befreit. Marianne sah ziemlich mitgenommen aus, Max und Moritz guckten mißtrauisch, wollten nicht guten Tag sagen, wollten nicht das schöne Händchen geben, wollten keinen Diener machen, quengelten.

«Die sind hundemüde», sagte Marianne. Minuten später hingen die müden Knaben mit schokoladeverschmierten Händen an meinen weißen Hosen. Die hatte ich gerade erst angezogen. Der Gäste wegen!

Sven und Sascha kamen den Berg heraufgestürmt. Sie hatten schon den ganzen Nachmittag über auf der Lauer gelegen und sich dann entschlossen, dem Besuch entgegenzugehen.

«Warum habt ihr denn nicht angehalten?» fragte Sven empört. «Ihr habt uns doch gesehen!»

«Konnte ich nicht, dann wäre die Karre nicht mehr angesprungen. Irgendwas stimmt mit der Batterie nicht. Gibt es hier eine Werkstatt?»

«Nee, nicht mal Benzin.» Sascha besah sich mit kugelrunden Augen das Fahrzeug, bevor er ungläubig fragte: «Sag mal, Onkel Felix, ist *das* da dein neues Auto?»

«Wie hast du die Mühle überhaupt durch den TÜV gekriegt?» wollte Sven wissen.

«Na ja, fabrikneu ist es natürlich nicht, aber zum TÜV muß ich erst nächstes Jahr. Und es funktioniert alles tadellos. Bis gestern», fügte er etwas kleinlaut hinzu.

Später beim Kaffeetrinken – Max und Moritz hatten wir erst einmal ins Bett gesteckt – erzählte Felix Einzelheiten über die offenbar recht strapaziöse Reise. Danach waren sie programmgemäß um acht Uhr in Düsseldorf gestartet, nach halbstündiger Autobahnfahrt in einen Stau gekommen und endlos lange im Schneckentempo dahingekrochen. «Irgendwann hatte ich die Nase voll und bin bei der nächsten Ausfahrt runter», erzählte er weiter. «Wir haben dann in einer Dorfkneipe etwas gegessen und sind anschließend über die Landstraße weitergefahren. Plötzlich lief der Wagen nicht mehr richtig, er kam einfach nicht auf Touren.»

«Weil dieses Kamel mit angezogener Handbremse losgefahren ist!» unterbrach Marianne. «Und als er es endlich merkte, war das Ding natürlich hin!»

Nach einem weiteren Halt («Sag mal, müssen eure Kinder auch dauernd auf die Toilette? Ich glaube fast, Max ist blasenkrank!») sprang der Wagen nicht mehr an. Hilfsbereite Mitmenschen schleppten das Vehikel bis zur nächsten Tankstelle, wo der Tankwart empfahl, das ganze Auto am besten auf einen Schrottplatz zu fahren und lediglich das Radio als bleibende Erinnerung zu behalten, das zweifellos das einzig Funktionierende an dem ganzen Gefährt sei. Ein entsprechendes Trinkgeld und eine gewisse Hochachtung vor der Courage des Wagenbesitzers brachten den Tankwart schließlich dazu, sein ganzes Können einzusetzen. Er schaffte es auch, das Auto wieder in Gang zu bringen, aber: «Fahren Sie nach Möglichkeit bis zu Ihrem Ziel durch, ich glaube nicht, daß der Wagen noch mal von allein anspringt!»

«Jedenfalls haben wir es bis hierher geschafft!» endete Felix zuversichtlich. «Ich bringe das Auto morgen in eine Werkstatt, und dann werden wir auch bis in die Schweiz und noch weiter kommen!»

Nach drei Stück Buttercremetorte, vier Tassen Kaffee und einem doppelstöckigen Cognac war er bereit, nunmehr seine Umgebung in Augenschein zu nehmen.

«Wo steckt Rolf? Ich hatte ihn eigentlich beim Empfangskomitee erwartet.»

«Keine Ahnung, er wollte schon vor zwei Stunden hier sein.»

«Immer das gleiche Lied. Pünktlichkeit scheint er bei dir auch nicht gelernt zu haben. Weißt du noch, wie er sogar zu seiner eigenen Hochzeit zu spät gekommen ist?»

Und ob ich das noch wußte! Um elf Uhr sollte die standesamtliche Trauung sein, zehn vor elf wanderte ich nervös von einem Fenster zum anderen, während die zahlreich versammelte Verwandtschaft schon überlegte, wie man den Skandal vertuschen könnte und ob es noch früh genug sei, das Essen abzubestellen. Reifen quietschten, Felix jagte die Treppe herauf und zog mich am Arm wieder hinunter. «Komm bloß schnell, ich habe Rolf vor einer Viertelstunde erst aus dem Bett geklingelt. Der war gestern abend blau wie ein Veilchen und hat total verschlafen!» Herrenparty! Abschied vom Junggesellenleben!

Felix stopfte mich ins Auto und steuerte in Richtung Innenstadt. «Ich muß noch die Blumen abholen», begründete er die vermeintlich falsche Route.

Vor dem Blumenladen gab es keinen Parkplatz, dafür haufenweise Halteverbotsschilder.

«Es hilft nichts, du mußt dir das Gemüse selber holen. Ich fahre inzwischen einmal um den Block und sammle dich dann wieder auf.»

So kam es, daß ich mir nicht nur meinen Brautstrauß selbst abholen, sondern darüber hinaus auch noch bezahlen mußte.

Mein Bräutigam lief in Strümpfen herum, suchte Manschettenknöpfe, Brieftasche, Schuhcreme. Ich putzte die Schuhe, Felix opferte seine eigenen Manschettenknöpfe, die flatternden Hemdsärmel bändigten wir mit Hilfe einer Büroheftmaschine, und mit halbstündiger Verspätung landeten wir doch noch auf dem Rathaus. Gerade rechtzeitig, um den Standesbeamten an der Rückkehr in sein Büro zu hindern. Vorher mußten wir allerdings den zweiten Trauzeugen herbeischaffen, der inzwischen eine öffentliche Telefonzelle blockierte und der Reihe nach sämtliche in Betracht kommenden Nummern anrief, um nach dem verschwundenen Brautpaar zu fahnden.

Nach diesem Auftakt ist es eigentlich kein Wunder, wenn unsere ganze Ehe mehr oder weniger turbulent verläuft.

Felix hatte sich entschlossen, die Montage seines Zeltes auf morgen zu verschieben und eine Nacht im Gästezimmer zu verbringen. Sven und Sascha waren enttäuscht, denn sie fieberten vor Arbeitseifer und hatten schon den gesamten Inhalt unseres Werkzeugschrankes in den Garten befördert, einschließlich Bandsäge und Spitzhacke, die ein Bauarbeiter mal vergessen hatte. Aber schließlich sahen sie ein, daß die beginnende Dunkelheit das ganze Unternehmen erschweren würde.

«Können wir nicht morgen schwänzen?» bettelte Sascha. «Jetzt so kurz nach den Ferien ist in der Schule doch sowieso noch nichts los.»

Die Ferien waren seit drei Wochen vorbei, aber die hochsommerlichen Temperaturen hielten an, und Sascha betrachtete die täglichen Schulstunden ohnehin nur als lästige Unterbrechung seiner Freizeit. Hausaufgaben machte er so gut wie nie, und wenn doch, dann abends oder im Schulbus. Entsprechend sahen sie aus. «Die nächsten Zeugnisse gibt es im Februar, und das ist noch lange hin!» war sein ständiger Kommentar, wenn ich wieder einmal an sein Pflichtgefühl appellierte.

Wir saßen alle auf der Terrasse und starrten in die untergehende Sonne, von der Marianne behauptete, sie sähe traumhaft schön aus (ich fand sie auch nicht anders als sonst, aber vermutlich hatte ich inzwischen den Blick für Naturschönheiten verloren, weil wir zuviel davon hatten), als Rolf durch den Garten kam. In einer Hand trug er einen Handkoffer, in der anderen zwei Einkaufstüten, unter den linken Arm hatte er mehrere Leitzordner geklemmt und unter den rechten ein Weißbrot.

«Ich möchte euch nur darauf aufmerksam machen, daß die allgemeine Straßenverkehrsordnung auch für ländliche Bereiche gilt! Man stellt sein Auto nicht mitten auf der Straße ab und versperrt anderen die Zufahrt!»

Felix' verröcheltes Vehikel hatten wir total vergessen! Jetzt konnten wir es nicht einmal mehr den Berg heraufziehen, weil es breit und behäbig auf der Fahrbahn stand und bestenfalls noch einem Radfahrer Platz bot. Also ließen wir es zurückrollen und schoben es so lange an die Seite, bis es mit zwei Rädern im Graben hing. Das Aus- und Abladen verschoben wir ebenfalls auf den nächsten Tag, nachdem ich Felix versichert hatte, daß es in Heidenberg nur ehrliche Menschen gäbe. Jedenfalls hatte sich noch nie jemand an unseren vergessenen Fahrrädern, Rollschuhen, Regenmänteln, Ginflaschen und Couchkissen vergriffen. Einmal hatte ich sogar den Sonntagsbraten auf der Terrasse liegenlassen, und selbst der war nur zur Hälfte von einer Katze aufgefressen worden.

Am nächsten Morgen deckte ich schlechtgelaunt und unausgeschlafen den Frühstückstisch. Wir hatten Max und Moritz abends in Stefanies Zimmer gesteckt, bekamen aber bis Mitternacht keine Ruhe. Als der Kaufladen zum zweitenmal umkippte, wurden die Zwillinge wach und brüllten los, und damit war es mit der Nachtruhe endgültig vorbei. Bis in das untere Stockwerk war der Krach offenbar nicht gedrungen oder aber Felix und Marianne schliefen den Schlaf der Mir-ist-jetzt-alles-egal-Fatalisten, jedenfalls erschienen sie erst, als die Kinder schon in der Schule waren und Rolf am Telefon hing, um die Reparaturwerkstatt in Aufeld zu alarmieren. Steffi hatte das Kommando über Max und Moritz übernommen und stromerte mit ihnen im Dorf herum, wo sie ihnen von Kroihers Schweinestall bis zu Kleinschmitts Jauchegrube alles Sehenswerte zeigte.

Nach dem Frühstück räumten die Männer das Auto aus und schleppten das ganze Gepäck in den Garten. Danach waren sie bis zum Mittagessen total erschöpft und hatten gerade noch genug Kraft, um die vorgekühlten Bierflaschen zu köpfen. Nebenbei studierten sie die Gebrauchsanweisung für den Aufbau des Steilwandzeltes.

Nun sind Gebrauchsanweisungen, noch dazu, wenn sie mit Zeichnungen und Buchstaben verunziert sind, für mich schon immer unlösbare Rätsel gewesen. Mein Durchblick reicht gerade noch aus, das gestrichelte Dreieck auf einer Nudelpakkung zu erkennen, das ich mit dem Daumen eindrücken soll. Und dann platzt die Packung doch ganz woanders auf. Als Teenager wollte ich einmal mit einer Freundin ein Faltboot zusammenbauen, aber mal hatten wir zu viele Hölzchen, beim nächsten Versuch reichten sie nicht, ein paar gingen auch kaputt, und als wir schließlich alle Einzelteile irgendwie aneinandergesetzt hatten, sah das Boot wie ein Backtrog aus und ging auch sofort unter.

Ich habe vor jedem Fernsehtechniker mehr Hochachtung als

vor einem Arzt mit drei Doktortiteln. Lateinische Namen kann schließlich jeder auswendig lernen, aber sich in einem seitenlangen Schaltplan auszukennen und A 178 dann auch noch im Fernsehapparat als stecknadelkopfgroßes Pünktchen wiederzufinden, empfinde ich als Höchstleistung menschlicher Intelligenz. Jedenfalls lehnte ich jede Meinungsäußerung ab, als sich die Zeltbauer nicht einigen konnten, ob mit dem großen D römisch IV nun das Vorzelt oder nur eine Seitenwand bezeichnet war. Schließlich falteten sie das Papier zusammen, meinten, es gehe auch ohne, und holten neues Bier.

Nach dem Mittagessen hielten sie zunächst ein ausgiebiges Schläfchen, denn bekanntlich soll man nach einer Mahlzeit etwas ruhen. Außerdem hatte die Werkstatt angerufen und mitgeteilt, daß die Reparatur 1. völlig unmöglich, 2. sehr zeitraubend und 3. nur mit nicht vorhandenen Ersatzteilen durchzuführen sei. Letztere müßten erst besorgt werden, was mindestens zwei Tage dauern würde. Also schliefen Felix und Marianne auch in der nächsten Nacht im Gästezimmer, während Max und Moritz bei Sven und Sascha untergebracht wurden. Diesmal durften wir alle eine halbe Stunde länger schlafen, dann fiel Max von der Campingliege.

Am vierten Tag endlich – es war ein Sonntag, und die Werkstatt hatte mitgeteilt, daß das Auto am Montag wieder fahrbereit sein würde – wurde mit dem Aufbau des Zeltes begonnen. Nun waren auch genügend jugendliche Zuschauer gekommen, die Vorstellung konnte also beginnen. Marianne und ich hatten von vornherein jede Mitwirkung abgelehnt mit der Ausrede, uns ums Essen kümmern zu müssen. In Wahrheit hatten wir nicht die geringste Lust, wie verhinderte Pfadfinder im Garten herumzurutschen und irgendwelche Stricke um irgendwelche Haken zu wickeln.

Die Zwillinge waren auch begeistert. Sie drückten sich ihre Näschen an dem Gitterzaun platt und hatten endlich mal genügend Unterhaltung.

Sven, der einzige praktisch Veranlagte in unserer Familie, hatte ziemlich schnell das Zeltknäuel entwirrt und verglich die vorhandenen Haken mit den Schlaufen, die überall an den Stoffrändern befestigt waren. «Da fehlt aber eine Menge Häringe», stellte er fest.

«Bas behlt?» Felix hatte den Mund voller Nägel und die Hände voller Aluminiumstangen.

«Häringe! Notfalls kann man Vierkanthaken nehmen, aber wenn es windig wird, halten die nicht lange.»

«Was sind Heringe?»

«Häringe mit ä», erklärte Sven geduldig. «Das sind Zelthaken, die man in den Boden schlägt.»

«Aha! Und die fehlen?»

«Ich habe jedenfalls nur vier Stück gefunden.»

«Dann müssen wir eben welche kaufen. Ich habe sowieso das Gefühl, hier fehlt noch einiges. Da hinten ist ein Loch im Zelt. Kann man das mit Fahrradflickzeug reparieren?»

«Weiß ich nicht, aber unseres ist alle. Kauf genügend von dem Zeug, das ganze Zelt sieht ziemlich mürbe aus.»

«Ich habe es aber von einem guten Kunden gekauft, und der hat behauptet, er habe nur einmal drei Wochen lang damit gezeltet.»

«Und weil es ihm so viel Spaß gemacht hat, schläft er in diesem Jahr lieber wieder in einem Hotel, nicht wahr?» Rolf grinste.

«Der schläft in überhaupt keinem Hotel, der sitzt. Hat irgendein krummes Ding mit Steuergeldern gedreht und ist trotzdem pleite gegangen.»

«Das Zelt stammt wohl aus der Konkursmasse?»

«Quatsch, das habe ich schon vorher gekauft.»

«Und du hast es noch nie aufgebaut?»

«Wo denn, auf dem Balkon vielleicht?»

Bis zum Abend war es den vier Zeltbauern einschließlich mehrerer Hilfsarbeiter aus dem Zuschauerkreis gelungen, die Wände aufzurichten und mit Hilfe von Wäscheleinen, die an Büschen und am Mäusekäfig festgebunden wurden, halbwegs zu stabilisieren. Der Reißverschluß vom Dach klemmte, aber «das liegt sicherlich daran, weil das ganze Zelt etwas schief steht», beruhigte sich Felix. «Der Boden ist ja auch ziemlich uneben.»

Marianne befaßte sich inzwischen mit einem schwärzlichen Gegenstand, von dem ihr Mann behauptet hatte, es sei der Campingkocher. Sie drehte das Ding mehrmals herum, besah es sich von allen Seiten und fragte mich ratlos: «Weißt du, wo hier oben ist?»

Sven kam.

«Kannst du damit umgehen?»

Er konnte. Er brachte sogar etwas Weißes an, das irgendwo in dieses schwarze Monstrum geschoben und dann angezündet wurde. Erst zischte es, eine Stichflamme schoß empor, und dann brachten wir den Kocher zum Explodieren in den Garten. Er gurgelte noch eine Weile friedlich vor sich hin und zerfiel dann in seine Bestandteile.

«Ich habe das Gefühl, ein normaler Hotelaufenthalt wäre uns billiger gekommen», seufzte Marianne, als sie auf die schon ziemlich lange Einkaufsliste «Campingkocher» schrieb.

Am nächsten Tag fuhr ich mit ihr nach Heilbronn, wo wir alle einschlägigen Geschäfte abklapperten und den Kofferraum mit kleinen und großen Paketen füllten.

«Wie wollt ihr das ganze Zeug denn bloß in euren Wagen kriegen? Der war doch schon vorher krachend voll», fragte ich Marianne, als wir endlich den letzten Einkauf, eine Angel, untergebracht hatten. «Was soll das Ding hier überhaupt?»

«Felix will sparen und das Mittagessen selber angeln!»

«Kann er das denn?»

«Keine Ahnung, versucht hat er es noch nie. Aber wenn er sich einen Hering aus der Dose holt, bildet er sich schon ein, er sei Weltmeister im Angeln. Ich bin mit einem Irren verheiratet!»

Wir gingen erst einmal ausgiebig Kaffee trinken, bevor wir langsam und vorsichtig wieder nach Hause fuhren. Rolf hatte mir in einem Anflug von Großmut seinen Wagen zur Verfügung gestellt – vielleicht hatte er auch befürchtet, mein Auto Hannibal sei den Gefahren der Großstadt nicht mehr gewachsen und würde vorzeitig seinen Geist aufgeben –, jedenfalls wußte ich genau, daß mein Gatte sofort nach unserer Rückkehr seine heilige Kuh inspizieren und nach Kratzern absuchen würde.

Neben dem Hauseingang stand die wieder zum Leben erweckte «Litfaßsäule», die ich gar nicht so schrecklich bunt in Erinnerung gehabt hatte. Felix strahlte mit dem frischgewaschenen Auto um die Wette. «Es läuft wieder wie eine Eins!» versicherte er uns und schlug zärtlich auf den Kotflügel. Darauf sprang die linke Tür auf.

Bis zum Einbruch der Dunkelheit hatte Sven die provisorischen Vierkanthaken gegen vorschriftsmäßige Häringe ausgewechselt und mit Saschas Hilfe das Zelt so weit aufgerichtet, daß es nur noch ein ganz kleines bißchen schief stand. Dann war Felix samt Luftmatratze, Schlafsack, Karbidlampe und der noch halbvollen Wodkaflasche in sein Freiluftheim gezogen.

«Ich bleibe heute nacht hier draußen. Einmal muß man sich ja daran gewöhnen.»

Marianne zog es vor, die Annehmlichkeiten der Zivilisation noch ein letztes Mal zu genießen und im Gästezimmer zu schlafen, während Max und Moritz schon vor zwei Tagen beschlossen hatten, lieber nicht weiter zu verreisen, sondern bei uns zu bleiben.

Nach dem Abendessen saßen wir noch lange auf der Terrasse und tranken Ananasbowle. Felix hatte sich zwar schon zur Nachtruhe zurückgezogen, tauchte aber noch einmal auf, um sich Mückensalbe zu holen, und war dann geblieben, weil «ich bei eurem Gequassel doch nicht einschlafen kann». Wir schwelgten in nostalgischen Erinnerungen, und besonders Marianne hörte mit ständig länger werdendem Gesicht zu, denn die meisten der jetzt aufgewärmten Episoden hatten sich vor Felix' folgenschwerer Amerikareise abgespielt.

Mir war schon seit ein paar Minuten aufgefallen, daß Rolf sein Gegenüber nachdenklich ansah, und deshalb war ich gar nicht überrascht, als er plötzlich herausplatzte: «Jetzt ist es mir endlich eingefallen! Weißt du, Felix, mit wem du Ähnlichkeit hast? Ein früherer Nachbar von uns hatte in seinem Vorgarten einen Gartenzwerg, der sah genauso aus wie du.»

Ganz unrecht hatte er wirklich nicht. Der Vollbart hatte sich bei näherer Betrachtung als Bartkranz entpuppt, wie ihn alte Segelschiffkapitäne zu tragen pflegen, und außerdem hatte sich Felix zum Schutz gegen die Abendkühle eine rote Pudelmütze auf sein schon schütteres Haupthaar gestülpt. In Verbindung mit dem leicht glasigen Blick – die Bowle war fast alle –, war eine gewisse Ähnlichkeit mit Gartenzwergen tatsächlich vorhanden.

Felix zeigte sich keineswegs beleidigt. «Gartenzwerge sind des Deutschen liebstes Kind, und ich empfinde deinen Vergleich als durchaus schmeichelhaft. Übrigens habe ich mir den Bart erst vor ein paar Tagen stutzen lassen. Vorher war er viel länger. Gottfried wollte mich sogar als Reserve-Christus nach Oberammergau schicken!»

«Gottfried? Gibt es denn den immer noch?»

«Aber sicher, was glaubst du denn, wer zu Hause den Laden schmeißt?»

Ich erinnerte mich noch ganz genau an das spindeldürre Bürschchen, das vor Jahren mal in Felix' Werkstatt herumwieselte und mir als «das ist Gottfried Pfannkuchen, mein neuer Lehrling» vorgestellt wurde. Später fragte ich Felix: «Warum nennst du den armen Kerl Pfannkuchen? An dem ist doch nun wirklich gar nichts Rundes.» – «Den nenne ich nicht so, der heißt tatsächlich Pfannkuchen mit Nachnamen.»

Gottfried Pfannkuchen war nicht nur Lehrling, sondern bald Mädchen für alles. Er kaufte ein, spülte Geschirr, und wenn sein Herr und Meister nach durchzechter Nacht seinen Kater spazierenführte, besorgte Gottfried Rollmöpse und kühlte seinem Brotherrn mittels einer mit Eis gefüllten Wärmflasche die Stirn. Nebenbei erlernte er das Gewerbe eines Buchbinders so gründlich, daß er später eine glänzende Prüfung ablegte.

Gottfried war ohne Vater aufgewachsen, mit seiner Mutter verstand er sich nicht besonders gut, und so ging er bald nur noch nach Hause, um sich frische Wäsche zu holen. Neben der eigentlichen Werkstatt lag eine kleine Kammer mit einem winzigen Oberlicht, in der die Putzfrau ihre Utensilien und Felix seine leeren Flaschen verstaute. Diese Kammer wurde geräumt, mit einem Feldbett, einem Stuhl und vier Kleiderhaken versehen – mehr ging beim besten Willen nicht hinein –, und oft genug verbrachte Gottfried dort seine Nächte. Er erblickte in Felix wohl so eine Art Vaterersatz. Jedenfalls ertrug er es klaglos, als der ihm eines Tages unter Zuhilfenahme eines Kochtopfs die Haare schnitt. Die so entstandene Frisur war zumindest recht eigenwillig! Gottfried existierte also immer noch, und wenn Felix ihm so einfach seinen ganzen Laden überließ, mußte er in seinem einstigen Lehrling einen würdigen Vertreter sehen.

Als die Mücken anfingen, uns aufzufressen, gingen wir hinein, das heißt natürlich nur wir verweichlichten Zivilisationsgeschädigten, zu denen auch Rolf gehörte. Er hatte die Einladung, im Zelt zu schlafen, mit dem Hinweis abgelehnt, er sei über das Wandervogelalter hinaus. Felix kroch in sein Zelt, zog ostentativ den Reißverschluß zu, der immer noch klemmte, und zeigte uns damit, was er von uns angekränkelten Naturverächtern hielt.

In der Nacht wachte ich plötzlich von einem ungewohnten Geräusch auf. Regen! Der erste seit Wochen! Es war auch nur ein kurzes Gewitter mit einem wolkenbruchartigen Regenguß, aber der genügte, um den Freiluftfanatiker auf die Terrasse stürzen und verzweifelt an die verschlossene Glastür klopfen zu lassen.

«Wer wird sich denn von so einem kleinen Schauer in die Flucht schlagen lassen?» sagte ich, als ich das zitternde Häuflein Elend ins Trockene ließ. «In Italien scheint auch nicht immer die Sonne.»

«Ach, laß mich doch in Ruhe», knurrte Felix und goß sich einen doppelstöckigen Cognac ein. «Das Zelt ist löchrig wie ein Sieb, überall regnet es rein, die Luftmatratze hat ein Loch, ich habe sie schon zweimal aufpumpen müssen, und dann kam auch noch der Regen in wahren Sturzbächen unten ins Zelt. Alles schwimmt drin herum, die Lampe ist umgekippt, und die Taschenlampe funktioniert nicht. Dabei ist sie nagelneu. Kann ich hier drin schlafen?»

Am nächsten Morgen sahen wir die Bescherung. Das Zelt war so ziemlich in sich zusammengefallen (dabei waren die paar Windböen doch wirklich nicht so schlimm gewesen), und zwei Zeltstangen waren total verbogen. Außerdem war es innen und außen klatschnaß.

«Wer kann denn auch ahnen, daß es ausgerechnet in dieser Nacht regnet, sonst hätte ich doch einen Abflußgraben um das Zelt gezogen», entschuldigte sich Sven. «Das mußt du dir merken, Onkel Felix, sonst säufst du beim nächsten Regen wieder ab.»

Jedenfalls wurde die Weiterreise nochmals um einen Tag verschoben, wir bauten das Zelt zum Trocknen wieder auf. Felix besorgte Imprägnierspray und nebelte seine Behausung mehrmals ein. Nachts schlief er wieder im Gästezimmer. Vorher hatte er zum sechsten oder siebenten Mal seine Taschenlampe untersucht, die, wenn man ihre Größe berücksichtigte, die Leuchtkraft eines 1000-Volt-Scheinwerfers haben mußte.

«Verstehe ich einfach nicht. Im Laden funktionierte das tadellos.» Er drückte erneut auf den Schalter.

Sven nahm ihm die Lampe aus der Hand, schraubte sie auf und grinste. «Ich würde es mal mit Batterien versuchen!»

Um acht Uhr wollte Familie Böttcher zur Weiterreise starten. Um zehn Uhr band Felix den letzten Koffer auf dem Autodach fest, um halb elf hatten wir endlich Max gefunden, der nicht mitfahren wollte und sich versteckt hielt, um elf Uhr war er wieder halbwegs sauber, und kurz danach winkten wir mit Handtüchern dem gefährlich schaukelnden Auto nach. Wenzel-Berta, unsre Putzfrau, die gerade die Betten abzog, schwenkte ein Laken.

«Is ja man eine ulkige Familie, aber so welche muß es auch geben, wäre ja man sonst langweilig.»

Vierundzwanzig Stunden später klingelte das Telefon. Nachdem Felix alle ihm bekannten Flüche in mehreren Sprachen von sich gegeben hatte, berichtete er, daß sie jetzt in Schaffhausen festsäßen. Das Auto sei endgültig kaputt, das Zelt nachts zweimal zusammengebrochen, Marianne und die Kinder würden gleich mit dem Zug nach Hause fahren, und ob Rolf ihn nicht abholen könnte. «Ich kann doch den ganzen Krempel nicht mit der Bahn transportieren.»

Rolf fuhr also nach Schaffhausen, lud seinen gestrandeten Freund nebst Zelt, Angel und 27 Kartons ins Auto und karrte ihn zurück nach Heidenberg. Hier genoß Felix noch drei Tage lang Sonne, Gin und Landluft, dann schenkte er das Zelt den Jungs, tauschte in Heilbronn die erst kürzlich erworbenen Artikel gegen Fußballschuhe, Elektrorasierer und Fachliteratur über Camping ein, stellte Angel und 11 Kartons in den Keller (sie stehen heute noch da) und fuhr nach Hause.

Den Rest der Ferien verbrachten die Böttchers in einer kinderfreundlichen Familienpension im Sauerland.

KARL HILLENBRAND

Christbäume, Dampfmaschinen und allerlei Unfälle

Wenn der Dezember kam, brachte Umma einen Adventskalender, den hängte ich übers Bett, öffnete jeden Tag eines der vielen Fenster. Dahinter schwebten Engel auf durchsichtigem Buntpapier, biblische Gruppen waren abgebildet, goldene Kometenschweife; für die Adventssonntage gab es größere Rundbogenfenster. Am vierundzwanzigsten schließlich öffnete ich das zweiflügelige Tor; Joseph mit dem Stab, Maria, die Krippe, das Kind – nun war es endlich soweit.

Schon Wochen vorher ging es im Haus geheimnisvoll zu. Es roch nach Spritzgebackenem, Schrankschlüssel wurden abgezogen; ich versuchte herauszubekommen, ob Aussicht auf Erfüllung meiner Wünsche bestand. Die waren oft nicht bescheiden und richteten sich nach meinem jeweiligen Fimmel, wie Umma es nannte. Einmal war es eine Dampfmaschine, da hatte mich die Technik in den Klauen. Ein ganzes Vierteljahr lang lief ich zum Beispiel nach dem Mittagessen zum Sägewerk, betätigte mich als Hilfsheizer, wuchtete Körbe mit Sägespänen aus dem Bunker zur Maschine. «Monne», der Heizer, nahm die Behälter entgegen, kippte den Inhalt ins feurige Maul, Flammen leckten heraus, da durfte ich nicht näher heran. Aber zwischendurch schlupfte ich ins Kesselhaus, die kleine eiserne Leiter hinauf, das Manometer beobachten. Ein roter Strich war die Gefahrenmarke; wenn der Zeiger höher stieg, sollte eigentlich das Sicherheitsventil in Aktion treten. Das tat es aber aus unerfindlichen Gründen nicht. Man mußte mit einer Stange das Gewicht lupfen, dann schoß der Überdruckdampf heraus mit ohrenbetäubendem Zischen. Der Dampf vernebelte die schwärzliche

Halle, man verstand sein eigenes Wort nicht. Pleuel, Kurbelwelle, das große Schwungrad rotierten blitzend mit gleichmäßiger Präzision. Zu Mittagspause und Feierabend durfte ich die Pfeife ziehen. Klar, daß ich Maschinist werden wollte.

An der Wand hing ein roter Feuerlöscher, ein Ding wie eine riesige Schultüte mit Griff. In der Frühstückspause spielte ich dran herum, der Apparat fiel aus der Halterung, schlug mit dem Bolzen auf den Zementfußboden und ging los. Der Strahl traf die Feuerung, das zischte wie eine Kesselexplosion. Monne und Onkel Fritz kamen hereingestürzt, ich versuchte verzweifelt, die Düse mit dem Daumen zuzuhalten, völlig zwecklos. Die Männer bekamen eine volle Ladung ab, eine Gaudi wie bei Dick und Doof. Mein Onkel gab mir eine Kopfnuß, schleppte den Löscher zum Bunker, mit der Spitze ins Sägemehl, da verröchelte er langsam.

Bei anderer Gelegenheit hätte es mich beinahe erwischt. Im Fenster vom Kesselhaus war ein Elektromotor verankert; die eiserne Riemenscheibe ging nach draußen und trieb eine Kreissäge unterm Vordach. Drinnen arbeitete ein Elektriker am Schaltkasten. Ich sah von außen interessiert zu, spielte an der Riemenscheibe und bekam prompt einen Schlag: dreihundertachtzig Volt in den rechten Arm. Ich klebte am Eisen fest, der Handwerker glotzte verständnislos, endlich schaltete er ab. Ich fiel ins Sägemehl, hatte noch tagelang Schmerzen im Arm; das kribbelte wie Selterswasser.

Glück gehabt, meinte Onkel Fritz. Wenn das Sägemehl naß gewesen wäre, hätte es mich wahrscheinlich «genommen».

Zu Weihnachten wollte ich eine Dampfmaschine, soviel stand fest. Beim Altpapiersammeln war mir ein Märklin-Katalog in die Hände gefallen, der wurde für Wochen zur Lieblingslektüre. Hinten waren die Maschinen abgebildet, eine hatte es mir besonders angetan, natürlich die teuerste. Hoch- und Niederdruckzylinder, richtiggehender Regulator, Dampfdom, alle Schikanen. Der Preis indessen schien unerschwinglich. Es gab aber auch noch andere, die waren etwas billiger; vielleicht klappte es damit.

Der vierundzwanzigste Dezember kam näher, die Spannung stieg. Eines Abends erwachte ich spät von einem Geräusch, das aus der Küche kam: Nähte die Mutter etwa noch? Genau hinhören, Herrgott, eine Dampfmaschine! Mein Vater ließ das Ding probelaufen. Ich horchte aufgeregt, auf die Ellbogen gestützt, konnte lange nicht wieder einschlafen. Ich versuchte mir vorzustellen, wie die Maschine aussah, dachte immer an Märklin.

Bevor es soweit war, fiel mir noch die Aufgabe zu, einen Weihnachtsbaum zu besorgen. Natürlich aus dem eigenen Wald, hieß es, und einen anständigen, dessen man sich vor den Verwandten nicht zu schämen brauchte. Ich nahm den Auftrag ernst, pilgerte zum Himmelborn, zwei Stunden hin, zwei zurück. Einen halben Tag brauchte ich, um ein ideales Bäumchen ausfindig zu machen, warf es dann auf dem Heimweg aber doch wieder fort, weil bei nochmaliger Betrachtung Mängel auftauchten. Ich scheute den Rückweg und klaute eins vom Baron, dem der angrenzende Wald gehörte.

Am Morgen des vierundzwanzigsten wurde der Baum geschmückt, vorher hatte ich ihn für den Ständer passend geschnitten – vergilbtes Engelhaar, blind gewordene Silberkugeln, die herabgebrannten Kerzen vom letzten Jahr. Das Vogelbauer wurde weggehängt, dann paßte der Baum schließlich in die Ecke.

Gegen Abend schloß mich meine Mutter ins Schlafzimmer ein. Alles knisterte nur so vor Spannung, vorher aber gab es noch eine eher peinliche Zeremonie. Das Christkind kam, und was für eins! Zuerst klingelte draußen ein Glöckchen, Mutter schloß die Tür auf, der Lichterbaum brannte, ich riskierte einen Blick auf den Gabentisch. Nichts zu erkennen in der Dämmerung.

Die Küchentür öffnete sich, das Christkind kam herein im langen, weißen Gewand, das Gesicht von einem Schleier verhüllt, auf dem Kopf eine Kerze. Und unten guckten die genagelten Stiefel heraus, die dem taubstummen Onkel Erwin gehörten. Der ließ sich das Christkind nicht nehmen, hatte einen unwiderstehlichen Drang zum Theaterspielen und zu verrückten Handlungen. Sie ließen ihm den Spaß, obwohl er wieder bei Westfalia einen Haufen Werkzeuge bestellt hatte, die er nicht bezahlen konnte.

Er legte die klobige Hand auf meinen Kopf, nickte ein paarmal, dann sang ich:

> Vom Himmel hoch, da komm ich her,
> ich bring euch eine gute Mär . . .

Endlich ging das Licht an, ich stürzte zu den Geschenken: die Dampfmaschine!

Am liebsten wäre ich auf der Stelle ins Bett gegangen, vor Enttäuschung kamen sogar die Tränen – die ich allerdings zu verbergen suchte. Die Maschine stand zwar da, auf ein Brett montiert, mit Transmission, einem Handwerker mit Kreissäge. Aber was für eine Mißgestalt von Maschine: stehender Kessel, beweglicher Zylinder, als Armatur nur eine Pfeife, kurz – die erbärmliche Karikatur dessen, was ich mir gewünscht hatte.

Ich durfte es meiner Mutter nicht antun, spielte also den Interessierten, entzündete Spiritus unter dem Kessel, wartete, bis das Machwerk sich in Bewegung setzte.

Später kamen Patenonkel und Tanten vorbei, brachten Geschenke, Äpfel zum Beispiel, in denen ein Fünfmarkstück steckte, «Goode» Henni hatte mir einen Fußball gekauft, aus richtigem Leder mit einer Gummiblase drin, die Luftpumpe war auch dabei. Einer trug etwas Geheimnisvolles unterm Mantel, setzte sich hin, ließ mich lange schmoren. Schließlich zog er ein Luftgewehr heraus, das hatte ich nicht im Traum erhofft. Aber eine neue Enttäuschung: Es war ein Vorderlader, Marke «Diana», das billigste Modell für fünf Mark; das war mehr Spielzeug als Waffe.

Am ersten Feiertag prüfte ich die Durchschlagskraft an der Regenrinne, Diabolokugeln machten nur Dellen, die Bolzen aber schlugen durch; alles voller Löcher, die meine Großmutter noch vorm Essen entdeckte: «Mußt du uns denn jedesmal die Feiertage versauen!»

Das Gewehrchen verschwand für ein Jahr im Schrank. Das traf mich nicht sonderlich, denn mein Sinn stand eher nach richtigen Jagdwaffen. Zumindest sollte es ein Tesching sein, danach war ich ganz verrückt. Mein Vater hatte eins für die Spatzen, das hielt er sorgfältig unter Verschluß.

Die Besucher blieben nicht lange, aßen ein bißchen von dem Buttergebäck, begutachteten den Baum, verabschiedeten sich: «Fröhliche Weihnachten!»

Nur einer blieb immer sitzen. Mein Vater hatte für ihn extra eine Flasche besorgt, die tranken sie langsam aus. «Petter» Artur begann zu erzählen, das Neueste aus der Stadt.

«Woher weißt du das nur alles?» meinte meine Großmutter. Wo er doch den ganzen Tag draußen bei den Schafen sei und sogar neben der Herde im Karren schlafe.

Mein Pate grinste und zog die Schultern hoch, erzählte die Geschichte vom Eckelshäuser Schäfer. Ich saß mäuschenstill und ließ mir kein Wort entgehen – wie der Schäfer an den Hof des Mainzer Erzbischofs geladen wurde, weil sein Ruf als Philosoph und Weiser bis zum Bischof gedrungen war, der wollte ihn unbedingt kennenlernen. An der Tafel blieb der Schäfer jedoch stumm, aß nur. Der hohe Herr wartete vergeblich auf einen seiner berühmten Sprüche. Schließlich wurde es dem Bischof zu dumm. Warum er denn schweige und ob er das nicht als Unhöflichkeit seinem Gastgeber gegenüber empfinde?, wollte er wissen. Der Schäfer ließ sich nicht in Verlegenheit bringen, schluckte, sah den geistlichen Herrn unschuldsvoll an und motivierte sein Schweigen mit der bündigen Erkenntnis: «Jerer Plärr schoadt em Schoof en Moffel.» Was auf hochdeutsch soviel hieß wie: «Jedes Määäh kostet das Schaf einen Bissen.»

Ein anderer Schäfer aus der Umgebung genoß einen speziellen Ruf: Der von Achenbach war ein gesuchter Wunderheiler, Spezialist für Verrenkungen, Zerrungen. Was kein Arzt fertigbrachte, erledigte er mit ein paar Handgriffen. Aus allen Himmelsrichtungen kamen sie zu seinem Karren, schmerzverkrümmt und voller Hoffnung. Wird er es schaffen? Meist schaffte er es, die Leute spürten schon gleich Erleichterung, nach drei Tagen war der Schmerz fort. Das war ja wie in der Bibel, wo Christus die Kranken heilte.

Bevor er starb, hatte er seinen Sohn in den Geheimnissen der Heilkunst unterwiesen, der konnte es ebenso gut. Er war Metzger in Wilhelmshütte. Ich suchte ihn selbst einmal auf, als ich beim Fußball in die Erde getreten hatte. Der Schmerz im großen Zeh wollte und wollte nicht vergehen, Salben und Bäder halfen nichts. Da knurrte der alte Dr. Ledeganck, der schon meiner Mutter auf die Welt geholfen hatte: «Dann fährste eben zum Metzger nach Wilhelmshütte. Aber sag nicht, daß ich dich geschickt habe . . .»

Dort ließ man mich in der Küche warten. Endlich kam der Wundermann, in gestreiftem Metzgerkittel, lederne Schildkappe auf dem Kopf: «Na, Junge, wo fehlt's?»

Er setzte sich gegenüber, rückte den Stuhl näher. Mit seinen dicken Fingern betastete er den Fuß, knetete am großen Zeh, aua! «So, das war's. In zwei, drei Tagen spürst du nichts mehr.»

Auf meine Frage nach dem Honorar bewegte er gleichgültig den Kopf. «Ich darf nichts fordern, Junge. Da würde ich mich strafbar machen.»

Ich gab ihm zehn Mark und war tatsächlich meine Schmerzen für immer los.

An jedem ersten Ostertag bekam ich frühmorgens eine Art Botanisiertrommel umgehängt und wurde losgeschickt, den «Hasen zu suchen». Sämtliche Verwandte und Bekannte wurden abgeklappert, überall hieß es: «Nu warte einen Augenblick, mal sehen, ob der Hase gelegt hat.»

Im Hausflur oder im Garten fand ich dann das Nest, gefärbte Eier drin, Gebäck, manchmal sogar eine Orange. Zwischendurch lief ich immer wieder nach Hause, die volle Büchse entleeren; das gab ganze Schüsseln voll, wir hatten Leckereien zu essen bis in den Sommer hinein.

Wenn schönes Wetter war, ging's am Nachmittag auf die

Osterwiese im Feldchen. Eier wurden geworfen, aus der hohlen Hand in die Luft, so hoch es ging. Wessen Ei beim Aufschlagen heil blieb, der hatte gewonnen und kassierte die anderen.

An Fastnacht durften wir uns verkleiden, bekamen hölzerne Spieße, mit denen wir herumgingen und Speck und Kreppel sammelten; das wurde aufgespießt und im Triumph heimgetragen.

Einmal gab es zu Hause großes Geheul; meine Mutter hatte mir ein Schornsteinfegerkostüm genäht, eine kleine Leiter, Kugel und Besen gemacht. Um die Maskerade zu vervollständigen, rieb mich Umma am Herd mit Ruß ein. Bevor ich loszog, rasch einmal im Wohnzimmer in den großen Spiegel geblickt: großes Geplärr, hu, hu, ich hatte Angst vor mir selber, es half kein Zureden, sie mußten mich ausziehen und waschen. «Dann bleibste eben daheim!»

Zu den Markttagen gab es oft ein «Marktstück» von Umma; fünfzig Pfennig; wenn sie gerade Rente gekriegt hatte, machte sie auch schon mal eine Mark locker. Die setzte ich in Eis um, von Rothgerber, grünes mit Waldmeister. Oder ich erstand einen Netzbeutel voll Murmeln, «Knickkerner» nannten wir sie. Damit spielten wir vor der Hirschapotheke am Ziegenberg; einmal gewann ich eine gläserne Murmel mit farbigen Ornamenten drin, die hob ich auf, um sie Hannelore zu schenken, das war die Tochter unserer Nachbarin.

Einmal nahm meine Mutter mich in den Zirkus mit. Auf dem Seewasem vor der Stadt gastierte Sarasani; sibirische Tiger sprangen durch brennende Reifen, die hatten es mir besonders angetan.

Zum Schluß kamen vier Rollschuhmädchen mit Pirouetten und Todesspiralen. Eine wandte sich ans Publikum: ob ein tapferer junger Mann sich zu einer Darbietung bereit erkläre, keine Angst, es sei ganz harmlos . . .

In der Pause bei der Tierschau hatte ich Hannelore mit ihrer Mutter gesehen. Jetzt war Gelegenheit, sich hervorzutun, im Scheinwerferlicht mit den halbnackten Girls. Was konnten sie schon mit einem vorhaben?

Meine Mutter versuchte, mich zurückzuhalten, flehte: «Bleib hier, Junge, wer weiß, was die mit dir anstellen . . .»

Ich riß mich los, eilte in die Manege; ein zweites Opfer hatte sich gefunden. Mich nahmen sie zuerst in die Mangel. Eine packte mich unter den Armen, die andere an den Beinen, sie begannen zu drehen, immer schneller, die Scheinwerfer oben unterm Zelt wurden zu rotierenden Sonnen, dann ließen sie mich an den Armen los, Kopf unten, die Beine oben, immer noch schneller. Ich konnte mich sonst nicht einmal auf dem Absatz drehen, ohne daß mir schlecht wurde. Jetzt nur nicht ohnmächtig werden oder kotzen, die Blamage . . .

Schließlich stoppten sie das grausame Spiel, richteten mich auf, loslassen. Ich torkelte, wäre gefallen, wenn mich nicht eins von den Mädchen aufgefangen hätte. Schadenfrohes Klatschen, als ich aus der Manege schoß, wie volltrunken, im Zickzack. Ich fand meinen Platz nicht, das Grölen des Publikums im Rücken machte alles noch schlimmer. Ich landete in den Armen eines Platzanweisers, der ein Herz hatte und mich hinaufführte. Noch Tage danach litt ich an Schwindel und Kopfweh, Mutter machte mir Eiskompressen. Mein Vater meinte nur, daß ich augenscheinlich dazu bestimmt sei, keine Narretei im Leben auszulassen.

WILLIAM FAULKNER

Die Spitzbuben

Großvater und Großmutter fuhren auch zur Beerdigung. Was ganz nebenbei auch bedeutete, daß wir – da wir in der Stadt keine näheren Verwandten hatten – daß wir, ich und meine drei Brüder und Tante Callie, etwa siebzehn Meilen außerhalb Jeffersons zu Vetter Zachary Edmonds' Farm geschickt werden würden, um da zu bleiben, bis Vater und Mutter zurückkehrten; es bedeutete ganz nebenbei, daß Vater und Mutter vier Tage abwesend sein würden. Was es jedoch wirklich bedeutete, war, daß Großvater und Großmutter selbst nach den vier Tagen noch nicht zurückkehren würden. Großvater verließ nämlich Jefferson niemals, auch wenn er nur nach Memphis fuhr, ohne entweder auf dem Hinweg oder auf dem Rückweg zwei oder drei Tage in New Orleans zu verbringen, das er liebte; und diesmal mochten sie sehr wohl auch Vater und Mutter dorthin mitnehmen. Es bedeutete buchstäblich, was Boon mir durch seine überschwengliche und noch immer ungläubige Freude schon zweimal unabsichtlich mitgeteilt hatte: daß der Eigentümer des Automobils und jeder andere, der einige Autorität darüber besaß oder zu besitzen sich anmaßte, dreihundert Meilen von ihm getrennt war – für eine Zeitdauer von vier Tagen bis zu einer Woche. Deshalb waren all seine plumpen Machenschaften, mich zu verleiten und weichzumachen, nur noch Bestätigung. Und er brauchte es gar nicht erst lange zu versuchen und mich auf die Probe zu stellen. Wenn Erwachsene von der Unschuld eines Kindes sprechen, wissen sie nicht, was sie eigentlich meinen. Wenn man ihnen zusetzt, gehen sie einen Schritt weiter und sagen: nun gut, also Unwissenheit. Weder das eine noch das andere trifft auf ein Kind zu. Es gibt kein Verbrechen, das ein elfjähriger Junge nicht längst ins Auge gefaßt hätte. Seine Unschuld besteht einzig darin, daß er vielleicht nicht alt genug ist, die Früchte des Verbrechens zu begehren, doch ist das eine Frage nicht der Unschuld, sondern des Appetits; seine Unwissenheit besteht darin, daß er nicht weiß, wie er es begehen soll, und das ist nicht Unwissenheit, sondern eine Frage der Jahre.

Boon aber wußte das nicht. Er mußte mich verleiten. Und er hatte so wenig Zeit: nur von der Stunde an, da der Zug abfuhr, bis zum Anbruch der Dunkelheit. Er hätte frisch anfangen können, ganz von vorne, morgen oder übermorgen oder an irgendeinem anderen Tag bis und einschließlich Mittwoch. Doch heute, jetzt, war die beste Gelegenheit, wenn der Wagen für ganz Jefferson zu sehen war, bereits in Bewegung war, sich bereits im Zustand des Aufbruchs befand; es war, als hätten die Götter selbst ihm diese ungestraften Stunden zwischen elf Uhr zwei und Sonnenuntergang angeboten und ihm freigestellt, sie auf eigene Gefahr zu verschmähen und nicht zu beachten. Der Wagen fuhr vor, Großvater und Großmutter saßen schon drin, mitsamt der Schuhschachtel mit dem gebratenen Huhn und gefüllten Eiern und Kuchen als Mittagsmahl, weil sie keinen Speisewagen haben würden, bis sie um ein Uhr am Knotenpunkt in den «Limited» umstiegen, und Großmutter und Mutter kannten beide mittlerweile meinen Großvater und meinen Vater gut genug, um zu wissen, daß sie nicht bis ein Uhr mit dem Mittagessen warten würden, einerlei, wer gestorben war.

Ihre Reisetaschen waren bereits auf den Kotflügeln befestigt, und Sohn Thomas hatte schon Mutters und Vaters Gepäck auf die Straße getragen, und nun folgten wir alle, Mutter mit ihrem schwarzen Schleier und Vater mit seinem schwarzen Trauerflor um den Arm, und wir hintendrein mit Callie, die Alexander trug. «Lebt wohl», sagte Mutter, «lebt wohl», und küßte uns durch den Schleier hindurch und roch, wie sie immer roch, aber noch mit etwas Schwarzem dabei, wie der dünne schwarze Schleier, der im Grunde gar nichts verhüllte, als wäre mehr als bloß eine mechanische, elektrische Nachricht die dreihundert Meilen von Bay St. Louis auf dem Kupferdraht heraufgekommen; o ja, ich konnte es riechen, als sie mich küßte und sagte: «Du bist jetzt der große Junge, der Mann! Du mußt Tante Callie bei den andern helfen, damit sie nicht Tante Louisa plagen!» und stieg schon rasch ins Automobil neben Großmutter, als Boon sagte:

«Für die Fahrt nach McCaslin raus muß ich nach dem Mittagessen den Tank füllen. Ich dachte, Lucius könnte vielleicht jetzt mitkommen und mir auf dem Rückweg vom Bahnhof behilflich sein?» Siehst du, wie einfach sich alles anließ? Es war zu einfach, so daß man sich ein bißchen schämen mußte. Es war, als würden Tugend und Rechtschaffenheit gegen Großvater und Großmutter und Mutter und Vater betrügerisch ausgespielt. Meinetwegen, ja: auch gegen mich. Selbst die Tatsache, daß in Jefferson Automobile erst zwei oder drei Jahre alt waren, half Boon – meinetwegen uns. Mr. Rouncewell, der Vertreter der Petroleumgesellschaft, der aus seinen Tanks am Nebengeleise des Bahnhofs sämtliche Läden im Yoknapatawpha-Bezirk belieferte, besaß seit den letzten zwei Jahren auch einen besonderen Tank für Benzin mit einer Pumpe und einem Neger, der die Pumpe bediente; und Boon oder jeder, der sonst noch Benzin brauchte, hatte weiter nichts dabei zu tun, als einfach vorzufahren und zu halten und auszusteigen, und der Neger klappte den Vordersitz auf und maß den Tank mit seinem speziell geeichten Stab und füllte den Tank und nahm das Geld ein; oder wenn Mr. Rouncewell nicht selber da war, konnte man seinen Namen und die Anzahl der Liter in ein schmieriges Kassenbuch eintragen. Doch obwohl Großvater den Wagen nun seit über einem Jahr besaß, besaß nicht ein einziger von ihnen – weder Großvater noch Großmutter, noch Vater oder Mutter – die Kenntnis, wie man einen Wagen fuhr, noch die Verwegenheit (oder vielleicht auch nur die Wißbegier), Boon zu fragen und zu bedrängen.

Er und ich standen also auf dem Bahnsteig; als der Zug abfuhr, winkte Mutter hinter der Fensterscheibe. Jetzt mußte er etwas tun. Er mußte etwas sagen, mußte einen Anfang finden. Es war ihm gelungen, das Schiff klar zum Gefecht zu machen, und er hatte mich in seiner Gewalt, wenigstens bis Tante Callie sich wundern mochte, wo ich so lange blieb, anstatt Mittag zu essen. Ich meine, Boon wußte nicht, daß er überhaupt nichts zu sagen brauchte, nichts weiter, als mir vielleicht mitzuteilen, wohin wir fahren wollten, und selbst darauf – auf das Ziel – kam es nicht an. Er hatte nichts dazugelernt über die Menschen, und anscheinend hatte er sogar vergessen, was er ehemals über kleine Jungen gewußt haben mußte.

Und nun wußte Boon selber nicht, wie er anfangen sollte. Er hatte um Glück gebetet, und sofort, postwendend sozusagen, war ihm mehr gewährt worden, als er gebrauchen konnte. Du hast es wahrscheinlich schon früher gehört, daß Fortuna ein launisches Weibsbild ist, das nie etwas zurückhält, weder Gutes noch Schlechtes, und mehr von ersterem, als man je (und vielleicht gerechtermaßen) zu verdienen glaubt; und mehr von letzterem, als man bewältigen kann. So war's auch mit Boon. Er sagte nur: «So!», und ich half ihm auch nicht weiter; diese Rache leistete ich mir. Na ja, Rache an wem? Nicht an mir natürlich: an mir, an meiner Beschämung, vielleicht an Vater und Mutter, die mich meiner Beschämung überlassen hatten; vielleicht an Großvater, dessen Automobil die Beschämung möglich gemacht hatte; wer weiß? vielleicht an Mr. Buffaloe, dem verzückten und begabten Schlafwandler, der das Ganze vor zwei unschuldigen Jahren angesponnen hatte. Doch tat mir Boon leid, weil er so wenig Zeit hatte. Es war jetzt elf Uhr; Tante Callie würde mich in wenigen Minuten zurückerwarten, nicht, weil sie wußte, man brauchte nicht mehr als zehn Minuten für den Heimweg, nachdem sie das Signal von Nummer dreiundzwanzig am unteren Bahnübergang gehört hatte, sondern weil sie schon in der wildesten Unruhe war, uns allen zu essen zu geben und nach McCaslin zu befördern; sie war auf dem Land geboren und zog es noch immer der Stadt vor. Boon blickte mich nicht an; er bemühte sich sehr, mich nicht anzublicken. «Dreihundert Meilen», sagte er. «Feine Sache, daß jemand die Eisenbahn erfunden hat. Wenn sie mit 'nem Maultierwagen hätten fahren müssen, wie es früher war, dann könnten sie nicht mal in zehn Tagen hinkommen und erst recht nicht in zehn Tagen zurück.»

«Vater hat vier Tage gesagt», warf ich ein.

«Stimmt», sagte Boon. «Hat er. Vielleicht haben wir vier Tage, um wieder bis nach Hause zu kommen, aber das ist keine Ewigkeit.» Wir gingen zum Wagen und stiegen ein. Aber er kurbelte ihn nicht an. «Wenn Boß in ze – vier Tagen zurückkommt, dann erlaubt er vielleicht, daß ich dir zeige, wie man mit dem Ding fährt. Du bist groß genug. Außerdem weißt du schon, wie. Hast du da schon mal dran gedacht?»

«Nein», entgegnete ich. «Denn er läßt mich doch nicht.»

«Na, du brauchst ja nicht so eilig dahinterher zu sein. Du hast immerhin vier Tage, in denen er sich noch anders besinnen kann. Wenn ich auch eher auf zehn Tage tippe.» Er machte noch immer keine Anstalten, den Wagen anzukurbeln. «Zehn Tage! Was meinst du 'n, wie weit das Auto in zehn Tagen fahren kann?»

«Vater hat vier gesagt», widersprach ich.

«All right», sagte er. «Wie weit in vier Tagen?»

«Das weiß ich auch nicht», erwiderte ich. «Denn hier kenn ich keinen Menschen, der das weiß und es mir sagen könnte.»

«All right», sagte er. Plötzlich ließ er den Motor an und fuhr rückwärts und wendete und fuhr schon schnell, aber weder zum Square noch zu Mr. Rouncewells Benzinpumpe.

«Ich dachte, wir müßten Benzin fassen», sagte ich.

Wir fuhren schnell. «Ich hab's mir anders überlegt», sagte Boon. «Dafür sorge ich, bevor wir nach dem Essen aufbrechen und nach McCaslin rausfahren. Dann kann nicht so viel verdunsten, während es einfach so rumsteht.» Wir waren jetzt in einer Gasse und fuhren schnell zwischen Negerhütten und Gemüsegärtchen und Hühnerhöfen, wo Hühner und Köter sich gerade noch rechtzeitig mit wilden Sprüngen aus dem Staub machen konnten; dann zur Gasse hinaus und auf ein freies Feld, ein unbebautes Stück Land, auf dem sich schwache Reifenspuren abzeichneten, aber keine Hufe; und jetzt erkannte ich es: Mr. Buffaloes selbstgemachtes Motodrom, wohin ihn vor zwei Jahren Oberst Sartoris Gesetz vertrieben hatte und wo er Boon beigebracht haben mußte, wie man Auto fährt. Und noch immer verstand ich's nicht – erst, als Boon den Wagen mit einem Durchreißen der Bremse zum Stehen brachte und zu mir sagte: «Komm, setz dich rüber!»

Daher kam ich schließlich doch zu spät zum Essen; Tante Callie stand schon auf der Vorderveranda, trug Alexander auf dem Arm und schrie Boon und mich an, noch bevor der Wagen hielt, damit ich aussteigen konnte. Denn schließlich hatte mich Boon fair im Kampf besiegt; offenbar hatte er nicht alles über kleine Jungen vergessen, an das er sich noch aus seiner eigenen Jugend erinnern konnte. Ich weiß es jetzt natürlich besser, und ich wußte es sogar damals besser: daß Boons Sündenfall und meiner nicht nur unverzüglich, sondern auch gleichzeitig stattfanden, schon damals in dem genau gleichen Augenblick, als Mutter die Nachricht erhielt, daß Großpapa Lesseps gestorben sei. Ich hätte es jedoch gerne geglaubt: daß Boon mich einfach überwältigte. Jedenfalls sagte ich es mir damals: daß ich – geborgen hinter der unverletzlichen und unvermeidbaren Rechtschaffenheit, die mit dem Namen zusammenhängt, den ich trug, geformt nach dem ritterlichen Muster meiner männlichen Vorfahren, wie es mir durch meines Vaters mündliche Überlieferung vererbt, nein, aufgezwungen worden war, und ferner, dank meiner Mutter kindlichen Glaubens an mich, verzärtelt und verwundbar für Schamgefühle –, daß ich Boon nur auf die Probe gestellt hatte; nicht meine eigene Tugend geprüft, sondern einfach Boons Fähigkeit, sie zu untergraben; und daß ich in meiner Unschuld zu sehr vertraute auf Rüstung und Schild der Unschuld; und mehr erwartete, verlangte und voraussetzte, als was jener schwächliche Milanese an Widerstand leisten konnte. Ich sage «schwächlicher Milanese», ohne lange überlegt zu haben, aber ganz ausdrücklich, da mir zeit meines Lebens aufgefallen ist, wie reichlich oft die Anwälte der Tugend und sogar ihre Beflissenen augenscheinlich selber ernste Zweifel an der Unbezwinglichkeit der Tugend als eines Schildes hegen und Glauben und Vertrauen lieber nicht in die Tugend setzen, sondern eher in den Gott oder die Göttin, deren Schützling die Tugend ist; aus Lehnstreue zur Obergottheit die Tugend selbst gewissermaßen übergehend, wofür als Gegenleistung die Göttin entweder die Versuchung abwehrt oder jedenfalls Fürsprache einlegt. Was sehr viel erklärt, da mir ebenfalls zeit meines Lebens aufgefallen ist, daß die Göttin, deren Schützling die Tugend ist, die gleiche zu sein scheint, deren Schützling auch das Glück, wenn nicht gar die Torheit ist.

Boon besiegte mich also in einem Kampf, der fair war, und benutzte, wie es ein Gentleman sollte und zu tun pflegt, Handschuhe. Als er den Wagen zum Stehen brachte und «Komm, setz dich rüber!» sagte, glaubte ich zu wissen, was er beabsichtigte. Wir hatten es auf Großvaters Hinterhof schon vier- oder fünfmal unauffällig fertiggebracht, indem ich auf Boons Knien saß, das Steuer hielt und lenkte, während er das Automobil langsam in einem niedrigen Gang über den Hof laufen ließ. Ich war also für ihn bereit. Ich war schon en garde und hatte schon zum Gegenstoß angesetzt, meinen Mund schon geöffnet, um zu sagen: *es ist heute zu heiß, um auf deinen Knien zu sitzen. Außerdem wollen wir lieber nach Hause gehen*, als ich sah, daß er bereits aus dem Wagen gesprungen war, noch während er sprach, und nun dastand, die eine Hand auf dem Steuer, mit laufendem Motor. Ein oder zwei Sekunden lang konnte ich es noch immer nicht glauben. «Beeil dich», sagte er. «Callie kann jetzt jeden Augenblick aus der Gasse da auftauchen, das Baby unter dem Arm, und schon kreischen!»

Ich schob mich also unter das Steuer, und mit Boon neben mir, über mir, über mich hinweg, eine Hand auf meiner, um die Starterklappe zu regulieren, fuhren wir über das leere, sonnengrelle Ödland – hin und her, ein Weilchen vorwärts, ein Weilchen rückwärts, keinen Gedanken für die Zeit, Boon ebensowenig wie ich, konzentriert, hingerissen, mich unterstützend (er spielte um den Einsatz, verstehst du), nicht mehr in der Zeit, über die Zeit hinaus, gefeit gegen die Zeit, bis die Uhr auf dem Gericht oben, eine halbe Meile entfernt, zwölfmal schlug und uns zurückrief, zurückschleuderte in die uns drohende harte Welt der Tricks und Täuschungen.

«All right», sagte Boon, «rasch jetzt», und wartete nicht erst, sondern hob mich buchstäblich über sich hinweg, während er unters Steuer rutschte und der Wagen schon übers Feld raste, nach Hause, und wir jetzt von Mann zu Mann sprachen, gemeinsam am Verbrechen beteiligt, verbündet natürlich, aber noch nicht Altersgenossen, wegen meiner Unschuld; ich wollte schon fragen: *Was soll ich jetzt tun? Du mußt mir's sagen!*, als Boon wiederum zuerst sprach und uns auch gleichrangig machte: «Hast du kapiert, wie man's macht? Wir haben nicht viel Zeit.»

«Ja, ja», sagte ich. «Fahr zu! Fahr rasch nach Hause, ehe Tante Callie zu kreischen anfängt.» Verstehst du's nun also, was ich wegen der Tugend meinte? Du hast sicher schon gehört – oder wirst's jedenfalls noch hören –, wie die Leute von schlimmen Zeiten oder einer schlimmen Generation sprechen. Solche Dinge gibt's nicht. Keine Epoche der Geschichte und keine Generation menschlicher Lebewesen war je oder ist oder wird groß genug sein, die Un-Tugend eines gegebenen Augenblicks in sich zu fassen, genausowenig wie sie alle Luft eines gegebenen Augenblicks fassen könnte; sie kann nichts weiter tun als hoffen, daß sie während des Durchgangs so wenig wie möglich besudelt wird. Wie schade nämlich, daß die Tugend nicht ebenso für ihre Kinder sorgt – vielleicht es nicht kann – wie die Un-Tugend. Wahrscheinlich kann sie's nicht, sie, die den ihr Ergebenen als Lohn nur kalte und duftlose und unschmackhafte Tugenden bietet: im Vergleich nämlich nicht nur zum glänzenden Sold der Sünde und des Vergnügens, sondern auch zu der stets wachen, unermüdlichen, allwissenden Geschicklichkeit – einer unglaublichen, unübertrefflichen Erfindungsgabe und Phantasie –, mit der sogar die schwankenden Schritte der Kindheit gleichmäßig und sicher zum Blumenpfad der Vergnügungen hingeleitet werden. Denn – o ja, ich war entsetzlich rasch herangereift, seit die Uhr vor zwei Minuten schlug –, ich habe immer wieder bemerkt, daß, ausgenommen in ein paar vereinzelten Fällen, die man vielleicht als böswillige Hyper-Frühreife bezeichnen könnte, Kinder genau wie Dichter eher aus Vergnügen als aus Gewinnsucht lügen. Oder wenigstens glaubte ich, daß ich's bis dahin so getan hätte, mit ein paar geringfügigen Ausnahmen, einschließlich einfacher Selbstverteidigung gegen Geschöpfe (meine Eltern), die größer und stärker als ich waren. Doch nun nicht mehr. Oder jedenfalls nicht jetzt. Ich war ebenso entschlossen wie Boon, und – jedenfalls während des nächsten Schritts – sogar noch schuldiger. Denn (ich begriff es, nein, wußte es; es war offensichtlich; Boon selbst hatte es ausdrücklich zugegeben) ich war gescheiter als Boon. Ich begriff und spürte plötzlich die gleiche triumphierende und fieberhafte Erregung, die Faust erlebt haben mußte: daß von uns beiden, die wir unwiderruflich verdammt wären, ich der Führer, ich der Boß, ich der Meister war.

Tante Callie stand schon auf der Vorderveranda, hatte Alexander auf dem Arm und kreischte.

«Halt die Klappe!» sagte ich. «'s Essen ist doch gerade erst da? Das Automobil hatte 'ne Panne. Boon hat's in Ordnung gebracht. Wir hatten keine Zeit mehr, Benzin zu fassen, und jetzt muß ich ganz rasch essen und wieder hinfahren und ihm helfen, den Tank füllen.» Ich trat ins Eßzimmer. Das Essen stand schon auf dem Tisch. Lessep und Maury aßen schon (sie hatte sie für die siebzehn Meilen zu Vetter Zack hinaus, wo wir vier Tage bleiben sollten, so angezogen, als müßten sie nach Memphis, ich weiß nicht, warum, falls es nicht deshalb war, daß sie in der Zeit zwischen Vaters und Mutters Abreise und dem Mittagessen nichts anderes zu tun hatte. Denn Maury und Alexander mußten beide noch ihren Mittagsschlaf halten, ehe wir abfahren konnten), doch Maurys Bluse sah vorne ganz danach aus, als ob sie ihn nochmals würde waschen und umziehen müssen.

Trotzdem war ich vor ihm fertig und ging (Tante Callie kreischte immer noch, im Haus natürlich nicht so laut. Aber was konnte sie schon ausrichten, allein, und eine Negerin, gegen die Un-Tugend?) quer über die Straße zu Großvaters Haus hinüber. Ned war vermutlich in die Stadt gegangen, sowie das Automobil abgefahren war. Doch wahrscheinlich würde er zurückkommen, um Mittag zu essen. Er war schon da. Wir standen im Hinterhof. Er blinzelte mir zu. Sehr oft, eigentlich meistens, sahen seine Augen rötlich aus, wie Fuchsaugen. «Warum willst du nicht draußen bei den andern bleiben?» fragte er.

«Ich hab ein paar Freunden versprochen, daß wir uns morgen fortstehlen und eine neue Fischbucht ausprobieren, die der eine entdeckt hat.»

Ned blinzelte mir zu. «Du willst also mit Boon Hogganbeck nach McCaslin fahren und dann gleich wieder umkehren und mit ihm zurückkommen. Nur mußt du Miß Louisa was sagen können, damit sie dich wieder her läßt, und darum brauchst du mich, damit ich dich decke.»

«Nein», entgegnete ich. «Ich brauche gar nichts von dir. Ich sag's dir bloß, damit du's weißt, wo ich bin, und sie dir nicht die Schuld geben. Ich will dir nicht mal zur Last fallen. Ich will bei Vetter Ike übernachten.» Bevor die andern da waren (ich spreche von meinen Brüdern), wenn Vater und Mutter da spätabends noch ausgingen und Großvater und Großmutter auch fort waren, blieb ich meistens bei Ned und Delphine. Manchmal schlief ich auch die ganze Nacht in ihrem Haus, einfach aus Spaß. Ich hätte es jetzt auch tun können, wenn's geklappt hätte. Aber Vetter Ike wohnte allein in einem Einzelzimmer über seiner Eisenwarenhandlung. Selbst wenn Ned (oder jemand anders, den's was anging) ihn rundheraus fragte, ob ich Samstagnacht bei ihm gewesen wäre, dann wär's mittlerweile schon mindestens Montag geworden, und ich hatte mir bereits rasch und energisch vorgenommen, nicht an Montag zu denken. Siehst du wohl: wenn sich die Menschen nur nicht so rasch und energisch weigern würden, an nächsten

Montag zu denken, dann wär's für die Tugend ein weniger schweres und undankbares Geschäft.

«Aha», sagte Ned. «Du brauchst also rein nichts nich von mir. Du bist einfach großmütig und sparst mir Mühe und Sorge. Sparst allen Leuten Mühe und Sorge, wenn sie wissen wollen, warum du nicht draußen in McCaslin bist, wo dein Pa dich haben wollte.» Er blinzelte mir zu. «Hi hi hi», machte er.

«Also gut», sagte ich. «Dann erzähl du nur Vater, ich wär am Sonntag fischen gegangen, während sie alle weg waren; kannst mal sehen, ob ich mir was draus mache!»

«Ich hab's nich im Sinn, niemand was von dir zu erzählen», erwiderte er. «Du gehst mich nix an. Du gehst bloß Callie was an, solange, bis deine Ma wieder da ist. Falls du nicht heut nacht Mr. Ike was angehst – wie du's eben erzählt hast.» Er blinzelte mir zu. «Wann kommt Boon Hogganbeck und holt euch alle ab?»

«Ganz bald», antwortete ich. «Und laß das man ja nicht Vater oder Boß hören, daß du ihn Boon Hogganbeck nennst!»

«Mister nenn ich ihn schon soviel mal, wie er sich's erst verdienen muß», entgegnete Ned, «und erst recht, wie er's wert ist.» Er machte «Hi hi hi!»

Siehst du wohl? Ich tat mein möglichstes. Was mich belastete, waren die Werkzeuge, die ich benutzen mußte. Unschuld und Unwissenheit: ich hatte nicht nur nicht genug Kraft und Wissen, ich hatte nicht mal genügend Zeit. Wenn das Schicksal, die Götter – also meinetwegen: die Un-Tugend – einem Gelegenheit gibt, dann ist das mindeste, was sie für einen tut, daß sie einem etwas Platz läßt. Doch immerhin war Vetter Ike samstags leicht zu finden. «Klar», sagte er. «Kannst schon heut nacht bei mir bleiben. Vielleicht gehn wir morgen fischen – mußt's nur nicht deinem Vater erzählen.»

«Nein, danke», sagte ich. «Nicht heute nacht. Da bleibe ich bei Ned und Delphine, wie immer. Ich wollte nur, daß du Bescheid weißt, weil Mutter nicht hier ist, der ich's sagen kann – die ich fragen kann, meine ich.» Siehst du: ich tat mein Bestes mit dem, was ich hatte und wußte. Nicht etwa, daß ich den

Glauben an unsern End-Erfolg verlor: Es schien mir einfach so, als vergeude die Un-Tugend dadurch, daß sie mich nur auf die Probe stellte, jene Zeit, die für größere Zwecke so dringlich und verzweifelt benötigt wurde. Ich ging nach Hause, rannte aber nicht: Jefferson durfte mich nicht rennen sehen; doch ging ich, so schnell ich konnte, ohne zu rennen. Ich mochte nämlich Boon nicht ungeschützt in Tante Callies Händen wissen.

FINN SOEBORG

Ruhe zum Arbeiten

In einem Sommer verbrachte ich einmal einige Zeit in einem kleinen Einzimmerhaus, um ein Buch zu vollenden, von dem ich annahm, daß es das beste werden würde, das ich je geschrieben hatte, ja das beste dänische Buch dieses Jahrhunderts schlechthin.

Ich war schon früher öfter weggefahren, um Ruhe zum Arbeiten zu haben, aber dann war ich immer in ein Hotel in der einen oder anderen kleinen Provinzstadt gezogen. In einem Hotel zu wohnen hat viele Vorteile. Man lebt verhältnismäßig komfortabel. Es wird saubergemacht, das Essen wird serviert, so daß man seine Gedanken ganz auf die Arbeit konzentrieren kann.

Inzwischen aber lebt man in Hotels nicht mehr so gut. Das schlimmste daran ist, daß es immer Leute gibt, die morgens um vier hin und her zu laufen beginnen, die Türen zuschmeißen und sich laut etwas zurufen. Wer das macht und warum, konnte ich nie herausfinden, aber es hat sich in allen Hotels wiederholt, in denen ich je gewohnt habe. Vielleicht stellen die Hotels extra Leute an, die morgens herumlaufen und mit den Türen knallen müssen, um den Eindruck von Geschäftigkeit zu erwecken. Was weiß ich.

Ein anderes Ungemach beim Wohnen im Hotel ist, daß die Reinigung des Zimmers in der Regel den ganzen Vormittag dauert, so daß man in dieser Zeit ziellos durch die Straßen der Stadt streifen und die Bilder an den Kinos betrachten muß oder was einem sonst einfällt. Bei Regenwetter muß man ins Heimatmuseum gehen, und das ist das Langweiligste, was ich kenne. Ich konnte noch nie etwas an einem alten Wagenrad oder einer Hellebarde finden, oder was das auch immer für uninteressante Dinge sein mögen, mit denen man die Heimatmuseen füllt.

So gesehen war es völlig sinnlos, von zu Hause wegzuziehen, um Ruhe zum Arbeiten zu haben, denn ich habe zu Hause ein ausgezeichnetes Arbeitszimmer. Aber wenn man drei Kinder, einen Hund und eine Frau hat, so nützt einem das nichts.

Es passiert immer etwas, wenn man eine Familie um sich herum hat. Unaufhörlich ist Rabatz zu hören, und dann muß man raus und nachgucken, welches von den Kindern denn nun wieder zu Schaden gekommen ist. Und wenn man das hinter sich und den Faden seiner Gedanken endlich wiedergefunden hat, kommt die Frau und sagt, daß der Abfluß verstopft ist und ob man nicht mal nachsehen wolle. Dann versucht man eine Stunde lang den Abfluß zu entstopfen, bis man es schließlich aufgibt und nach dem Klempner schickt, der das in fünf Minuten in Ordnung bringt und dafür fünfundzwanzig Kronen verlangt. Und wenn dann endlich wieder Ruhe herrscht, klingelt das Telefon, und der Kaufmann fragt, ob er einem eine Rechnung schicken darf, die schon ziemlich alt ist.

Ich glaube, wenn so wenige Meisterwerke das Licht der Welt erblicken, so ist das die Schuld der Kinder, Hunde, Ehefrauen und Kaufleute.

In dem Jahr, in dem ich an meinem besten Buch arbeitete, war das völlig verrückt. Die Kinder fielen in einem Tempo die Treppen hinunter, wie wir das zuvor noch nie erlebt hatten. Meine Frau verstauchte sich die Hand und wurde fast arbeitsunfähig. Tanten und dergleichen kamen ständig unangemeldet zu Besuch. Und als Tüpfelchen auf dem i kam unsere Hündin plötzlich mit zehn Welpen nieder.

Wir hatten nicht im geringsten geahnt, daß sie in anderen Umständen gewesen war, aber nun war sonnenklar, daß sie es gewesen war. Ich bestand darauf, daß diese Tiere umgehend getötet werden sollten, aber dieser Entscheid traf auf den entschiedenen Protest aller übrigen Familienmitglieder, die verlangten, daß die Mutter sie behalten dürfe, bis sie groß wären und man sie Tierfreunden schenken könne, bei denen sie es gut hätten. Das brachte das Faß zum Überlaufen und führte dazu, daß ich mir ein Haus auf einer Insel mietete, um in Ruhe arbeiten zu können.

Die Insel lag in einem Fjord, und ich fuhr mit dem Fahrrad dorthin oder genauer gesagt zu der Stelle, von der man mit der Fähre zur Insel übersetzen konnte. Es war eine anstrengende Fahrt. Mein Fahrrad war schwer belastet mit persönlichem Bedarf, Bettzeug und natürlich mit meiner Schreibmaschine und dem kostbaren halbfertigen Manuskript. Der Wind kam, wie gewöhnlich, von vorn, und von einem einzigen lächerlichen Berg abgesehen, bei dem es abwärts ging, bestand die Strecke nur aus Steigungen. Ich kam erst am Abend bei der Fähre an, um festzustellen, daß in den nächsten Wochen nicht übergesetzt werden konnte, weil der Fährmann mit gebrochenem Bein im Krankenhaus lag.

Das war eine ungemütliche Situation. Allerdings bestand noch die Möglichkeit, von einem anderen Fährmann übergesetzt zu werden, der auf der anderen Seite des Fjordes wohnte. Das aber bedeutete eine Fahrradtour von siebzig Kilometern, und dann bestand keine Garantie, daß sich der andere Fährmann nicht auch ein Bein gebrochen hatte. Ich war dem Weinen nahe, als mir ein Mann zu Hilfe kam, der Sörensen hieß, ein Sommerhaus auf der Insel und ein privates Ruderboot besaß und mir anbot, mich mitzunehmen.

Das Ruderboot war nicht besonders groß, und es war etwas schwierig, mein Fahrrad und das übrige Gepäck darin unterzubringen. Sörensen blickte mißbilligend auf meine Schreibmaschine und fragte, warum ich denn ausgerechnet so ein Ding mit in den Urlaub nehme.

Ich sagte, daß ich nicht in Urlaub fahre, sondern Schriftsteller sei und auf die Insel müsse, um zu arbeiten.

Sörensen sah mich noch mißbilligender an und fragte, was ich denn schriebe. Ob das Bücher und so 'n Zeug sei.

Ich sagte, daß es Bücher und so 'n Zeug sei, und Sörensen

blickte fast beleidigt drein und vertraute mir an, daß er nie Bücher lese. Was drin stehe, sei ja nur Geschwätz und Gefasel.

Ich hätte ihn am liebsten gefragt, woher er das wisse, wenn er nie Bücher lese, aber ich traute mich nicht, aus Angst, er würde mich dann zum Festland zurückrudern. Statt dessen sagte ich etwas Versöhnlicheres und daß die Geschmäcker ja glücklicherweise verschieden seien.

Aber es hatte eindeutig einen schlechten Eindruck auf Sörensen gemacht, daß ich Bücher und so 'n Zeug schrieb, denn er kam gleich auf dieses Thema zurück und fragte, ob ich meine Bücher nicht genausogut zu Hause schreiben könne. Ich erklärte ihm, daß zu Hause die Kinder zuviel Krach machten.

«Wieviel Kinder haben Sie denn?» fragte er.

«Drei», antwortete ich.

«Soviel sind das ja nun auch wieder nicht», sagte er.

«Na ja, Hunde sind auch noch da», rechtfertigte ich mich.

«Haben Sie vielleicht auch drei Hunde?» fragte er schnippisch.

«Wir haben zwölf», sagte ich.

Das beeindruckte ihn endlich, und er kam nicht mehr auf dieses Thema zurück.

Das Rudern bis zur Insel dauerte eine Viertelstunde, in der ich so dumm war zu verraten, daß ich Bridge spielen konnte. Und so hatte ich versprechen müssen, an einem Abend bei Sörensen, seiner Frau und seiner Tochter den vierten Mann zu machen.

Das gemietete Sommerhaus erwies sich als ziemlich klein, aber es war sehr nett eingerichtet und hatte Aussicht auf die See. Ich war zwar etwas enttäuscht darüber, daß es mitten in einer Sommerhauskolonie lag, hoffte aber trotzdem, Ruhe zum Arbeiten zu finden. Ich verspeiste mein mitgebrachtes Stullenpaket in der offenen Tür mit Blick auf die See, ging dann zu Bett und schlief froh und kommender friedlicher ausgiebiger Arbeitstage gewiß ein.

Am nächsten Morgen erwachte ich ausgeruht und gut aufgelegt. Ich machte mir eine Tasse Kaffee und schmierte mir einige Scheiben Weißbrot, die ich mitgebracht hatte. Dann schaffte ich etwas Ordnung im Haus, nahm danach mein Fahrrad und fuhr zum Kaufmann, der, wie ich erfahren hatte, ganz in der Nähe war, um mich zu verproviantieren.

Auf dem Weg zum Kaufmann rief mir aus einem der Sommerhäuser jemand etwas zu. Ich blieb stehen und sah, daß es sich um eine Dame handelte, die in einer Gegend, in der ich einmal gewohnt hatte, eine Eiskonditorei gehabt hatte. Sie war sehr erfreut, mich hier wiederzusehen, und lud mich gleich zum Kaffee ein.

Während wir Kaffee tranken, erzählte die Eiskonditoreidame viel von sich. Davon, daß sie mit einem Säufer verheiratet gewesen, jetzt aber geschieden war, und von ihren sechs Kindern, über deren Schicksal sie sich detailliert verbreitete. Das Haus hier hatte sie von einem Cousin gemietet, der Kellner in Kopenhagen war.

Dies alles zu erzählen, dauerte natürlich seine Zeit, weshalb es spät am Tage war, als ich endlich von der Eiskonditoreidame loskam und meinen Einkauf beim Kaufmann erledigen konnte.

Der Kaufmann war eigentlich kein richtiger Kaufmann, und sein Laden bestand nur aus einer Bude, die vor eines der Sommerhäuser hingeklatscht worden war. Zum Ausgleich dafür kostete alles doppelt soviel wie anderswo. Der Einkauf dauerte seine Zeit, denn der Kaufmann mußte erst wissen, wie ich hieß, wo ich wohnte und wie lange ich bleiben wollte. Es schien, daß sich die Leute hier auf der Insel ziemlich stark füreinander interessierten. Schließlich wurde mir noch erlaubt, etwas zu kaufen, und endlich konnte ich zu meinem Haus zurückkehren, versehen mit einer ziemlichen Menge Bierflaschen, einer einzelnen Flasche Rotwein, Brot und Butter und Eiern und Käse und Wurst und außerdem noch mit drei Dosen mit etwas, das verlorener Schinken hieß, den mir der Kaufmann wärmstens empfohlen hatte.

Als ich ins Haus zurückkam, saß da ein Mann in der Stube. Er trug einen Vollbart und hatte ein paar alte Niethosen und ein Hemd an, an dem ein Arm fehlte. Er sagte Tach, und ich sagte auch Tach. Er sagte, ich möge entschuldigen, daß er so einfach ins Haus eingedrungen sei, aber er kenne den Eigentümer des Hauses und hätte geglaubt, daß der für ein paar Tage hier wäre. Ich sagte, das wäre nicht der Fall, und er warf einen Blick auf meine Einkäufe und sagte, das wäre schön viel Bier. Ich fragte, ob er eins wolle, und er wollte gern.

Wir nahmen uns also ein paar Flaschen und begrüßten uns. Der Mann erzählte, daß er Kunstmaler sei und das ganze Jahr über hier in einem Haus wohne, das nicht weit weg wäre. Dann wies er mit der Flasche auf meine Schreibmaschine und mein Manuskript, das er augenscheinlich schon durchwühlt hatte, und fragte, ob ich Schriftsteller sei.

Als ich dies bestätigte, wollte er wissen, wie ich hieß, und als ich meinen Namen nannte, sagte er, dann kenne er mich sehr gut. Obendrein hatte er eines meiner Bücher gelesen, und das sei eines der besten gewesen, die er je gelesen hätte.

Das schmeichelte mir natürlich, und ich fragte ihn, welches von meinen Büchern es denn gewesen sei. Leider konnte er sich nicht daran erinnern, wie es hieß. Statt dessen erzählte er mir die Handlung und betonte dabei unausgesetzt, wie gut das Buch war.

Zuerst war ich etwas verwirrt, denn ich erkannte die Handlung überhaupt nicht wieder. Aber dann begriff ich endlich, daß es sich um gar kein von mir geschriebenes Buch handelte, sondern um das eines Kollegen, der sich durch einige humoristische Romane einen billigen Erfolg verschafft hatte. Ich teilte diese Tatsache dem Kunstmaler mit, der mich einen Augenblick verwundert ansah und sagte:

«Nein? Na ja, aber trotzdem war es einwandfrei.» Und er fuhr fort, sich über dieses törichte Buch auszulassen.

Als er endlich damit fertig war, das Buch meines Kollegen zu loben, sagte er, nun wolle er mir ein paar Ratschläge geben. Das, was die Leute haben wollten, sei Sex, und es gelte nur, ein Buch mit einer ausreichenden Menge Schweinereien zu füllen, dann müsse es einfach ein Bestseller werden.

Ich antwortete, daß ich ein ernsthaft arbeitender Künstler sei, der nicht auf den schlechten Geschmack des Publikums spekuliere, und im übrigen der Meinung sei, auf jenem Gebiet überhaupt keine Fähigkeiten zu haben. Aber diesen Einwand ließ der Rauschebart überhaupt nicht gelten.

Man müsse vielerlei drauf haben, erklärte er mir, anders könne kein Künstler existieren. Er selber male zwei Arten von Malerei. Die eine male er aus Neigung, weil es ihn dazu triebe. Die andere male er nur für den Verkauf, speziell für die Sommergäste hier, und diese Bilder müßten immer ein pikantes Motiv haben. Ich sollte mal eines Tages rüberkommen und mir seine Ausstellung ansehen.

Es dauerte vier Flaschen, bis ich den Maler los war, und darüber war es Spätnachmittag geworden. Ich hatte überhaupt noch nicht gefrühstückt und Hunger wie ein Wolf. Also öffnete ich eine Dose des verlorenen Schinkens, der außerordentlich widerwärtig schmeckte. Als ich das erledigt hatte, war ich so müde, daß ich es nur noch schaffte, meiner Frau einen Brief zu schreiben, in dem ich ihr mitteilte, daß ich gut angekommen sei und hoffte, ihr und den Kindern und den lieben jungen Hunden gehe es gut. Dann warf ich mich aufs Bett und las einen Stapel Zeitschriften, die ein früherer Bewohner zurückgelassen hatte.

Am nächsten Morgen wurde ich von einer älteren Dame geweckt, die ihren Kopf durch das Fenster zu mir ins Zimmer steckte und fragte, ob ich einen kleinen weißen Hund mit einem schwarzen Fleck am Ohr, der Pjusk heiße, gesehen hätte. Ich verneinte, aber sie wiederholte, daß er einen schwarzen Fleck am Ohr hatte, als ob das was geändert hätte. Eine halbe Stunde lang quatschte sie durch das Fenster und ließ gleichzeitig ständig ihren Blick forschend durch mein Zimmer gleiten, als ob sie mich verdächtigte, den Hund gestohlen und versteckt zu haben. Endlich verschwand sie mit der strengen Ermahnung, Pjusk sofort unbeschadet zu ihr zu bringen, wenn ich ihn träfe.

Als ich gefrühstückt und abgewaschen hatte, nahm ich die

Hülle von der Schreibmaschine, in der Hoffnung, daß nun die Inspiration kommen würde und ich mit meinem Meisterwerk vorankäme. Ich setzte mich nicht hin, sondern ging auf und ab, denn so kommen mir die besten Gedanken. Ich war ein paar Minuten hin und her gegangen und fühlte, daß sich die Muse zum Küssen anschickte, als es laut an meine Tür klopfte. Es war Sörensen, der mir seine Frau vorstellen wollte. Gleichzeitig luden mich die beiden zu einer Party Bridge am Abend ein. Ich versuchte abzulehnen, aber sie glaubten, ich sei zu bescheiden, und zu guter Letzt mußte ich versprechen zu kommen. Sie blieben in der Tür stehen, und ich fühlte, daß ich etwas unternehmen müßte, weshalb ich sie fragte, ob ich ihnen etwas anbieten könne.

Frau Sörensen sagte, daß sie zu einer Tasse Kaffee nie nein sage, und so kamen sie herein.

Ich kochte Kaffee, und während wir tranken, sah mich Frau Sörensen unablässig an und sagte dabei ununterbrochen:

«Aha! So sieht also ein Schriftsteller aus.»

Ich hätte gern gewußt, wie sie sich einen vorgestellt hatte.

Frau Sörensen erzählte mir übrigens, daß ihre Tochter, die den Realschulabschluß hatte, mich ausgezeichnet kenne und mehrere meiner Bücher gelesen habe. Sie sagte nichts davon, wie der Tochter die Bücher gefallen hatten, und ich traute mich nicht zu fragen, aus Angst, es könnte wieder ein Mißverständnis vorliegen, wie bei dem Maler.

Der ganze Vormittag ging mit Kaffeetrinken dahin. Dann verschwanden die Sörensens endlich, nachdem sie mich noch einmal nachdrücklich an die Verabredung für den Abend erinnert hatten. Ich schmierte mir ein paar Wurststullen, aß sie und versuchte gleichzeitig, mich erneut auf meine Arbeit zu konzentrieren. Es dauerte eine Stunde, bis das Gehirn wieder funktionierte, und ich hatte mich gerade an die Schreibmaschine gesetzt und wollte gerade den ersten Satz niederschreiben, als die ältere Dame wieder den Kopf zum Fenster hereinstreckte und fragte, ob ich Pjusk noch immer nicht gesehen hätte.

Ich verneinte, aber es war offensichtlich, daß sie mir nicht glaubte. Ich erklärte, daß ich den ganzen Tag noch nicht draußen gewesen sei, was sie übelnahm. Sie war offenbar der Meinung, es sei meine Pflicht, mich an der Suche zu beteiligen.

Als sie gegangen war, schloß ich mein Fenster, obwohl es viel zu heiß war. Aber ich fand es ungemütlich, daß sich diese Hundedame zu jeder Zeit zu mir heranschleichen konnte. Ich versuchte erneut, mich zu konzentrieren. Bevor mir das jedoch glückte, ging die Tür auf, der Maler kam herein und wollte mich mit zu sich schleppen, damit ich mir seine Bilder ansehe.

Ich versuchte, ihm begreiflich zu machen, daß ich viel zu tun hätte, aber er wußte offenbar nicht, was das war. Daher gab ich auf und versprach, mit zu ihm zu kommen.

Bevor wir das Haus verließen, sagte der Maler, daß er mir leider überhaupt nichts anbieten könne. Leider habe er nichts im Hause, aber wenn ich ein paar Flaschen Bier mitnehmen wolle, würde er sie mir ein andermal zurückgeben.

Ich nahm zwei Flaschen mit, aber der Maler sagte, so geizig wie ich wäre er nun wahrhaftig nicht, worauf er noch vier weitere mitnahm. Das waren meine letzten gewesen, und so war ich also wieder gezwungen, die Zeit damit zu vergeuden, zum Kaufmann zu fahren, wenn ich mich nicht selber dem Durst aussetzen wollte.

Das Haus des Malers war das unordentlichste, das ich je gesehen hatte, und ich konnte nicht begreifen, wie er es darin aushielt. Das Haus bestand nur aus zwei Zimmern, und beide waren vom Fußboden bis zur Decke mit Bildern gefüllt. Im einen Zimmer hingen die Bilder, die er malte, weil er sie malen mußte, und im andern hingen die Bilder, die er malte, um sie verkaufen zu können. Beide Arten waren das, was man mit Recht abstrakt nennen kann. In keinem Fall konnte man erkennen, was sie vorstellen sollten, und sie sahen alle ziemlich gleich aus. Der einzige Unterschied, den ich zwischen der kommerziellen Malerei und der anderen entdecken konnte, war der, daß erstere mit Titeln versehen waren wie «Nackte Frau», «Schäferspiele» und «Lust des Fleisches», während die anderen namenlos waren.

Der Maler nahm sich zwei Flaschen und führte mich zu den Bildern, die er aus eigenem Antrieb malte, und fragte, was ich davon hielte. Ich sagte, sie seien ausgezeichnet, und das schien ihm zu gefallen. Er fragte, welches mir am besten gefalle, und ich zeigte aufs Geratewohl auf irgendeines. Er war entzückt und sagte, ich hätte viel Kunstverstand. Dieses Bild sei zweifellos sein bestes, aber das könnten nur wirkliche Kunstkenner erkennen, und weil ich einer dieser Kunstkenner sei, könne ich das Bild für nur 100 Kronen bekommen.

Ich schlug das Angebot aus mit der Begründung, daß ich kein Geld hätte, worauf er auf 75 Kronen herunterging, ein Angebot, das ich ebenfalls zurückwies. Als wir ein paar Stunden später das ganze Bier ausgetrunken hatten und ich mich von ihm verabschiedete, war der Preis auf 50 Kronen heruntergegangen.

Als ich zu meinem Haus zurückkam, nahm ich mein Fahrrad und fuhr zum Kaufmann, um mich wieder mit Bier zu verproviantieren. Ich nahm einen Umweg, um nicht am Haus der Eiskonditoreidame vorbeifahren zu müssen, aber leider erwies sich, daß auch sie beim Kaufmann war. Daher mußte ich eine Stunde damit zubringen, eine Erzählung von ihrer Tochter anzuhören, die aus irgendeinem Grunde auf irgendeiner Insel wohnte. Als ich endlich wieder in meinem Haus war, hatte ich nur noch Zeit, ein wenig zu Abend zu essen und mich umzuziehen, weil ich zu Sörensens mußte, um Bridge zu spielen.

Sörensens Tochter, die mehrere meiner Bücher gelesen hatte, war mit von der Bridgepartie. Sie sah aus, als hieße sie Gunhild, aber es stellte sich heraus, daß sie Karin hieß. Sie war nicht der Typ, in den man sich auf den ersten Blick verliebt.

Wir losten aus, wer mit wem spielte, und ich erhielt Sörensen als Partner und blamierte mich schon beim ersten Spiel.

Beim nächsten Spiel glaubte ich, nichts falsch gemacht zu haben, aber Sörensen belehrte mich eines Besseren.

Mein Ausspielen und Abwerfen sei einfach grauenhaft gedankenlos gewesen, um nicht zu sagen, idiotisch. Ob ich denn nicht wisse, daß man über den Starken zum Schwachen hin ausspielen müsse?

Das wußte ich nicht, und ich wußte auch nicht, wer der Starke und wer der Schwache war, aber das traute ich mich nicht zu sagen. Ich entschuldigte mich damit, daß ich ziemlich müde sei. Das liege wohl an der Luft hier.

Im nächsten Spiel meldete Sörensen gleich zu Anfang Herz. Ich hatte ein paar Karo und meldete deshalb Karo, woraufhin Sörensen plötzlich zwei Pik meldete. Ich hatte keine Ahnung, was das bedeutete, wagte aber nicht zu passen, weshalb ich drei Karo meldete. Daraufhin meldete Sörensen plötzlich vier Herz, und ich traute mich nicht mehr mitzuhalten, sondern paßte.

Als ich meine Karten auf den Tisch legte, rang Sörensen verzweifelt die Hände und fragte, was ich mir eigentlich einbilde. Es seien ja gar keine vier Herz da. Ich wandte ein, daß er es doch gewesen war, der vier Herz gemeldet habe und nicht ich. Aber er antwortete böse, daß er durch meine irreführenden Meldungen gelockt worden sei. Ob ich denn überhaupt meine Figurenstiche gezählt hätte.

Das hatte ich nicht, schon aus dem Grunde, weil ich nicht wußte, was ein Figurenstich überhaupt war. Sörensen schüttelte verbittert den Kopf und begann sein Spiel, das er natürlich haushoch verlor. Ich begann ein wenig nervös zu werden.

Nun erhielt ich Frau Sörensen als Mitspielerin. Aber da machte ich auch keine gute Figur, doch sie begnügte sich damit, gekränkt auszusehen, und schimpfte nicht mit mir. Dafür schimpfte ihr Mann um so mehr, was ich nicht verstand, denn er hatte ja den Vorteil von meinen Fehlern.

Auch diesen Robber verlor ich natürlich und den letzten ebenfalls, den ich mit der Tochter, die Realschulabschluß hatte, zusammen spielte. Ich war also am Schluß der Verlierer, aber da wir nur um ein Zwanzigstel Öre gespielt hatten, war der Verlust zu ertragen.

Nach dem Spiel gab es Kaffee, und während des Essens redete Sörensen nur von Bridge und belehrte mich, wann man melden müsse und wann man nicht melden müsse. Als ich nach Hause ging, war ich sehr müde.

Der nächste Morgen verlief friedlich. Ich trank ungestört meinen Morgenkaffee und holte dann meine Schreibmaschine hervor, in der Hoffnung, nun endlich zum Arbeiten zu kommen. Es war etwas schwierig; ich war ja in den letzten Tagen so oft abgelenkt worden. Aber endlich schien es mir zu glücken, und ich wollte mich gerade anschicken, das erste Wort zu schreiben, als plötzlich ein Hund durch das offene Fenster gereicht wurde und eine Damenstimme entzückt verkündete, daß ich nun nicht mehr zu suchen brauchte, denn nun hätte sie ihn gefunden.

Ich begriff, daß der Hund Pjusk sein mußte, und sagte, ich sei überglücklich, daß ihr das gelungen sei. Die Eigentümerin fragte, ob ich Pjusk nicht süß fände, und ich sagte, ich fände ihn ungeheuer süß, und kraulte ihn vorsichtig an der Schnauze, um zu zeigen, daß ich es auch so meinte.

Die Dame blieb lange stehen und erzählte von Pjusks Verschwinden und Wiederkommen, und erst als ich dem Hund ein Stück Wurst gegeben hatte, verschwand sie mit ihm.

Ich war bei dem Versuch, meine Gedanken wieder zu sammeln, nicht sehr weit gekommen, als meine Tür plötzlich aufgestoßen wurde und eine Dame mit einem Vogel im Arm ohne weiteres hereinkam. Sie erzählte mir, daß dies ein Holztaubenküken sei, das sie auf dem Weg gefunden habe. Es sei zweifellos aus dem Nest geschmissen worden, aber viel zu klein, um allein überleben zu können, weshalb sie gedacht habe, daß es bis auf weiteres bei mir wohnen könne.

Ich fragte, warum sie das Holztaubenküken nicht selber nehme, aber sie hatte eine Katze, und da ging das nicht. Dann setzte sie den Vogel ohne weitere Umstände auf den Fußboden und verschwand, ohne mir die geringste Chance zu geben, eine andere Lösung für das Problem zu finden.

Der Vogel sah nicht so aus, als ob ihm etwas fehlte, aber er wirkte ziemlich nervös. Er hopste auf dem Fußboden herum und schlug verwirrt mit den Flügeln. Ich dachte, er könnte vielleicht Hunger haben, und probierte, ihm etwas von dem verlorenen Schinken zu geben, aber den wollte er nicht, wofür ich volles Verständnis hatte. Aber er wollte auch kein Brot. So überließ ich ihn sich selbst, und etwas später kroch er unter mein Bett, wo er offenbar einschlief.

Auch wenn der Vogel nun zur Ruhe gekommen war, bedeutete das noch lange nicht, daß auch ich meinen Frieden hatte. Es hatte sich offenbar schnell herumgesprochen, daß bei mir ein junger Vogel wohnte, weshalb alle Kinder der Kolonie zu meinem Haus wallfahrteten, um ihn zu sehen. Wenn sie lange genug dagewesen waren, kamen ihre Mütter, um zu sehen, wo die Kinder geblieben waren, und blieben selber sitzen und quatschten. So ging das bis zum Abend, und ich konnte natürlich an diesem Tag keine einzige Zeile schreiben.

Als ich zu Bett ging, saß der Vogel immer noch darunter, aber sobald ich das Licht ausschaltete, erwachte er und begann in der Stube herumzuhüpfen. Dies setzte er bis gegen Morgen fort.

Als ich endlich spät am Vormittag aufstand, erwies es sich, daß der Vogel tot war. Ich beeilte mich, ihn zu begraben, und verbrachte den Rest des Tages damit, auf die zahlreichen Nachfragen zu antworten, daß er fortgeflogen sei.

Gegen Mittag tauchte der Maler mit dem Bild auf, dessen Kauf ich bereits abgeschlagen hatte. Er könne den Gedanken nicht ertragen, daß ich nicht Besitzer des Bildes werde, das mir so gut gefalle, klagte er, weshalb er beschlossen habe, es mir für 25 Kronen zu überlassen. Um endlich meine Ruhe zu haben, kaufte ich das Bild, und er zog entzückt mit dem Geld ab.

Eine Viertelstunde später war er wieder da und hatte für das ganze Geld Bier gekauft. Er war der Meinung, wir sollten ein Fest mit gemeinsamem Kostenbeitrag feiern, bei dem ich das Mittagessen und er das Bier beisteure.

Ich machte meine letzte Büchse verlorenen Schinken auf, und den teilten wir uns und verbrachten dann den Nachmittag mit Biertrinken. Als das Bier ausgetrunken war, tauchte plötzlich die Eiskonditoreidame auf. Sie war sehr aufgeregt, weil sie soeben von ihrem Cousin die Nachricht bekommen hatte, daß seine Frau ihm einen wohlgestalteten Sohn geschenkt habe.

Der Maler verstand die Aufregung nicht, und deshalb mußte er sich die ganze Geschichte von der Frau des Cousins mit einer gesenkten Gebärmutter und vielen Fehlgeburten anhören, die ich schon beim Kaufmann über mich hatte ergehen lassen. Er hörte aufmerksam zu.

«Wissen Sie was», sagte er, als die Eiskonditoreidame mit ihrer Erzählung fertig war, «die Frau Ihres Vetters war sehr tapfer und hat sich ein Geschenk verdient. Ich werde ihr das hier geben. Es ist mehrere hundert Kronen wert, aber Sie bekommen es gratis, wenn Sie mir nur die zwanzig Kronen erstatten, die mich Leinwand und Farbe gekostet haben.»

Er reichte der Eiskonditoreidame das Bild, das er mir vorher verkauft hatte, und sie nahm es geniert an und sagte, das könne sie wirklich nicht annehmen.

Der Maler sagte, wenn er es sage, könne sie es ruhig annehmen. Dann gab sie ihm die zwanzig Kronen und verschwand glücklich mit meinem Bild, worauf sich der Maler mein Fahrrad lieh und zum Kaufmann fuhr, um noch mehr Bier zu holen.

Am nächsten Morgen erwachte ich mit fürchterlichen Kopfschmerzen dadurch, daß die Hundedame wieder ihren Kopf zu meinem Fenster hereinstreckte und mit tränenerstickter Stimme erzählte, daß Pjusk nun wieder weggelaufen sei und ob ich ihn vielleicht gesehen habe.

Da reichte es mir. Ich stand auf und schloß mein Fenster, zog mich an und packte meinen Kram zusammen. Ohne mich von irgend jemand zu verabschieden, fuhr ich zum Fährmann auf der anderen Seite, der glücklicherweise nicht krank war und mich zum Festland übersetzen konnte, wo ich zu meiner Frau, meinen drei Kindern und zwölf Hunden zurückfuhr.

Ich gab es völlig auf, mein Meisterwerk zu vollenden. Statt dessen schrieb ich ein humoristisches Buch über einen Schriftsteller, der in einer Sommerhauskolonie Ruhe zum Arbeiten sucht, aber die ganze Zeit von den übrigen Einwohnern gestört wird. Das Buch wurde von der Kritik nicht besonders gut aufgenommen. Ein Kritiker schrieb, die Hauptperson sei so schwachsinnig, daß es sich nur um ein Selbstporträt handeln könne.

Später wurde das Buch in Deutschland verlegt, wo es sehr gut ankam. Man kann den Deutschen viel nachsagen, aber Sinn für Humor haben sie.

NICOLE DE BURON

Eine vornehme Familie

Sie ist siebzehneinhalb Jahre alt. Sie vergeht vor Hunger. Ist allein in einer engen, zu einem Zimmer umgebauten Wäschekammer am Ende eines langen Ganges in der Wohnung ihrer alten, halb kindischen Großmutter, die sich der Familienrat vom Hals geschafft hat, indem er sie in einem «schicken» Altersheim unterbrachte.

Die Siebzehnjährige hat auch, welch unerhörter Luxus, ein Badezimmer zur Verfügung. Dort kocht sie, auf den Knien liegend vor dem Bidet, auf dem eine Holzplatte liegt. Auf der wiederum steht ein winziger Spirituskocher. Es dauert Stunden, bis die schon keimenden Kartoffeln, ihre einzige Nahrung, gar sind. Sie hat selbst den Sack mit fünfzig Kilo letzten Sommer aus dem Familienschloß herbeigeschafft.

Beim Aufwachen spricht sie nicht als erstes ihr Morgengebet, wie es ihr die Nonnen in der Klosterschule beigebracht haben, sondern denkt: «Wo kriege ich ein Steak her?»

Ihr Cousin und seine Frau, die den vorderen Teil der Wohnung besetzt haben, sagen ihr kaum guten Tag. Sie ihnen aber auch nicht. Sie weiß, daß die beiden gerne das Wäschekammer-Zimmer für ihr Baby zurückhätten. Aber sie krallt sich dort fest wie eine Muschel an ihren Felsen. Sie wüßte nicht, wo sie sonst hingehen sollte.

Häufig ißt sie bei ihrer lieben Großmutter zu Mittag, aber, Gott sei's geklagt, die gute Frau erkennt sie immer weniger. Und deren Diät in Form einer Fleischbrühe enthält keinerlei Fleisch. Die Unglückliche hat keine Zähne mehr.

Also findet sie sich damit ab, gelegentlich ihrer Tante Hildegard einen Besuch abzustatten. Dort gibt es ein saftiges, dickes Beefsteak. Leider bestehen die Beilagen aus weichen Pommes frites und Vorwürfen. Denn Tante Hildegard nimmt es ihr übel, daß sie mit sechzehneinhalb ihre Mutter und deren dritten Ehemann, einen Griechen namens Monsieur Olivapoulos, verlassen hat. Ein ordentliches Mädchen zieht nicht von ihrer Mutter weg, selbst wenn diese mit einem hellenischen Gatten verheiratet ist. Aber sie genießt das Fleisch viel zu sehr, als daß sie ihrer Tante in Erinnerung rufen würde, daß die Mutter die meiste Zeit in einem «Sanatorium» weilt (beschönigende Bezeichnung für eine psychiatrische Anstalt). Und daß sie nicht die geringste Lust hat, mit Monsieur Olivapoulos zusammenzuleben. Nicht daß die Siebzehnjährige Angst vor einem Inzest hätte (sie weiß nicht einmal, daß es so was gibt), sondern der gute Mann langweilt sie einfach tödlich. Und da sie von ihren Großeltern großgezogen wurde, leidet sie auch nicht unter der Abwesenheit der Mutter, die ihr statt einer Erziehung nur zwei Ratschläge mitgegeben hat:

1. «Du hast nicht einen Pfennig, und niemand wird dir jemals einen schenken. Es liegt bei dir allein, ob und wie du zurechtkommst.

2. Um einen Mann zu verführen, muß man ihm unentwegt zuhören und ihm wieder und wieder sagen, daß er der Schönste und der Stärkste ist.»

Sie muß zugeben, daß diese beiden knallharten Ratschläge ihr im Leben mehr genützt haben als die ganze katholisch-aristokratische Erziehung durch ihre lieben Großeltern.

Was ihren Herrn Vater, den «tapferen Kavallerieoffizier», angeht, so verbringt der seine Zeit damit, fern im französischen Kolonialreich herumzukriegern. Sie hat ihn nie mehr als einmal jährlich – in günstigen Jahren zweimal – während seines Heimaturlaubs gesehen. Aber schon sehr früh, als ganz kleines Mädchen, hat sie in der Tiefe ihres Herzens gespürt, daß der Vater es ihr insgeheim zum Vorwurf machte, daß sie ein Mädchen war und kein Junge, der den Namen weitervererbt hätte. Von heute auf morgen hat dieser Vater – auch er – sich wiederverheiratet, mit einer Fast-noch-Schülerin, die ihm ein weiteres Mädchen geschenkt hat . . .! (Recht so!)

Wenn sich partout nirgends ein Steak zeigen will, sieht sie aus dem Fenster hinüber zur anderen Seite des Hofs, wo in einem Eßzimmer mit Fensterscheiben aus den dreißiger Jahren gerade ein kleiner Junge ein köstliches Mittagessen verschlingt, das ihm eine Haushälterin diensteifrig serviert. Die Siebzehnjährige empfindet keinerlei Klassenhaß (von Klassenkampf weiß sie nichts). Nur ein klein bißchen Neid. Doch vor dem völligen Verhungern bewahrt sie ein magerer väterlicher Wechsel, den ihr die junge Stiefmutter regelmäßig zukommen läßt; manchmal sind sogar ein paar Münzen aus deren eigener Tasche hinzugefügt.

Damit kann sie sich mehrere Liter Formaldehyd kaufen. Und ihre Frostbeulen behandeln.

Sie hat keine Ahnung, ob die von der Kälte kommen oder durch Vitaminmangel, jedenfalls hat sie an Händen und Füßen entsetzlich aufgesprungene Frostbeulen. Zu einem Arzt zu gehen ist nicht drin. Das kann sie sich nicht leisten. Da hat ihr die alte Haushaltshilfe von Tante Hildegard ein altes Hausmittel empfohlen: Formaldehyd. Bis dahin hatte sie geglaubt, das sei eine Flüssigkeit zum Konservieren von Insekten und Mumien. Jetzt entdeckt sie, daß man damit auch Frostbeulen Linderung verschaffen kann. Sie verbringt Stunden damit, Füße und Hände in das mit der kostbaren Flüssigkeit gefüllte Bidet zu tauchen.

Alles, was sie am Leibe hat, stammt von ihrer barmherzigen, liebenswürdigen Cousine Isabelle. Leider ist die viel größer und dicker als ihre arme Verwandte, die deshalb an besseren Tagen Ähnlichkeit mit einer Vogelscheuche in wehenden Kleiderfetzen hat. Vor allem mit ihren ausgetretenen, zu großen Latschen – sie stopft die Spitzen mit Zeitungspapier aus –, in denen sie wie ein Clown daherschlappt, flop, flop, flop . . .

In dieser wenig erheiternden Situation wartet sie Tag für Tag auf eine Arbeitserlaubnis aus London, und zwar für eine Anstellung als zweisprachige Sekretärin bei der Coutt's Bank (der königlichen, das Feinste vom Feinen): Denn sie spricht Englisch wie eine Schottin.

Die Sprache Shakespeares hat sie nicht dank der Miß gelernt, die ihre Großmutter jeden Sommer für sie importierte und von der sie für alle Zeiten nur einen gefürchteten Satz behalten hat, der immer pünktlich um neun Uhr abends in schroffem Ton erscholl: *Time to bed.* Sie hat das Englisch-Schottische im vergangenen Jahr als Au-pair-Mädchen in einem düsteren Kloster in den Nebeln von Yorkshire erlernt. Dort lernte sie auch die Arroganz der kleinen Engländerinnen kennen und die Kälte der *Sisters.* (An erster Stelle kommt Gott. Dann die Engländer. Dann die Hunde. Schließlich, lange danach, sehr lange danach, der Rest der Welt.) Aber auch die menschliche Wärme einer Gruppe schwarzer Studenten von der Goldküste (dem heutigen Ghana).

Ergebnis: Sie kann Englisch nur fließend mit dem rauhen Akzent der damals für sie zuständigen *Sister* parlieren, maschinenschreiben und stenografieren; sie ist auch in der Lage, stundenlang hin und her zu hüpfen und Urlaute auszustoßen und zu den Klängen afrikanischer Trommeln in die Hände zu klatschen. Sie ist fürs Leben gewappnet.

Ein Ashanti-Student von schönstem Ebenholz und ganz gekräuselt, hat sie gefragt, ob sie ihn heiraten wolle. Ihr erster Heiratsantrag. Es lockte sie: Er war reizend. Wo wäre sie heute, wenn sie damals ja gesagt hätte? Wäre sie die Frau des Premierministers und kutschierte in einem weißen Rolls-Royce umher? Oder eine mümmelnde Alte, die vor ihrer Hütte Hirse stampft?

Auch wenn sie jetzt den Job kriegt, den ihr die Mutter Oberin, *Holy Sister* genannt, verschafft hat, so hat sie doch immer noch nicht die Arbeitserlaubnis der englischen Verwaltung, die wie alle Verwaltungen der Welt keine Eile hat, ihr zu antworten, und sich einen Deubel darum schert, ob sie inzwischen vor Hunger krepiert.

Ihr kommt der Gedanke, daß diese Arbeitserlaubnis womöglich ihrer Leiche erteilt wird, wenn das so weitergeht. Sie erinnert sich nicht mehr, wie sie an den Job gekommen ist, jeden Nachmittag auf zwei kleine Mädchen aufzupassen. Wenigstens etwas, um Butter auf die Kartoffeln zu streichen. Tante Hildegard findet das gut. Sich mit Kindern zu befassen ist für ein anständiges junges Mädchen eine angemessene Beschäftigung.

Was Tante Hildegard nicht weiß – und sie wird sich hüten, es ihr mitzuteilen –, ist, daß sie bei den Levys arbeiten wird, bei den Kürschnern um die Ecke. Zu Konzessionen ist man in ihrer Familie hier nicht bereit: Man ist antisemitisch aus Tradition.

Ihr selbst ist das ziemlich egal, bis sie die Wärme des jüdischen Clans kennenlernt.

Täglich um vier Uhr versammelt sich die Familie: Eltern, Kinder, Großeltern, Onkel und Tanten, um die berühmte Kaffeetasse, in die jeder eine mit Butter bestrichene Scheibe Brot tunkt (jawohl, Butter). Die Levys lassen sie an diesem fröhlichen Schmaus teilhaben, sie, die seit dem Morgen nur Kartoffeln gegessen hat.

Diese wunderbare Zwischenmahlzeit hat zwei Konsequenzen in ihrem Leben: Eine mit Butter bestrichene Scheibe Brot in eine Kaffeetasse zu tunken bleibt für sie ein größerer Genuß, als einen erstklassigen Hasenrücken zu verspeisen. Das zu verstehen, haben einige der Chefs der großen Restaurants, in die sie heute eingeladen wird, die größte Mühe. Und sie gelobt vor sich selbst, einen Juden zu heiraten, ganz gleich, ob ihre Familie aufheult! Aus ihr macht sich sowieso keiner was. Doch, *einer*, der Erbe einer Strumpffabrik. Aber seine jüdische Mama wird Zeter und Mordio schreien. Bei den Cohens heiratet man keine Goyem, nicht einmal, wenn sie von Adel ist.

Ach ja, Himmel und Hölle liegen eben dicht beieinander.

Zurück zu den beiden kleinen Mädchen.

Die Ältere, braunhaarig und häßlich, ist kurz vor dem Krieg geboren. Die Jüngere, ein Blondinchen mit blauen Augen, wurde in einem Kloster in Savoyen gezeugt, wo sich ihre Eltern während der Besetzung verborgen hielten. Sie himmeln dieses engelgleiche Wesen an. Die Ältere, vor Eifersucht halb wahnsinnig, versucht mit beachtlicher Beharrlichkeit, ihre kleine Schwester umzubringen. Man hat das junge Mädchen angestellt, damit die Ältere die Kleine nicht erwürgt, aus dem Fenster schmeißt oder unter die Räder eines Autos stößt. Die Siebzehnjährige lebt in der ständigen Angst, sie könnte eine Sekunde zu lang den Kopf abwenden.

Durch ihre Mutter hat sie ein paar vage Kenntnisse in Psychologie. Eines Tages wagt sie es, mit Madame Levy «ein offenes Wort» zu reden. Könnte Madame der Ältesten nicht ein bißchen mehr Zärtlichkeit zeigen und die Jüngere weniger umschmeicheln? Madame Levy sieht sie verblüfft an. «Was erzählen Sie da für dummes Zeug?» Sie streitet alles vehement ab. Sie liebt ihre Töchter beide gleich.

Mit der Inbrunst der Jugend und dem Gefühl, einer Pflicht nachkommen zu müssen, läßt die Babysitterin nicht locker. Ist es denn normal, daß ein Mädchen seine Schwester umbringen will? (Zu jener Zeit hatte sie noch sehr altmodische Vorstellungen von dem, was normal ist und was nicht. Nachdem sie mit mehreren Psychiatern in Kontakt kam, ist sie sich da weniger sicher.) Madame Levy gibt schließlich zu, daß da vielleicht ein Problem bestehe, und sie ist einverstanden, mit ihrer ältesten Tochter zu dem Professor zu gehen, der die Mutter der Babysitterin behandelt. Was bei dem Besuch gesprochen wurde, wird sie nie erfahren. Aber ihre Arbeitgeberin kommt aschfahl zurück. Und setzt sie vor die Tür. Auf der Stelle. Ohne Erklärungen. Mit einem haßerfüllten Blick.

Unser junges Mädchen ist verstört. Die kleinen Mädchen Sarah und Judith auch. Tränenüberströmt werfen sie sich ihr in die Arme. Der junge Monsieur Levy zahlt ihr mehr, als ihr zusteht, und flüstert ihr zu: «Verzeihen Sie meiner Frau. Sie hat einen Schock bekommen . . .»

In jämmerlichem Zustand geht sie nach Hause und schwört, sich niemals wieder in die Angelegenheiten anderer zu mischen. Sie wird nicht Wort halten.

Drei Tage später bekommt sie endlich die Antwort aus London. Die englische Verwaltung verweigert ihr die Arbeitserlaubnis. (Diesen Affront nimmt sie den Briten, inklusive Königin, heute noch übel.)

Für den Augenblick jedoch muß sie allen Stolz fahren lassen, um eine Arbeit zu finden. Dringendst. Ganz gleich, welche. Sie hat fast keine Kartoffeln mehr.

Jemand hat ihr gesagt, daß jemand ihm gesagt habe ... Sie eilt zu der Zeitschrift «La Mode des Femmes» und stellt sich dort als Tippse vor, um die Briefe der Sekretärin des obersten Chefs zu tippen und vielleicht während deren Mutterschaftsurlaubs für sie einzuspringen.

Ihre ärmliche, wenn auch reinliche Erscheinung findet Gefallen. Bis zu dem Augenblick, wo man sie zur Probe vor eine Schreibmaschine setzt. Sie tippt in rasender Geschwindigkeit nach einer Vorlage, die man ihr hinhält, einen Brief ab. Sie liest ihn durch.

Unlesbar.

Und ihr wird klar, daß die französische Tastatur anders ist als die englische. Sie ist vielleicht eine gute englische Tippse, aber sie braucht eine Stunde, um einen Brief auf französisch zustande zu bringen.

Absolutes Desaster. Fast wäre sie in Tränen ausgebrochen. Aber an jenem Tag wacht der Himmel über sie. Die Sekretärin, der sie leise ihre dramatische Situation erklärt, möchte um jeden Preis gehen, weil in vier Wochen ihr Baby kommt. Sie greift nach dem Wisch und sagt aus einigen Metern Entfernung zu ihrem Chef, der über seine Akten gebeugt ist: «Es wird schon gehen!»

«Dann nehmen Sie sie», antwortet der gleichgültig und hebt nicht einmal den Kopf.

Damit wird sie mit nunmehr achtzehn Jahren bei der Zeitschrift «La Mode des Femmes» als Stenotypistin angestellt.

Tante Hildegard stößt Schreie der Entrüstung aus. Es ist das erstemal, daß ein junges Mädchen «aus unserer Familie» arbeitet. Das gehört sich nicht. Ihre Vorfahren müssen sich in ihren Rüstungen umdrehen. Die frischgebackene Stenotypistin erwidert nicht («in unserer Familie» widerspricht man älteren Verwandten nie), daß sie nicht so weit gesunken wäre, wenn nicht ihre beiden Bankiersgroßväter – väterlicher- und mütterlicherseits – das Familienvermögen verpraßt hätten, indem sie . . . ja, was haben sie eigentlich damit gemacht? Man wird es nie erfahren. Sie begnügt sich mit dem Verdacht, daß die Unglücklichen sich vielleicht nicht ruiniert haben, weil sie ein fröhliches Leben führten, sondern einfach unfähig waren, mit dieser widerwärtigen Sache umzugehen, über die man nicht spricht: Geld.

Sie lernt nun die unzähligen Glücks- und Unglücksmomente der kleinen Gehaltsempfänger kennen.

Vor allem die Stechuhr.

Jeden Morgen pünktlich die Stechuhr zu erreichen, wird für sie zum Alptraum. Sie schläft unruhig vor lauter Angst, ihr Wecker könnte nicht läuten oder sie könnte ihn nicht hören. Dem Rat von Jojo, dem Laufburschen von «La Mode des Femmes», folgend, dem sie ihr Problem anvertraut, stellt sie ihn (den Wecker, nicht den Laufburschen) auf einen Teller neben ihr Kopfkissen. Das Läuten ist dadurch lauter. Sobald das scharfe, ohrenbetäubende Drrrrrh ertönt, springt sie mit einem Satz hoch, macht Katzenwäsche, zieht sich in Windeseile an und stürzt mit einer kalten Kartoffel in der Hand zur Metro. Sie muß zweimal umsteigen. Panik, wenn sich die Bahnsteigsperre vor ihrer Nase schließt. Entsetzen, wenn der nächste Zug auf sich warten läßt. Sie eilt durch die Gänge der Metrostation. Vier Stufen auf einmal nehmend, hastet sie die Treppen hinauf. Sie sprintet auf die Straße. Außer Atem wirft sie sich auf die Stechuhr.

Zwanzig Minuten zu früh.

Liegt das an ihrer ängstlichen Natur? An der Schreckensvorstellung, hinausgeworfen zu werden? (Einmal Zuspätkommen hat einen Tadel des Personalchefs zur Folge, dreimal Zuspätkommen: Entlassung. Schlimmer als im Kloster.) Von nun an wird sie ihr ganzes Leben lang zu jeder Verabredung zu früh kommen.

Ihr Chef ist entzückt, daß sie es so eilig hat, zur Arbeit zu kommen. Um so mehr, als sie abends lange nach Büroschluß geht (das kümmert den Personalchef und die Stechuhr herzlich wenig.) Niemand wartet auf sie. Im Augenblick jedenfalls nicht. Sie erwirbt sich den Ruf einer Angestellten, die sich abschuftet (süßsaure Bemerkungen der anderen Sekretärinnen.) Das ist ihr egal. Sie denkt nur an ihr erstes Gehalt. Es ist alles andere als überwältigend, aber an dem Tag, an dem sie es bekommt (in bar, denn für einen Scheck ist es zu niedrig, und außerdem hat sie sowieso kein Bankkonto), möchte sie vor Freude und Stolz in die Luft springen. Sie verbringt einen köstlichen Abend damit, sich auszudenken, was sie mit dieser unfaßbaren Summe machen wird: Sie dazu benutzen, um jeden Tag ein großes Steak zu essen (es werden noch Jahre vergehen, bis sie nicht mehr von diesem Stück Rindfleisch heimgesucht wird); sie sparen, um in einem Jahr eine große Ferienreise zu unternehmen; sie an einem Festabend mit all ihren Freunden auf den Kopf hauen.

Ihr Sinn für Realität siegt. Sie ist vernünftig und kauft sich ein Paar neue Schuhe. Von unerhörter Häßlichkeit (sie hat keinerlei Geschmack, niemand hat ihn ihr beigebracht), doch unglaublich bequem. Von nun an, da ihre Füße in unförmigen braunen Gebilden stecken, sieht sie der Zukunft mit Begeisterung ins Auge.

Um so mehr, als ihr Chef sehr nett ist. Er, der fünfzig ereignislose, stille Jahre hinter sich hat, wendet sich mit sanfter Stimme an sie. Väterlich. Für sie, die niemals mit einem Vater zusammengelebt hat, gleichen die Tage nun Seen, gefüllt mit Schlagsahne. Die Büroroutine erinnert sie an den klösterlichen Frieden. Sie ist glücklich. Sie bemüht sich, den Gedanken an das Ende dieses Glücks nach der Rückkehr der echten Sekretärin des Papa-Patron (sie hat einen Jungen bekommen) zu verdrängen.

Überraschung. Als die junge Mutter zurückkommt, ernennt Papa-Patron sie ohne weitere Erklärungen zur Chefsekretärin der Buchhaltung. Und behält die Aushilfe bei sich.

Die ist außer sich vor Freude. Wenn auch ein bißchen peinlich berührt (das ist ihre anständige Pfadfinderseite), denn Madame Paulette könnte ja glauben, sie hätte hinter ihrem Rükken intrigiert. Sie schwört der Versetzten, daß sie für deren Verdrängung nichts kann. «Das ist mir total egal!» zischt Madame Paulette. «Ich werde denen sofort ein zweites Kind liefern. Und dieses Mal ein Mädchen. Und mir einen zweiten Mutterschaftsurlaub! Die werden ganz schön dumm gucken!»

Beruhigt über Madame Paulettes weiteres Schicksal kehrt sie zu ihrem netten Papa-Patron zurück.

Der gar nicht so nett ist.

Er ist nur verrückt nach ihr.

Verlobt. Mit Jean-Louis (Vater: Bankier); intelligente Häßlichkeit. Ausstrahlung und ungemeiner Charme. Abgebrannt.

Zu ihrer großen Überraschung spricht sich ihre Mutter – zwischen zwei Sanatorien – gegen diese Heirat aus.

«Wer ist dieser Junge? Hat man genügend Erkundigungen über ihn eingezogen? Wir kennen seine Familie nicht. Schlimmer noch, sie steht nicht einmal im *Who is Who.*»

Die Tochter zuckt mit den Achseln. Aber in ihrem Entzükken, die Rolle einer römischen Matrone spielen zu können, läßt die Mutter Nachforschungen anstellen. Durch wen, wird die Tochter nie erfahren. Einen Privatdetektiv? So etwas tut man in dieser Familie nicht. Einen Pfarrer? Wahrscheinlich. Ein Netz von Pfarrern arbeitet intensiv an solcher Art von Problemen. Oder die Mafia von bretonischen Köchinnen (unterdessen durch die portugiesischen Putzfrauen ersetzt).

Die Antwort trifft ein. Vater Bankier. Das wußte man. Mutter aus dem Großbürgertum. Kurz, eine sehr ehrenwerte und reiche Familie. Bestens! Bestens! Aber, Gott sei's geklagt, den Helden, den einzigen Erben, hält man für ein miserables Subjekt, faul, anmaßend, verschwenderisch, exzentrisch. Folglich widersetzt sich ihre Mutter in einer der dramatischen Szenen, die sie so liebt, der Heirat.

Falls sie jemals gezögert hatte, Jean-Louis zu heiraten, so würde sie jetzt mit nackten Füßen auf glühenden Kohlen über den Platz von Notre-Dame gehen, um es zu tun.

Ihre Erzeugerin gibt klein bei – aufgrund der Drohung, sie werde zu den Hochzeitsfeierlichkeiten nicht eingeladen. Ein Skandal, den sie sich nicht einmal vorstellen mag. Aber bei einem Dickkopf wie ihrer Tochter weiß man ja nie. Und dann hat sie ein dringendes Problem: Wie formuliert man die Anzeige im «Figaro»?

Weil nämlich die entzückende Mama, die als junges Mädchen einen der illustersten Namen des französischen Adels trug, nun Madame Olivapoulos heißt und dieser Name auf jenen wunderbaren Seiten schlecht, sehr schlecht klingen wird, um so mehr, als die zweite Frau des Vaters ihrer Tochter, eines Obersten und Barons, auch darauf erscheinen wird.

Mit welchem Recht überhaupt?

Familienzwist.

Die Eltern ihres zukünftigen Gatten bleiben dem mondänen Gefeilsche nichts schuldig. Höflich, aber bestimmt lehnen sie die Anwesenheit dieser «Anhängsel» bei der Hochzeit ihres Sohnes ab. Die Scheidung der Gegeneltern, ein Fleck auf ihrer gesellschaftlichen weißen Weste, muß so schnell wie möglich aus der Welt geschafft werden.

Jean-Louis plädiert zugunsten ihrer Blutsverwandten. Ihr Vater und ihre Mutter sind gar nicht geschieden. Oder vielmehr, sie sind es nicht mehr. Ihre Ehe wurde nämlich in Wirklichkeit nach drei Prozessen bei der Rota Romana im Vatikan annulliert, was Jahre inständigen Betens und viel Geld gekostet hat: Ganze Anwesen mußten dafür verkauft werden ... Beide haben sich dann – jeder für sich – kirchlich neu verheiratet. (Die Tochter, die aus einer Ehe stammt, die gar nicht existiert hat, weiß nicht allzu genau, wer sie ist. Vielleicht ein himmlisches Kind?)

Ihre zukünftigen Schwiegereltern fragen den Bischof um

Rat. Der das Problem in Rom vorträgt. Die Kardinäle zerbrechen sich den Kopf. Die Antwort trifft ein: Bei der Zeremonie nur den Erzeuger und die Erzeugerin der Braut erscheinen lassen. Die zweite Ehefrau ihres Vaters und der dritte Ehemann ihrer Mutter beugen sich wutschnaubend. Aber die Tochter glaubt die rundliche Gestalt von Monsieur Olivapoulos in der Menge der Gäste bemerkt zu haben. Der gute Mann hat der Lust, heimlich an dem Fest teilzunehmen, nicht widerstehen können. Was den «Figaro» angeht, beschließen Jean-Louis und sie, das Problem durch einen Blitzkrieg zu regeln. Sie lassen die Ankündigung ihrer Vereinigung nur unter ihrer beider Namen erscheinen. Die Familienangehörigen wittern voll Wonne den vertuschten Skandal.

Im ganzen gesehen macht ihr die große Hochzeit einen Riesenspaß. Sie kostet das Spiel voll aus. Jungfräuliches Hochzeitskleid mit englischer Stickerei (bezahlt von ihren mageren Ersparnissen), ein Orangenblütenkranz (der ihr nicht mehr zusteht, sei's drum), ellenlanger Tüllschleier, blumenstreuende Kinder, klotziger Diamant als Verlobungsring. Später entdeckt sie – als sie ihn nach einer Katastrophe ins Pfandhaus bringt –, daß er nichts wert ist: An der Seite zeigt sich ein dicker Einschuß. Im Augenblick blitzt er wie tausend Sterne an ihrem Finger. Sie ist in einem Hollywoodfilm, wo sie das junge Mädchen aus guter Familie spielt, das den reichen Erben heiratet.

Am Vorabend der Hochzeitsfeierlichkeiten besteigt sie mit ihrer kompletten Hochzeitsgarderobe, dem Kleid und dem Hut der Mutter, der algerischen Spahi-Uniform mit rotem Burnus und einem Kilo Orden und Ehrenzeichen des Vaters, des Herrn Oberst, das Auto der Eltern.

Die Fahrt verläuft in absolutem Schweigen. Ihre Erzeuger haben sich seit der Scheidung nicht mehr gesehen. Ihre Frau Mutter wartet majestätisch darauf, daß ihr erster Mann die Entschuldigungen vorbringt, auf die sie seit Jahren wartet. Ihr Papa hat sich in seinen Stolz eingemauert und tut den Mund nicht auf.

Bis zu dem Augenblick, als der Wagen durch das Gittertor

des Anwesens der zukünftigen Schwiegereltern fährt. Es ist nicht ein einfaches Landhaus, sondern ein prächtiges Schloß im Stil Ludwigs XIII., flankiert von einem Festungsturm und umgeben von Wassergräben und einem französischen Park. Nach Luft schnappend, hält ihr Vater mit einem Ruck an und schleudert die Mutter gegen die Windschutzscheibe. Die kreischt auf. Beide drehen sich entrüstet zu ihrer Tochter um:

«Warum hast du uns nicht gesagt, daß es sich um ein phantastisches Schloß handelt?»

«Na ja, weil ich es nicht wußte», antwortet sie dümmlich. «Ich war noch nie hier, und Jean-Louis redet immer von seinem Haus, ohne nähere Angaben.»

«Mein Gott, als was stehen wir denn da, so ruiniert, wie wir sind!?» stöhnt ihre Mutter.

«. . . als das, was wir sind!» begehrt ihr Vater auf. «Aus einer sehr alten Familie, die auf Heinrich IV. zurückgeht und die fünfhundert Jahre lang auf ihren Ländereien gelebt hat.»

«. . . auf einem alten befestigten, schon halb verfallenen Bauernhof», zischt ihre Erzeugerin.

«Das ist mehr als ein Anwesen, das zweifellos sehr schön, aber lange nicht so alt ist!» keift ihr Vater.

«Man hätte diese Hochzeit auf dem Besitz von meiner Seite arrangieren sollen», schimpft ihre Mutter.

«Darf ich Sie daran erinnern», meint deren erster Gatte, «daß seit dem Tode Ihres Herrn Vaters dort die Dächer abbröckeln, obwohl Ihre Frau Mutter Erbin einer jüdischen Bank ist.»

«Nicht jüdisch! Schweizerisch!» brüllt ihre Mutter.

«Hört doch auf!» stammelt nun die Tochter. «Verderbt mir nicht meine Hochzeit! Ihr könnt hinterher weiterdiskutieren.»

Mit strahlenden, honigsüßen Gesichtern steigen dann alle vor der Freitreppe aus dem Auto, wo ihre zukünftige Schwiegerfamilie sie erwartet, die ihrerseits kleine heuchlerische Willkommensschreie ausstößt.

Zweifellos ruft diese Verbindung auch bei ihnen kaum Entzücken hervor. Die Kleine ist keine gute Partie.

Gut, sie ist Abkömmling alten Adels aus dem Béarn (die Beteiligung von Urahn Heinrich IV. ist dabei nicht erwiesen), während die Gegenfamilie nur bürgerlich ist – großbürgerlich, aber dennoch bürgerlich –, und sie sieht wie ein anständiges Mädchen aus (noch immer), während man schon einen Augenblick befürchtet hatte, daß ihr mieses Subjekt von einem Erben die Nutte heiraten könnte, in die er sich verliebt hatte (im Moment kennt die Zukünftige dieses Detail noch nicht). Aber sie hat keinen roten Heller, und das Bankiersherz ihres zukünftigen Schwiegervaters blutet. Ihr mageres Gehalt kann kein gutes, solides Vermögen ersetzen, das halb an der Börse, halb in Immobilien angelegt ist. Schlimmer noch, sie hat nichts zu «erwarten», das heißt, keinerlei Aussicht auf ein Erbe. Nichts. Außerdem findet der ehrenwerte Finanzmensch sie aufsässig. Während der Zeremonie der Heiratsverträge provozierte sie beim Notar ein kleines Drama: Sie verlangte einen Vertrag mit Gütertrennung, wohingegen der von Maître Piedevache vorbereitete die Gütergemeinschaft vorsah.

«In unserer Familie», bemerkte der Vater ihres zukünftigen Gatten feierlich, «ist die Gütergemeinschaft die Grundlage für alle Eheverträge.»

«Und das ist in Ihrem Interesse, mein liebes Kind», säuselt Maître Piedevache ölig, «Sie haben nichts, nun, Sie haben kaum irgendwelches Vermögen . . . Nicht einmal eine Mitgift – wohingegen Ihr Verlobter so etwas hat.»

Genau. Verkehrte Welt: Jean-Louis bekommt von seinen Eltern eine beträchtliche Summe, während sie sich darauf beschränkt, zwei bestickte Leintücher, einen wackligen Louis-XIV-Lehnsessel – sozusagen handsigniert – und eine scheußliche goldene Brosche ihrer Großmutter einzubringen. Die Brosche ist als Rose gearbeitet, mit einem kleinen Smaragdherz und winzigen Brillanten, die Tautropfen darstellen.

«Genau!» antwortet sie mit einem gewissen Stolz, der – wie sie findet – ihrer Vorfahren würdig wäre. «Ich möchte nicht den Eindruck erwecken, als heiratete ich Jean-Louis seines Geldes wegen.»

«So etwas denkt niemand von Ihnen», versichert ihr der Schwiegervater, der falsche Fuffziger.

«Diese Geschichte mit den Moneten, da kommt doch immer nur Scheiße raus», höhnt Jean-Louis, der sich desinteressiert in einer Ecke mopst.

«Und außerdem bin ich offenbar bei einer Gütergemeinschaft gezwungen, meinen Mann um seine Zustimmung zu bitten, wenn ich auch nur ein einfaches Bankkonto eröffnen möchte. Nun bin ich aber seit Jahren an meine finanzielle Unabhängigkeit gewöhnt.»

«Ach, kommen Sie, das ist doch wohl nicht so wichtig», schleimt Maître Piedevache.

«Und außerdem hast du meine Zustimmung, komm schon!» scherzt Jean-Louis.

Die Unglücklichen wissen nicht, daß sie dickköpfig ist wie ein béarnesischer Esel.

«. . . Gütertrennung, oder ich unterzeichne nicht.»

Ihr zukünftiger Schwiegervater gibt dem Notar ein Zeichen des Einverständnisses. Aber seine Augen erdolchen die Schwiegertochter. Von diesem Tag an verabscheut er sie. Um so mehr, als sie ihm, diesmal in aller Öffentlichkeit, eine weitere Schmach antut. Am Tag der Eheschließung. Im Rathaus. Als der Bürgermeister rotgesichtig und innerlich bewegt, weil er den Schloßerben in Anwesenheit des Präfekten, des Abgeordneten, von zwei alten Ministern und tausend Gästen verheiraten wird, sie nach ihrem Beruf fragt, posaunt sie mit heller, begeisterter Stimme heraus:

«Unterabteilungsleiterin!»

Jean-Louis neben ihr hat Mühe, nicht loszuprusten, und in den Familienrängen hinter ihr hört sie geniertes Hüsteln ob einer so wenig ruhmvollen Erklärung.

Einer ihrer Dominikaner-Onkel hat die Messe und die Trauung zelebriert. Nach einem geheimen Kampf zwischen ihrer Mutter und ihrer zukünftigen Schwiegermutter, die ihren eigenen Dominikaner einbringen wollte. Damals war es sich jede Familie schuldig, in ihrer Mitte einen eigenen Kirchenvertreter zu haben, der selbstverständlich bei allen kirchlichen Familienfeierlichkeiten amtierte.

Inmitten einer unerhörten Menge (der Park ist übersät mit Hunderten entzückender Tischchen, für ein fürstliches Mittagsmahl gedeckt) nimmt sie ziemlich stumpfsinnig an ihrer eigenen Hochzeit teil. Sie kennt niemanden bis auf die wenigen Mitglieder ihrer Familie, die von der Menschenflut verschlungen sind. Nur Tante Hildegard kann sich an der Oberfläche halten. Zum Ärger ihrer Mutter, die mit dem bescheidensten aller Hütchen ausgestattet ist, scheint deren riesiger Schleierhut überall zugleich aufzutauchen.

Ihr fehlt die geliebte Großmutter, die zu schwach für den Transport ist. Und ihr lieber Großvater. Die Erinnerung an ihn schnürt ihr das Herz ab. Seit sie eines Nachts angstvoll in ihrem Kinderbettchen erwachte und denken mußte: «Was wäre, wenn ich zwischen dem Tod von Großmutter und dem von Großvater wählen müßte?» Sie hat lange in ihrem Alptraum verharrt und sich dann für den von Großvater entschieden, weil Großmutter ja weiter auf sie aufpassen könnte.

Am nächsten Tag brach ihr Großvater bei einer Herzattacke in seinem Sessel zusammen, als er gerade nach dem Mittagessen seinen Kamillentee trank.

Seit damals fühlt sie sich entsetzlich schuldig. Denn sie hatte ja für Gevatter Tod mit dem Finger auf Großvater gedeutet. Sie konnte es auch nicht ertragen, als man sie zwingen wollte, sein kaltes Gesicht zu küssen. Weder den Kontakt mit der Haut noch den mit seinem gallischen Schnauzbart, der nun traurig herunterhing, während er ihn sonst jeden Morgen unter ihrem bewundernden Blick mit dem Frisierstab hochzwirbelte.

Der gute Mann, der so charmant und der Welt zugetan war, hätte ihre große Hochzeit genossen.

Lange bevor das Mittagsmahl zu Ende ist, macht sie sich mit ihrem jungen Ehemann aus dem Staub und auf zur traditionellen Hochzeitsreise.

In einem Jaguar-Sportwagen ... von Jean-Louis' Mitgift gekauft. Dieser hatte sie vor die Wahl gestellt: Entweder den Zaster auf die Sparkasse bringen – wie zwei alte Leutchen. Oder ihn bei einer prächtigen Hochzeitsreise auf den Kopf hauen und daraus die schönste Erinnerung ihres Lebens machen. Sie hatte begriffen, daß Jean-Louis' Achtung vor ihr gefährlich sinken würde, wenn sie sich nicht für die zweite Lösung entschied. Um so mehr, als er sich die «schöne Engländerin», die er sich so wahnsinnig wünschte, schon heimlich still und leise gekauft hatte.

Sie durchqueren mit 200 Kilometer Geschwindigkeit Frankreich und Spanien und verbringen traumhafte Tage im Luxushotel Formentor auf Mallorca.

Immerhin hat sie in einem letzten Aufbäumen bäurischen Mißtrauens Jean-Louis dazu gebracht, ein paar Scheine für die Rückreise zurückzuhalten. Leider läßt er seine Brieftasche auf der Kühlerhaube liegen. Der Wind trägt das Geld davon. Trotzdem schaffen sie es, nach Paris zurückzukehren, indem sie sich von in Obstgärten geklauten Kirschen ernähren und ihre Uhren verkaufen, um das Benzin zu bezahlen. Dieses Leben voller Überraschungen erfüllt sie mit immer größerer Begeisterung.

Das Neueste erwartet sie im Büro.

Man hat sie gefeuert.

Papa-Patron hat ihre großartige Verehelichung nicht verkraftet. Er hat kaltblütig ihre Abteilung gestrichen. Sie hat keine Stellung mehr. Jean-Louis auch nicht.

Das ist ihr alles ziemlich egal. Sie lebt in einem Sommernachtstraum. Sie ist phantastisch glücklich. Sie liebt ihren jungen Ehemann.

NICHOLAS GAGE

Die Großfamilie

Die Genesung meines Vaters ging noch langsamer voran, als es die Ärzte vorausgesagt hatten. Es ärgerte ihn, ans Bett gefesselt zu sein, und er verlangte, per Krankenwagen ins Doctor's Hospital überführt zu werden, damit er in die Obhut von Dr. Seidenberg käme, aber der Urteilsspruch war immer noch derselbe: im Bett bleiben, bis sich das Blutgerinnsel aufgelöst hätte. Für ihn waren die Worte eines Arztes die Verkündigung vom Berg Sinai, und so akzeptierte er das Urteil, nie wieder voll arbeiten zu können.

Solange sein Leben in Gefahr war, konnte ich an nichts anderes als die Möglichkeit, ihn zu verlieren, denken, aber als er dann wieder aufstehen durfte, wurde ich durch andere Sorgen abgelenkt. Das letzte High-School-Jahr näherte sich seinem Ende, und ich wurde von zwei Problemen gequält, die jeden Morgen beim Erwachen wie die Felsbrocken des Sisyphus auf mich herabstürzten: Wie sollte ich das Geld fürs College zusammenbringen und wie meine Jungfräulichkeit verlieren?

Ich wußte, daß ich von keinem in der Familie Geld erwarten konnte, da unsere finanzielle Situation einen noch nie dagewesenen Tiefstand erreicht hatte. Nur mein Schwager Dino verdiente gut. Vater hatte ihn überredet, den gutbezahlten Job am Lunch-Tresen von Kresge's zu übernehmen, und nach dieser Acht-bis-sechzehn-Uhr-Schicht arbeitete er außerdem noch von siebzehn bis einundzwanzig Uhr als Koch bei Putnam and Thurston.

Dinos Traum von Wohlstand ließ sich jedoch längst nicht so leicht verwirklichen, wie er es sich erhofft hatte. Olga hatte in fünf Jahren drei Söhnen das Leben geschenkt, und die Ankunft von Dinos Geschwistern – eines nach dem anderen – hatte das Familienbudget weiter belastet und Olga und Dinos kleine Wohnung bis zum Platzen gefüllt. Alle diese Verpflichtungen und Sorgen heizten Dinos ohnehin aufbrausendes Temperament an, und er ließ seine Frustrationen oft an Olga aus, die mit Sanftheit versuchte, in dem vollgestopften Haushalt Harmonie zu bewahren. Da die beiden Jobs ihn vierzehn Stunden am Tag fernhielten, lasteten die heimischen Probleme zusätzlich zu den häufigen Schwangerschaften meist auf Olgas Schultern, so daß sie nicht auch noch meinen Vater pflegen konnte – eine Aufgabe, die meiner Schwester Glykeria zufiel, die kurz nach ihrer Heirat schwanger wurde und ihre Arbeit bei Table Talk aufgab. Auch meine andere Schwester, Kanta, hatte Table Talk zu Beginn ihrer Schwangerschaft, die so schwierig war, daß sie die letzten drei Monate im Krankenhaus verbringen mußte, verlassen.

Nachdem wir Vaters, Kantas und Glykerias Löhne eingebüßt hatten, konnten wir uns kaum das nötige Essen leisten. Ich wußte, daß ich nur aufs College gehen könnte, wenn ich das Geld selbst aufbrachte; deshalb verlängerte ich meine Arbeitszeit bei O'Connor's von vierzehn Uhr dreißig bis zwanzig Uhr dreißig und arbeitete jeden Samstag. Ich verdoppelte auch meine Anstrengungen, in der High-School gute Noten zu erzielen, um ein Stipendium zu bekommen. Im ersten Semester meines vorletzten Jahres war ich in den meisten Fächern Klassenbester gewesen, und Miß Shaunessy, die Respekt heischende Englischlehrerin, bestimmte mich zum Redakteur der Schulzeitung *Argus*.

Leider waren meine Aussichten, die Studiengebühren zusammenzubringen, im vorletzten High-School-Jahr noch trüber als bisher. Von den 40 Dollar, die ich bei O'Connor's verdiente, mußte ich 15 wöchentlich für meinen Unterhalt beisteuern, dazu zahlte ich immer noch die Kosten von einem Autounfall ab, also blieb mir kein Pfennig zum Sparen.

Obwohl wir alle kämpfen mußten, gab es auch einen Trost in unserer Armut. Jede meiner drei älteren Schwestern bekam in diesem Jahr einen Sohn. Somit hatte mein Vater fünf Enkel, alles Jungen, und alle lebten wie Brüder in unserem großen Haus zusammen.

Wenn ich Vater mit seinen Enkeln beobachtete, war mir klar, daß er glücklicher war als je zuvor, obwohl ihn seine Gesundheit am Arbeiten hinderte. Er liebte es, auf die Kleinen aufzupassen, und nahm sie zum Green Hill Park mit. Dort durften sie schaukeln und den kleinen Zoo besuchen, wo er ihnen den Büffel, die Rehe, Ziegen und Enten zeigte. Jeden Tag ging er mit ihnen zum Eiscafé an der Ecke, um ihnen ein Eis oder Bonbons zu kaufen, oder er nahm einen kleinen Enkel auf seine Besuchsfahrten im Auto mit, wo er ihn zwischen seinen linken Arm und die verriegelte Tür klemmte und das Baby glücklich über seine Schulter guckte.

Wir waren ärmer als je zuvor, aber es war eine der besten Zeiten für unsere Familie. Es war wie das Leben im griechischen Dorf, wo Großfamilien nebeneinander lebten: eine Mischung aus Großeltern und Säuglingen, Neuvermählten, Tanten und Onkeln. In unserem dreistöckigen Haus hatten wir eine senkrechte Version des Dorfclans, wo die Cousins wie Geschwister aufwuchsen, meine Schwestern und Schwager sich gegenseitig Gesellschaft leisteten und unterstützten und mein Vater über allem thronte.

Für irgendwelchen Luxus hatten wir zwar kein Geld, aber jeden Sonntag setzte Vater all seine Kochkünste ein, um uns ein herzhaftes Mittagessen zu bereiten: Huhn und Reis in einer Zitronen-Ei-Sauce oder Lammhaxe mit Gewürzen und frischgepflückten Kräutern aus dem Garten. Nach der Kirche aßen wir alle zusammen in der im Erdgeschoß gelegenen Küche, und anschließend drängten wir uns in zwei Autos und fuhren zum Purgatory Chasm in Sutton, wo die seltsamen, hochragenden Felsformationen und tiefen Schluchten – die Abgründe des Fegefeuers – uns das Gefühl gaben, in Epirus zu sein. Meine Schwestern pflückten Löwenzahnblätter, während die

Kleinen sich den Abhang hinunterrollen ließen und Steine in die Wasserfälle und Bäche warfen. Damals fühlten wir uns sicher und glücklich miteinander und dachten nicht daran, daß der Wohlstand, wenn er käme, die Bande, die uns zusammenhielten, verschleißen könnte.

Keiner der Griechen in Worcester verdiente damals viel Geld, außer einem kahl werdenden, mondgesichtigen jungen Mann namens Nick Karagounis aus dem nördlichen Epirus. Karagounis hatte eine ganz neue Idee, die seine Landsleute zunächst verblüffte und amüsierte, später aber das Leben Hunderter von griechischen Einwanderern in Neuengland veränderte. Mein Freund Fred Malitas war ein ferner Verwandter von Karagounis, und eines Tages erzählte mir Fred, daß sein Cousin einen kleinen, heruntergekommenen Laden in der Pleasant Street gemietet und in eine Pizzabäckerei verwandelt hatte.

«Nick verkauft Pizzas für fünfundsiebzig Cent das Stück, und wenn man drei kauft, kriegt man eine umsonst», sagte er.

«Wie kann er da was verdienen – nachdem er die Bedienung, die Tellerwäscher und alle anderen bezahlt hat?» fragte ich.

«Das ist ja gerade das Geniale an seinem Plan», erklärte Fred. «Es gibt überhaupt keine Tische – also: keine Bedienung, keine Teller, keine Tellerwäscher, keine Gemeinkosten. Die Pizza gibt's nur zum Mitnehmen. Bei jeder Pizza macht er mindestens vierzig Prozent Gewinn.»

«Aber Pizza ist kein Dessert und keine richtige Mahlzeit», wandte ich ein. «Wie oft ißt eine Familie schon Pizza?»

«Du hast Nicks Pizza noch nicht gekostet!» sagte Fred. «Sie ist nicht dünn und spärlich bedeckt wie die italienische. Sie hat eine dicke Kruste wie Brot, und der Belag ist zwei bis drei Zentimeter dick – Käse, Peperoni, sehr würzig. Eine Fünfundsiebzig-Cent-Pizza kann für drei oder vier Leute eine Mahlzeit sein.»

Die meisten Griechen in Worcester machten sich über Karagounis lustig, und auch ich war skeptisch. Fastfood war 1958, als McDonald's 25 Cent für einen Hamburger verlangte, noch was Neues. Ich war überrascht, als ich sah, wie gut Karagounis' Geschäft nicht weit von O'Connor's ging, wo wir an der Lunch-Theke ein ganzes Menü servierten. Er verkaufte Pizza zum Mitnehmen wie die Straßenverkäufer in Griechenland ihre Kebabs und Gyros-Sandwiches. Aber als ich meinen Schwagern davon erzählte, erklärten sie, wenn eine Familie zum Essen ausgeht, will sie sich setzen, bedient werden und aus verschiedenen Gerichten ihre Wahl treffen.

Eine Zeitlang überlegte ich mir, ob ich nicht selbst für Karagounis arbeiten sollte, aber die höllische Hitze der Pizzaöfen schreckte mich jedesmal ab, wenn ich hinging und Nick beobachtete, wie er fachmännisch Pizzas mit einem breiten Holzpaddel aus den Öfen holte. Doch ich mußte etwas finden, das mehr als meine Arbeit bei O'Connor's einbrachte, wenn ich es jemals schaffen wollte, aufs College zu gehen.

Glücklicherweise konnte ich die High-School wegen der zusätzlichen Fächer, die ich im zweitletzten Jahr genommen hatte, schon im Januar nächsten Jahres beenden. Wenn ich einen guten Job fand, konnte ich neun Monate lang bis zum College-Beginn ganztags arbeiten. In der Zwischenzeit blieb mir nichts anderes übrig, als weiter bei O'Connor's zu arbeiten und mir auszumalen, was ich *nach* dem College machen würde, wenn ich so viel Geld verdiente, daß ich meinen ganzen Clan ernähren konnte. Ich würde einen Komplex von fünf Häusern um ein Schwimmbecken herum errichten, und genau so, wie wir jetzt in dem engen dreistöckigen Haus in der Chandler Street wohnten, würden wir alle bis ins hohe Alter hinein zusammenleben.

Aber meine Schwestern hatten ihre eigenen Träume, vor allem Fotini. Tina, wie wir sie inzwischen alle nannten, war seit unserer Ankunft in Amerika unglücklich gewesen. Selbst in Griechenland war sie die melancholischste meiner Schwestern gewesen, die ständig weinte und sich über Kränkungen beklagte, und es gab auch Gründe für ihre Unzufriedenheit. In eine Gesellschaft hineingeboren, wo ein weibliches Kind als

Fluch und lebenslange Last betrachtet wird, weil sie angeleitet, rigoros bewacht und schließlich mit einer großen Mitgift in die Familie ihres Ehemanns geschickt werden mußte, war Tina die «vierte Katastrophe» unserer Mutter, wie sich mein Großvater immer ausdrückte, und hatte sich von Anfang an unwillkommen gefühlt. Sie war kaum ein Jahr alt, als *Mana* mich, den heißersehnten Sohn, bekam, dessen Ankunft ein vierzig Tage dauerndes Feiern auslöste, und seitdem fühlte sich Tina übergangen.

Als hübscheste meiner Schwestern fehlte es Tina nie an Verehrern, aber sie war von meinem Vater mit seinem ständigen Einhämmern tugendhaften Benehmens und seiner Gewohnheit, hinter ihr herzuspionieren, so eingeschüchtert, daß sie mit keinem Mann sprach. Außerdem fand sie keinen der jungen Griechen von Worcester anziehend.

Im Frühling 1958 wurde mir klar, daß wir Tina an einen Bräutigam aus einer fernen Stadt verlieren würden. Sie näherte sich ihrem zwanzigsten Geburtstag, und Vater hatte beschlossen, es sei Zeit, für sie einen Ehemann zu finden. Im vergangenen Herbst, als Glykeria geheiratet hatte und in den Flitterwochen nach Philadelphia gefahren war, um ihren Brautführer zu besuchen, hatte sie eine Anzahl Junggesellen gesehen, die für Tina in Frage kommen könnten – alles Einwanderer aus unserem Teil von Epirus. Nach ihrer Rückkehr berichtete sie meinem Vater darüber.

Weil Immigranten ihren Verwandten folgen, geschah es, daß die Menschen, die unsere kleine Bergregion an der nördlichen Grenze Griechenlands verließen, sich entweder in Philadelphia oder Worcester niederließen. Zwischen den beiden Kolonien wurde viel hin und her gereist und untereinander geheiratet, und jetzt konnte Gregory Bokas, Glykerias Brautführer, als Ehestifter für Tina fungieren. Der 25. Januar war das Fest des heiligen Gregors, und jedes Jahr gab Gregory Bokas an diesem Tag eine große Namenstagsparty für sich selbst. Deshalb beschloß Vater, mit seiner jüngsten Tochter nach Philadelphia zu reisen, um ihre Aufwartung zu machen.

Wenn Tina die hübscheste griechische Jungfrau von Worcester war, so war Minas Bottos, sechsundzwanzig, der bestaussehende griechische Junggeselle von Philadelphia. Er war vor kurzem mit einem Bruder und einer Schwester aus dem Dorf Finiki gekommen, das nur dreißig Kilometer unterhalb von Lia lag. Die drei Geschwister waren von einer gütigen Tante und einem Onkel herübergeholt worden, weil sie zu einer riesigen Familie mit elf Kindern gehörten und die Eltern die vielen Münder kaum stopfen konnten. Minas und sein Bruder hatten in Griechenland Möbelschreiner gelernt, und jeder hoffte, daß sie in Amerika Geld verdienen würden, um den Zurückgebliebenen in Finiki helfen zu können.

So wie Tina sich im Schatten ihrer älteren Schwestern und ihres jüngeren Bruders verloren vorgekommen war, war Minas in der Menge seiner Geschwister untergegangen und auch er sehnte sich nach Ruhm und Aufmerksamkeit. Er nährte den Traum, Schauspieler zu werden, und schloß sich einer Theatergruppe in Philadelphia an, die Melodramen in griechischer Sprache aufführte. Minas redete leidenschaftlich über seine Zukunftserwartungen, zu denen die Schaffung eines Vermögens mit Hilfe seiner Holzbearbeitungskünste gehörte. Wie Tina hatte er geschickte Hände, und abends verwirklichte er seine eigenen Projekte: handgeschnitzte Heizkörperabdekkungen, die feinen Möbeln glichen, und reich geschmückte Hausaltäre für die Ikonen, die in der östlichen Ecke griechischer Wohnungen aufgestellt wurden. Die Schöpfungen verkaufte er, um sein Einkommen aus der Installierung von Ladeneinrichtungen aufzubessern.

Es war Minas' Tante und Wohltäterin, eine Säule der Rechtschaffenheit in der griechischen Gemeinde von Philadelphia, die Tina zuerst als potentielle Frau für ihn entdeckt hatte. Alle Frauen waren in der Küche von Gregory Bokas' Haus versammelt und gaben dem üppigen Buffet den letzten Schliff. Tina saß still und hübsch wie eine Blume da, aber als sie ihre Hilfe anbot, wurden ihre Kochkünste schnell sichtbar. «Ein hübsches Waisenmädchen aus Epirus und dazu noch eine wunderbare Köchin!» sagte die alte Dame noch am selben Nachmittag zu ihrem Neffen. «Wenn du heute nachmittag zu Gregory gehst, mußt du sie unbedingt kennenlernen!»

Tina war in gleicher Weise Minas' gutes Aussehen angekündigt worden, und man hatte ihr geraten, sich ihn gut anzusehen, wenn er käme. An diesem Abend – wo so viele Leute in dem vollen Haus das junge Paar beobachteten – tauschten sie kaum ein Dutzend Worte aus, aber ihnen gefiel, was sie sahen.

Nicht lange, nachdem Vater und Tina nach Worcester zurückgekehrt waren, erhielt Vater einen Anruf von Minas' Onkel und Tante, die uns besuchen wollten. Glykeria schickte sofort einen Brief an alle Verwandten, um mehr über Minas und seinen Clan zu erfahren. Die Antwort war, daß die Familie tugendhaft und fleißig, aber riesig und deshalb arm sei.

Als Minas und seine Tante, sein Onkel und seine Schwester von unserem Vater förmlich ins Wohnzimmer geleitet wurden, waren wir wahnsinnig neugierig auf diesen Freier aus Philadelphia. Wir starrten ihn mit einer solch auffallenden Intensität an, daß die meisten jungen Männer eingeschüchtert gewesen wären, aber Minas erwies sich als charmant und gesprächig, angemessen ehrerbietig meinem Vater gegenüber und aufmerksam zu Tina.

Als Tina in die Küche ging, um das Tablett mit dem Kaffee und den Süßigkeiten zu holen, eilten meine Schwestern hinter ihr her und hielten flüsternd eine Konferenz ab. Er sah in der Tat gut aus, sagten sie, und er schien nett zu sein, aber sie solle sich nicht verpflichten, bis sie ihn besser kennengelernt hätte. Sie sei noch jung, und da war das Problem mit dem Haus voll Geschwister in Griechenland – eine Menge Leute, die finanzielle Hilfe und Schiffskarten nach Amerika brauchten. Das würde jede Ehe belasten. Sie solle es überdenken, rieten sie ihr, bevor sie dem Möbelschreiner aus Philadelphia ihre Hand reichte.

Diese Warnungen forderten Tina heraus. Während die Tante und der Onkel sich mit meinem Vater unterhielten, bat Tina, die noch nie mit einem jungen Mann allein gewesen war, um die Erlaubnis, mit Minas um den Block zu gehen, um ihm die Nachbarschaft zu zeigen. Als sie wieder zur Tür hereinkamen, verkündete sie der wie vom Donner gerührten Gruppe im Wohnzimmer, daß sie Minas versprochen hatte, ihn zu heiraten.

Für Tina bedeutete dies einen Umzug in die große Hauptstadt Philadelphia, einen neuen Freundeskreis und neue Verwandte. Wie eine Königin würde sie mit einem gutaussehenden und sie anbetenden Ehemann ihrem eigenen Heim vorstehen und endlich die lähmende Atmosphäre von Worcester und die anmaßende Gegenwart ihrer Geschwister hinter sich lassen.

Minas dagegen konnte es kaum erwarten, seine Flitterwochen anzutreten, die ihn nach Griechenland führen würden, wo er mit diesem tollen Mädchen, das genauso fließend Englisch wie Griechisch sprach, sein übervolles Elternhaus in Finiki betreten würde – eine elegante, moderne, clevere amerikanische Frau, die trotzdem alle seine Wünsche erfüllte, ihn bediente und ihn wie eine Geliebte anbetete, während seine Brüder und Schwestern neidisch zusahen.

Ich beobachtete den Fortschritt von Tinas und Minas' junger Liebe mit Zurückhaltung und war insgeheim froh, daß ich einer so turbulenten Sache wie wahrer Liebe noch nicht begegnet war. Das Problem, das mich am meisten quälte, war die Suche nach einer guten Stelle. Es erwies sich schließlich, daß mein Wohltäter der gleiche war, der Glykeria als Brautführer und Tina als Heiratsvermittler gedient hatte – Gregory Bokas.

Eines Tages im Mai rief mich Bokas aus Philadelphia an, um Glykeria und Prokopi zur Geburt von Fotios zu gratulieren. Bokas sprach der Reihe nach mit jedem von uns und fragte Tina nach ihren Hochzeitsplänen aus. Als er erfuhr, daß ich noch keinen Job gefunden hatte, bot er mir 75 Dollar die Woche für die Leitung seines Restaurants in Ocean City, New Jersey, und ein Hinterzimmer an, wo ich schlafen könnte. Ich brauchte nicht lange, um zuzusagen. Von der Notwendigkeit, meinen Unterhalt zu bestreiten, befreit, konnte ich meine gesamten Einnahmen sparen, und die Chance, O'Connor's Lunch-Theke zu verlassen, um den Sommer am Strand zu verbringen, war zu verführerisch, um nein zu sagen.

1958, vor der Zeit der Drogen, Rassenkrawalle und Protestmärsche, war Ocean City der perfekte amerikanische Familienferienort. Alkohol war auf der Insel verboten, und es herrschte ein starkes christliches Moralbewußtsein, das von den vielen Kirchen untermauert wurde. Gregory Bokas' Restaurant nannte sich Ocean View und florierte im Sommer wie alle anderen Restaurants an der Strandpromenade.

Gregory, seine Frau Sofia und ihre drei kleinen Kinder lebten wie ich in Hinterzimmern des Restaurants. Gregory leitete die Küche, während ich von sieben Uhr früh bis zum Abendessen, das meist bis einundzwanzig Uhr dreißig dauerte, für den Speiseraum verantwortlich war. Danach schloß ich ab. Wenn es nachmittags ruhig wurde, konnte ich zwischendurch schwimmen gehen.

Diese drei Monate in Ocean City waren der goldene Sommer meiner Jugend. Ich hatte alles: Geld, Ansehen, Sonne, Sand und Sex. Ich verbrachte so manche schwüle Nacht im Nightclub, eingeklemmt zwischen einer pulsierenden, schreienden Masse aus gebräunten, nach Sonnencreme riechenden Körpern, mich an einem Screwdriver festhaltend und Songs wie «Fever», «Blueberry Hill» und «Hard-Headed Woman» lauschend, dann in mein Zimmer am Ufer des Meeres zurückkehrend, um eines dieser glatten goldenen Mädchen in meinem Einzelbett zu umarmen, mit dem Rauschen der Brandung in der Ferne.

Meine sommerliche Idylle endete schlagartig am Labor Day – dem amerikanischen Tag der Arbeit am ersten Montag im September –, als ich mit 600 Dollar in der Tasche zurückkehrte, die letzte Rate meiner Buße bezahlte und feststellte, daß ich wegen des Konjunkturrückgangs nirgendwo einen Job finden konnte. Meinen Platz bei O'Connor's hatte ich in der Annahme, nach meiner Rückkehr mit neuen Erfahrungen eine viel bessere Stelle zu bekommen, einem griechischen Freund überlassen. Die unangenehme Wahrheit war jedoch, daß ich nicht einmal in einer Eisdiele Arbeit finden konnte.

Bevor mir die Sinnlosigkeit meiner Arbeitssuche klar wurde, gab es die angenehme Zerstreuung von Tinas Hochzeit am 7. September. Trotz unserer angespannten Finanzlage schafften wir es, mit Hilfe von Tinas Ersparnissen bei Putnam and Thurston eine anständige Party auf die Beine zu stellen. So viele Landsleute kamen aus Philadelphia, daß die griechischen Häuser in Worcester vor Gästen schier platzten. Es war eine Vermischung zweier großer im Ausland lebender Gemeinden aus unserer Provinz, und mein Vater herrschte über allem wie ein König, zerbrach Geschirr, tanzte und balancierte Weingläser, während Tina in ihrem weißen Spitzenkleid mit langer Schleppe einem Film entstiegen zu sein schien. Minas war so stolz und aufgeregt, daß er ununterbrochen redete und seiner Braut mit Ouzo zuprostete.

Kaum hatten sie das Flugzeug bestiegen, um ihre Flitterwochen anzutreten, als schon die ersten Gerüchte über Meinungsverschiedenheiten der Neuvermählten zu uns drangen. Sie wollte zuerst in ihr Dorf gehen, um ihren Ehemann vorzustellen und über dem Grab ihrer Mutter zu weinen. Er fürchtete, sie würde sich zu sehr aufregen, und außerdem wollte er zuerst sein eigenes Dorf aufsuchen, um mit seiner jungen Frau anzugeben. Es wurde über schreiend ausgetragene Machtkämpfe und Tränen berichtet und darüber, wie Tina sich eines Tages von Minas' Dorf aufmachte und die staubige Bergstraße hinuntermarschierte, bis er sie einholte und zum Umkehren bewegte.

Als sie sich in Philadelphia niedergelassen hatten, rissen die beunruhigenden Berichte nicht ab. Sie stritten sich häufig darüber, wer von beiden die meisten Verehrer zurückgewiesen habe, was jedesmal mit Brüllen und Tränen endete. Tina schien Philadelphia nicht so erfreulich zu finden, wie sie es erwartet hatte. Mein Vater und Kanta fuhren mehrmals hin, um Konflikte lösen zu helfen, und auch Tinas Schwiegereltern versuchten, die rauhen Stellen der Ehe zu glätten. Schließlich kam jeder zu dem Schluß, daß Tina, die unter schrecklichen Umständen ihre Mutter verloren hatte, wahrscheinlich in der Nähe ihrer Schwestern leben müsse, um sich sicher und glücklich zu fühlen. So zogen Minas und Tina nach Worcester und mieteten eine Wohnung in der Nähe der Chandler Street.

Jetzt fanden die Schlachten so nahe statt, daß wir bald alle das Gefühl hatten, an einer Kriegsneurose zu leiden. Einmal kam ich nach Hause und fand meinen Vater am Küchentisch vor. Er weinte, weil er nicht in der Lage war, zum Eheglück seiner Tochter beizutragen. Meine Schwestern rieten ihr zu einem Baby – das würde alles ins Lot bringen –, aber es half nichts, obwohl Tina und Minas eine Tochter und einen Sohn bekamen. Am Ende – nach fünfzehn stürmischen Jahren – beschlossen sie, sich zu trennen.

Während Tina und Minas ihre Flitterwochen in Griechenland verbrachten, machte ich meine entmutigenden Runden, um einen Job zu ergattern. Nach einem Monat fruchtlosen Suchens gab ich es auf und nahm eine Halbtagsarbeit an, die meine Tage bei O'Connors' wie bezahlten Urlaub erscheinen ließ. In einem Hamburger-Restaurant übernahm ich die Mitternachtsschicht und arbeitete als Koch von Mitternacht bis acht Uhr früh für neunzig Cent die Stunde. Da ich die ganze Nacht auf den Beinen war, durchlief ich das letzte Semester der High-School wie im Halbschlaf, völlig aus dem Takt mit dem Rest der Welt. Nachmittags um zwei kam ich aus der Schule, schlief bis acht, machte meine Hausaufgaben bis Mitternacht und arbeitete dann bei White Tower, bis die Schule anfing.

Durch meine Nachtschicht im miesesten Teil von Worcester kam ich mit dem Elend der Stadt in Berührung. Nach zwei Uhr früh, wenn die Bars schlossen, kamen die echten Trinker zu uns, um etwas zu essen, und erbrachen sich häufig auf den Tresen oder nickten über ihrem Hamburger ein, während ich alles wegputzen mußte. Jeden Morgen ging ich angeekelter als am Tag zuvor zur Schule.

In der ruhigeren Zeit füllte ich College-Bewerbungen aus und träumte davon, wie sich mein Leben ändern würde, wenn ich nur ein Stipendium bekommen könnte. Im Umkreis von dreihundert Kilometern bewarb ich mich bei jedem College und hoffte, daß ich mit meinem guten Notendurchschnitt und meinen Preisen Erfolg hatte. Zu Weihnachten konnte ich die Arbeit im White Tower nicht länger ertragen und kündigte.

Jenes Weihnachtsfest gehörte zu den schlimmsten, an die ich mich erinnern kann. Ich saß im Haus herum und ließ mir meine düstere Zukunft durch den Kopf gehen. In wenigen Wochen wäre die High-School beendet, und ich war immer noch ohne Arbeit.

«Ich muß irgendwie das Geld fürs College zusammenkriegen, aber zum White Tower kann ich nicht zurück», sagte ich verzweifelt zu meinem Vater.

«Warum mußt du auch als Koch arbeiten?» fragte er hitzig. «Das ist für mich okay, aber du bist doch gescheiter und gebildeter. Du hast gesagt, du willst für eine Zeitung schreiben – dann tu's doch!»

«Hier gibt's nur eine Zeitung, die *Telegram and Gazette*, und die nehmen mich nicht ohne College-Abschluß oder ohne Erfahrung», erwiderte ich.

«Mal sehen», sagte er nachdenklich. «Ich werde mit Charley Davis reden. All diese Bonzen von der *Gazette* essen jeden Tag in seinem Restaurant.»

Kurz nach Neujahr rief mich Charley Davis an und bat mich, am folgenden Nachmittag zu Putnam and Thurston zu kommen und die Geschichten, die in der Schülerzeitung erschienen waren, und meine Zeugnisse mitzubringen. Charley Davis war wie mein Vater klein und untersetzt und schritt mit großer Würde, seinen Schirm wie einen Spazierstock schwingend, aus. Vornehm wie ein Lord führte er mich aus seinem Restaurant, durch den Stadtpark von Worcester hinter dem Rathaus und durch das Portal der in der Stadt allgemein abonnierten Morgen- und Abendzeitung *Worcester Telegram and Evening Gazette*.

Charley wurde von allen mit Hochachtung begrüßt und direkt in das imposante Büro des Chefredakteurs geführt, der ihn wie einen alten Freund begrüßte. Dieser schickte uns schließlich zum Herausgeber, der mir nach Ansicht der Zeitungsausschnitte einen Job in der Werbeabteilung mit einem Anfangsgehalt von 60 Dollar die Woche anbot. Ich nahm sofort an, obwohl ich mir unter der Werbeabteilung nicht viel vorstellen konnte. Hauptsache, ich konnte in einer Zeitung Fuß fassen und meinem Traum näherkommen.

Für den Chef der Abteilung, einen kleinen, leicht erregbaren Mann, der, sich ständig schneuzend, in den Büros herumhastete, arbeiteten drei junge Frauen und ich. Als jüngstes Mitglied des Teams hatte ich zum Beispiel zu Geschäftsleuten zu gehen, um Referenzen zu bekommen («Ich hab mein Auto über eine *Telegram-and-Gazette*-Anzeige verkauft») und Anzeigen zu verfassen, die auf bevorstehende Sonderausgaben verwiesen.

Es machte mir unheimlich Spaß, für die Zeitung zu arbeiten, die Spannung um mich herum zu spüren, wenn Reporter losrasten, um Termine einzuhalten, und die Fernschreiber lebendig wurden und ein neues Informationsbulletin herunterratterten. Aber es war frustrierend, in der Werbeabteilung auf dem Nebengleis zu stehen. Ich sehnte mich danach, in der Nachrichtenredaktion zu sitzen, wo die Reporter die wichtigen Weltereignisse unter einer permanenten Glocke von Zigarettenqualm festhielten. Bei jeder Flaute in meiner Abteilung schlich ich mich in die Nachrichtenredaktion und versuchte, den hageren, wortkargen Lokalredakteur, Steve Donahue, dazu zu bewegen, mir etwas – irgend etwas – zum Schreiben zu übertragen. Manchmal scheuchte er mich weg, aber es kam auch vor, daß er mir Krumen zuwarf: Artikel über das Wetter oder High-School-Aktivitäten oder Nachrufe griechischer Einwanderer.

Meinen ersten Durchbruch hatte ich eines Tages im März, als ein Sturm das Dach eines großen Lagerhauses in Auburn abgedeckt hatte. Alle Reporter waren unterwegs, und in seiner Verzweiflung zitierte mich Donahue herbei. Ich sprang in ein Taxi und raste an die Stelle, wo Arbeiter herumstanden und sich beim Anblick des enthaupteten Gebäudes am Kopf kratzten. Wie ein richtiger Reporter stellte ich die richtigen Fragen, und am Abend las ich mit Begeisterung meine eigene Prosa auf dem Titelblatt der *Evening Gazette*. Geknickt stellte ich jedoch fest, daß es keine Autorenzeile gab. Am nächsten Tag fragte ich den Lokalredakteur, warum.

«Es tut mir wirklich leid, Nick», sagte er. «Ich wollte dir eine Autorenzeile geben, aber das Problem ist dein unaussprechlicher Name. ‹Nicholas Ngagoyenes› paßt einfach nicht in eine einzelne Satzspalte. Entweder du schaffst dir einen kürzeren Namen an, oder du bleibst anonym.»

Eines Sonntags saß ich mit den Rosenberg-Zwillingen, früheren Klassenkameraden, auf dem Fußboden unseres Wohnzimmers und las die Sonntagsausgabe der *New York Times*, die ich jedes Wochenende kaufte. Ich studierte wie üblich den Unterhaltungsteil, als ich einen Artikel sah, der die Eröffnung des jährlichen Shakespeare-Festivals in Stratford, Connecticut, ankündigte.

«Schaut euch diese Besetzung an!» rief ich meinen Freunden zu. «*Othello* mit Alfred Drake und Earl Hyman! O Gott, ich wünschte, ich hätte ein Auto. Ich würde alles geben, um das sehen zu können – mein liebstes Stück von Shakespeare!»

Mein Vater, der in der Nähe saß, hörte das und fragte: «Wer ist dieser Shakespeare?»

«Der einzige Dramatiker, der neben Aischylos, Sophokles und Euripides stehen kann, ohne sich schämen zu müssen», antwortete ich.

«Dann müssen wir natürlich hingehen», sagte er. «Ich fahre dich und deine Freunde nach Connecticut.»

Wir waren schon eine komische Gruppe, als wir uns im alten grünen Plymouth meines Vaters auf den Weg machten, aber ich war begeistert, vor allem weil Donahue mir erlaubt hatte, eine Kritik für die *Gazette* zu schreiben. «Hebt das Niveau, so eine Besprechung des Shakespeare-Festivals», hatte er lächelnd gesagt.

Mein Vater sah sich die Vorstellung schweigend an. Auf der

‹fahrt nach Worcester fragte ich ihn: «Hast du es verstan-›

«Nicht alle Wörter», antwortete er. «Aber die Geschichte, ja. Dieser Jago war doch ein Schwein.»

«Hat es Ihnen gefallen?» fragte ihn Phil Rosenberg.

«Ja, Shakespeare war ein großer Mann», antwortete er. «Im Kino gewinnen immer die Guten, aber Shakespeare sagt die Wahrheit. Im Leben gewinnen immer die Schweine.»

Ich mühte mich mit meiner Kritik bis zum Morgen, und als ich fertig war, tippte ich ganz oben eine neue Version meines Namens, wobei ich an den Spitznamen meines Vaters dachte: Dr. Gage. Am nächsten Tag erschien die *Evening Gazette* mit einer Kritik des *Othello*, verfaßt vom shakespearischen Korrespondenten der Zeitung, dem bislang unbekannten Nicholas Gage.

Donahue lobte meine Kritik und beglückwünschte mich zu meiner ersten Autorenzeile. Dann fragte er mich, was ich mit meinem Leben zu tun gedenke. Ich erzählte ihm von meinem Traum, bei einer Zeitung zu arbeiten, meinem Geldmangel und den Colleges, die mich zwar aufnähmen, die ich aber nicht bezahlen könnte.

«Es ist wichtig, daß du aufs College gehst, Nick», riet er. «Es muß nicht unbedingt Princeton sein. Ich war auf der Boston University, und die haben eine erstklassige Abteilung für Kommunikationswissenschaft, und die Gebühren sind bedeutend niedriger.»

«Aber es ist ja schon zu spät, um mich zu bewerben», sagte ich.

«Nicht unbedingt», erwiderte er. «Ich ruf sie an und sehe mal, was ich tun kann. In der Zwischenzeit meldest du dich bei allen, die Stipendiengelder zu vergeben haben: deine Kirche, griechische Organisationen, deine High-School, die Handelskammer.»

Steve Donahue rief seine Alma mater an, lobte mich über den grünen Klee und garantierte mir einen Job als Reporter bei der *Gazette* in den Sommerferien, und plötzlich sah ich mich mit einem Stipendium von 500 Dollar von der Boston University angenommen. Außerdem erhielt ich 400 Dollar von der AHEPA, der amerikanisch-hellenischen Gesellschaft zur Bildungsförderung. Die Studiengebühren für ein Jahr betrugen nur 950 Dollar, und mit den 600 Dollar, die ich gespart hatte, rechnete ich mir aus, daß ich gerade so hinkam, um für meinen Unterhalt bezahlen zu können. Und im nächsten Sommer würde ich – laut Donahue – endlich als echter Reporter in der Lokalredaktion sitzen.

Als der Sommer vorüber war, konnte ich es kaum erwarten, meine Feldkiste zu packen und in den Bus nach Boston zu steigen. Neue Kleidung oder Luxusgegenstände wie eine Schreibmaschine konnte ich mir nicht leisten, aber was mir an Materiellem fehlte, machte ich mit Vorfreude auf diese neue Welt wett, die mich bilden würde, damit ich mir meinen Lebensunterhalt nie mit dem Braten von Hamburgern oder dem Verkauf von Obst verdienen müßte.

Am ersten Septembertag fuhr Vater mich in seinem Plymouth zur Busstation, dem Schauplatz so vieler Rendezvous zwischen meinen griechischen Freunden und den Mädchen von Worcester, und begleitete mich zum Bus. Bevor ich einstieg, steckte er mir einen Fünfzig-Dollar-Schein zu.

«Das ist alles, was ich dir fürs College geben kann», sagte er mit einem Ausdruck, den ich noch nie an ihm gesehen hatte. «Es tut mir leid, daß du nicht das Glück hast, einen reichen Vater zu haben.» Dann drehte er sich um, um mit dem steifen Gang eines alten Mannes davonzugehen.

«Auf Wiedersehen, *Patera*», rief ich hinter ihm her. «Thanksgiving bin ich wieder zurück.» Ob er mich gehört hatte? Er gab mir kein Zeichen.

Geht's ni, gibt's ni

Meine Urgroßmutter, was denkst denn du, die war knapp hundert, wie sie gestorben ist, 99 Jahr und 9 Monate. Und da wollt sie nimmer. Sie möchte keine hundert werden, meint sie, sonst geht das wieder von vorn los. Die hat gemeint, sie muß noch einmal in der Kindheit anfangen. Wir haben gelacht. Mein Vater hat weben gelernt, das ist bei uns zu Haus Tradition. Ich komm aus'm Vogtland, weißt du. Seine Eltern haben eine kleine Gastwirtschaft gehabt, da war eine Kegelbahn angebaut, drin haben sie die Webstühle aufgestellt. Und meine Mutter, die waren sieben Geschwister, die hat Spulerin gelernt, das war ihr immer das liebste. Dann haben sie geheiratet, bald nach dem Krieg. Vater hat bei der VP angefangen, da ist er heute noch. Im Krieg war Vater Soldat, und Mutti haben sie auch eingezogen gehabt, die war zwei Jahr – wie nennt man das – im Pflichtjahr.

Sechsundfünfzig sind wir nach E. Dort oben ist es ganz romantisch, du, Wald rundrum, und so frei alles! Ist 'ne Siedlung gewesen, nur paar Familien, die haben alle im Bergbau gearbeitet. Wir waren richtig zusammengewachsen, das hat's später nimmer gegeben. Und was wir alles organisiert haben als Kinder!

Meine Mutter hat Heimarbeit gemacht, Schürzen gesteppt, no? Hat ihre Waren rauf- und runtergeschleppt vom Berg. Die andern im Schacht haben manchmal 2000 Mark verdient, was denkst denn du, und mein Vater hat am Anfang bloß 380 kriegt. Ansprüche haben wir keine gestellt, kann ich ni sagen. Über jedes Ding hat man sich gefreut. Mein Vater ist sehr gutmütig, weißt du. Wenn er zornig geworden is, kam ja vor, haben wir mit dem Taschentuch ein paar kriegt, meine Schwester und ich. (Meine Schwester ist sieben Jahr jünger als ich.) Und Mutti, die is so wie ich, schnell erregt, hat geschimpft, du! Aber dann war's glei wieder gut. Ich will mal so sagen, das war eher wie zwei Erwachsene untereinander, weißt? Mutti war mit mir viel allein, wir haben alles miteinander besprochen. Mit meiner Kathrin ist das auch so, die fühlt sich auch mehr zu den Großen hingezogen.

Nachher, Schule war keine im Dorf, hat sich nicht gelohnt, da sind wir mit dem Schulbus in die Stadt gefahren. Und wenn wir eher aus hatten, haben wir die Kipperfahrer angehalten. War schön, war überhaupt die schönste Zeit dort oben. Dann ist der Schacht aufgelöst worden, und mein Vater ist nach W. gekommen. Ist lang durch den Wald gefahren mit dem Motorrad. Und der viele Schnee! An einer Stelle hat er sich 'ne Schippe versteckt, da hat er sich immer freischaufeln müssen. Dann sind wir ihm nachgezogen, haben Arbeiterwohnungsbaugenossenschaft gebaut in W. Und Mutti hat sich Sorgen gemacht, wie sollen wir das alles bezahlen? Und Vater hat gesagt, ist ganz einfach, wir zahlen in Raten. War erst mal ein Ziel vor Augen. Mutti hat drei Schichten gearbeitet als Spulerin. Sie hat ja immer von ihrer Spulerei geträumt. Ach, hat sie gemeint, die Nacht hab ich wieder gespult, war das schön. Bis sie dann krank geworden is.

Schule, ich möcht mal so sagen, ich hab eigentlich immer Schlag gehabt bei den Lehrern. Ich hab immer meine Meinung gesagt. Wenn ein Lehrer ni aufn Kopf gefallen is, mag er so was. Ich mein, 's hat ja auch andere gegeben, man merkt ja, ob ein Lehrer Ahnung hat oder nicht. In Mathematik, die konnte uns das Einfachste ni beantworten. Ich schieß euch glei 'ne Schüssel Quark an Kopf, hat die gesagt, ihr mit eure dämlichen Fragen! Wir haben gelacht! Ich bin gern in die Schule gegangen, kann ich ni anders sagen. Bloß einundsechzig hab ich's mit der Leber kriegt, das liegt bei uns in der Familie. Da ist mir die Schule bißl schwergefallen. Aber unser Klassenlehrer, der war bombig. Ich hab in der Schule immer von unserer Siedlung in E. geschwärmt. Dann hat unser Lehrer sein Auto kriegt, hat mich abgeholt und ist mit mir hinaufgefahren. Obwohl ich schon so lang aus der Schule bin, wenn ich hinfahr, den treff ich immer noch.

Und dann hab ich weben gelernt. Ich nach der achten raus, weißt, das war bei uns so, durch die Textilindustrie. Ich wollt zehn Klassen machen und ins Büro, aber sie haben gesagt, ich brauch mir gar keine Hoffnung machen, ich krieg keine Lehrstell. Noja, da hab ich Berufsschule gelernt, zwei Jahr, der Betrieb war halbstaatlich, alles so ältere Leutchen, du, die freuen sich, wenn Jugend mittenrein kommt. Das hat wirklich Laune gemacht, die Abwechslung, arbeiten und lernen. Und dann hatt ich 'n Freund, was denkst denn du, so mit fünfzehn, sechzehn. Den hab ich auf'm Tanzsaal kennengelernt. Meine Mutter war schlauer als ich, die hat glei gesagt: Christl, ich sag dir eins, Schönheit vergeht, aber doof bleibt doof. Noja, man läßt sich ja nichts sagen. Nach einem Jahr haben wir uns verlobt, heiraten konnten wir nicht, ich war noch keine achtzehn. Dann ging er zur Armee, da hat ers Denken ganz abgewöhnt kriegt. An dem Tag, wo Kathrin da war, ging das Theater los. Da haben seine Eltern gemeint, jetzt hat sie ein Kind von unserem Manfredl, jetzt ist sie uns sicher. Und ich, wie ich so war, ich hab ihnen den ganzen Haushalt geschmissen. Die wohnten ein paar Kilometer weg von uns, weiter unten im Ort, und wenn ich am Wochenende kommen bin, stand noch der Abwasch vom Mittwoch da, no? Ich mein, man ist ja nicht faul, man setzt sich ja nicht hin, aber die haben mich regelrecht ausgenutzt. Die Mutter immer bißl hysterisch und kalt, die konnt über Leichen gehn. Ihr erster Mann war gefallen, von dem hatte sie zwei Töchter, die haben für sie gar net existiert. Der Manfredl war aus der zweiten Ehe, der war ihr Goldsohn, der brauchte nichts machen und hat zu gar nichts eine eigene Meinung gehabt.

Ich zieh nicht mit runter zu dir, sag ich, und ich verlang auch nicht, daß du mit hochziehst, das klappt ja sowieso nicht, wir warten auf 'ne eigene Wohnung. Er hat kein langen Atem gehabt, er ist immer lahmer geworden. Einmal waren wir tanzen gewesen, und ich hab zu ihm gesagt, komm mit hoch, kannst bei mir schlafen, und überhaupt find ich's komisch, daß man's immer erst sagen muß. Er kam aber nicht mit, saß immer nur unten bei seiner Mutter. Da muß sie ihm eingeheizt haben, weißt, am nächsten Abend kommt er angeschneit, war so halb achte, ich sag, zieh dich aus. Und er stellt sich vorm Spiegel in Flur, kämmt sich an den Haaren rum und meint: Ich weiß nicht, wie ich's sagen soll. Und da seh ich, er hat kein Ring mehr um. Ich sag, was gibt's denn zu sagen? Na ja, meint er, ich hab mir alles überlegt, es hat gar kein Zweck mehr. Oder, sagt er, wir heiraten zu deinem Achtzehnten, und du ziehst zu mir! Nö, hab ich gesagt, unter die Umständ, ich laß mich net erpressen. Dann hat er noch gesagt: Ich komm mir morgen die Verlobungsgeschenke holen. Von seinen Eltern haben wir 'ne Bowle kriegt, und sein Opa hat mir 'n Besteckkasten geschenkt. Sein Opa hat am nächsten Tag zu mir gesagt: Was will der? Der muß doch verrückt sein! Den Besteckkasten, Christl, den behalt dir ja! Der hat sich ereifert, der Opa. Nie hat sich der Manfred um was kümmert, war ihm alles selbstverständlich. Die Christl schafft das schon. Ich hab aber damals die Lehre unterbrechen müssen wegen dem Kind, Vater war auf Schule, hat nicht viel Geld verdient, Mutter im Krankenhaus mit Krebs, war auf Rente gegangen. War wirklich ein schlimmes Jahr. Und von Manfredl keinen Groschen, der war bei der Armee. So! Ich muß wo Geld auftreiben. Die haben das auch eingesehn, Rat des Kreises, daß ich meine Lehre unterbrech und 'ne Arbeitsstell brauch. Vorübergehend bin ich in einen Textilbetrieb gangen, da haben sie so Stickkästen gemacht für Kinder. Dort war ich, bis Kathrin geboren war. Dann bin ich in den Elektrobetrieb von Manfreds Mutter gegangen. Die hat an mir kein' guten Fetzen lassen. Ihre Arbeitskollegen wußten schon, was die für ein Drachen war. Und mir hat sie die Ohren vollgejammert: Wie hast' denn mein Manfredl ausschlagen können!

Meine Eltern haben die Devise gehabt: Lieber eins im Kissen

als eins auf'm Gewissen. Wo zu helfen war, haben sie mir geholfen. Bin erst mal wieder tanzen gangen, hab Freunde gehabt, mal den, mal den. Mit einer Freundin hab ich die Männer verscheißert, zur Abwechslung mal umgedreht, no? In L., wo die Hildegard zu Haus war, da ist ein großer Park und im Park 'n Gondelteich, drauf 'ne Insel, und auf der Insel war jeden Mittwoch Tanz, vom ersten Mittwoch im Mai bis zum letzten Mittwoch im September. Und so romantisch. Da waren auch Ungarn, weißt, und ich sag zu meiner Freundin: Der da hinten, Hildegard, der so flott aussieht, das kann nur ein Ungar sein. Quatsch, meint die Hildegard, der wohnt in L., das weiß ich zufällig genau. Und ich ganz nervös. Dann ging der Tanz los, und mit einmal ist er aufgestanden und hat genickt. Und die Hildegard hat geschimpft: Du bist unmöglich, du schaffst alles. Was denn, sag ich, ich hab doch gar nichts gemacht, ist doch von allein gekommen. Ich hab gelacht! Vorher war Dieter verlobt gewesen, so wie ich.

Am Sonnabend wollten wir uns wieder treffen, um halb dreie, und ich noch mit Hildegard durch alle Dörfer, da 'n Besuch und dort 'n Besuch, ich komm natürlich zu spät! Kein Dieter mehr da. Wir sind rumgeflitzt mit'm Kumpel, überall hab ich geschaut, mit einmal ruf ich, halt an, halt an, da is er! Hat er 'n Kinderwagen geschoben mit sei'm Freund. Ist doch ein Vorteil, denk ich, muß er ja was für Kinder übrig haben. Geschimpft hat er, verflucht hat er mich! Und dann sind wir ins Kino. Montag früh, bevor ich nach Haus fahr, geh ich ins «Zentrum». Ich kauf grad ein. Kleidchen für die Kathrin, kommt er dazu. Geh zahlen, hab ich zur Hildegard gesagt und hak sie in die Seite, ist ja dein Kleid, no? Auf der Straße, wir laufen so, mit einmal sagt Dieter: Du, sag mal, du hast bestimmt ein Kind. Ich hab gesagt, ja, das hab ich. Hat der sich gefreut! Ich hab mir immer gewünscht eine mit'm Kind, sagt er, da kauf ich glei 'n Teddy.

Am Mittag mußt ich wieder zu Hause sein. Ich versuch Urlaub zu kriegen, sagt Dieter, ich besuch dich. Drei Tag später haben wir ihn von der Bahn abgeholt. Kathrin zu Haus konnt net einschlafen. Du, hab ich zu ihr gesagt, du kriegst bestimmt 'n Vati.

Im Sommer bin ich nach L. gemacht zu den Schwiegereltern. Schlecht sind die ja ni, bloß die waren so auf die andere eingestellt, die war so ein Typ, weißt, mit Schwiegermutter rumschmusen, so was liegt mir ni. Schwiegervater fährt heut noch Krankenwagen, der hat bestimmt schon vierzig Kinder entbunden, ein lustiger Typ. Zu Hause bleiben war für mich ni drin, erst mal finanziell, und 's hätt mich auch gar net befriedigt. Haben sie mir angeboten Dienstleistung, Verkäuferin, und als Jugendobjekt haben sie gerad die Kokerei aufbaut. Ich denk, wenn sie Leut von überall her ranholen, müssen sie ihnen auch Wohnraum zur Verfügung stellen, no? Irgendwie muß 'n Anfang gemacht werden. Dieter ist vom Hocker gefallen, wie ich ihm von der Kokerei erzählt hab, drei Schichten, rollende Woche. Und ich hab 'ne Idee, sag ich, du gehst glei mit. Na ja, meint er, schlecht is es nicht, fahren wir zusammen auf Arbeit, fahren wir zusammen nach Haus. Weißt, wenn einer, der das Milieu nicht kennt, den Dreck sieht, den beeindruckt so was. Ich mein, auch wenn wir saubere Arbeit gemacht haben, schmutzig wird man trotzdem. Was denkst denn du, wie ich ausgesehen hab.

Ach, und dann hat der Dieter Magenbluten kriegt, ich hab gedacht, ich krieg den nimmer gesund. Ist das beste, meint er, wir hauen ab und wirtschaften für uns allein. Er hat ja immer so diplomatisch seine Meinung gesagt zu Haus, immer wenn ich nicht da war, damit ich den Krach nicht miterleb, weißt du. Also, zuerst Zwischenbelegung anmelden. Das ist so: Für die Arbeiter, die von irgendwo herkommen, gibts erst mal Gemeinschaftswohnungen, jedes Ehepaar ein Zimmer, und Küche, Bad gemeinsam. Ja, können wir haben, heißt's, aber erst in zwei Wochen, dann wird das große Hochhaus übergeben. Ich komm zur Nachtschicht, sagt die eine: Christl, ich hab doch 'ne Wohnung, warum sagst denn nichts? Ich sag, was hast du? – 'ne neue Wohnung, die kannst vorläufig haben! Die hat bei einem Freund gewohnt mit ihrem Kind und hat auf irgendwas anders spekuliert. War ein großes Zimmer, ein kleines Zimmer, Küche, Bad.

Und ich inzwischen wieder schwanger. Hab die Kathrin geholt, meinen Eltern ist der Abschied von ihr schwer gefallen, hab bloß noch Schreibarbeit gemacht, als Dispatcher für die Produktionskoordinierung. Da waren wir drei Frauen, das war bombig, du. Die Männer haben zuerst gedacht, sie schaffen uns. Einer hat mal gemeint: Wenn eine von euch da ist, hält man's grad so aus, aber alle drei . . . Die haben ni gewußt, wie sie mit uns dran sind, du! Wir sind ni aus der Ruh kommen. Wir haben bloß gelacht.

André hab ich glei in die Krippe geben. Daß ihm das geschadet hat, kann ich ni sagen. Der Sven war dann ein Überraschungseffekt. Ich dacht, ich hätt mir den Unterleib verkühlt. Bin mit einer Kollegin zum Arzt gangen, die kriegt immer Spritzen, und ich komm raus und hab gelacht. Und zu Haus sag ich: Dietschi, ich krieg ein Kind, und ich hab wieder gelacht.

Danach war mir die Belastung zu groß, die Fahrzeit jeden Tag, elf Stunden aus'm Haus. Vom Kombinat weggehn, du, das ist schwer. Hab aber doch eine Stelle als Verkäuferin gekriegt. Das Fach hat mir gefallen, aber die Arbeitszeit war mir dann zuviel, immer bis sechs oder sieben am Abend. Mit einmal werd ich zur Kaderabteilung gerufen. No, denk ich, hast was ausgefressen? Wir brauchen jemand in der Kontrolle, sagt die Frau, aber schon morgen. Weißt du, da führt man in Verkaufsstellen Inventuren durch, Warenaufnahme und alles ausrechnen, was noch an Wert da sein muß. Das ist interessant. Man kommt mit Leuten zusammen, in jedem Geschäft ist's anders. Wir sind jetzt acht Kollegen im Außendienst, da geht man mit dem und mal mit dem los, das macht Laune, du! Leichtgefallen ist's mir erst ni, und unser Chef war bißl muffig. Wir waren aber eine Linie, gegen uns ist er ni ankommen. Immer hat er's gehabt mit Toilette saubermachen. Furchtbar pinslig war der und unpersönlich, immer kurz anbunden. Den haben wir auf die menschliche Tour aufgeschlossen, leise, weißt du? Seine Mutter war im Westen, Sorgen hat der ni gehabt. Der braucht bloß 'n Brief schreiben, und schon ist die Sache angerollt. Was die Kunden sich so wünschen, hat den ni gejuckt. Und einmal war die Chance da. Unser Chef grad nicht da, kommt ein Vertreter für Modelleisenbahnen. Artikel hat der uns angeboten, bombig, was wir sonst nie gesehn haben im Laden. Waggons mit Bierfässern oben, kleine Mähdrescher, ich hab von jedem ni viel genommen, aber es waren ja viele verschiedene Artikel. No, die Ware kommt, um Gottes willen, sagt unser Chef bloß. Regen Sie sich nicht auf, sag ich. In zwei Tagen war das ganze Zeugs verkauft. Vorige Woche war einer vom Handelsbetrieb bei uns und hat gemeint: Der Kollege M. hat sich dermaßen verändert, der denkt bestimmt selber, 's ist Weihnachten jetzt.

Meinen Facharbeiter hab ich im Intensivlehrgang gemacht, während der Arbeitszeit, dreimal in der Woche, in vier Monaten war ich fertig. Jetzt mach ich meinen Verkaufsstellenleiter. Wir haben ja mit den gleichen Unterlagen zu arbeiten wie 'n Verkaufsstellenleiter, no? Es gibt schon Tage, wo's hektisch ist, aber wir gammeln auch rum. Ich steh als erste auf, vor fünfe, dann wasch ich mich, dreh mir die Haare ein, bißl feucht machen, Lockenwickler rein. In der Zeit, wo ich rumflitz, sind die Haar trocken. Dann schmier ich die Schnitten, dann stehn die Kinder langsam auf. Dieter hilft beim Anziehn, guckt nach allem, dann frühstücken wir zusammen. Dann wasch ich noch ab, Kathrin trägt den Eimer runter. Um sechs geht Dieter aus'm Haus, und ich geh um viertel sieben. Ich nehm André und Sven mit, Kindergarten und Krippe liegen nebeneinander. Meine Arbeitszeit geht normalerweise bis halb vier, ich arbeit ja kürzer als die andern, wegen der drei Kinder. Meistens ist Kathrin eher da, ich hol die beiden Kleinen, dann trinken wir Kaffee zusammen. André, was denkst du, der ist sehr weich, der flitzt durch die Wohnung, wenn ich erschöpft bin: Mutti, leg dich auf die Liege, ich mach heut alles für dich. Ich nehm die zwei Großen jetzt mehr ran, der Dieter ist ja viel unterwegs. Im nächsten Jahr kriegen wir den Trabant, da arbeitet er halt nebenbei. In letzter Zeit artet es bißl aus. Zu Haus häuft sich alles, das macht mich nervös. Ich mein, den Garten haben wir ja wollen. Wohin sonst mit den Kindern, die wollen sich doch mal frei bewegen. Es war nur ein Acker vor der Stadt, jetzt haben wir alles gerodet, 'n Brunnen gegraben, 'ne Laube gebaut zum Schlafen, alles mit eigene Händ, was denkst denn du?

Manchmal muß ich Dampf ablassen. Gestern, da wollten wir abends in' Klub gehn. Nachmittags hab ich zu den Kindern gesagt: Macht nicht so 'n Remmidemmi, ich geh schnell zum «Zentrum», Hosenstoff kaufen. Nähen tu ich auch noch nebenbei. Ich aus'm «Zentrum» raus, hier ein Paket, dort ein Paket, mit einmal kommt der Rolf an, 'n alter Freund aus W. Ist mit raufkommen, hat die Kinder gebadet, Betten bezogen. Dann kam Dieter fünf vor acht, und ich schon so verrückt. Hat immer nur um mich herumtänzelt, weißt du, die Arme auf'm Rücken: Blumen gab's keine, Christl, aber Schokolade. Da war ich vielleicht gemein, du! Hau ab, hab ich gesagt, mir krempelt's den Magen um vor Ärger! Rolf komm, wir gehn! Sonst denkt er noch, ich sitz bloß da und wart auf ihn. Manchmal machts Spaß, mit andere Männer bissl dämlich quatschen. Man muß sich als Frau irgendwie bestätigt fühlen. Solang der Mann noch Angst um die Frau hat, kann man zufrieden sein. Ich denk manchmal, der Dieter geht ni genug aus sich raus. Daß alles in Ordnung ist, was ich mach, das gibt's ni. Mich macht das verrückt, daß er mich ni kritisiert. Männer ergreifen ni so schnell die Initiative, die müssen immer erst gebettelt werden. Aber gehen tut's mit die Männer immer, man muß nur den schwachen Punkt finden.

Was machen wir in der Freizeit? In unsern Klub gehn, manchmal ins Theater fahren, Fernsehn gucken, noja, viel komm ich ni dazu. Lesen tu ich, wenn ich abgespannt bin, mehr so Gegenwartsromane, «Zeit der Störche», «Zum Beispiel Josef» von Herbert Otto, weißt, die Bücher, die's so für 1,75 gibt.

Die erste Zeit hat's mir ni gefallen hier, is ja ein stures Volk.

Wen du alles kennst, sagen meine Arbeitskollegen, wir wohnen schon zwanzig Jahr hier und kennen niemand. Ja, sag ich, ihr rennt auch einer am andern vorbei.

Was will der Mensch sonst noch? Kinder haben wir genug, Wohnung haben wir auch, vier Zimmer, die reichen zu, solang die Kinder klein sind. Gesundheit ist das wichtigste. Daß ich mir Illusionen mach, nö, ich sag mir immer: Geht's ni, gibt's ni. Die großen Sachen, die stehn ja doch net in meiner Kraft. Man hört sich das im Fernsehen an, aber daß es ausgesprochen 'n Problem wird, das mich lang beschäftigt, das nicht. Ist mehr was für die Wissenschaft.

DORA HOHLFELD

Tante Lolas Heimlichkeit

Wenn der Schnee in der Sonne so verlockend blitzte, regte sich in Tante Lolas Waldhäuschen am Berge, das selbstgenügsam, sich keineswegs vor der Nachbarschaft reicher Villen schämte, ein auffallendes Treiben.

Von oben her, wo des Fräuleins Wohnräume lagen und täglich Feiertagsstille herrschte – bis auf die leisen Geräusche des Nähtisches – drangen Töne durch das kleine Haus. Eine Tür schlug, raschelnde Regungen ließen sich vernehmen. Harte Gegenstände schienen zu Boden geworfen zu werden. Unten im Hausflur hob Fidus, der Spitz, die Ohren, und bellte. Aufgeregt, doch lautlos schlich Murr, der Kater, die Treppe hinauf. In der Küche blieb die Magd, mit dem Geschirr im Arme, lauschend stille stehen. – Die Geräusche kamen sämtlich aus einer Garderobekammer, welche das Fräulein seit etlichen Tagen abgeschlossen hielt. Die Magd vernahm, im höchsten Grade interessiert, wie dort oben ein Schlüssel umgedreht und abgezogen wurde. Dann knirschten die Stufen der Holztreppe unter unsicher tappenden, leisen Schritten, die Hintertür des Hauses wurde geöffnet und geschlossen. Regungslos stand die Magd mit dem Geschirr im Arm. – Da zog jemand mehrmals an der Glocke des Gartentürchens, und die Magd eilte froh hinaus. Eine Dame betrat das Haus, welche jung, schön und sonnig war wie der Schnee da draußen. «Ist Fräulein Lola im Wohnzimmer, Lina?» frug das junge Mädchen.

«Ich denke wohl, ich weiß es nicht, doch es kann möglich sein», sagte die alte Magd verlegen, «aber es ist jemand aus der Hintertür gegangen.» –

«Tante Lola geht im Winter niemals aus, Lina», sagte das junge Mädchen vorwurfsvoll und sprang treppauf, treppab in alle Räume, drückte und schlug heftig an der verschlossenen Kammertür. Dann eilte Linda Eilers, in ihren braunen Pelzhüllen, auf den Speicher und bemühte sich, durch das schöne Spitzenmuster eines zugefrorenen Dachfensters Rundschau zu halten. In großer stummer Herrlichkeit schimmerten die Berge unter lachend blauem Himmel. In schweigende zarte Pracht gehüllt, standen die bereiften Tannen. Dort oben im Walde am Berge verschwand eine Gestalt, ein Rätselwesen, ein Gnom, halb Mann, halb Weib, schwand mit einer Bewegung, wie sie Tante Lola eigen war – doch diese war nirgends zu sehen. –

«Da bin ich», sagte eine Stimme hinter Linda Eilers – und sie fühlte sich von den Armen eines jungen Mannes umschlungen. «Wie du mich erschreckt hast, Erich», flüsterte sie errötend und suchte seine Zärtlichkeit abzuwehren – «Tante Lola ist nicht zu Hause, Erich.»

«Ich habe alles durchsucht», sprach der junge Mann – «nun habe ich dich doch gefunden. Meine Visitenkarte will ich an die Tür des Schornsteins stecken. O Linda, Gott segne deine Tante Lola! Hier oben ist es einsam und herrlich schön! Die Fenster des Speichers sind mit den feinsten Spitzen versehen, kein Himmelsblau kann uns hier stören, keine Maus wird vernehmen, was ich dir zu sagen habe. Ich liebe dich. Linda Eilers, ich liebe dich.»

Im Hausflur unten bellte der Spitz wie rasend, fauchend schlich der große Kater.

«Wo warst du, Tante Lola?» frug das junge Mädchen in strafendem Tone. Es war am folgenden Tage – der Teekessel summte in der Tante Stube, glühendes Rot des Abends leuchtete vor den Fenstern auf der reinen Unschuld des Schnees – «ich habe dir doch gesagt, daß er kommen würde – Erich Stetten, ja, mein Gott, gibt es denn keinen Verlaß mehr, ist denn alles nur Wahn: Zuverlässigkeit, Pünktlichkeit? Was ist in dich gefahren, was geht hier vor, Tante Lola?»

Sie blickte zu Boden. Die Glut des Abends kam ins Zimmer und bewegte ihr verblühtes Gesicht. –

«Sei nicht böse, Linda», sagte sie zaghaft, «ich könnte es dir ja verraten, aber es widerstrebt mir, es ist besser, wenn ich es ganz für mich behalte. – Kannst du es dir denn nicht vorstellen? – Denke an das, was du augenblicklich am meisten liebst – aber verrate mich nicht.»

Die zarte vergrämte Dame blickte in die Asche des Teekessels, der sein Liedchen ausgesummt hatte, die bleichen Hände griffen nach dem Strickzeug und griffen in die graublonden Locken. – Unendlich stille war es in dem Zimmer Tante Lolas ...

«Wahrhaftig, Tante?» frug Linda Eilers nach einer gedankenvollen Pause, wahrhaftig? lachten und sprühten des jungen Mädchens Augen, dann aber schämte sich ihr gutes Herz des Spottes.

«Ja, wahrhaftig», sagte Tante Lola sehr beschämt, machte ihren kleinen spitzen Mund vor der Nichte. «Du hast es also erraten, Linda, was niemand wissen sollte.»

He, ho, he, ho. Vom Berge niederfährt auf leichtem Schlitten, wer jung ist und Feuer zu verbrennen hat. He, ho, he, ho, vom Berge saust nieder wie der Blitz, wer froh und glücklich ist, wer liebt und lacht! Leicht und weich sind die Kissen des winterlichen Berges. Leicht und weich schütteln die Tannen ihre Tücher ab.

Erich Stetten schüttelte die Tücher der Tannen von der weißen Wolljacke seiner Braut. Sie schritten bergauf, die Rodeln auf dem Rücken: «Komm», sagte Erich Stetten und führte Linda abseits der großen Straße in den Wald.

Nun schritten sie ganz allein. Irgendwo in der Nähe knirschte das Fuhrwerk eines Holzknechtes. Zwei große Krähen gingen, ohne die Flügel zu erheben, nebeneinander vor ihnen aus dem weichen weißen Waldboden.

«Ich muß an etwas denken», sagte Linda lachend und betrachtete die beiden Krähen, «ich will dir etwas Heimliches anvertrauen, Erich Stetten, denn du und ich, wir sind eins.» Doch Linda Eilers konnte nicht weiterreden, ihr Lachen erstickte ihre Worte. «Es betrifft Tante Lola, Erich», brachte das junge Mädchen hervor, «sie liebt und wird geliebt. Ja, es geht soweit, die alte Line behauptet, Tante Lolas Geliebter verbrächte Abendstunden in der abgeschlossenen Garderobe, in welcher sie sich aufhält, bevor sie frühmorgens zu ihrem Stelldichein auf leisen Sohlen in den Wald schleicht.» –

Das Lachen des glücklichen jungen Brautpaares hallte in der Einsamkeit des Winterwaldes. –

«Sieh», sagte Linda plötzlich, wie benommen von einem neuen Eindruck, und der junge Mann, der sie umschlungen hielt, folgte ihren Blicken.

Dort oben, vor ihnen, wo die schmale Straße der Holzschlitten niederging, zeigte sich hinter einem Baume, vorsichtig spähend, eine Art Gnomengestalt, halb Weib, halb Mann, zaghaft trat sie hervor, ein Rodel auf dem Rücken. «Ein Waldgeist», flüsterte Erich in Lindas Ohr.

Jene Gestalt bekam Leben. Sie setzte sich auf die Rodel und fuhr zu Tal.

«Mein Gott, Tante Lola», schrie Linda Eilers, ganz benommen von Staunen und von unterdrückter Heiterkeit. Sie hatte unter der braunen Mütze deutlich ihrer Tante Gesicht und ihre Locken erkannt, das also war es, ihr Glück, ihre Schmach, ihre Heimlichkeit. –

Tante Lola fuhr zu Tal, in Pluderhosen und in gelben Ledergamaschen. Der heimliche Weg war schmal und steil, Tannenzweige suchten sie festzuhalten. «He, ho, he ho», rief die alte Tanne in ihrem Wintertraume, «die kleine Lola ist wieder da. Reif liegt auf ihrem Blondhaar.» – «Habt ihr die kleine Lola gesehen?» duselte die Buche, die so stolz ihre letzten Goldblätter dem blauen Himmel zeigte. «Lola, Lola», duselte der Wald, «war es gestern, ist es länger her, daß sie vorübersauste?» –

Nun war sie unten angelangt und blickte wieder hinauf. Das Rot der Jugend lag auf ihren frühzeitig verwelkten Wangen. Hatte sie denn geträumt? Von Spitz, Strickstrumpf und Teekessel und von jenem stillen Häuschen, in welchem sie Tante Lola wurde? Sollte sie hier im Schnee des Berges zurückerhalten, was ihr zum Schatten geworden war, Fröhlichkeit und Jugend? Waren die Jahre, die ihr schemenhaft entschlüpft waren, Gaukelei? «Rodel Heil», duselte der Wald, schrie Tante Lolas Seele, lachte das Leben.

Der Märchenonkel

Der Nachmittag war schwül, und in dem Eisenbahnabteil war es dementsprechend stickig. Der nächste Bahnhof, auf dem der Zug wieder halten würde, war Templecombe, und bis dahin dauerte es etwa noch eine Stunde. Die Insassen des Abteils waren ein kleines Mädchen, ein noch kleineres Mädchen und ein kleiner Junge. Die zu diesen Kindern gehörende Tante hatte den einen Fensterplatz eingenommen, während sich auf dem anderen ein Junggeselle niedergelassen hatte, der nicht zu dieser Gruppe gehörte. Die kleinen Mädchen und der kleine Junge hatten jedoch das ganze Abteil begeistert mit Beschlag belegt. Sowohl die Tante als auch die Kinder waren auf eine beschränkte, beharrliche Art ziemlich mitteilsam und erinnerten an die Aufdringlichkeit einer Stubenfliege, die sich durch nichts entmutigen läßt. Die Bemerkungen der Tante schienen meist mit «Nicht doch!» anzufangen, die der Kinder fast ausschließlich mit «Warum?» Der Junggeselle behielt seine Gedanken für sich. «Nicht doch, Cyril – nicht doch!» rief die Tante, als der kleine Junge anfing, auf den Sitzkissen herumzuklopfen, so daß jeder Schlag eine Staubwolke aufwirbelte.

«Sieh doch einmal aus dem Fenster», fügte sie noch hinzu.

Widerwillig trat das Kind an das Fenster. «Warum werden denn die Schafe da drüben von der Wiese weggetrieben?» fragte der kleine Junge.

«Wahrscheinlich werden sie jetzt auf eine andere Wiese getrieben, auf der mehr Gras wächst», meinte die Tante zögernd.

«Aber auf dieser Wiese ist doch noch so viel Gras!» wandte

der Junge ein. «Die ganze Wiese ist noch voll. Tante, die ganze Wiese ist doch noch voll Gras.»

«Vielleicht ist das Gras auf der anderen Wiese besser», erwiderte die Tante ziemlich albern.

«Warum ist es denn auf der anderen Wiese besser?» kam sofort die unvermeidliche Frage.

«Ach – sieh doch einmal die vielen Kühe dort drüben!» rief die Tante. Auf beinahe jeder Wiese an der Bahnstrecke weideten Kühe oder Ochsen; sie aber tat, als müsse sie die Aufmerksamkeit des Jungen auf ein einmaliges, spannendes Ereignis lenken.

«Warum ist das Gras auf der anderen Wiese besser?» fragte Cyril unnachgiebig.

Die Falten auf der Stirn des Junggesellen vertieften sich zu Runen. Ein harter, unsympathischer Mensch, stellte die Tante fest. Sie war jedoch nicht in der Lage, den Grund für das Wegtreiben der Schafe festzustellen.

Das kleinere Mädchen sorgte für Ablenkung, indem es ein langes Gedicht aufsagte. Es kannte zwar nur die erste Zeile, nutzte sein begrenztes Wissen jedoch äußerst weitgehend aus: Immer wieder fing es mit seiner verträumten, jedoch festen und deutlich vernehmbaren Stimme von vorne an. Der Junggeselle verfiel auf den Gedanken, daß irgend jemand mit dem Mädchen gewettet haben müsse, es könne diese eine Zeile keine zweitausendmal aufsagen, ohne sich einmal zu unterbrechen; wer jedoch diese Wette auch eingegangen sein mochte – aller Wahrscheinlichkeit nach würde er sie verlieren.

«Setzt euch jetzt neben mich; ich werde euch eine Geschichte erzählen», sagte die Tante, nachdem der Junggeselle sie zweimal und die Notbremse einmal angesehen hatte.

Gelangweilt versammelten die Kinder sich neben ihrer Tante. Offensichtlich genoß sie bei den Kindern als Erzählerin keinen sehr guten Ruf.

Mit gedämpfter, eindringlicher Stimme fing sie an – häufig unterbrochen von lauten, ungeduldigen Fragen aus dem Kreis ihrer Zuhörer –, die ereignislose und bemerkenswert uninteressante Geschichte eines kleinen Mädchens zu erzählen, das ein guter Mensch war und deshalb mit jedem anderen Menschen sogleich enge Freundschaft schloß; und weil das Mädchen so gut war, wurde es schließlich von vielen Helfern, die seinen untadeligen Charakter bewunderten, vor einem wildgewordenen Bullen gerettet.

«Hätten die Leute das Mädchen nicht gerettet, wenn es nicht so gut gewesen wäre?» wollte das größere der beiden kleinen Mädchen wissen. Genau das gleiche wollte der Junggeselle auch fragen.

«Doch – sicherlich», gab die Tante zögernd zu. «Aber vielleicht wären sie ihm nicht so schnell zu Hilfe gekommen, wenn sie es nicht so gern gemocht hätten.»

«So eine dumme Geschichte hat uns noch keiner erzählt», meinte das größere der beiden kleinen Mädchen.

«Ich habe nachher gar nicht mehr zugehört – so dumm war die Geschichte», sagte Cyril.

Das kleinere Mädchen sagte überhaupt nichts; es war seit einiger Zeit wieder damit beschäftigt, die von ihr so geliebte erste Zeile des Gedichtes vor sich hin zu murmeln.

«Einen allzu großen Erfolg haben Sie mit Ihren Geschichten anscheinend nicht», sagte der Junggeselle plötzlich aus seiner Ecke.

Diesem vollkommen unerwarteten Angriff trat die Tante sofort entgegen.

«Es ist auch sehr schwer, eine Geschichte zu erzählen, die die Kinder nicht nur verstehen, sondern die ihnen auch gefällt», erwiderte sie förmlich.

«In diesem Punkt bin ich anderer Ansicht», sagte er.

«Vielleicht möchten Sie den Kindern eine Geschichte erzählen?» schlug die Tante vor.

«O ja – erzähl uns eine Geschichte!» verlangte das größere der beiden kleinen Mädchen.

Also begann der Junggeselle mit seiner Geschichte: «Es war einmal ein kleines Mädchen, das Bertha hieß und ungewöhnlich gut war.»

Das zuerst geweckte Interesse der drei Kinder begann sofort wieder nachzulassen. Alle Geschichten schienen sich gräßlich ähnlich zu sein – ganz gleich, wer sie erzählte.

«Sie tat alles, was man ihr auftrug, war immer ehrlich, hielt ihre Kleider sauber, aß Milchpuddings – als seien es Marmeladentörtchen –, lernte immer ihre Hausaufgaben und war zu allen Menschen nett und freundlich.»

«War sie hübsch?» fragte das größere der beiden kleinen Mädchen.

«Nicht so hübsch wie ihr beide», sagte der Junggeselle. «Dafür war sie jedoch schrecklich gut.»

Man spürte, daß die Geschichte eine zustimmende Reaktion auslöste. Das Wort «schrecklich» war im Zusammenhang mit dem Wörtchen «gut» eine Neuheit, die für sich sprach. Dadurch bekam das Ganze einen Schimmer von Wahrheit, der den Geschichten der Tante völlig fehlte.

«Sie war so gut», fuhr der Junggeselle fort, «daß sie mehrere Medaillen bekam; und diese Medaillen steckte sie an ihr Kleid und trug sie Tag für Tag. Sie hatte eine Medaille für Folgsamkeit, eine für Pünktlichkeit und die dritte für gutes Betragen. Alle drei Medaillen waren groß und aus Metall, und bei jedem Schritt schlugen sie gegeneinander und klimperten. Kein anderes Kind aus der ganzen Stadt, in der das Mädchen wohnte, hatte drei Medaillen, und so wußte jeder, daß dieses Mädchen ein besonders gutes Kind sein mußte.»

«Schrecklich gut», verbesserte Cyril.

«Jeder sprach davon, daß das Mädchen so ausnehmend gut war, und so hörte eines Tages auch der König davon und ordnete an, daß das Mädchen einmal in der Woche in seinem Park spazierengehen dürfe, der gleich vor den Toren der Stadt lag – zur Belohnung. Der Park war wunderschön, und kein Kind durfte ihn sonst betreten; für Bertha war es also eine große Ehre, daß sie dort spazierengehen konnte.»

«Waren in dem Park auch Schafe?» fragte Cyril.

«Nein», erwiderte der Junggeselle, «Schafe gab es in dem Park nicht.»

«Warum gab es in dem Park denn keine Schafe?» lautete die Frage, die die Antwort des Junggesellen heraufbeschworen hatte.

Die Tante erlaubte sich ein Lächeln, das man beinahe schon als Grinsen bezeichnen konnte.

«Schafe gab es in dem Park nicht, weil die Mutter des Königs einmal geträumt hatte, daß ihr Sohn von einem Schaf getötet oder aber von einer herunterfallenden Uhr erschlagen werden würde», sagte der Junggeselle. «Aus diesem Grunde hatte der König befohlen, daß es im Park keine Schafe und Uhren geben dürfe.»

Die Tante unterdrückte einen kleinen Seufzer der Bewunderung.

«Und da der König immer noch lebt, wissen wir auch nicht, ob der Traum Wirklichkeit werden wird», sagte der Junggeselle betont gleichgültig. «Jedenfalls gab es in dem ganzen Park nicht ein Schaf – dafür jedoch eine Unmenge kleiner Schweinchen, die überall umherliefen.»

«Wie sahen die Schweinchen denn aus?»

«Schwarz mit weißen Schnauzen, weiß mit schwarzen Flekken, ganz schwarz, grau mit weißen Flecken, und ein paar waren auch ganz weiß.»

Der Erzähler schwieg einen Augenblick, damit die Phantasie der Kinder die im Park vorhandenen Schätze auch ganz erfassen konnte. Dann fuhr er fort: «Bertha war sehr traurig, als sie feststellte, daß es im Park nicht eine einzige Blume gab. Mit Tränen in den Augen hatte sie nämlich ihren Tanten versprochen, daß sie keine Blumen des Königs abpflücken und daß sie ihr Versprechen bestimmt halten würde. Und als sie sah, daß es gar keine Blumen gab, die man pflücken könnte, kam sie sich sehr töricht vor.»

«Warum gab es denn keine Blumen im Park?»

«Weil die Schweinchen alle aufgefressen hatten», erwiderte der Junggeselle sofort. «Die Gärtner hatten dem König schon gesagt, daß Schweinchen und Blumen nicht zusammen gedeihen; und daher hatte sich der König entschlossen, dann eben nur Schweinchen und dafür keine Blumen in seinem Park zu haben.»

Der vortreffliche Entschluß des Königs löste beifälliges Gemurmel aus; die meisten hätten sich nämlich anders entschieden.

«In dem Park gab es jedoch noch eine Menge anderer herrlicher Dinge. Es gab Teiche mit goldenen, blauen und grünen Fischen, Bäume mit wunderschönen Papageien, die auf alles eine Antwort wußten, und Singvögel, die jedes Lied singen konnten. Bertha spazierte hin und her, freute sich unendlich und sagte: ‹Wenn ich nicht so ungewöhnlich gut wäre, würde man mir nicht erlaubt haben, diesen wunderschönen Park zu betreten und alles, was es hier zu sehen gibt, zu genießen.› Und während sie so dahinspazierte, klimperten die drei Medaillen laut und erinnerten sie unaufhörlich daran, daß sie ein so guter Mensch sei. Zur selben Zeit schlich sich ein ungeheuer großer Wolf in den Park, und mit knurrendem Magen machte er sich auf, um eines der fetten Schweinchen für sein Abendbrot zu fangen.»

«Wie sah der Wolf denn aus?» fragten die Kinder, und ihr Interesse schien kometenhaft emporzuschnellen.

«Schmutziggrau, mit pechschwarzer Zunge und hellgrauen Augen, die vor Grausamkeit funkelten. Das erste, was er im Park erblickte, war Bertha: Ihre Schürze war so blendend weiß und sauber, daß man sie schon von weitem leuchten sah. Bertha entdeckte den Wolf jedoch auch und merkte, daß er immer näher schlich. Und auf einmal wünschte sie von ganzem Herzen, daß man ihr das Betreten des Parks nie erlaubt hätte. Sie rannte, so schnell sie konnte, und der Wolf folgte ihr in großen Sätzen. Es gelang ihr jedoch, eine Myrtenhecke zu erreichen, und schnell versteckte sie sich im dichtesten Busch. Der Wolf war inzwischen herangekommen; er schnüffelte an den Büschen entlang, und seine Zunge hing ihm lang aus dem Maul, während seine Augen böse funkelten. Bertha hatte entsetzliche Angst und dachte nur: Wenn ich nicht so ungewöhnlich gut wäre, säße ich jetzt zu Hause und wäre in Sicherheit.

Der Duft der Myrte war jedoch so kräftig, daß der Wolf mit seiner Nase nicht genau feststellen konnte, an welcher Stelle Bertha sich versteckt hatte; und die Zweige waren so dicht, daß er vor der Hecke auf und ab schnüffeln konnte, ohne sie zu sehen. Deshalb beschloß er schließlich weiterzugehen und eines der Schweinchen zu fangen. Als der Wolf so dicht vor ihr stand, fing Bertha plötzlich an zu zittern; und weil sie so zitterte, schlug die Medaille für Folgsamkeit gegen die beiden für Pünktlichkeit und für gutes Betragen, so daß es klimperte. Der Wolf wollte gerade weitergehen. Als er das Klimpern hörte, blieb er jedoch stehen. Immer noch klimperte es in dem Busch ganz in der Nähe. Er sprang hinein. Seine hellgrauen Augen funkelten wild und triumphierend – und dann zog er Bertha aus ihrem Versteck und fraß sie bis auf den letzten Knochen auf. Übrig blieben nur ihre Schuhe, einige Stoffetzen und die drei Medaillen aus Metall.»

«Und die Schweinchen?»

«Die Schweinchen waren inzwischen geflohen.»

«Die Geschichte fing schlecht an», sagte das kleinere der kleinen Mädchen, «aber der Schluß war wunderschön.»

«Das war die schönste Geschichte, die ich bis jetzt gehört habe», sagte das größere der kleinen Mädchen fest und entschlossen.

«Das war bisher die einzige Geschichte, die schön war», sagte Cyril. Die Tante war jedoch anderer Ansicht. «Eine höchst unpassende Geschichte für Kinder! Damit haben Sie das Ziel einer jahrelangen, sorgfältigen Erziehung untergraben!»

«Jedenfalls . . .», sagte der Junggeselle, suchte sein Gepäck zusammen und machte sich zum Aussteigen bereit, «jedenfalls waren die Kinder auf diese Weise zehn Minuten ruhig. Und das war mehr, als Sie erreicht haben.»

ISABEL ALLENDE

Das kleine Mädchen Alba

Alba wurde aufrecht geboren, was ein Glückszeichen ist. Großmutter Clara untersuchte ihren Rücken und entdeckte einen sternförmigen Fleck, das Kennzeichen von Menschen, die befähigt sind, die Glückseligkeit zu erlangen. «Um dieses Kind braucht man sich keine Sorgen zu machen, es wird Glück haben und glücklich sein. Außerdem bekommt es eine gute Haut, denn das ist erblich, und ich habe in meinem Alter noch keine Falten und nie in meinem Leben einen Pickel gehabt», erklärte Clara am zweiten Tag nach der Geburt. Deshalb nahm sich keiner die Mühe, das kleine Mädchen auf das Leben vorzubereiten, da sich doch die Gestirne verbunden hatten, um sie mit so vielen guten Gaben auszustatten. Ihr Sternzeichen war Löwe. Ihre Großmutter erforschte ihre Konstellation und notierte ihr Schicksal in blauer Tinte auf die schwarzen Seiten eines Albums, in das sie auch einige grünschimmernde Kringel ihres ersten Haars einklebte, die ersten Abschnipsel der Fingernägel, die sie ihr kurz nach der Geburt beschnitt, und mehrere Aufnahmen, die sie zeigten, wie sie war: ein außerordentlich kleines, fast kahlköpfiges, faltiges und blasses Geschöpf ohne andere Anzeichen menschlicher Intelligenz als die glänzenden, schon in der Wiege altersweisen Augen. Solche Augen hatte auch ihr echter Vater. Ihre Mutter wollte sie Clara nennen, aber ihre Großmutter war dagegen, Vornamen in der Familie zu wiederholen, weil das in ihren Lebensnotizheften Verwirrung stifte. Sie suchten Vornamen in einem Synonymwörterbuch, und da fanden sie den ihren als letzten in einer ganzen Reihe von Wörtern, die alle Lichtes bezeichnen.

Jahre später quälte der Gedanke Alba, daß, wenn sie eine Tochter bekam, es kein Wort mit dieser Bedeutung mehr gab, das sie als Vornamen benutzen konnte, aber Blanca brachte sie auf die Idee, Fremdsprachen zu benutzen, was die Auswahl erheblich erweitert.

Alba war drauf und dran gewesen, um drei Uhr nachmittags mitten in der Wüste in einem Schmalspurzug zur Welt zu kommen, was für ihre Konstellation verhängnisvoll gewesen wäre. Glücklicherweise gelang es ihr, sich mehrere Stunden lang in ihrer Mutter festzuhalten, und so schaffte sie es, im Haus der Großeltern genau an dem Tag, der Stunde und dem Ort geboren zu werden, die ihrem Horoskop am besten zustatten kamen. Ihre Mutter traf unangemeldet im großen Eckhaus ein und krümmte sich unter den Wehen, mit denen Alba aus ihr herausdrängte. Verzweifelt klopfte sie an der Tür, und als ihr geöffnet wurde, rannte sie wie eine Wasserhose, ohne anzuhalten, bis in das Nähzimmer, wo Clara gerade liebevoll das letzte Kleidchen für ihre Enkelin fertignähte. Hier brach Blanca nach ihrer langen Reise zusammen, ohne irgend etwas erklären zu können, weil ihr mit einem tiefen, seufzenden Gurgeln der Bauch sprang und sie fühlte, wie alles Wasser der Welt mit wütendem Blubbern zwischen ihren Beinen hervorfloß. Auf Claras Schreien liefen die Dienstboten zusammen, und auch Jaime kam, der in diesen Tagen ständig zu Hause war und um Amanda herumstrich. Sie brachten sie in Claras Schlafzimmer, und während sie sie aufs Bett legten und ihr die Kleider vom Leib rissen, begann Albas winzige Menschlichkeit hervorzuspitzen. Ihr Onkel Jaime, der im Krankenhaus einige Geburten miterlebt hatte, half ihr heraus, indem er sie mit der rechten Hand fest an den Hinterbacken faßte, während er mit den Fingern der linken im Dunkeln nach ihrem Hals tastete, um die Nabelschnur zu lockern, die sie strangulierte. Unterdessen drückte Amanda, die auf den Lärm hin herbeigelaufen war, mit dem ganzen Gewicht ihres Körpers auf Blancas Bauch, während Clara, über das leidende Gesicht ihrer Tochter gebeugt, ihr ein Teesieb, mit einem Stück Stoff ausgeschlagen, durch das ein paar Tropfen Äther sickerten, an die Nase hielt. Alba kam rasch. Jaime nahm ihr die Nabelschnur vom Hals, hielt sie kopfunter in die Luft und führte sie mit zwei klatschenden Schlägen in die Leiden des Lebens und die Atemtechnik ein, aber Amanda, die über die Sitten afrikanischer Stämme gelesen hatte und die Rückkehr zur Natur predigte, riß ihm das Neugeborene aus der Hand und legte es liebevoll auf den warmen Bauch seiner Mutter, wo es für das traurige Los, geboren zu werden, einigen Trost fand. Nackt und umschlungen pflegten Mutter und Tochter der Ruhe, während die anderen die Spuren der Geburt beseitigten und mit dem Wechseln der Bettwäsche und den ersten Windeln beschäftigt waren. In der allgemeinen Aufregung bemerkte niemand die halb offenstehende Tür des Schranks, in welchem der kleine Miguel, starr vor Angst, die Szene beobachtete und sich der Anblick der von Adern durchzogenen und einem vorstehenden Nabel gekrönten Riesenkugel, aus der dieses violette, in fürchterliches blaues Gedärm verwickelte Wesen hervorkroch, für alle Zeiten in sein Gedächtnis eingrub.

In die Register des Standesamts und der Pfarrei wurde Alba auf den französischen Namen ihres Vaters eingetragen, aber sie benützte ihn später nie, weil der ihrer Mutter so viel leichter zu buchstabieren war. Ihr Großvater, Esteban Trueba, billigte diese schlechte Angewohnheit nie, er habe sich weiß Gott redlich geplagt, sagte er bei jeder Gelegenheit, die sie ihm dazu gaben, damit Alba einen bekannten Vater und einen achtbaren Namen habe und nicht den der Mutter benützen müsse, als ob sie ein Kind der Schande und der Sünde wäre. Er ließ auch nicht zu, daß die rechtmäßige Vaterschaft des Grafen in Zweifel gezogen würde, und hoffte weiter wider alle Logik, daß sich früher oder später das elegante Benehmen und der feine Zauber des Franzosen an der still und täppisch durch sein Haus wandernden Enkelin bemerkbar machen würden. Auch Clara brachte die Angelegenheit nicht mehr zur Sprache, bis zu jenem Tag, sehr viel später, als sie das kleine Mädchen zwischen den zerfallenden Götterstatuen im Garten spielen sah und ihr bewußt wurde, daß es keinem in der Familie und am wenigsten Jean de Satigny ähnlich sah.

«Von wem sie nur diese altersweisen Augen hat?» fragte die Großmutter.

«Die Augen hat sie vom Vater», antwortete Blanca zerstreut.

«Pedro Tercero García, nehme ich an», sagte Clara.

«Mhm», nickte Blanca.

Es war das einzige Mal, daß Albas Abstammung im Kreis der Familie erwähnt wurde, denn da Jean de Satigny praktisch aus ihrer aller Leben verschwunden war, kam der Sache keine Bedeutung mehr zu, wie Clara in ihren Heften vermerkte. Sie hörten nichts mehr vom Grafen, und keiner machte sich die Mühe, seinen Aufenthaltsort festzustellen, nicht einmal um die Situation von Blanca zu legalisieren, die sich die Freiheiten einer Ledigen nicht nehmen konnte und allen Beschränkungen einer verheirateten Frau unterworfen war, aber keinen Mann hatte. Alba sah nie ein Bild des Grafen, weil ihre Mutter keinen Winkel des Hauses undurchstöbert gelassen und nicht geruht hatte, bis alle Fotos von ihm vernichtet waren, selbst die, auf denen sie am Tag ihrer Hochzeit an seinem Arm ging. Sie hatte beschlossen, den Mann, den sie geheiratet hatte, zu vergessen und so zu tun, als habe er nie existiert. Sie sprach nicht mehr von ihm und gab auch keine Erklärung für ihre Flucht aus dem gemeinsamen Domizil. Clara, die neun Jahre lang stumm gewesen war und die Vorzüge des Schweigens kannte, stellte ihrer Tochter keine Fragen und half ihr dabei, die Erinnerung an Jean de Satigny zu löschen. Alba sagten sie, ihr Vater sei ein edler, kluger und vornehmer Kavalier gewesen, der das Pech gehabt habe, im Norden des Landes in der Wüste an Fieber zu sterben. Es war eine der wenigen Schwindelgeschichten, die sie in ihrer Kindheit hinnehmen mußte, denn bei allem übrigen hielt sie engen Kontakt zu den prosaischen Wahrheiten des Daseins. Ihr Onkel Jaime zerstörte ihr den Mythos von den kleinen Kindern, die aus Kohlköpfen kommen oder vom Storch aus Paris gebracht werden, und ihr Onkel Nicolas den von den Heiligen Drei Königen, den Feen und den Gespenstern. Alba hatte Alpträume, in denen sie den Tod ihres Vaters sah. Sie träumte von einem jungen und schönen, ganz in Weiß gekleideten Mann in gleichfalls weißen Lackschuhen und Strohhut, der in der prallen Sonne durch die Wüste wanderte. In ihrem Traum wurden die Schritte des Wanderers kürzer und kürzer, er schwankte, kam immer langsamer voran, stolperte und fiel, stand wieder auf und fiel abermals, verbrannt von Hitze, Fieber und Durst. Ein Stück weit noch schleppte er sich auf Knien über den glühend heißen Sand, bis er zuletzt ausgestreckt in der Unermeßlichkeit der fahlgelben Dünen lag, über sich die Raubvögel, die über seinem leblosen Körper ihre Kreise zogen. Sie träumte diesen Traum so oft, daß sie sehr überrascht war, als sie viele Jahre später in der Halle des städtischen Leichenhauses die Leiche des Mannes identifizieren mußte, den sie für ihren Vater hielt. Alba war damals ein tapferes junges Mädchen, kühn von Temperament und an Schicksalsschläge gewöhnt, so daß sie allein hinging. Ein Praktikant in weißer Schürze empfing sie, der sie durch lange Gänge in einen großen, kalten Saal mit grau gestrichenen Wänden führte. Der Mann in der weißen Schürze öffnete die Tür eines riesigen Eisschranks und zog ein Tablett heraus, auf dem ein alter, aufgedunsener, blau angelaufener Körper lag. Alba betrachtete ihn aufmerksam, ohne irgendeine Ähnlichkeit zwischen ihm und dem so oft im Traum gesehenen Bild feststellen zu können. Er erschien ihr wie ein Durchschnittstyp mit dem Aussehen eines Postangestellten. Sie sah auf seine Hände, und es waren nicht die eines edlen, vornehmen und klugen Kavaliers, sondern die eines Mannes, der nichts Interessantes zu erzählen hatte. Aus seinen Papieren ging jedoch unwiderleglich hervor, daß dieser traurige blaue Leichnam Jean de Satigny war, der nicht an Fieber in den goldenen Dünen eines kindlichen Alptraums, sondern als alter Mann beim Überqueren einer Straße einfach an Herzversagen gestorben war. Aber das alles war erst viel später. Zu Lebzeiten Claras war das große Eckhaus noch eine geschlossene Welt, in der Alba als behütetes und geborgenes Kind aufwuchs, geschützt selbst noch vor ihren Alpträumen.

Die Anwesenheit seiner Enkelin im Haus wirkte sich besänftigend auf Esteban Truebas Charakter aus. Die Veränderung vollzog sich unmerklich, doch Clara nahm sie wahr. Kleine Symptome zeigten sie an, der Glanz in seinen Augen, wenn er das Kind sah, die teuren Geschenke, die er ihr mitbrachte, seine Besorgnis, wenn er sie weinen hörte. Blanca kam er dadurch nicht näher. Die Beziehung zu seiner Tochter war nie gut gewesen und seit ihrer unseligen Ehe so schlecht geworden, daß nur der von Clara allen auferlegte Zwang zur Höflichkeit ihnen das Zusammenleben unter ein und demselben Dach ermöglichte.

Zu dieser Zeit waren fast alle Zimmer des Hauses Trueba besetzt, und auf dem für die Familie und die geladenen Gäste gedeckten Tisch lag täglich ein zusätzliches Gedeck für den Fall, daß ein unangemeldeter Besucher kam. Die Eingangstür war durchgehend geöffnet, damit die Familienangehörigen und die Besucher kommen und gehen konnten, wie es ihnen beliebte. Während Senator Trueba damit beschäftigt war, die Geschicke seines Landes zu entwirren, steuerte seine Frau ihr Schiff geschickt durch die unruhigen Wasser des gesellschaftlichen Lebens . . .

Alba verbrachte ihre Kindheit zwischen vegetarischer Kost, Kriegskünsten aus Nippon, tibetanischen Tänzen, Yoga-Atmung, Entspannungs- und Konzentrationsübungen nach Professor Hausser und vielen anderen interessanten Techniken, die Beiträge nicht eingerechnet, die ihre beiden Onkel und die drei Schwestern Mora zu ihrer Erziehung leisteten. Ihre Großmutter Clara brachte es fertig, diesen riesigen Zigeunerwagen voll Halluzinierter, in den sich das Haus verwandelt hatte, in Fahrt zu halten, obgleich sie selbst keine Begabung zum Haushalt hatte und die vier Rechenarten so sehr verachtete, daß sie das Addieren vergaß, so daß ganz natürlicherweise Haushaltung und Buchführung in die Hände Blancas übergingen, die ihre Zeit aufteilte zwischen den Aufgaben eines Haushofmeisters in diesem Miniaturstaat und ihrer Keramikwerkstatt im hintersten Patio, dem letzten Refugium für ihren Kummer, wo sie mongoloide Kinder und müßige Señoritas unterrichtete und ihre unglaublichen, mit Monstern bestückten Krippen herstellte, die sich wider alle Logik wie frische Brötchen verkauften.

Von klein auf war Alba dafür verantwortlich, daß immer frische Blumen in den Vasen standen. Sie machte die Fenster auf, damit die Zimmer Licht und Luft in vollen Zügen atmeten, aber die Blumen hielten nie bis zum Abend, weil die Stentorstimme und die Stockschwünge Esteban Truebas die Macht besaßen, die Natur zu erschrecken. Sobald er kam, flohen die Haustiere und welkten die Pflanzen. Blanca zog einen aus Brasilien importierten Gummibaum auf, ein mageres, schüchternes Gewächs, an dem nur der Preis lustig war, der sich aus der Anzahl der Blätter errechnete. Wenn die Frauen den Schritt des Großvaters hörten, rannte die, die am nächsten war, los, um den Gummibaum auf der Terrasse in Sicherheit zu bringen, denn kaum betrat der Alte den Raum, ließ die Pflanze die Blätter hängen und sonderte am Stamm ein weißliches Weinen ab, eine Art Milchtränen. Alba ging nicht zur Schule, weil ihre Großmutter sagte, daß jemand, der so sehr von den Sternen begünstigt war wie sie, mehr als Lesen und Schreiben nicht zu können brauchte, und das könne sie auch im Haus lernen. Sie beeilte sich derart, es ihr beizubringen, daß Alba mit fünf Jahren vor dem Frühstück die Zeitung las, um die Nachrichten mit ihrem Großvater kommentieren zu können, und mit sechs hatte sie die magischen Bücher in den verwunschenen Koffern des Onkels Marcos entdeckt und fuhr voll in die unwiederbringliche Welt der Phantasie ab. Auch um ihre Gesundheit machten sich die Frauen keine Sorgen, da sie an den Nutzen von Vitaminen nicht glaubten, und Impfungen, wie sie sagten, nur für Hühner gut seien. Außerdem untersuchte ihre Großmutter die Linien ihrer Hand und sagte, daß sie eine eiserne Gesundheit und ein langes Leben haben würde. Was endlich ihr Äußeres betraf, so war die einzige Pflege, die man ihm angedeihen ließ, das Kämmen mit Bayrum, um den dunkelgrünen Ton, den ihr Haar schon bei der Geburt hatte, zu mildern, obwohl Senator Trueba sagte, man solle es lassen, wie es war, denn Alba sei die einzige, die etwas von der schönen Rosa geerbt habe, wenn auch leider nur die meerpflanzenhafte Haarfarbe. Ihm zuliebe verzichtete Alba als Halbwüchsige auf die Verwandlungskünste des Bayrum und spülte ihr Haar mit Petersiliensud, was dem Grün gestattete, wieder in seiner ganzen Laubhaftigkeit hervorzutreten. Alles andere an ihrer Person war unscheinbar, im Unterschied zu der Mehrzahl der Frauen ihrer Familie, die fast ausnahmslos herrlich waren.

In den seltenen Augenblicken, in denen Blanca Muße hatte, über sich und ihre Tochter nachzudenken, bedauerte sie, daß dieses stille und einsame Kind ohne gleichaltrige Spielgefährten aufwuchs. In Wirklichkeit fühlte sich Alba nicht allein, im Gegenteil, manchmal wäre sie glücklich gewesen, wenn sie der Hellsichtigkeit ihrer Großmutter, der Intuition ihrer Mutter und dem Trubel extravaganter Leute, die im großen Eckhaus unaufhörlich erschienen, verschwanden und wiederkehrten, hätte entgehen können. Blanca machte sich auch darüber Sorgen, daß ihre Tochter nicht mit Puppen spielte, aber Clara kam ihrer Enkelin mit dem Argument zu Hilfe, daß diese kleinen Porzellanleichen mit ihrem Augenklappern und ihrem pervers gekräuselten Mund ekelhaft seien. Aus Resten der Wolle, mit der sie die Armen bestrickte, bastelte sie ihr eigenhändig ein paar unförmige Gestalten. Es waren Geschöpfe, die nichts Menschliches hatten, weshalb es leichter war, sie schlafen zu legen, auf den Armen zu wiegen, zu baden und dann auf den Müll zu werfen. Der Lieblingsspielplatz des kleinen Mädchens war der Keller. Wegen der Ratten hatte Esteban Trueba befohlen, die Tür mit einem Balken zu verrammeln, aber Alba rutschte kopfüber durch eine Luke und landete geräuschlos in diesem Paradies der vergessenen Gegenstände. Der Raum lag in ewigem Halbdunkel und war, wie eine versiegelte Pyramide, gegen jede Abnutzung durch die Zeit geschützt. Hier häuften sich die ausrangierten Möbel, Werkzeuge zu unbegreiflichen Zwecken, ausgeleierte Maschinen, Trümmer des Covadonga, des prähistorischen Autos, das ihre

Onkel auseinandergenommen hatten, um es in einen Rennwagen umzuwandeln, und das hier seine Tage als Schrott beschloß. Das alles diente Alba dazu, in den Winkeln Häuschen zu bauen. Es gab Truhen und Koffer voll alter Kleider, die sie zur Inszenierung ihrer einsamen Theateraufführungen benutzte, und ein trauriges, schwarzes, mottenzerfressenes Fell mit einem Hundekopf, das wie ein klägliches Tier mit abgespreizten Beinen aussah, wenn man es auf den Boden legte. Es war die letzte, schmähliche Spur des getreuen Barrabas.

Zu Weihnachten machte Clara ihrer Enkelin einmal ein fabelhaftes Geschenk, das zuzeiten die gleiche Anziehungskraft auf sie ausübte wie der Keller: eine Schachtel mit Farbtöpfen und Pinseln, dazu eine kleine Leiter und die Erlaubnis, die größte Wand ihres Zimmers nach Lust und Laune zu bemalen.

«Da kann sie sich austoben», sagte Clara, als sie Alba auf den höchsten Sprossen der Leiter balancieren sah, um dicht unter der Decke einen Zug voll Tiere zu malen.

Im Verlauf der Jahre legte Alba auf dieser und den anderen Wänden ihres Zimmers ein riesiges Fresko an, auf dem inmitten einer zauberischen Flora und einer unmöglichen Fauna, denen ähnlich, die Rosa in ihre Tischdecke gestickt hatte und Blanca in ihrem Keramikofen brannte, die Wünsche, Erinnerungen, Traurigkeiten und Freuden ihrer Kindheit erschienen.

Ihre zwei Onkel standen ihr sehr nahe. Jaime war ihr Lieblingsonkel. Er war ein haariger Hüne, der sich zweimal täglich rasieren mußte und auch dann noch aussah, als hätte er einen Dienstagsbart. Dazu hatte er bedrohliche schwarze Augenbrauen, die er nach oben kämmte, um seine Nichte glauben zu machen, er sei mit dem Teufel verwandt, und besensteifes, vergeblich pomadisiertes und immer feuchtes Haar. Er kam und ging mit seinen Büchern unter dem Arm und einem Klempnerköfferchen in der Hand. Er hatte Alba gesagt, er arbeite als Juwelendieb, und in dem schauerlichen Köfferchen lägen seine Dietriche und Einbrecherhandschuhe. Das kleine Mädchen stellte sich erschrocken, wußte aber, daß sein Onkel Arzt war und das Köfferchen die Instrumente enthielt, die er zu seinem Beruf brauchte. Zu ihrer Unterhaltung an Regennachmittagen hatten sie Illusionsspiele erfunden.

«Hol den Elefanten», befahl Onkel Jaime.

Alba ging hinaus, und wenn sie zurückkam, zog sie an einer unsichtbaren Leine einen imaginären Dickhäuter hinter sich her. Sie konnten eine gute halbe Stunde damit zubringen, ihn mit ausgewähltem, Elefanten zuträglichem Grünzeug zu füttern, ihn mit Sand zu waschen, um seine Haut gegen die Witterung zu schützen, und das Elfenbein seiner Stoßzähne auf Hochglanz zu polieren, während sie heftig über Vor- und Nachteile des Lebens im Urwald debattierten.

«Dieses Kind wird vollkommen verrückt werden!» sagte Senator Trueba, wenn er die kleine Alba auf der Galerie sitzen und die medizinischen Abhandlungen lesen sah, die ihr Onkel Jaime ihr lieh.

Sie war die einzige im Haus, die einen Schlüssel zum Büchertunnel ihres Onkels besaß und die Erlaubnis hatte, Bücher herauszunehmen und sie zu lesen. Blanca behauptete, man müsse ihr die Lektüre in kleinen Dosen verabreichen, denn es gebe Dinge, die für ihr Alter ungeeignet wären, aber ihr Onkel Jaime meinte, daß die Leute nichts lesen, was sie nicht interessiert, und wenn etwas sie interessiere, seien sie auch reif dafür. Die gleiche Theorie vertrat er in puncto Baden und Essen. Wenn Alba keine Lust habe zu baden, sagte er, dann deshalb, weil sie es nicht nötig habe, und man solle ihr zu essen geben, was sie wolle, und dann, wenn sie Hunger habe, denn der Organismus kenne seine Bedürfnisse besser als irgend jemand sonst. In diesem Punkt war Blanca unnachgiebig: sie zwang ihre Tochter, strikte Essenszeiten und Hygienenormen einzuhalten. Das Ergebnis war, daß Alba außer den normalen Mahlzeiten und Bädern die Leckereien verspeiste, die ihr Onkel ihr mitbrachte, und sich unter den Gartenschlauch stellte, sooft ihr heiß war, ohne daß weder das eine noch das andere ihrer gesunden Natur schadete. Alba hätte es gern gesehen, daß ihr Onkel Jaime ihre Mutter heiratete, weil es sicherer war, ihn zum Vater als zum Onkel zu haben, aber ihr wurde erklärt, daß aus solchen inzestuösen Verbindungen mongoloide Kinder hervorgehen. Davon blieb ihr die Vorstellung, daß die Donnerstagsschüler in der Werkstatt ihrer Mutter Kinder ihrer Onkel wären.

Auch Nicolas stand dem Herzen des kleinen Mädchens nahe, aber er hatte etwas Flüchtiges, Flatterhaftes, Hastiges, sprang immer aus einer Idee in die andere, und das verunsicherte die kleine Alba. Sie war fünf Jahre alt, als Nicolas aus Indien zurückkam. Da er es leid gewesen war, Gott am dreibeinigen Tisch und im Haschischrausch anzurufen, hatte er beschlossen, ihn in einem Land zu suchen, das weniger engstirnig war als seine Heimat. Zwei Monate lang war er Clara auf den Fersen, verfolgte sie in alle Winkel, flüsterte ihr ins Ohr, wenn sie schlief, so lange, bis er sie überredet hatte, einen Brillantring zu verkaufen und ihm damit die Reise ins Land Mahatma Gandhis zu bezahlen. Diesmal widersetzte sich Esteban Trueba nicht, weil er dachte, daß ein Ausflug in diese ferne Nation hungernder Menschen und pilgernder Kühe seinem Sohn guttun würde.

«Falls Sie nicht an einem Kobrabiß oder an einer ausländischen Seuche sterben, werden Sie als Mann zurückkommen, hoffe ich, denn ich habe Ihre Extravaganzen satt», sagte der Vater zu ihm, als sie sich an der Mole verabschiedeten.

Nicolas verbrachte ein Jahr als Bettler, ging zu Fuß die Wege der Yogi, zu Fuß auf den Himalaja, zu Fuß nach Katmandu, zu Fuß an den Ganges, zu Fuß nach Benares. Am Ende dieser Pilgerfahrt war er der Existenz Gottes gewiß und hatte gelernt, sich Hutnadeln durch die Wangen und die Haut seiner Brust zu stechen und fast ohne Essen auszukommen. Eines schönen Tages stand er unangemeldet vor der Tür des Hauses, eine Kinderwindel als Lendenschurz um die Hüften, die Haut an den Knochen klebend und mit dem ziellosen Blick eines Menschen, der sich ausschließlich von Gemüsen ernährt. Er kam in Begleitung einiger ungläubiger Polizisten, die bereit waren, ihn festzunehmen, falls er nicht beweisen konnte, tatsächlich der Sohn Senator Truebas zu sein, und einer Schar Kinder, die ihm nachliefen, ihn bespuckten und mit Abfällen bewarfen. Sein Vater beruhigte die Polizisten und befahl Nicolas, ein Bad zu nehmen und sich Christenkleider anzuziehen, wenn er in seinem Haus wohnen wolle, aber Nicolas schaute ihn an, als ob er ihn nicht sähe, und gab keine Antwort. Er war Vegetarier geworden. Er aß kein Fleisch, keine Milch, keine Eier, was er verzehrte, war eine Kaninchennahrung, und allmählich begann sein unruhiges Gesicht diesem Tier zu ähneln. Die Mahlzeiten wurden zu einem endlosen Ritual, bei dem Alba über dem leeren Teller und die Dienstmädchen über den Tabletts in der Küche einschliefen, während er feierlich kaute, weshalb Esteban Trueba künftig nicht mehr nach Hause kam, sondern alle seine Mahlzeiten im Club einnahm. Nicolas versicherte, er könne barfuß über die Glut gehen, aber sooft er den Beweis antreten wollte, bekam Clara einen Asthmaanfall, und er mußte aufgeben. Er sprach nur noch in asiatischen, nicht immer verständlichen Gleichnissen. Seine Interessen waren ausschließlich spiritueller Art. Der Materialismus des häuslichen Lebens störte ihn ebenso wie die übertriebene Sorge seiner Schwester und seiner Mutter, die ihn unbedingt füttern und kleiden wollten, und die Nachstellungen der faszinierten Alba, die ihm wie ein Hündchen nachlief, bettelnd, er solle ihr beibringen, wie man auf dem Kopf stehen und sich Nadeln durch die Haut stechen könne. Er ging nackt, auch wenn der Winter mit seiner ganzen Strenge hereinbrach. Er konnte fast drei Minuten lang den Atem anhalten und führte dieses Kunststück bereitwillig vor, sooft ihn jemand darum bat. Schade, sagte Jaime, daß Luft nichts koste, er habe ausgerechnet, daß Nicolas nur halb so viel Luft einatme wie ein normaler Mensch, ohne daß es ihm in irgendeiner Weise zu schaden schiene. Den Winter verbrachte er gelbe Rüben kauend, ohne über Kälte zu klagen, eingeschlossen in seinem Zimmer, wo er Seite um Seite mit seiner winzigen Schrift füllte. Als sich die ersten Anzeichen des Frühlings bemerkbar machten, verkündete er, sein Buch sei fertig. Es hatte eintausendfünfhundert Seiten, und es gelang Nicolas, seinen Vater und seinen Bruder

Jaime zu überreden, ihm a conto des Gewinns, den er mit dem Verkauf erzielen würde, den Druck zu finanzieren. Korrigiert und gedruckt, verringerten sich die eintausendfünfhundert handgeschriebenen Seiten auf die sechshundert Druckseiten einer umfänglichen Abhandlung über die neunundneunzig Namen Gottes und die Methode, durch Atemübungen das Nirwana zu erreichen. Das Buch hatte nicht den erhofften Erfolg, und die unverkauften Exemplare beschlossen ihre Tage im Keller, wo Alba sie als Ziegelsteine zum Bau von Schützengräben benutzte, bis sie viele Jahre später das Feuer eines infamen Scheiterhaufens nähren halfen.

Sobald das Buch aus der Druckerei kam, hielt Nicolas es liebevoll in seinen Händen, gewann sein Hyänenlächeln zurück, das er verloren hatte, zog sich anständige Kleider an und verkündete, der Moment sei gekommen, seinen in finsterer Unwissenheit verbliebenen Zeitgenossen die Wahrheit zu übergeben. Esteban Trueba erinnerte ihn an sein Verbot, das Haus als Akademie zu benützen, und machte ihn darauf aufmerksam, daß er es nicht dulden werde, wenn er Alba heidnische Ideen in den Kopf setze, und erst recht nicht, wenn er sich einfallen lasse, ihr Fakirtricks beizubringen. Nicolas ging in der Kaffeestube der Universität predigen und brachte eine eindrucksvolle Zahl von Schülern für seine Unterweisungen in spirituellen Exerzitien und Atemübungen zusammen.

In seiner Freizeit fuhr er Motorrad und lehrte seine Nichte, Schmerz und andere Schwächen des Fleisches zu überwinden. Das kleine Mädchen, das einen gewissen Hang zum Makabren hatte, konzentrierte sich nach den Anweisungen ihres Onkels und schaffte es, sich den Tod ihrer Mutter so vor Augen zu führen, als ob sie ihn miterlebte. Sie sah sie im Sarg liegen, fahl, kalt, die schönen dunklen Augen geschlossen. Sie hörte die Angehörigen weinen. Sie sah die Prozession der Freunde, die still hereinkamen, ihre Visitenkarten auf ein Tablett legten und gesenkten Hauptes wieder gingen. Sie roch den Duft der Blumen, hörte die mit Federbüschen geschmückten Pferde am Leichenwagen wiehern. Sie fühlte ihre Füße in den neuen schwarzen Schuhen schmerzen. Sie stellte sich ihre Einsamkeit, Verlassenheit und Verwaistheit vor. Ihr Onkel half ihr, an das alles zu denken, ohne zu weinen, sich zu entspannen und dem Schmerz keinen Widerstand entgegenzusetzen, damit er durch sie hindurchginge, ohne sich aufzuhalten. Andere Male klemmte sich Alba den Finger in die Tür und lernte den brennenden Schmerz zu ertragen, ohne zu jammern. Wenn sie es fertigbrachte, eine ganze Woche nicht zu weinen und alle Proben zu bestehen, die Onkel Nicolas ihr auferlegt hatte, erhielt sie eine Belohnung, die fast immer in einer Fahrt in Höchstgeschwindigkeit auf dem Motorrad bestand, eine unvergeßliche Erfahrung. Bei einer dieser Gelegenheiten blieben sie auf einer Straße außerhalb der Stadt in einer Herde Kühe stecken, die quer über die Fahrbahn in die Ställe liefen. Nie würde sie die schweren Leiber der Tiere vergessen, ihre Behäbigkeit, die kotverschmierten Schwänze, die ihr ins Gesicht schlugen, den Kuhfladengeruch, die Hörner, die sie streiften, und ihr eigenes Gefühl von hohlem Magen und herrlichem Schwindel, diesen unglaublichen Kitzel, eine Mischung aus leidenschaftlicher Neugier und Schrecken, die sich in ihrem späteren Dasein nur für flüchtige Augenblicke wiederholte.

Esteban Trueba, der immer Schwierigkeiten gehabt hatte, sein Bedürfnis nach Liebe auszudrücken, und der keinen Zugang zur Zärtlichkeit mehr hatte, seit sich seine ehelichen Beziehungen zu Clara verschlechtert hatten, wandte seine besten Gefühle Alba zu. Jeden Morgen lief sie im Pyjama an das Zimmer ihres Großvaters, trat ohne zu klopfen ein und schlüpfte in sein Bett. Er stellte sich, als fahre er erschrocken aus dem Schlaf auf, obgleich er in Wirklichkeit auf sie gewartet hatte, und brummte, sie solle in ihr Zimmer zurückgehen und ihn nicht stören. Alba kitzelte ihn, bis er ihr, scheinbar besiegt, erlaubte, die Schokolade zu holen, die er für sie versteckt hatte. Alba kannte alle Verstecke, und ihr Großvater benutzte sie immer in der gleichen Reihenfolge, aber um ihn nicht um sein Vergnügen zu bringen, suchte sie eine ganze Weile und stieß Jubelschreie aus, wenn sie etwas fand. Esteban Trueba erfuhr nie, daß seine Enkelin Schokolade haßte und sie nur ihm zuliebe aß. Mit diesen morgendlichen Spielen befriedigte der Senator sein Bedürfnis nach menschlicher Nähe. Den übrigen Tag war er im Kongreß, im Club, auf dem Golfplatz, mit Geschäften und politischen Gesprächen beschäftigt. Zweimal im Jahr fuhr er mit seiner Enkelin für zwei oder drei Wochen auf die Drei Marien. Beide kamen braungebrannt, dicker und glücklicher zurück. Dort brannten sie einen Schnaps für den Hausgebrauch, der zum Trinken, zum Feuermachen am Herd, zum Desinfizieren von Wunden und zur Vernichtung von Kakerlaken diente und den sie pompös «Wodka» nannten. Am Ende seines Lebens, als seine neunzig Jahre einen alten, krummen und morschen Baum aus ihm gemacht hatten, dachte Esteban Trueba an diese Zeiten mit seiner Enkelin als an die besten seines Lebens zurück, und auch ihr blieben die Komplizenschaft bei diesen Fahrten aufs Land, die Spazierritte hinter dem Großvater auf der Kruppe seines Pferdes, die Abende in der Unermeßlichkeit des Weidelandes, die langen, mit dem Erzählen von Gespenstergeschichten und mit Zeichnen gemeinsam am Kamin des Salons verbrachten Nächte immer im Gedächtnis.

Die Beziehungen Esteban Truebas zu seiner übrigen Familie verschlechterten sich mit der Zeit immer mehr. Einmal in der Woche, an den Samstagen, versammelten sich alle um den großen Eichentisch, der immer in der Familie gewesen war und früher den del Valle gehört hatte, was besagte, daß er aus dem ältesten Altertum stammte, und der zum Aufbahren Toter, zum Flamencotanzen und anderen unvorhergesehenen Zwekken gedient hatte. Alba wurde zwischen ihre Mutter und ihre Großmutter gesetzt, mit einem Kissen auf dem Stuhl, damit sie mit der Nase an den Teller reichte. Fasziniert beobachtete sie die Erwachsenen, ihre Großmutter, strahlend, zur Feier des Tages mit eingesetzten Zähnen, durch eines ihrer Kinder oder ein Dienstmädchen Botschaften an ihren Mann richtend, Jaime, auftrumpfend mit schlechten Manieren, rülpsend nach jedem Gang und mit dem kleinen Finger in den Zähnen stochernd, um seinen Vater zu ärgern, Nicolas, mit halbgeschlossenen Augen jeden Bissen fünfzigmal kauend, und Blanca, plappernd über alles, was ihr einfiel, um die Fiktion eines normalen Abendessens aufrechtzuerhalten. Trueba verhielt sich relativ still, bis sein schlechter Charakter zuletzt mit ihm durchging und er anfing, mit seinem Sohn Jaime über die Armen, die Wahlen, die Sozialisten und über Prinzipien zu streiten oder Nicolas zu beschimpfen wegen seines Versuchs, im Ballon aufzusteigen, oder weil er mit Alba Akupunktur betrieb, oder Blanca zu kränken mit seinen brutalen Antworten, seiner Indifferenz oder der überflüssigen Warnung, sie werde keinen Peso von ihm erben, da sie ihr Leben selbst zugrunde gerichtet habe. Die einzige, mit der er sich nicht anlegte, war Clara, aber zu ihr sprach er fast nie. Gelegentlich überraschte Alba ein Blick ihres Großvaters, der mit den Augen an Clara hing, sie unverwandt ansah und dabei bis zur Fremdheit weich und sanft wurde. Aber das geschah nicht oft, normalerweise ignorierten sich die Ehegatten gegenseitig. Manchmal verlor Senator Trueba die Kontrolle und schrie dermaßen, daß er rot anlief und man ihm kaltes Wasser ins Gesicht schütten mußte, damit sein Koller verging und er in den Rhythmus der Atmung zurückfand.

In dieser Epoche hatte Blanca den Gipfelpunkt ihrer Schönheit erreicht. Sie hatte etwas Maurisches, Schmachtendes und Üppiges, das zum Ausruhen einlud und Vertrauen erweckte. Sie war groß und füllig, von Temperament hilflos und weinerlich, was bei den Männern den uralten Beschützerinstinkt wachrief. Ihr Vater konnte keine Sympathie für sie aufbringen. Er verzieh ihr die Liebschaft mit Pedro Tercero García nicht und ließ sie spüren, daß sie von seiner Barmherzigkeit abhing. Trueba konnte sich nicht erklären, wieso seine Tochter so viele Verehrer hatte, denn Blanca hatte so gar nichts von der erregenden Lustigkeit und dem Frohsinn, der ihn an Frauen anzog, und außerdem dachte er, daß kein normaler Mann den Wunsch verspüren könnte, eine Frau von schwacher Gesundheit, mit ungeklärtem Zivilstand und einer Tochter am Hals zu heiraten. Blanca selbst schien nicht überrascht, daß die Männer hinter ihr her waren. Sie war sich ihrer Schönheit bewußt. Doch ihr Verhalten gegenüber den sie besuchenden Herren war widersprüchlich. Wenn sie sie einerseits mit dem Spiel ihrer maurischen Augen ermunterte, so hielt sie sie andererseits vorsichtig auf Distanz. Sobald sie sah, daß einer ernste Absichten hatte, brach sie die Beziehung mit einer eindeutigen Weigerung ab. Einige der wirtschaftlich besser Gestellten versuchten das Herz Blancas dadurch zu gewinnen, daß sie ihre Tochter verführten. Sie überschütteten sie mit teuren Geschenken, Puppen, die gehen, weinen und andere allzu menschliche Tätigkeiten verrichten konnten, wenn man sie aufzog, sie stopften sie mit Cremetorte voll und nahmen sie in den Zoo mit, wo das kleine Mädchen in Tränen ausbrach vor Mitleid mit den armen eingesperrten Tieren, vor allem den Seehunden, die ein unheimliches Vorgefühl in ihrer Seele weckten. Diese Besuche im Tiergarten an der Hand irgendeines gönnerhaften und spendablen Bewerbers hinterließen ihr für den Rest ihres Lebens einen Abscheu vor Gefängnissen, Mauern, Gittern und Isolierungen. Derjenige unter den Verliebten, der es auf dem Weg der Eroberung Blancas am weitesten brachte, war der König der Dampftöpfe. Trotz seines ungeheuren Reichtums und seines nachdenklichen, friedfertigen Charakters haßte ihn Esteban Trueba, weil er beschnitten war, eine Sephardimnase und krauses Haar hatte. Mit seiner spöttischen und ablehnenden Haltung brachte er es fertig, diesen Mann zu vertreiben, der in einem Konzentrationslager überlebt, die Not und das Exil überwunden hatte und aus dem erbarmungslosen Kampf im Geschäftsleben als Sieger hervorgegangen war. Solange die Romanze dauerte, kam der König der Dampftöpfe Blanca abholen, um sie in die exklusivsten Restaurants auszuführen. Er kam in einem winzigen zweisitzigen Auto mit Traktorrädern und Turbinengetöse in den Motoren, das, weil es das einzige seiner Art war, auf der Straße Aufläufe Schaulustiger und bei der Familie Trueba verächtliches Naserümpfen hervorrief. Als ginge das Mißvergnügen ihres Vaters und das Getuschel der Nachbarn sie nichts an, bestieg Blanca in ihrem schwarzen Kostüm, dem einzigen, das sie besaß, und in der weißen Seidenbluse, die sie zu allen besonderen Gelegenheiten trug, majestätisch wie ein Premierminister das Vehikel. Alba küßte sie zum Abschied und blieb an der Tür stehen, den zarten Jasminduft ihrer Mutter noch in der Nase und mit zugeschnürter Kehle. Nur dem Training mit ihrem Onkel Nicolas hatte sie es zu verdanken, daß sie diese Ausfahrten ihrer Mutter ertrug, ohne in Weinen auszubrechen, denn sie fürchtete, eines schönen Tages würde es dem Galan vom Dienst gelingen, Blanca zu überreden, sie würde mit ihm fortgehen und sie, Alba, wäre für immer mutterlos. Sie hatte seit langem beschlossen, daß sie einen Vater nicht brauche, und erst recht keinen Stiefvater, daß sie aber, wenn ihre Mutter sie im Stich ließe, ihren Kopf so lange in einen Eimer Wasser halten würde, bis sie erstickt war, so wie es die Köchin mit den kleinen Kätzchen machte, die die Katze alle vier Monate warf.

Alba verlor die Angst, ihre Mutter könnte sie verlassen, als sie Pedro Tercero kennenlernte und Intuition ihr sagte, daß niemand fähig sein würde, Blancas Liebe zu erringen, solange dieser Mann existierte. Es war an einem Sonntag im Sommer. Blanca machte ihr Korkenzieherlöckchen mit der Brennschere, die ihr die Ohren verbrannte, zog ihr weiße Handschuhe und schwarze Lackschuhe an und setzte ihr einen Strohhut mit künstlichen Kirschen auf. Als ihre Großmutter Clara sie sah, lachte sie laut, aber ihre Mutter tröstete sie, indem sie ihr zwei Tropfen ihres Parfüms auf den Hals gab.

«Du wirst einen berühmten Mann kennenlernen», sagte Blanca beim Weggehen geheimnisvoll.

Sie führte das Kind in den Parque Japonés, wo sie ihr gebrannte Mandeln und eine Tüte Mais kaufte. Dann saßen sie Hand in Hand auf einer schattigen Bank, um sie herum die Tauben, die den Mais aufpickten.

Sie sah ihn kommen, ehe ihn die Mutter ihr zeigte. Er trug einen Monteuranzug, hatte einen mächtigen schwarzen, bis an die Mitte der Brust reichenden Bart, zerzaustes Haar, an den

Füßen Franziskanersandalen ohne Söckchen, und auf seinem Gesicht lag ein breites, strahlendes, wunderbares Lächeln, das ihn sofort in die Kategorie der Wesen einreihte, die es verdienten, in das große Fresko in ihrem Zimmer aufgenommen zu werden.

Der Mann und das kleine Mädchen sahen sich an, und beide erkannten sich an den Augen.

«Das ist Pedro Tercero, der Liedersänger. Du hast ihn im Radio gehört», sagte ihre Mutter.

Alba streckte die Hand aus, und er drückte sie ihr mit der Linken. Da merkte sie, daß ihm an der rechten Hand mehrere Finger fehlten, aber er erklärte ihr, daß er trotzdem Gitarre spielen könne, denn man fände immer einen Weg, das zu tun, was man tun wolle. Zu dritt gingen sie durch den Parque Japonés. Am späten Nachmittag nahmen sie eine der letzten Elektrischen, die es in der Stadt noch gab, um an einem Stand auf dem Markt gebratenen Fisch zu essen, und als es dunkel wurde, begleitete er sie bis in die Straße, in der ihr Haus stand. Als sie sich verabschiedeten, küßten sich Blanca und Pedro Tercero auf den Mund. Es war das erstemal in ihrem Leben, daß Alba so etwas sah, denn in ihrer Umgebung gab es keine verliebten Leute. Von diesem Tag an begann Blanca, die Wochenenden außer Haus zu verbringen. Sie sagte, sie ginge eine entfernte Cousine besuchen. Esteban Trueba kam der Zorn hoch, und er drohte ihr, sie aus dem Haus zu werfen, aber Blanca blieb standhaft bei ihrem Entschluß. Sie ließ ihre Tochter bei Clara und bestieg, ein Clownsköfferchen mit aufgemalten Blumen in der Hand, den Autobus.

«Ich verspreche dir, daß ich nicht heiraten werde und daß ich morgen abend wieder da bin», sagte sie beim Abschied zu ihrer Tochter.

Zur Stunde der Siesta setzte sich Alba gern zur Köchin, um am Radio populäre Lieder zu hören, besonders die des Liedermachers, den sie im Parque Japonés kennengelernt hatte. Eines Tages kam Senator Trueba in die Küche, und als er die Stimme im Radio hörte, stürzte er auf den Apparat los und schlug vor den entsetzten Augen seiner Enkelin, die sich den plötzlichen Wutanfall ihres Großvaters nicht erklären konnte, mit dem Stock auf ihn ein, bis nur noch ein Häuflein verbogener Kabel und loser Birnen übrig war. Clara kaufte ein neues Radio, damit Alba Pedro Tercero hören konnte, sooft sie Lust hatte, und Trueba tat, als hätte er nichts gemerkt.

Es war die Epoche des Königs der Dampftöpfe. Pedro Tercero erfuhr von seiner Existenz und bekam einen Anfall von Eifersucht, der völlig unbegründet war, wenn man seinen Einfluß auf Blanca mit der schüchternen Belagerung des jüdischen Geschäftsmannes verglich. Wie schon so oft, bat er Blanca auch diesmal, das Haus der Trueba und die Einsamkeit ihrer Werkstatt samt mongoloiden Kindern und müßigen Señoritas aufzugeben und ein für allemal zu ihm zu kommen und diese hemmungslose Liebe auszuleben, die sie seit ihrer Kindheit hatten verbergen müssen. Aber Blanca konnte sich nicht dazu entschließen. Sie wußte, daß sie von ihrem Gesellschaftskreis ausgeschlossen werden und die Stellung, die sie in ihm einnahm, verlieren würde, wenn sie zu Pedro Tercero zog, und andererseits war ihr klar, daß sie nicht die geringste Chance hatte, im Freundeskreis von Pedro Tercero anzukommen oder sich in das bescheidene Leben in einer Arbeitersiedlung zu finden. Jahre später, als Alba alt genug war, diese Seite im Leben ihrer Mutter zu analysieren, kam sie zu dem Schluß, daß sie einfach deshalb nicht zu Pedro Tercero zog, weil ihre Liebe dazu nicht ausreichte, denn es gab im Hause Trueba nichts, was nicht auch er ihr hätte geben können. Blanca war eine arme Frau, die nur dann über ein wenig Geld verfügte, wenn sie eine Weihnachtskrippe verkaufte. Ihre spärlichen Einkünfte verbrauchte sie fast ganz für Arztrechnungen, denn ihre Fähigkeit, an eingebildeten Krankheiten zu leiden, hatte durch die Arbeit und die Not nicht abgenommen, sondern wuchs im Gegenteil von Jahr zu Jahr. Sie war bemüht, nichts von ihrem Vater zu erbitten, damit sie ihm keine Gelegenheit gab, sie zu demütigen. Ab und zu kaufte ihr Clara oder Jaime ein Kleid oder sie gaben ihr einen kleinen Betrag für ihre persönlichen Bedürfnisse, aber in der Regel verfügte sie kaum über das Geld, sich ein Paar Strümpfe zu kaufen. Ihre Armut stand in schroffem Gegensatz zu den gestickten Kleidern und den maßgefertigten Schuhen, mit denen Senator Trueba seine Enkelin beschenkte. Ihr Leben war hart. Sie stand winters wie sommers um sechs Uhr morgens auf. Eine Wachstuchschürze umgebunden und Holzpantinen an den Füßen, heizte sie um diese Zeit den Keramikofen in der Werkstatt, richtete die Arbeitstische her und knetete, die Arme bis zu den Ellenbogen im rauhen, kalten Lehm, die Tonerde für ihre Unterrichtsstunden. Das war der Grund, weshalb sie immer gesprungene Nägel und eine rissige Haut hatte und sich mit der Zeit ihre Finger verkrümmten. Zu dieser Stunde fühlte sie sich inspiriert und von niemandem gestört, so daß sie den Tag mit dem Modellieren der Monstertiere für ihre Krippen beginnen konnte. Danach mußte sie sich um das Haus, die Dienstboten, die Einkäufe kümmern, bis zum Beginn ihrer Unterrichtsstunden. Ihre Schüler waren Kinder aus guter Familie, die nichts zu tun hatten und Kunsthandwerk als eine Modebeschäftigung betrieben, die eleganter war als das Stricken für die Armen, mit dem sich ihre Großmütter beschäftigten.

Die Idee, Kurse für mongoloide Kinder abzuhalten, hatte sich durch Zufall ergeben. Eines Tages kam eine alte Freundin von Clara ins Haus der Trueba, die ihren Enkel mitbrachte. Es war ein dicker, weichlicher Halbwüchsiger mit einem runden, friedsamen Mondgesicht und einem Ausdruck unerschütterlicher Zärtlichkeit in seinen orientalischen Augen. Er war fünfzehn Jahre alt, aber Alba fand bald heraus, daß er sich wie ein Baby benahm. Clara bat ihre Enkelin, mit dem Jungen im Garten zu spielen und aufzupassen, daß er sich nicht schmutzig machte, nicht im Brunnen ertrank, keine Erde aß und nicht an seinem Hosenschlitz fummelte. Angesichts der Unmöglichkeit, sich in irgendeiner zusammenhängenden Sprache mit ihm zu verständigen, wurde es ihr bald langweilig, ihn zu beaufsichtigen, und sie führte ihn in die Töpferwerkstatt, wo ihm Blanca eine Schürze umband, damit er sich nicht schmutzig machte und nicht mit Wasser vollspritzte, und seine Hände auf einen Batzen Tonerde legte. Der Junge vergnügte sich damit drei Stunden lang, ohne zu geifern, sich vollzupinkeln und mit dem Kopf gegen die Wand zu stoßen. Er schaffte es, ein paar plumpe Tonfiguren zu formen, die er anschließend seiner Großmutter als Geschenk überreichte. Die Dame, die ganz vergessen hatte, daß sie ihn mitgenommen hatte, war entzückt, und so entstand die Idee, daß Töpfern gut sei für mongoloide Kinder. Zuletzt hielt Blanca Kurse für eine ganze Gruppe solcher Kinder ab, die an den Donnerstagnachmittagen in die Werkstatt kamen. Sie kamen in einem Kleinbus, unter der Aufsicht zweier Nonnen in gestärkten Flügelhauben, die sich in die Gartenlaube setzten, um mit Clara Schokolade zu trinken und die segensreichen Wirkungen des Kreuzstichs und die Rangfolge der Sünden mit ihr zu diskutieren, während Blanca und ihre Tochter den Kindern beibrachten, Würmer, Kugeln, plattgedrückte Hunde und unförmige Vasen herzustellen. Am Ende des Jahres veranstalteten die Nonnen einen Basar und gaben ein Fest, auf dem die schauerlichen Kunstwerke zu Wohltätigkeitszwecken verkauft wurden. Bald hatten Blanca und Alba heraus, daß die Kinder viel besser arbeiteten, wenn sie sich geliebt fühlten, und daß Zuwendung die einzige Art war, sich mit ihnen zu verständigen. Sie lernten es, sie zu umarmen, zu küssen, zu streicheln, bis beide sie zuletzt wirklich liebten. Alba wartete die ganze Woche auf die Ankunft des Kleinbusses mit den behinderten Kindern und hüpfte vor Freude, wenn sie auf sie zuliefen und sie umarmten. Aber die Donnerstage waren anstrengend. Alba legte sich erschöpft hin, die sanften asiatischen Gesichter der Werkstattkinder drehten sich ihr im Kopf, und Blanca bekam unweigerlich Migräne. Jedesmal, wenn die Nonnen im Geflatter ihrer weißen Kutten mit ihrer Schar Behinderter an der Hand gegangen waren, schloß Blanca ihre Tochter fest in die Arme, bedeckte sie mit Küssen und sagte, sie solle Gott dafür danken, daß sie normal sei. Alba wuchs mit dem Gedanken auf, daß Normalität ein göttliches Geschenk war. Sie sprach darüber mit ihrer

Großmutter. «Fast in allen Familien ist irgendein Blöder oder Verrückter, Alba», versicherte Clara, die Augen starr auf ihr Strickzeug geheftet, weil sie in all den Jahren nicht gelernt hatte zu stricken, ohne hinzuschauen. «Manchmal bekommt man sie nicht zu sehen, weil die Angehörigen sie verstecken, als ob es eine Schande wäre. Sie sperren sie in die hintersten Zimmer, damit Besucher sie nicht zu Gesicht bekommen. Aber in Wirklichkeit braucht man sich ihrer nicht zu schämen, auch sie sind Werke Gottes.»

«Aber wir haben keinen in unserer Familie», gab Alba zu bedenken.

«Nein. Bei uns ist die Verrücktheit auf alle verteilt, und es ist nicht genug übriggeblieben, daß auch wir unseren Verrückten haben.»

So waren ihre Gespräche mit Clara. Deshalb war die Großmutter für Alba die wichtigste Person im Haus und die stärkste Präsenz in ihrem Leben. Sie war der Motor, der alles in Gang setzte und dem zu verdanken war, daß das magische Universum im hinteren Teil des großen Eckhauses, in dem Alba ihre ersten sieben Jahre in vollkommener Freiheit verbrachte, jederzeit funktionierte. Alba gewöhnte sich an die Absonderlichkeiten ihrer Großmutter. Es überraschte sie nicht, wenn sie sie in Trance, mit angezogenen Beinen in ihrem Sessel sitzend, wie von einer unsichtbaren Kraft getrieben durch den ganzen Salon fahren sah. Sie begleitete sie auch auf allen ihren Wanderungen durch Krankenhäuser und Armenheime, wo sie ihrer Herde von Notleidenden auf der Spur zu bleiben suchte. Sie lernte sogar mit vierfacher Wolle und dicken Nadeln die Jacken stricken, die ihr Onkel Jaime zu verschenken pflegte, sobald er sie einmal angezogen hatte, nur um das zahnlose Lächeln ihrer Großmutter zu sehen, wenn sie auf der Jagd nach gefallenen Maschen zu schielen begann. Clara schickte sie häufig zu Esteban Trueba, damit sie ihm Botschaften brachte, weshalb sie in der Familie den Spitznamen Brieftaube erhielt. Das kleine Mädchen nahm an den Freitagssitzungen teil, wo der dreibeinige Tisch am hellichten Tag

Sprünge vollführte, ohne daß ein Trick, eine bekannte Energie oder ein Hebel im Spiel gewesen wären, und an den literarischen Abenden, wo sie bald mit anerkannten Meistern, bald mit einer wechselnden Zahl schüchterner, unbekannter Dichter in Berührung kam, die Clara unter ihre Fittiche genommen hatte. Zu dieser Zeit aßen und tranken viele Gäste im großen Eckhaus. Hier lebten vorübergehend oder kamen wenigstens zu den spiritistischen Sitzungen, den kulturellen Vorträgen und den gesellschaftlichen Veranstaltungen fast alle wichtigen Leute des Landes, einschließlich des Dichters, der später als der beste des Jahrhunderts gepriesen und in alle bekannten Sprachen übersetzt wurde. Alba hatte viele Male auf seinen Knien gesessen, nicht ahnend, daß sie eines Tages mit einem Strauß blutroter Nelken in der Hand zwischen zwei Reihen von Maschinengewehren hinter seinem Sarg hergehen würde.

Clara war noch jung, aber ihrer Enkelin kam sie alt vor, weil sie keine Zähne mehr hatte. Sie hatte auch keine Falten, und wenn sie den Mund geschlossen hielt, erweckte sie durch den unschuldigen Ausdruck ihres Gesichts die Illusion von großer Jugendlichkeit. Sie trug lose Gewänder aus ungebleichtem Leinen, die wie Irrenkittel aussahen, und im Winter zog sie lange Wollsocken und fingerlose Handschuhe an. Sie konnte die traurigsten Geschichten urkomisch finden, war hingegen unfähig, einen Witz zu verstehen, lachte zur Unzeit, wenn alle schon aufgehört hatten zu lachen, und konnte tieftraurig werden, wenn sie sah, daß jemand anderes sich lächerlich machte. Manchmal bekam sie Asthmaanfälle. Dann rief sie ihre Enkelin mit dem silbernen Glöckchen, das sie immer bei sich hatte, und Alba kam angerannt, umarmte sie und kurierte sie mit tröstlichem Geflüster, denn beide wußten aus Erfahrung, daß lange Zeit von einem geliebten Wesen umarmt zu werden das einzige Mittel gegen Asthma ist. Sie hatte lustige mandelbraune Augen, das glänzende graue Haar in einen unordentlichen Knoten gebunden, aus dem widerspenstige Löckchen hervorstanden, schlanke, weiße Hände mit mandelförmigen Nägeln und lange, ringlose Finger, die nur dazu dienten, Gesten der Zärtlichkeit auszuführen, die Wahrsagekarten auszulegen und zur Essenszeit die falschen Zähne einzusetzen. Alba lief den ganzen Tag hinter ihrer Großmutter her, an ihrem Rock hängend und bettelnd, sie solle ihr eine Geschichte erzählen oder kraft ihres Denkens Vasen marschieren lassen. Bei ihr fand sie eine sichere Zuflucht, wenn Alpträume sie bedrängten oder wenn das Training, dem Nicolas sie unterzog, nicht mehr auszuhalten war. Clara lehrte sie, die Vögel zu versorgen und jeden in seiner Sprache anzusprechen, die Vorzeichen der Natur zu erkennen und zwei rechts, zwei links für die Armen zu stricken.

Alba wußte, daß ihre Großmutter die Seele des großen Eckhauses war. Die anderen merkten es erst später, als Clara starb und die Blumen, die Freude und die spielfreudigen Geister aus dem Haus verschwanden, das nun voll in die Epoche des Niedergangs eintrat.

WILLIAM TREVOR

Das Picknick

«Ich kann es einfach nicht glauben», sagte Edwin. «Erwachsene Menschen?»

«Ja, jetzt erwachsen, Liebling. Wir waren ja nicht immer erwachsen.»

«Aber Teddybären, Dorothea?»

«Ich hab's dir sicher schon ein dutzendmal erzählt.»

Edwin schüttelte den Kopf und sah seine Frau stirnrunzelnd an. Sie waren seit sechs Monaten verheiratet. Er war neunundzwanzig und machte als Börsenmakler Karriere. Dorothea war sechsundzwanzig und wollte als Sekretärin weiterarbeiten, bis sich ein Kind anmeldete. Sie wohnten in Wimbledon, in einem Appartementhaus, das sich *The Zodiac* nannte.

«Ich sag dir eins», drohte Edwin, «ich werde ganz bestimmt nicht dabei sein.»

«Aber Liebling–»

«Ach, sei doch nicht so albern, Dorothea.»

Edwins Mutter hatte Dorothea «ein hübsches kleines Ding» genannt und damit für jene, die es heraushören wollten, einen gewissen Vorbehalt mitschwingen lassen. Edwin selber hatte sie ihre Meinung in einem Gespräch unter vier Augen, das sie führten, nachdem er erklärt hatte, daß er und Dorothea heiraten wollten, offen kundgetan. «Denk dran, mein Lieber», so hatte sich Mrs. Chalm damals ausgedrückt, «sie wird nicht immer ein hübsches kleines Ding bleiben. Dies ist wirklich kein sehr vernünftiger Entschluß, Edwin.»

Mrs. Chalm war als eine Frau bekannt, die nicht um den heißen Brei herumredete, wenn es um das Leben ihrer Kinder ging. Da wurde nicht lange gefackelt, was sie oft genug betonte. Ihr Mann dagegen hielt sich aus allem raus.

Trotzdem hatten Edwin und Dorothea schließlich an einem Dienstagnachmittag im Dezember geheiratet, und Mrs. Chalm beschloß, das Beste daraus zu machen. Sie gab Dorothea für dies und jenes gute Ratschläge und schenkte ihr Topfpflanzen für ihr neues Heim. Hätte Dorothea von den Zweifeln der Schwiegermutter erfahren, wäre sie sehr überrascht gewesen.

«Aber wir haben es doch immer gemacht, Edwin. Wir alle.»

«Wer denn ‹alle› – zum Kuckuck?»

«Na, Angela jedenfalls. Und Holly und Jeremy natürlich.»

«Jeremy? Mein Gott!»

«Und Peter. Und Edith und Charlotte und Harriet.»

«Davon hast du mir noch nie ein Wort gesagt, Dorothea.»

«Aber ich bin ganz sicher, daß ich dir davon erzählt habe.»

Das Wohnzimmer, in dem dieses Streitgespräch stattfand, hatte ein einziges riesiges Fenster, von dem aus man in der Ferne den Wimbledon Court sehen konnte. Die Wände waren mit rostfarbenen Tapeten bespannt, auch der Teppich war rostfarben. Die jungen Chalms waren noch nicht vollständig eingerichtet – was da war, entsprach dem Stil der Zodiac-Architektur: Stahlrohr und Glas. Ein einziges Bild hing an der Wand, ein Distelfeld, das sich bei näherer Betrachtung als Foto erwies. Alkoholische Getränke standen auf einem Glastisch. Die bunten Etiketten belebten diese Ecke. Was Dekoration und Mobiliar betraf, war es das, wofür sich Jungverheiratete entschieden, die ihren eigenen Stil noch nicht gefunden hatten.

«Du willst mir erzählen, daß ihr alle bei einem Picknick mit euren Teddys herumsitzt?» sagte Edwin. «Und mit achtzig macht ihr's dann auch noch?»

«Was meinst du mit achtzig?»

«Wenn ihr achtzig seid, verflixt noch mal. Du willst mir also erzählen, daß ihr immer noch in diesen Garten gehen werdet, wenn ihr alt und schwerhörig seid, eine Seniorengruppe, die mit ihren Teddybären im Gras hockt?»

«Davon habe ich nichts gesagt – wenn wir alt sind.»

«Du hast von einer Tradition geredet!»

Er goß sich Whisky ins Glas und spritzte aus einem Siphon Soda dazu. Normalerweise hätte er seiner Frau einen Gin mit trockenem Wermut eingeschenkt, aber an diesem Abend war er zu wütend, um sich die Mühe zu machen. Er hatte einen anstrengenden Tag hinter sich. Im Büro war mit den Aktien, die ein Kunde kaufen wollte, ein Fehler passiert, und er war nicht zum Essen gekommen, und als diese Sache geklärt war, hatte sich bereits die nächste Krise angekündigt, bei der es um Zukkerspekulationen ging. Es war schon fast acht, als er im *Zodiac* eintraf, und Dorothea hatte am Telefon gesessen und mit ihrer Freundin Angela über Teddybären gequasselt, statt für ihn zu kochen.

Edwin war ein aufgeweckter junger Mann mit kurzem blonden Haar und einem Gesicht, das etwas von einem Windhund hatte. Er war vital und athletisch, Spitze auf dem Tennisplatz, spielte gern Squash und seit kurzem auch Golf. Seine Mutter hatte einmal gesagt, daß Edwin ein schlechter Verlierer sei und vor nichts zurückschrecke, um zu gewinnen. Auch zu ihrem Mann hatte sie gesagt, sie hoffe, diese Eigenschaft würde nicht irgendwann einmal zu Schwierigkeiten führen, aber ihr Mann hatte erwidert, daß es wahrscheinlich genau das sei, was ein Börsenmakler brauche. Mrs. Chalm hatte eher an persönliche Beziehungen gedacht, wo man auch lernen mußte zu verlieren. Das war es ja, worauf sich ihre Zweifel bezogen hatten. Daß Dorothea ein hübsches kleines Ding war, war es nicht allein – es war die Kombination von beidem, die sie beunruhigte.

«Zufällig habe ich noch nicht einmal zu Mittag gegessen», sagte Edwin jetzt bissig. «Ich habe einen langen unangenehmen Tag hinter mir, und ich komme nach Hause –»

«Es tut mir leid, Schatz.»

Dorothea erhob sich sofort vom Sofa und ging in die Küche, wo sie aus einer Tüte zwei Schweinekoteletts nahm und unter den Grill des Elektroherds legte. Außerdem holte sie eine Packung gefrorenen Brokkoli aus der Tiefkühltruhe und zwei

Schokoladeneis zum Dessert. Beim Briefetippen am Nachmittag hatte sie sich vorgenommen, zu den Koteletts und dem Brokkoli zur Abwechslung Bratnudeln zu servieren. Vor einer Woche hatten sie in dem neuen mexikanischen Restaurant, das sie entdeckt hatten, Bratnudeln gegessen, und Edwin hatte gesagt, sie schmeckten vorzüglich.

Sie stellte Wasser für den Brokkoli auf, obwohl die Koteletts noch eine Weile dauern würden. Sie goß Öl in eine Pfanne für die Nudeln und hoffte, daß es die richtige Methode war. Sie konnte nicht verstehen, warum Edwin, nur weil Angela angerufen hatte, so ein Theater machte, und schob es auf seinen leeren Magen.

Im Wohnzimmer stand Edwin an dem riesigen Fenster und betrachtete die Baumspitzen des Parks in der Ferne. Sie mußte mindestens anderthalb Stunden mit Angela telefoniert haben, wahrscheinlich länger. Er hatte versucht, sie anzurufen und zu sagen, daß er später käme, aber es war immer besetzt gewesen. Er dachte angestrengt nach, ging in Gedanken die drei Jahre durch, die er Dorothea kannte, aber daß ein Teddybär-Picknick erwähnt worden wäre, daran konnte er sich nicht erinnern. Er hatte ganz fest behauptet, sie habe es nie erwähnt, aber er hatte es im Zorn gesagt, nur um seinen Standpunkt klarzustellen. Als er sich nun die vielen Gespräche ins Gedächtnis zurückrief, merkte er, daß er recht gehabt hatte, und frohlockte. Natürlich hätte er sich an so eine Sache erinnert, jeder Mann hätte sich daran erinnert.

Weit unten bog ein Auto in den großen Hof ein, ein Rover, wie es schien, in einem dezenten Grün. Nicht mehr lang, und sie würden selbst einen Rover fahren, auch wenn die Kinder, die sie sich erhofften, bald eintreffen würden. Edwin hatte nichts dagegen gehabt, daß Dorothea nach der Hochzeit weiterarbeitete, aber ihr Familienleben würde natürlich viel geordneter werden, wenn sie zu Hause blieb. Irgendwann würden sie in ein Haus mit Garten ziehen, weil Dorothea sich das sicher wünschte, und er hatte nicht die Absicht, dagegen zu sein.

«Und noch was», sagte er und ging vom Fenster zur Küchentür. «Wieso habt ihr in all den Jahren, seit wir uns kennen, kein Treffen veranstaltet? Wenn es eine jährliche Sache ist –»

«Es ist keine jährliche Sache, Edwin. Wir hatten seit 1975 kein Picknick mehr, und davor hatten wir es 1971. Wir machen es nur, wenn jemand Lust dazu hat. Es soll ja nur ein bißchen Spaß sein, Liebling.»

«Sich mit Teddybären hinsetzen, nennst du ein bißchen Spaß? Erwachsene?»

«Ich wünschte, du würdest nicht dauernd auf dem Erwachsensein herumreiten. Ich weiß, daß wir erwachsen sind. Das ist es ja gerade. Als wir klein waren, schworen wir uns –»

«Lieber Gott!»

Er drehte sich um und goß sich noch einen Drink ein. Sie hatte es nie erwähnt, weil sie wußte, daß es albern war. Sie schämte sich, und sie würde es begreifen, wenn sie ein bißchen reifer wurde.

«Du weißt, ich habe Binky», sagte sie und folgte ihm zu den Flaschen, wo sie sich einen Gin eingoß. «Ich habe dir schon hundertmal erzählt, daß ich ihn überall mit hinnahm. Wenn du ihn im Schlafzimmer nicht magst, leg ich ihn weg. Ich wußte nicht, daß du ihn nicht magst.»

«Das habe ich nicht gesagt, Dorothea. Du redest von etwas ganz anderem. Das ist privat. Ich meine, es ist dein Teddybär, und du hast mir erzählt, wie gern du ihn gehabt hast. Das ist etwas ganz anderes, als sich mit einem Haufen Idioten hinzusetzen –»

«Es sind keine Idioten, Edwin.»

«Es kommt mir aber so vor. Willst du mir vielleicht erzählen, daß Jeremy und Peter mit ihren Teddybären unterm Arm daherkommen, sich ins Gras setzen und dann so tun, als ob sie sie mit Kekskrümeln füttern? Jeremy ist Arzt!»

«Es wird sich niemand ins Gras setzen, weil das Gras wahrscheinlich feucht ist. Das letzte Mal haben alle Decken mitgebracht. Es ist eigentlich mehr wegen des Gartens, weißt du. Es ist wahrscheinlich der schönste Garten in South Bucks, und dann sind da ja auch noch die Ainley-Foxletons. Sie mögen das doch so sehr.»

In diesem Garten war er sogar schon gewesen, und die Ainley-Foxletons hatte er auch schon kennengelernt. An einem Samstagnachmittag, als sie noch verlobt waren, hatten sie auf dem Rasen Tee getrunken. Goldregen und Ginster blühten, überall Massen von Gelb. Ganz nette alte Leutchen, diese Ainley-Foxletons – aber keiner von beiden hatte etwas von einem Teddybär-Picknick erwähnt.

«Ich glaube, sie hat davon gesprochen», behauptete Dorothea leise. «Ich erinnere mich, weil ich sagte, es sei noch gar nicht so lange her seit dem letzten Mal. Es war, glaube ich, vor achtzehn Monaten, als ich dich zu ihnen mitnahm? 1975 war dann noch nicht so lange her, und sie sagte, es komme ihr wie Äonen vor. Ich erinnere mich, daß sie es gesagt hat, ich erinnere mich an ‹Äonen› und daß ich dachte, wie typisch für sie, ein Wort zu brauchen, das heute keiner mehr benutzt.»

«Und es ist dir überhaupt nicht eingefallen, mir den berühmten Picknickplatz zu zeigen? Stundenlang sind wir im Garten herumgelaufen, und trotzdem bist du nie auf den Gedanken gekommen–»

«Wir sind nicht stundenlang herumgelaufen. Es tut mir leid, daß du dich gelangweilt hast, Edwin.»

«Ich habe nicht gesagt, daß ich mich gelangweilt habe.»

«Ich weiß, daß die Ainley-Foxletons nicht mehr so gut hören und daß einem das auf die Nerven geht, aber du sagtest, du wolltest sie gern kennenlernen –»

«Das habe ich nie gesagt. Du hattest mir ständig von diesen Leuten vorgeschwärmt, auch von ihrem Haus und ihrem Garten, aber ich kann dir versichern, ich habe mich nicht darum gerissen, sie kennenzulernen. Tatsächlich hätte ich an diesem Nachmittag lieber Tennis gespielt.»

«Das hast du damals nicht gesagt.»

«Natürlich nicht.»

«Eben.»

«Was ich dir klarzumachen versuche, ist, daß wir im Garten

herumgelaufen sind, obwohl es zu regnen begann. Und nicht ein einziges Mal hast du gesagt: ‹Hier haben wir immer unser berühmtes Teddybär-Picknick abgehalten.›»

«Ich bin eigentlich sicher, daß ich es gesagt habe. Und berühmt ist es nicht. Ich wünschte, du würdest nicht dauernd sagen, daß es berühmt ist.»

Dorothea goß sich mehr Gin ein und fügte die gleiche Menge trockenen Wermut hinzu. Sie fand es ungehörig von Edwin, so im Zimmer herumzustolzieren, nur weil er einen schlechten Tag gehabt hatte, und sich selbst Drinks zu machen und ihr keinen einzuschenken. Wenn er die armen alten Ainley-Foxletons nicht mochte, hätte er es sagen können. Wenn er lieber Tennis gespielt hätte, hätte er auch das sagen können.

«Wie dem auch sei», sagte Edwin jetzt ziemlich herablassend, wie Dorothea fand, «ich habe nicht die Absicht, an diesem Unfug teilzunehmen.»

«Aber alle Ehemänner machen mit, und die Frauen auch. Es ist doch nur ein Spaß, Liebling.»

«Ach, hör doch auf mit deinem Spaß! Du redest wie ein Schwachkopf. Und in der Küche riecht was.»

«Das finde ich nicht sehr nett, Edwin. Ich verstehe nicht, warum du mich einen Schwachkopf nennst.»

«Jetzt hör mal zu – ich habe einen äußerst unangenehmen Tag hinter mir –»

«Ach, laß mich mit deinem blöden Tag in Frieden.»

Sie nahm ihr Glas mit in die Küche und holte die Koteletts vom Herd. Sie sahen ziemlich schwarz aus, und das geschah ihm ganz recht – sie so aufzuregen! Warum in aller Welt mußte er so ein Theater machen? Warum konnte er nicht wie die anderen sein? Es war doch ein Vergnügen – mußte man alles so ernst nehmen? Ein einziger Sonntagnachmittag, an dem sie sowieso nichts unternahmen. Sie ließ eine Handvoll Nudeln ins heiße Öl gleiten und dann noch eine.

Im Wohnzimmer klingelte das Telefon, gerade als Edwin sich wieder Soda ins Glas spritzte. «Ja?» sagte er, und Angelas Stimme zwitscherte in die Leitung. Sie sagte, sie wolle Dorothea nicht stören, aber der Tag sei jetzt fest abgemacht – der 17. Juni. «Ehrlich, du wirst dich königlich amüsieren, Edwin.»

«Ja, schön, ich sag ihr Bescheid», erwiderte er so kühl er konnte und legte grußlos auf. Er hatte Angela und ihr gönnerhaftes Getue noch nie leiden können.

Dorothea wußte, daß es Angela war, und sie wußte, daß sie Edwin das Datum nannte, das sie mit Charlotte und Peter vereinbart hatte, die sich wegen des ersten, von Jeremy vorgeschlagenen Termins nicht einig werden konnten. Angela hatte gesagt, sie würde mit dieser Auskunft zurückrufen, aber als sich die Chalms an den Tisch setzten, um ihre Koteletts, ihren Brokkoli und ihre Nudeln zu verspeisen, hatte Edwin noch nichts erwähnt.

«Was ist denn das?» sagte er und stocherte mit der Gabel an einer braunen Nudel und dann an seinem verbrannten Kotelett herum.

«Die kleinen Dinger sind gebratene Nudeln, die dir neulich so gut geschmeckt haben. Das größere Ding ist ein Schweinekotelett, das nicht verkohlt wäre, wenn du keinen Streit angefangen hättest.»

«Ach, um Himmels willen!»

Er schob seinen Stuhl zurück und stand auf. Er ging ins Wohnzimmer zurück, und Dorothea hörte das Spritzgeräusch des Soda-Siphons. Sie erhob sich ebenfalls, folgte ihm ins Wohnzimmer und goß sich selbst noch einen Gin mit Wermut ein. Keiner sagte ein Wort. Dorothea ging in die Küche zurück und aß ihren Brokkoli. Aus dem Wohnzimmer war der Fernseher zu hören. «Hör zu, Alter, gibst du dem Typ nun die Knete oder nicht?» schrie eine Stimme. «Okay, ich geb ihm die Knete», schrie eine zweite.

Sie hatten sich schon öfters gestritten, völlig grundlos in den Flitterwochen in Griechenland. Sie hatten sich gestritten, weil sie die Zündung im Auto angelassen hatte und die Batterie dann leer war. Sie hatten sich kurz vor Weihnachten wegen Ediths langweiliger Party gestritten. Der augenblickliche Streit war wieder so eine Sache. Dorothea wußte, Edwin würde sich hinsetzen und schmollen, sie würde das Geschirr abwaschen und sich elend fühlen, und das Kotelett und den Brokkoli würde er essen, wenn alles kalt war. Daß er die Nudeln nicht mochte, konnte sie ihm nicht verdenken. Sie hatte wohl doch etwas falsch gemacht. Dann dachte sie: Was, wenn er nicht mitkommt? Was, wenn er so stur bleibt? Das wäre ihm zuzutrauen. Alle würden Bescheid wissen. «Wo ist Edwin?» würden sie fragen, und sie würde ihnen eine Lüge erzählen, und alle würden wissen, daß es eine Lüge war – und alle würden wissen, daß es mit ihnen nicht klappte. Nach nur sechs Monaten, würden alle sagen, macht er einen kleinen Spaß nicht mit.

Aber zu Dorotheas Erleichterung kam es anders. Später am Abend aß Edwin die kalten Schweinekoteletts. Er aß sie mit den Fingern, weil die Gabel nicht durchging. Er aß auch den kalten Brokkoli, aber die Nudeln ließ er stehen. Sie machte ihm Tee und gab ihm ein Stück Blätterteiggebäck, und am Morgen sagte er, daß es ihm leid tue.

«Also, wenn es geht – das wäre herrlich», sagte Dorothea am Telefon im Büro. Sie hatte ihrer Mutter erzählt, daß es wieder ein Teddybär-Picknick geben würde, Angela und Jeremy hätten es hauptsächlich arrangiert, und die Ainley-Foxletons würden sich natürlich riesig freuen, es wäre ja vielleicht ihr letztes.

«Mein Liebes, ihr seid natürlich immer willkommen.» Die Stimme von Dorotheas Mutter kam die ganze Strecke von South Bucks, aus dem Dorf, wo Haus und Garten der Ainley-Foxletons standen, wo Dorothea und Angela, Jeremy, Charlotte, Harriet, Edith, Peter und Holly Kinder gewesen waren. Sie hatten verabredet, daß Edwin und Dorothea das Wochenende vom 17. Juni mit Dorotheas Eltern verbringen würden, und ihre Mutter hatte sogar versprochen, Edwin zuliebe am Samstag ein bißchen Tennis einzuplanen. Dorothea selbst spielte nicht besonders gut.

«Danke, Mami», konnte Dorothea gerade noch anfügen, als ihr Chef von der Mittagspause kam.

«Nein, wir bleiben das ganze Wochenende», informierte Edwin seine Mutter. «Dorothea muß noch zu dieser Teddybärsache gehen.»

«Was denn für eine Teddybärsache?»

Edwin erklärte ihr ausführlich, wie die Kinder, die vor bald zwanzig Jahren in einem Dorf miteinander befreundet gewesen waren, sich ab und zu trafen und – weil sie es früher getan hatten – ein Teddybär-Picknick veranstalteten.

«Aber jetzt sind doch alle erwachsen!» bemerkte Mrs. Chalm.

«Ja, ich weiß.»

«Na, ich hoffe, du amüsierst dich gut, mein Lieber.»

«Bestimmt.»

«Merkwürdig – als Erwachsene.»

Unter sich schnitten Edwin und Dorothea das Thema nicht mehr an. Als sie sich stritten, war Edwin etwas ratlos gewesen, hatte nicht so recht gewußt, wie er das Gespräch fortsetzen sollte, und er hoffte, daß er in Zukunft besser mit so etwas klarkäme. Es machte ihn wütend, wenn er nicht klarkam, und er war immer noch verärgert. Andererseits waren sechs Monate keine lange Zeit für eine Ehe, die, wie er hoffte, ewig dauern würde. Ihre Ehe hatte noch keine Chance gehabt, die passende Form anzunehmen, genauso wenig, wie er und Dorothea noch keine Zeit gehabt hatten, in Sachen Möbel und Einrichtung einen eigenen Geschmack zu entwickeln. Probleme und Unsicherheiten konnten nicht ausbleiben.

Was Dorothea anging – sie wußte nichts von Ehen, die eine passende Form anzunehmen hatten, sie hatte keine Ahnung, daß Regeln und stillschweigende Übereinkünfte, Systeme des Gebens und Nehmens nötig waren, um eine Ehe zu führen, wenn der erste Lack einmal ab war. Für Dorothea war die Ehe die Fortsetzung einer Liebesaffäre, und bis jetzt hatte sie kaum etwas zu beklagen. Sie wußte, daß auch Streit sein mußte.

Sie hatten sich auf einer Party kennengelernt. Edwin hatte sich aus einer Gruppe von Leuten gelöst und war durchs Zimmer auf ihre Ecke zugeschritten, wo sie ein Mann, der mit

Computern zu tun hatte, langweilte. «Hallo», hatte Edwin einfach gesagt. Alle drei hatten sie Paella gegessen.

Weil sie lieber über die Vergangenheit nachdachte, als sich über die Zukunft Gedanken zu machen, erinnerte sie sich oft an jenen Augenblick: Edwins scharfgeschnittene Züge, wie er sie anlächelte, der entgeisterte Computermann, der saure Beigeschmack der Paella. «Sind Sie nicht Fionas Schwester?» hatte sich Edwin erkundigt, und als sie ihn viel, viel später gefragt hatte, wer denn Fiona sei, hatte er ihr gestanden, sie nur erfunden zu haben. «Von diesem Zeug da würde ich nichts mehr essen», hatte er gesagt und ihr die Paella aus der Hand genommen. Das hatte Dorothea beeindruckt. Sie und der Computermann hatten mit den Gabeln darin herumgestochert, beide zu höflich, um zu sagen, daß etwas nicht stimmte. «Was machen Sie?» hatte Edwin sie gleich darauf gefragt, was mehr war, als der Computermann wissen wollte.

In den folgenden Wochen erzählten sie sich alles von sich selbst, von ihren Eltern und den Häusern, in denen sie als Kinder gelebt, den Schulen, die sie besucht, den Freundschaften, die sie geschlossen hatten. Edwin war ein wagemutiger Mensch, er war erfolgreich, nahm die Dinge gern selbst in die Hand. Ohne angeberisch zu klingen, erzählte er ihr Episoden aus seiner Kindheit, von Wagnissen, die er in der Schule eingegangen war. Einmal hatte er das Bett des alten Musiklehrers so zerlegt, daß es zusammengebrochen war, als er sich niederlegte. Vom Auto eines anderen Lehrers hatte er den Vergaser abmontiert. Aus einem Eisenwarenladen hatte er einen Schneebesen gestohlen. Das waren alles Mutproben gewesen, und am Ende seiner Schulzeit hatte er den Ruf gehabt, furchtlos zu sein – es gab nichts, sagten die Leute, was er nicht täte.

Es fiel Dorothea leicht, ihn zu lieben, und alles, was er ihr – mit leichtem Selbstvorwurf – erzählte, war ganz sicher die Wahrheit. Und Dorothea fragte sich in ihrer Verliebtheit natürlich nicht, wie dieser Charakterzug Edwins sich auf ihre Ehe auswirken würde, und erst recht nicht, wie er sich mit zunehmendem Alter weiterentwickeln mochte. Sie konnte sich nichts Schöneres vorstellen, als ihn jeden Tag um sich zu haben, und in keiner Weise fühlte sie sich in den Flitterwochen in Griechenland oder von den paar Fehlstarts mit Wohnungen, bevor sie im Haus Zodiac 23 landeten, enttäuscht. Edwin ging jeden Tag in sein Büro, und Dorothea ging in ihres. Daß er ihr mehr über Aktienpreise erzählte als sie ihm über die Briefe, die sie für ihren Chef tippte, lag daran, daß Aktienpreise wichtiger waren. Es stimmte, oft hätte sie ihm gern ein paar Einzelheiten über dieses oder jenes mitgeteilt, zum Beispiel über den Schriftwechsel mit Flitts, Hay und Co. wegen der fast achtzehntausend defekten Stuhllaufrollen. Der Briefwechsel war interessant, weil er schon zwei Jahre dauerte und unverschämt geworden war. Aber als sie es Edwin gegenüber erwähnte, nickte er nur freundlich. Da war auch die Sache mit Miß Royals Kratzern, über die jeder im Büro Mutmaßungen anstellte – wie um alles in der Welt hatte sich eine Frau wie Miß Royal zwischen Montag abend siebzehn Uhr dreißig und neun Uhr dreißig am folgenden Morgen vier lange Kratzer im Gesicht und am Hals zugezogen? «O ja?» hatte Edwin gesagt und weiter über Investitionsgeschäfte geredet.

Dorothea vermochte diese verräterischen Zeichen nicht zu deuten. Sie erinnerte sich nicht, daß Edwin, als sie und er sich über ihre Kindheit unterhielten, manchmal nur gelächelt hatte, als ob seine Gedanken ganz woanders wären. Es war nur eine kleine Enttäuschung, daß er nichts über Flitts, Hay und Co. und Miß Royals Kratzer wissen wollte: sich darüber aufzuregen, wäre doch Unsinn gewesen. Dorothea hielt ihren albernen Streit über das Picknick der Teddybären für unbedeutend. Sie begriff nicht, daß es mit Freunden zu tun hatte, die die ihren waren und nicht die seinen. Und es kam ihr auch nicht in den Sinn, daß es Edwin war, der die Entscheidung traf, als sie die Möbel für ihre Wohnung gekauft hatten. Sie taten alles gemeinsam, hätte Dorothea gesagt. Und schließlich würden sie trotz des Streits zusammen zum Teddybär-Picknick gehen. Edwin liebte sie und war freundlich und wirklich ganz wunderbar. Schließlich opferte er ja ihretwillen ein ganzes Wochenende.

Als sie an einem warmen Freitagnachmittag in ihrem Saab von London losfuhren, war Dorothea glücklich. Sie hörte Edwin zu, der ihr von einem Mann namens Dupree erzählte, der durch den Verkauf seines gesamten Asphalt-Bestands ein Bombengeschäft gemacht hatte. «James James Morrison Morrison Weatherby George Dupree», sagte sie.

«Was ist denn das?»

«Es ist von A. A. Milne, dem Mann, der *Pu der Bär* geschrieben hat. Der arme Pu!»

Edwin sagte nichts.

«Jeremy seiner heißt Pu.»

«Ich verstehe.»

Auf dem Rücksitz des Autos, in eine Ecke gelehnt, saß der blaue Teddy mit Namen Binky, den Dorothea hatte, seit sie ein Jahr alt war.

Im Garten der Ainley-Foxletons blühte der Rhododendron, allerdings wegen des strengen Winters spät in diesem Jahr. Auch der Goldregen, an den sich Edwin erinnerte, und der Ginster und einige gelbe Azaleen. «Mein Lieber, wir freuen uns so sehr», sagte die alte Mrs. Ainley-Foxleton und küßte ihn, weil sie dachte, er sei eines von den Kindern aus ihrer Vergangenheit. Ihr Mann, der auf dem Rasen umherwankte, hatte inzwischen das Zittern. «Meine Lieben, Mrs. Bright hat das Tischtuch für uns gebügelt!» verkündete Mrs. Ainley-Foxleton strahlend.

Sie teilte diese Tatsache mit, weil Mrs. Bright, die Haushälterin der Ainley-Foxletons, gerade mit dem gebügelten Tischtuch überm Arm aus dem Haus trat. Sie trug ein Tablett, auf dem Glaskrüge mit Orangensaft und Limonade standen, ein Krug mit Milch, Gläser und zwei Teller mit Sandwiches in Briefmarkengröße. Sie ging über die Steinstufen von einem Rasen hinunter auf einen noch größeren, überquerte diesen und verschwand im Gebüsch. Während alle mit den Ainley-Foxletons plauderten – niemand half, die Picknicksachen auszubreiten, weil das nicht zum Programm gehörte –, tauchte Mrs. Bright wieder auf, ging ins Haus zurück und machte den

Weg noch einmal, das Tablett diesmal mit Kuchen und Keksen beladen.

Vor dem Mittagessen hatte Edwin lange mit Dorotheas Vater in der Laube gesessen und getrunken. Das war etwas, was sich ihr Vater sonntags vormittags gönnte. Er erlaubte sich einen dösigen Schwips, der erst bemerkt wurde, wenn beim Lunch zwei Flaschen Claret konsumiert wurden. Heute war Edwin seinem Beispiel gefolgt. Er war zweimal aufgestanden, um ihre Gläser neu zu füllen, und hatte es während des Essens sogar geschafft, in die Laube zu flüchten, um sich einen kräftigen Schluck Whisky zuzuführen, der sich recht gut mit dem Claret vertrug. Er konnte sich nicht vorstellen, sich in einem anderen Zustand mit einem Teddybär, den Dorotheas Mutter ihm aufgedrängt hatte, im Garten der Ainley-Foxletons zu präsentieren. «Lieber du als ich, mein Junge», hatte Dorotheas Vater nach dem Essen gesagt und war mit einem feinen Gurgeln in den Sessel gesunken. Vor der Abfahrt war Edwin schnell noch einmal in die Laube gehuscht. Weil die Gläser schon eingesammelt waren, trank er aus dem Verschluß der Whiskyflasche. Als Mrs. Ainley-Foxleton ihn geküßt hatte, mußte er wie eine Destille gerochen haben, aber es machte ihm nichts aus.

«Nun, hier sind wir also», sagte Jeremy in der Lichtung, in der das Picknick 1957 zum ersten Mal stattgefunden hatte. Er saß im Schneidersitz auf einem Plaid am Kopfende des Tischtuchs. Er trug eine Brille und war stämmig. Peter am anderen Ende schien in den dazwischenliegenden Jahren nicht viel gewachsen zu sein, aber Angela war wie eine Stockrose in die Höhe geschossen und sah auch wie eine aus. Edith war plump, Charlotte beinahe schön, Harriet hatte vorstehende Zähne, Holly war überschwenglich. Jeremys Frau und Peters Frau und Charlottes Mann – einer mit Shell-Aktien – ließen sich von der Stimmung des Treffens mitreißen.

Wie sie alle dasaßen, jeder mit einem Teddybär, der einen Namen hatte, im Arm! Angela legte auf Mrs. Ainley-Foxletons altem Grammophon eine Schallplatte auf. «Oh, geh heute nicht in den Wald», krächzte eine Stimme, «ohne mich vorher zu fragen . . .» Mr. und Mrs. Ainley-Foxleton sollten, wie es der Tradition entsprach, später auftauchen, offenbar mit Schokolade und Butterblumensträußchen für die Bären.

«Danke, Edwin», flüsterte Dorothea, während die Musik spielte. Sie wollte, daß er sich an den Streit über das Picknick erinnerte; sie wollte ihn wissen lassen, daß sie ihm ehrlichen Herzens vergeben hatte und sich freute, daß er einsah, welchen Spaß es machte.

«Ich muß mal aufs Klo», sagte Edwin. «Entschuldigt mich eine Minute.» Niemand außer Dorothea schien zu bemerken, daß er sich entfernte, weil sich alle so angeregt unterhielten und Neuigkeiten austauschten.

Die Wut, die Edwin nach dem Streit mit sich herumgeschleppt hatte, war noch nicht verraucht. Verärgert hatte er seine Mutter angerufen, und noch ärgerlicher war er geworden, als sie sagte, sie hoffe, er würde sich gut amüsieren. Was sie gemeint hatte, war, sie habe es doch gleich gesagt – heirate ein hübsches kleines Ding, und bevor du bis drei zählen kannst, sitzt du schon mit Teddybären beim Tee! Du bist ein Dummkopf, daß du dich mit solchem Blödsinn abgibst, hatte Dorotheas Vater gemeint, als er «lieber du als ich» sagte.

Edwin hatte genug Verstand, und er wußte das schon lange. Es war seine Klugheit, die sich wegen dieser Peinlichkeit beleidigt fühlte, dieser albernen Scheußlichkeit im Garten eines alten Ehepaars. In der Schule hatte er es immer gehaßt, wenn sie sich verkleiden mußten. Es war ihm sogar peinlich gewesen, Gedichte aufsagen zu müssen. Was Edwin bewunderte, war Solidität. Er mochte Westminster und die City, er mochte Bahnen, die ruhig fuhren, Anzüge und saubere Hemden. Als er Dorothea geheiratet hatte, wußte er – ohne es von seiner Mutter gesagt bekommen zu müssen –, daß sie kein gescheiter Mensch war, aber seiner Meinung nach war eine gescheite Ehefrau überflüssig. Er hatte sich eine Zukunft vorgestellt, in der Kinder geboren und ausgebildet wurden, in der Dorothea

Koch- und andere hausfrauliche Künste entwickeln würde, in der sie gemeinsam schöne Dinner-Partys gaben. Statt dessen, nach nur sechs Monaten, diese groteske Absurdität! Edwin betrank sich nur sehr selten – er trank, wenn er wütend war, wie an dem Abend, als sie sich stritten.

Mr. Ainley-Foxleton schwankte mit seinem Stock auf dem oberen Rasen entlang, aber Edwin achtete nicht auf ihn. Der alte Mann schien etwas zu suchen. Sein Kopf schob sich auf dem mageren Hals vor, die Augen hinter der Brille schauten prüfend ins Gras. Edwin ging an ihm vorbei ins Haus. Hinter einer geschlossenen Tür konnte er die Stimmen von Mrs. Ainley-Foxleton und Mrs. Bright hören, die über Butterblumen sprachen. Er öffnete eine weitere Tür und betrat das Eßzimmer. Auf dem Sideboard standen Karaffen.

Edwin mußte feststellen, daß es nicht leicht war, aus einer Karaffe zu trinken, aber er schaffte es trotzdem. Wieder packte ihn die Wut. Es schien unglaublich, daß er ein Mädchen geheiratet hatte, das nicht richtig erwachsen geworden war. Keiner von denen war erwachsen geworden, keiner wollte zur Erwachsenenwelt gehören, nicht einmal die Ehemänner und Ehefrauen, die eigentlich gar nichts damit zu tun hatten. Hätte Dorothea ihm damals, als sie dieses Haus besuchten, von all dem erzählt, wer weiß, ob er sie überhaupt geheiratet hätte.

Den Stöpsel zwischen den Zügen, die er nahm, immer wieder auf die Karaffe steckend – falls plötzlich jemand auftauchte! – brachte er es trotz allem nicht fertig, sich einzugestehen, daß er mit Dorothea einen Fehlgriff getan hatte. Er liebte sie, er hatte nie eine andere geliebt, und er bezweifelte, jemals eine andere lieben zu können. Oft – in einem ruhigen Moment zwischen Kauf und Verkauf im Büro – dachte er an sie, sah sie in ihren verschiedenen Kleidern und manchmal sogar ohne Kleider. Wenn er nach Hause kam, umarmte er sie und ließ sie manchmal erst wieder los, wenn er sie sanft aufs Bett gelegt hatte. Und auch sie liebte ihn über alles, das sagte sie oft.

Und doch: es war äußerst verdrießlich, daß der Streit ihn so verunsichert hatte. Diesen Unsinn hätte er sofort beenden sollen. Er verdiente den Hohn seiner Mutter, und den seines Schwiegervaters verdiente er auch. Daß er Dorothea, die ihn doch so sehr liebte, nicht klarmachen konnte, wie albern sie sich benahm, war auch nach erst sechsmonatiger Ehe absurd. Und es war absurd, hier betrunken herumzustehen.

Das Eßzimmer der Ainley-Foxletons, voll Silber, polierter Möbel und düsterer Ölgemälde, verschwamm vor seinen Augen. Aus der einen Reihe Karaffen wurden zwei und dann wieder eine. Der mit schweren Teppichen belegte Fußboden neigte sich, senkte sich erst nach links und dann nach rechts. Dorothea hatte ihn im Stich gelassen. Sie hatte ihn hierhergeschleppt, so daß er Angela und Jeremy und Charlotte, Harriet, Holly, Edith, Peter und den Ehemännern und Ehefrauen vorgeführt werden konnte. Sie wollte ihnen zeigen, daß sie nur mit dem kleinen Finger zu wackeln brauchte, daß seine Klugheit nichts war im Vergleich zu seiner Liebe zu ihr. Die Wut hämmerte jetzt auf ihm herum, tat ihm fast weh. Er wollte aufbrechen, den Saab nach London zurückfahren, und sollte Dorothea ihm folgen, müßte er ganz kategorisch erklären, wenn sie die Absicht hätte, sich wie ein Dummkopf zu benehmen, dann käme nur noch eine Scheidung in Frage. Das aber käme einem Eingeständnis gleich, versagt zu haben. Es war absurd, daß die Ehe, für die er sich entschieden hatte, wegen einer Albernheit enden sollte, bevor sie richtig angefangen hatte.

Edwin nahm einen letzten Mundvoll Whisky und setzte den Glasstöpsel auf den Karaffenhals. Er dachte an eine andere Party, die Jahre zurücklag, und dabei fielen ihm bestimmte Ähnlichkeiten mit der heutigen auf. Leute hatten zugunsten irgendeiner wohltätigen Sache, die seine Mutter unterstützte, ein Gartenfest gegeben, zu dem er, sein Bruder, seine Schwester und sein Vater mitgeschleppt worden waren. Es war ein unerträglich heißer und langweiliger Nachmittag geworden. Er hatte seinen baumwollenen Schlapphut, den er haßte, und einen scheußlichen khakifarbenen Sommeranzug tragen müssen. Sie hatten stundenlang herumstehen müssen, während seine Mutter sich mit Leuten unterhielt und manchmal langsam Rezepte diktierte, die sie sich notierten. Edwins Bruder und Schwester schien es nichts auszumachen; sein Vater tat, was man von ihm verlangte. Edwin hatte sich davongemacht und war in ein Haus gegangen, das noch größer und schöner als das der Ainley-Foxletons war. Er hatte in den unteren Räumen herumgeschnüffelt, in der Küche Marmelade genascht und war dann zu den Schlafzimmern nach oben gegangen. Er hatte dort Schubladen und Schränke geöffnet und war anschließend über eine Holztreppe in die Mansarde gestiegen. Von hier aus war er aufs Dach geklettert. Edwin hatte das alles fast vergessen, aber jetzt erinnerte er sich mit einer Lebhaftigkeit, die ihn überraschte.

Er verließ das Eßzimmer. In der Eingangshalle konnte er immer noch die Stimmen von Mrs. Ainley-Foxleton und Mrs. Bright hören. Niemand hatte sich damals um ihn gekümmert; seine Mutter, deren Liebling er immer gewesen war, hatte ihn sogar ungeduldig abgewiesen, als er über Zahnschmerzen klagte. Niemand war es aufgefallen, daß er sich davonschlich. Aber auf der Brüstung des Daches war alles anders. Die Gesichter der Leute waren helle Punkte, die alle gleich aussahen und zu ihm hochstarrten. Die Farben der Frauenkleider vermischten sich zwischen den Blumen. Arme fuchtelten wild. Jemand brüllte etwas, befahl ihm, herunterzukommen.

Auf dem oberen Rasen untersuchte der Alte immer noch das Gras. Sein Kopf war noch immer nach unten gereckt, sein Stock stocherte im Gras herum. Von der Lichtung, wo das Picknick stattfand, kam ein kurzer Applaus, als ob jemand gerade eine Rede gehalten hätte. «. . . heute ist Teddybär-Picknick», sang die krächzende Stimme aus der Ferne.

Ein leichter Wind hatte Edwins sonnenverbrannte Arme gekühlt, als er auf der Brüstung entlangkroch. Er ahnte, daß seine Mutter jetzt wußte, daß er es war, daß sein Bruder und seine Schwester weinten. Er sah, wie sein Vater aus dem Auto geholt wurde, wo er ein Nickerchen gemacht hatte. Edwin hatte seine Arme ausgebreitet und balancierte wie ein Seiltänzer. Die ganze Langeweile, die brütende Hitze, der Baumwollhut und

-anzug waren nicht mehr wichtig. Innerhalb von Minuten war es sein Tag geworden.

«Schönes Wetter heute», sagte Edwin zu dem alten Mann.

«Wie?»

«Das Wetter ist schön», brüllte er. «Ein schöner Tag.»

«Im Gras ist Pilz, wissen Sie. Voll davon.» Mr. Ainley-Foxleton untersuchte die kleinen schwarzen Flecken mit seinem Stock. «Hab nie gewußt, daß hier Pilz ist», sagte er.

Sie standen am Rand des Rasens. Unter ihnen breitete sich ein Steingarten voller Ehrenpreis und Strandlichtnelken und Thymian aus. Der Steingarten war in einem Halbkreis um eine Sonnenuhr angeordnet.

«Sieht auch wie Pilz aus», sagte Edwin und deutete auf den größeren Rasen, der unterhalb des Steingartens begann.

«Wie?» Der alte Mann guckte über den Rand und wußte nicht, wonach er schauen sollte, weil er nicht richtig verstanden hatte. «Wie?» sagte er wieder, und Edwin stieß ihm den Ellbogen in die Seite. Der Stock flog durch die Luft, der Kopf des Alten schlug mit einem scharfen kurzen Knacken gegen die Kante der Sonnenuhr. «Oh, geh heute nicht in den Wald», begann die Stimme wieder, durch den Sonnenschein über den duftenden Garten schwebend. Edwin blickte schnell zu den Fenstern des Hauses und prüfte, ob sich irgendwo ein Gesicht zeigte. Nicht, daß es einen Unterschied gemacht hätte – aus dieser Entfernung hätte niemand eine so leichte Bewegung mit dem Ellbogen erkennen können.

Sie aßen Bananensandwiches und Plätzchen mit Zuckerguß, Schokoladenkuchen und Kaffeekuchen. Die Schnauzen der Teddybären wurden an die Gläser gepreßt. Jeder Teddy wurde mit Namen angeredet. Edwins Bär hieß Tomkin.

«Könnt ihr euch an das Gewitter erinnern?» fragte Edith und verzog das Gesicht auf die ihr eigene Art, fast schon ein Tick, dachte Edwin. Vielleicht war das damals gewesen, als er auf der Brüstung balancierte? Er lächelte, weil es irgendwie amüsant war. Auch Angela lächelte und Jeremy und Edith,

Charlotte, Harriet und Holly, Peter und die Ehemänner und Ehefrauen. Dorothea lächelte am meisten. Als Edwin vom einen zum anderen blickte, dachte er an die Gesichter, die von weit unten zu ihm hochgeschaut hatten – nur hatte es damals Panik gegeben und kein Lächeln.

«Erinnert ihr euch an den Sirup?» sagte Angela. «Der arme Algernon mußte ein gräßliches Bad nehmen.»

«War es nicht Horatio?» fragte Dorothea.

«Ja, es war Horatio», bestätigte Edith und balancierte Horatio zu aller Belustigung auf den Schultern.

«Heute ist Teddybär-Picknick», sangen plötzlich alle gemeinsam mit der Grammophonstimme. Edwin lächelte und sang selbst ein bißchen mit. Auf der Heimfahrt zum Haus von Dorotheas Eltern würde die Stimmung bedrückt sein. «Der arme alte Kerl wurde einfach übersehen», würde er wahrscheinlich erklären, «bei all dem Trubel.» Und im Haus Zodiac 23 würde die Stimmung auch bedrückt sein. «Du solltest ihn wegschmeißen», würde er vorschlagen und einwerfen, daß der blaue Teddy für immer an den Vorfall erinnern würde.

Dorothea, die das Geschehnis ein bißchen reifer gemacht hätte, würde ihm natürlich beipflichten. Wie alles andere mußte auch die Ehe die passende Form annehmen.

Charlotte erzählte ein Abenteuer, das ihr Mikey erlebt hatte, als sie ihn ins Internat mitnahm und ein Mädchen ihn mit einem Fleischspieß durchbohrte. Holly erzählte, wie sie ihren Parzival vor dem Ertrinken retten mußte, als er aus einem Motorboot purzelte. Jeremy zog das Grammophon auf, und das Geplauder nahm kein Ende. Harriet sagte, daß sie früher mal nur Peter heiraten wollte und Peter unbedingt Dorothea. «Oh, geh heute nicht in den Wald», begann die Stimme von neuem, und dann hörten sie Mrs. Ainley-Foxletons Schrei.

Alle rannten davon, ließen die Teddybären, wo sie waren, und das Grammophon spielte weiter. Edwin beugte sich als erster über die dahingestreckte Gestalt. Er erklärte, daß Mr. Ainley-Foxleton tot sei, und dann nahm er die Dinge in die Hand.

HEINRICH SEIDEL

Der gute alte Onkel

Der gute alte Onkel bin ich. Wenn man mich fragen wollte, wie es gekommen ist, so kann ich nur sagen, daß die gütige Vorsehung mich wohl dazu bestimmt hat, denn es ist ein Beruf, der mir ausnehmend gefällt. Wer es nicht erlebt hat, der glaubt es gar nicht, wie schön es ist, ein alter Onkel zu sein. Aber das muß man sagen, es gehören auch solche Brüder und Schwestern dazu, wie ich besitze, vier Brüder, die alle verheiratet sind. Alle haben Kinder, und von den Kindern haben manche schon wieder Kinder; da lohnt es sich denn doch, Onkel zu sein.

Ich habe mich nun eben nicht verheiratet, denn es ist mir nicht gelungen. Es war eine Zeit, da dachte ich oft daran, und ich malte mir so schön aus, wie es sein würde. Da war in meiner Phantasie ein kleines Haus in der Vorstadt, das lag in einem Garten ganz heimlich und schön, wie ein Nest im Grünen. Und in dem Haus war alles so vorzüglich und anmutig eingerichtet, wie es eigentlich wohl nur in idealen Häusern vorkommt, die es gar nicht gibt. Ich hatte dort in meiner Phantasie ein wunderbares Studierzimmer mit einem Erkervorbau, in welchem Blumen waren, und mit einem geräumigen dunkelbraunen Schreibtisch, der mit allem bedeckt war, das man nur irgend zum Schreiben nötig hat. Mächtige, schön verzierte Bücherschränke standen an den Wänden, und sie waren alle gefüllt mit sauber gebundenen Büchern, deren Inhalt das Beste war, was die Menschheit gedichtet und erdacht hatte. Mit dem Studierzimmer stand ein zweites kleineres in Verbindung, in welchem meine Sammlungen und Instrumente befindlich.

Dort waren schimmernde Kristallbildungen und glänzende Erzstufen, Versteinerungen aller Arten, die Überbleibsel urweltlicher, untergegangener Bildungen und Schmetterlinge und Käfer, die Zeugen des neuesten und jüngsten Lebens, alles in sauberen Kästen sorgfältig geordnet. Neben dem Studierzimmer sollte dann ein Anbau sein, in dem ein Vogelhaus befindlich. Die Tür konnte geöffnet werden, und durch das leichte Drahtgitter sah ich dann von meinem Schreibtisch aus in den grünen sonnigen Raum, in dem ein Springbrunnen plätscherte und die kleinen Vögel flatterten und sangen. Wenn ich nun genug gearbeitet hätte und über den Flur ginge und die Tür öffnete, da würde ich wieder in andere Zimmer kommen, in denen man gleich das Walten einer Frauenhand bemerkt, denn alles ist zierlicher und schöner eingerichtet, und ein Hauch des Friedens und der Anmut schwebt über den Dingen. Und da würde meine Frau mir entgegenkommen, sehr schön, aber sehr einfach gekleidet, mit etwas zierlichem Weißen um den Hals, und sie würde ihren gelben Gartenstrohhut mit dem blauen Band auf das helle Haar setzen und an meinem Arm in den Garten gehen. Dort würden wir die herrlichen und seltenen Blumen betrachten, welche wir beide pflegten, und allerlei schöne Pläne für die Zukunft spinnen und würden sehr glücklich sein.

Ja, so war es alles in meiner Phantasie. Wie meine zukünftige Frau nun beschaffen sein sollte, das war ganz genau bestimmt. Sehr schön sollte sie sein, aber nicht eine sonnenhafte Schönheit, der sich alles beugt, sondern eine sanfte, milde, deren Antlitz der Spiegel von Güte des Herzens und Innigkeit des Gemütes ist. Sie sollte mittelgroß und von einer sanften Rundung aller Formen sein, ihre Stimme wohllautend und ihr Sinn gemäßigt heiter. Sie sollte sein wie die Sonne, wenn ich komme, und wie der Mond, wenn ich gehe.

Aber es ist ein eigenes Ding um die Phantasiegestalten. Da war nun in Wirklichkeit ein kleines Mädchen, die hatte von alledem sehr wenig, aber sie war ein fröhlicher Schmetterling und sang und trällerte den ganzen Tag. Sie hatte zwei lachende braune Augen und dunkles lockiges Haar, das sie gern um das Köpfchen schüttelte, und wenn sie ins Zimmer trat, so war mir gerade, als wenn die Sonne plötzlich hinter den Wolken hervorglänzt. Ihretwegen hatte ich bald die ganze Phantasiegestalt vergessen, aber als ich dachte, der schöne Schmetterling sei mein, da flatterte er fröhlich zu einem andern. Das war eine recht betrübte Geschichte, und mir wird noch jetzt oft ganz wehmütig, wenn ich daran denke. Doch das sind Träume und Dinge, die vergangen sind; genug, es ist mir nicht gelungen, mich zu verheiraten, und mich dünkt, in dieser schwierigen Welt da ist es so leicht auch nicht, wie es wohl manchmal den Anschein hat.

Ich habe nun tapfer mein liebebedürftiges Herz an fremdes Glück anranken lassen. Und Gott sei Dank, dazu ist mir die ausbündigste Gelegenheit gegeben. Ich habe sieben Erstgeborene erlebt, welche alle ausnehmende unbegreifliche Wunderkinder vor Gott und den Menschen waren. Und dann noch viele, viele Nachgeborene von nicht ganz so wunderbarer Natur, indem die Vorgänger schon viel davon vorweggenommen hatten, allein sie waren doch auch höchst merkwürdige Kinder, welche durch ihre ungewöhnliche Vollendung in den Augen ihrer Mütter als seltene Ereignisse dastanden. Allen diesen Kindern war ich der gute Onkel, und da nun die älteren schon erwachsen sind und einige schon selbst Kinder haben, so bin ich nun allmählich der gute «alte» Onkel geworden.

Da sind nun die Mädchen, braune und blonde, kleine, die sich schmeichelnd an mein Knie drücken, größere, die mir lustig entgegenspringen, und erwachsene, die mich sittig begrüßen; da sind die Jungen vom krabbelnden Knirps bis zum ernsten Mann, alle mit dem Familienzug, und doch alle verschieden, wie man es nur denken kann. Und das alles wächst vor mir auf, mich kennend und liebend, mir angehörig, meine Freude, meine Sorge und mein Stolz – und da soll man nicht glücklich sein?

Ei, und da hatte ich auch genug zu tun. Wie viele Beratungen habe ich nicht mitgemacht und über die ersten kurzen

Kleider und über die ersten Höschen und über die ersten Bilderbücher. Dann, wenn sie größer wurden, über die Schule und dergleichen. Ja, ich bin mit der Zeit eine Autorität in solchen Dingen geworden, und mein Wort ist allen Müttern gewichtig. «Onkel Ludwig hat's gesagt», ist ein nicht gering anzuschlagendes Argument und gibt oft den Ausschlag, wenn Papa nicht einwilligen will.

Ich danke ferner dem Schöpfer, der mir ein gutes Gedächtnis für die Spiele meiner Kindheit gegeben hat. Kann wohl irgend jemand so exemplarische Drachen, Wind-, Wasser- und Sandmühlen bauen als ich; weiß wohl jemand so viele lustige Spiele anzugeben, so viele Kinderspäße und Scherze, so viele Märchen und Geschichten zu erzählen? «Onkel», sagte neulich mein Großneffe Friedrich, genannt Fidde, zum Unterschied von Friede und Fritz, welche seine Vettern sind und eigentlich auch Friedrich heißen, «Onkel», sagte er mit ernster Miene, «ich glaube, es gibt gar nichts, was du nicht kannst!» Ja, so berühmt bin ich! –

Da ich gerade sieben verheiratete Geschwister habe, so brauchte ich nie in Verlegenheit zu sein, meine Abende zuzubringen, denn ich dürfte nur alle Abende zu einem andern gehen und sonntags zum Ältesten, der das Haupt der Familie ist. Allein das tue ich nun doch nicht, denn das würde Tante Veronica übelnehmen, wenn ich so wenig häuslich wäre. Man darf aber nicht schließen, daß Tante Veronica wirklich meine Tante ist, sie ist sogar nicht einmal mit mir verwandt, sondern nur eine alte, prächtige Dame, welche mir die Wirtschaft führt. Darin zeigt sich eigentlich recht mein Glück, daß ich Tante Veronica zu meiner Haushälterin erworben habe. Sie ist eine saubere, etwas rundliche Dame und hat ein rosiges Gesicht mit vielen freundlichen Fältchen und zwei weißen Löckchen, die unter einer schneeweißen Haube hervorschauen. Sie trägt stets eine mattgraue Kleidung und hat immer ein sonntägliches Wesen, wenn sie auch alle Hände voll zu tun hat. In ihrem Zimmer sind Blumen, ein Kanarienvogel, urgroßväterliche Möbel, schimmernde Sauberkeit und ein schneeweißes Bett mit weißen Vorhängen. Wenn die Sonne hineinscheint, ist es eine Sehenswürdigkeit.

Tante Veronica weiß ebensogut in meiner Familie Bescheid als ich. Alle die Neffen und Nichten jederlei Größe, welche zu mir die Treppen heraufgestiegen kommen mit einem Anliegen, einer Bitte oder auch mit einem: «Ich will dich nur besuchen, lieber Onkel», vermag sie zu klassifizieren, nur mit den vielen Vornamen liegt sie im Zwiespalt und tappt gern in dem Urwald der verschiedenen Namen umher, ehe sie den richtigen trifft. Da kommt ein leichter zwölfjähriger Schritt die Treppe hinauf, es klingelt, und Tante Veronica geht, um zu öffnen. «Na, Louise . . . Minchen . . . Frieda . . . Clara . . . na! Hedwig, was willst du denn?» höre ich sie auf dem Vorplatz fragen. «Tante», antwortet eine lustige Kinderstimme, «weißt du denn nicht, in der vorigen Woche bin ich ja zwölf Jahre alt geworden, und heute wird die ‹Zauberflöte› gegeben!» Und herein kommt Nichte Hedwig gehüpft ganz Erwartung und freudige Aufregung, denn sie wird heute zum ersten Mal mit mir ins Theater gehen. Es besteht nämlich ein geheiligtes Herkommen in unserer Familie, daß kein Kind vor seinem zwölften Jahre ins Theater gehen darf, und da das erste Stück, welches der Großvater und welches der Vater gesehen haben, die «Zauberflöte» gewesen ist, so ist auch dies ehrwürdiger Gebrauch geworden. Ich habe es mir nun ein für allemal vorbehalten, mitzugehen und das Kind in die neue Wunderwelt einzuführen. Eine Quelle stets neuen Genusses gewährt es mir, die jungen unerfahrenen Gemüter zu beobachten, wie sie sich dem ersten Eindrucke gegenüber verhalten. Und alle sind sie verschieden. Da ist Adolph, der sich nie wundert, der praktische, der alles als selbstverstandlich hinnimmt und bei Schlange, Feuer und Wasser nur fragt, wie es gemacht wird; Ludwig, der stumm und starr ist vor staunendem Entzücken und noch tagelang wie im Traum einhergeht; Hermann, der Naturforscher, der die Bemerkungen macht: so was täten die Schlangen gar nicht und in Afrika hätten manche Häuptlinge auch zahme Löwen; Clara, die mit zitternder Furcht und jubelnder Freude das ganze Stück begleitet, und Minchen, die sich hauptsächlich über die schönen Anzüge freut usw.

Ich habe demgemäß die «Zauberflöte» siebenunddreißigmal gesehen und kann sie auswendig. In der Kinderstube ist die «Zauberflöte» ein Lieblingsgespräch, es spielt fast eine Rolle wie Weihnachten. Ja, da bin ich nun bei Weihnachten. Das ist gar eine wunderbare Zeit, und um alles in der Welt möchte ich sie nicht missen. Im Oktober fängt es schon an, und alle die süßen Reize genieße ich, alle die holden Kinderphantasien erlebe ich von neuem. Das ist dann ein Sinnen und Denken und Spintisieren und die Läden Durchmustern! Alle meine Mal-, Papp-, Tischler- und Kleisterkünste werden wieder hervorgesucht, und es wird immer geheimnisvoller bei mir, so daß meine kleinen Besucher nur mit Vorsicht eingelassen werden können. Und dann nachher ist Bescherung der Reihe herum. Bei allen Familien baue ich auf in den letzten Tagen des alten Jahres, und siebenmal kehrt dieser herrliche Tag für mich wieder, der mir stets neue Genüsse bringt. Und auch mir wird beschert, an jedem Abend, in jeder Familie. Ich habe dreiundzwanzig Rückenkissen, die mir eigentlich ein Greuel sind, über welche ich mich aber stets unbeschreiblich freue. Darunter sind sieben mit Katzen und vier mit Hunden und drei mit «Ruhe sanft!» Sanft ruhen sie auch, denn ich habe eine Kiste dazu, welche schon halb voll ist. In dieser Kiste befinden sich auch so viele Antimakassar oder Antibaumöle, wie ich sie nenne, daß man einen ganzen Tanzsaal damit belegen könnte, und wenn ich meine Zimmer mit den Zeichnungen tapezieren wollte, welche mir zu Weihnachten gemacht worden sind, so könnte ich noch Bedürftigen davon abgeben. Unter diesen Zeichnungen sind auch viele Landschaften mit Bäumen, auf welchen, wie Stifter sagt, Handschuhe wachsen. Ich habe einundzwanzig Zigarrentaschen und rauche fast gar nicht, und siebzehn Kammfutterale, obgleich mein Kopf so glatt wie eine Tenne ist. Hausschlüsseltaschen kann ich jeden Tag in der Woche eine neue nehmen, und von den gekratzten und gemalten Tassen mit «Zur Erinnerung» und «Dem guten Onkel» und den sonstigen Trinkdingen will ich gar nicht reden, denn ihre Zahl ist Legion.

Von meinen Träumen über die ideale Wohnung ist doch ein wenig in Erfüllung gegangen. Sie liegt zwar hoch in einem Hinterhause, allein sie schaut doch auf schöne grüne Gärten herab. Zwei freundliche Zimmer und eine Schlafkammer nenne ich mein, und auch manch schönes Gerät, darauf mein Auge mit Freude ruht, ist darin befindlich. Manche gute Bücher sind meine stillen Freunde – laute habe ich ja genug –, auch von den geträumten Sammlungen sind einige saubere Kistchen gefüllt. Ein Vogelbauer mit zierlichen ausländischen Finken steht unter Blumen und schönen Blattgewächsen bei meinem Schreibtisch, der zwar nicht prächtig geschnitzt, doch sehr bequem und traulich ist. Der Mensch muß auch nicht zu viel verlangen. So lebe ich denn vergnügt und heiter und danke meinem Schöpfer, der es so gut mit mir gefügt hat.

Zuweilen frage ich mich wohl, wie es nun fortgehen und wie es einmal enden wird . . .

SOPHIE BRANDES

Oli hat einen Freund

Der erste Eindruck von zu Hause war eine strahlende Oli mit roten Hamsterbacken und glänzenden schwarzen Augen. Ein Milchbrei stand auf dem Abendtisch, eine Riesenschüssel Himbeermus dazu, und über die Terrasse hing der Knöterich mit seinem süß riechenden Blütenschleier – es gibt kein schöneres Urlaubsbild.

Unsere Oli sieht neu aus, das muß man einfach sehen. Schön braungebrannt ist sie, eine neue Brille hat sie sich machen lassen, eine, die nicht immer von der Nase herunterhängt und auch nicht mit Leukoplast zusammengeklebt ist, und kämmen tut sie sich andauernd. Sie lacht und pfeift – irgend etwas ist mit unserer Oli los!

Am Morgen gibt es frische Brötchen (wann hat's die schon gegeben?), und die Oli trällert in der Küche «Puppchen, du bist mein Augenstern» und pfeift, indem sie die Luft einzieht und ausstößt, «Im Grunewald, im Grunewald ist Holzauktion» und ihren ganzen Liedervorrat. Ein ziemlich ärmliches Gepfeife – aber wann gab's das je zu hören? Da macht sich jeder seine Gedanken. Um elf sagt die Oli, jetzt geht sie schwimmen. Da staunt man wieder, weil die Wali sie schon oft mit zum Schwimmen mitnehmen wollte und dabei immer auf einen harten Widerstand gestoßen ist. Mittags gibt es Porree mit Lyoner, und zwar schon um halb eins. Auf die Frage, warum so früh, ist zu erfahren, daß sich die Oli für den Nachmittag etwas vorgenommen hat. Genaueres sagt sie nicht. Nach dem Mittagessen hat sie sich einen anderen Fummel angezogen, sogar ihren feinsten aus rosa Kunstseide. Außerdem sieht man eine Perlenkette an ihrem Hals, und die Effenberger Zähne hat sie auch noch angelegt. (Das ist eine Brosche aus Elfenbein, die wie das Gebiß vom Hausmeister Effenberger aussieht.) Sie hat sich einfach irre fein gemacht, wie schon lange nicht mehr. Dann nimmt sie ihre komische schwarze Pompadourtasche und sagt: «Macht's gut, Kinder, bis um fünf bin ich sicher wieder im Lande.»

Am Abend ist die Oli aufgekratzt und erzählt dauernd Witze, sogar ein paar unanständige! Sie lacht selbst am meisten darüber. Dann spielt sie noch zwei Stunden Halma mit uns, wobei sie laufend gewinnt. Dabei kippt sie ein paar Stonsdorfer Schnäpse hinunter und verschwindet anschließend in ihre Eiskammer.

Am nächsten Vormittag geht die Oli in die Stadt und kommt mittags mit einer Kleidertüte vom «Textil Feigl» zurück. Und was packt sie aus? Ein neues Kleid. «Was glotzt du denn mein Kleid so an? Die Modespezialistin hat mir versichert, daß dieses Kleid der letzte Schrei ist», sagt die Oli etwas eingeschnappt. Übrigens erfahren wir gleich darauf, was mit unserer Oli los ist. Der Onkel Otzi weiß alles und erzählt es meiner Mutter im Gästeraum. «Unsere Frau Mutter hat einen Freund, Schwesterchen», sagt er und verschwindet mit einem Stoß Bücher unter dem Arm im Haus. Als wenn alles ganz einfach wäre. Im Haus sagt der Onkel, er weiß es schon länger, von der Frau Knittl, die jeden Tag ins Krankenhaus fährt, um ihren Mann zu besuchen. Und die muß immer durch den Kurpark fahren, und da sitzen sie immer auf der Bank, die Oli und ein alter Herr, ganz eng beieinander. Sehen tun sie einen nicht, wenn man an ihnen vorbeifährt. Und heute hat der Onkel Otzi mit eigenen Augen gesehen, daß sich die Oli an der Ecke Kurpark–Kollmannbergerstraße von einem alten Herrn mehr als herzlich verabschiedet hat. Jetzt haut's mich um, die Oli hat einen Freund!

In der Küche trällert die Großmutter herum wie eine verliebte Haubenlerche, und das sogar beim Spülen. Das Essen macht sie auch schon wieder viel früher als sonst. Nach dem

Essen zieht sie ihr neues Kleid an, den letzten Schrei mit den Stiefmütterchen, nimmt ihren Pompadour und zieht auf ihrem Fahrrad davon. Zurück bleiben ein paar dumm schauende Kinder und Enkelkinder.

Am Abend frage ich die Oli ganz einfach nach ihrem Freund. Erst tut sie ganz erstaunt und sagt: «Was, iiiich?», aber als ich ihr sage, daß man sie schon beobachtet hat, rückt sie doch damit heraus: Ihr Freund heißt Hermann Klar, ist neunundsiebzig Jahre alt, sie hat ihn im Kurpark kennengelernt. Auf einer Bank. Er ist schon dagesessen, und sie hat sich dazugesetzt und ihn einfach angeredet. Na und? Er ist verheiratet und lebt mit seiner Frau in einem feinen Altersheim, in der Nähe vom Kurpark. Der Herr Klar hat der Oli gleich sehr gut gefallen, weil er so feine Hände hat, weil er so lustig erzählen kann, weil er in Kirchseelte geboren ist wie die Tante Hadi und weil er sich für die Oli interessiert, für alles, was die Oli sagt und denkt und tut. Die Oli hat sich ganz warm geredet und fast ihre Zahnarztverabredung verpaßt.

Als die Fanny und ich vom Schwimmen heimgekommen sind, höre ich ein Mordsgerede aus dem Wohnzimmer. Sie reden alle durcheinander, die Mami, die Tante Lone, der Onkel Otzi und der Gerd, der Mann von der Mami. Wir merken bald, daß es sich um die Oli und ihren Freund handelt. Gerade sagt einer, still, die Kinder brauchen das ja auch nicht alles mitzubekommen. Daß ich nicht lache! Wo ich es als allererste gemerkt habe. Also, es gibt da verschiedene Meinungen im Wohnzimmer. Der eine findet, daß es unmöglich ist, wenn eine Frau in dem Alter einen Freund hat. In dem Alter müßte man über «so was» hinaus sein. «Noch dazu, wo der Mann verheiratet ist», sagt ein anderer. Einer findet es überhaupt lächerlich, die ganze Geschichte ernst zu nehmen, es wäre eben so eine Altersschrulle. Die Oli hat doch immer irgendwelche Schrullen gehabt. Einer geniert sich vor den Leuten, der findet es unanständig, daß sich die Oli so undamenhaft benimmt. Einer findet, daß die Oli viel glücklicher aussieht, seit sie einen Freund hat. Ein anderer meint, das hätte schon längst einmal sein müssen, daß ein alter Mensch einen gleichgesinnten alten Menschen als Partner findet.

Ich finde es prima, daß die Oli einen Freund hat. Bis jetzt ist nur Gutes dabei herausgekommen. Seit Oli einen Freund hat, gibt es am Morgen frische Semmeln, hat sie ihre Zähne neu machen lassen, sich ein neues Kleid gekauft, eine Brille angeschafft, die nicht von der Nase fällt, und – die Oli läuft kreuzfidel durch die Gegend.

Ich denke, daß es schön ist, einen Freund zu haben, jedenfalls wenn man alt ist. Wenn man jung ist, gibt es dauernd Streit. Vielleicht kann man nur, wenn man alt ist, wirklich einen Freund haben. Weil man dann weiß, daß man froh sein muß, wenn man überhaupt jemand hat, egal, wie der aussieht, und weil man weiß, daß man vielleicht bald sterben muß. Auf jeden Fall ist es gut, daß die Oli einen hat, der sie toll findet, weil jeder so einen braucht, der einen toll findet.

Die Verlobung

Unser Klaßprofessor Bindinger hatte es auf meine Schwester Marie abgesehen.

Ich merkte es bald, aber daheim taten alle so geheimnisvoll, daß ich nichts erfahre.

Sonst hat Marie immer mit mir geschimpft, und wenn meine Mutter sagte: «Ach Gott, ja?», mußte sie immer noch was dazutun und sagte, ich bin ein nichtsnutziger Lausbube. Auf einmal wurde sie ganz sanft. Wenn ich in die Klasse ging, lief sie mir oft bis an die Treppe nach und sagte: «Magst du keinen Apfel mitnehmen, Ludwig?» Und dann gab sie Obacht, daß ich einen weißen Kragen anhatte, und band mir die Krawatte, wenn ich es nicht recht gemacht hatte.

Einmal kaufte sie mir eine neue, und sonst hat sie sich nie darum gekümmert. Das kam mir gleich verdächtig vor, aber ich wußte nicht, warum sie es tat.

Wenn ich heimkam, fragte sie mich oft: «Hat dich der Herr Professor aufgerufen? Ist der Herr Professor freundlich zu dir?»

«Was geht denn dich das an?» sagte ich. «Tu nicht gar so gescheit! Auf dich pfeife ich!»

Ich meinte zuerst, das ist eine neue Mode von ihr, weil die Mädel alle Augenblicke was anderes haben, daß sie recht gescheit aussehen. Hinterher habe ich mich erst ausgekannt.

Der Bindinger konnte mich nie leiden, und ich ihn auch nicht. Er war so dreckig.

Zum Frühstück hat er immer weiche Eier gegessen; das sah man, weil sein Bart voll Dotter war.

Er spuckte einen an, wenn er redete, und seine Augen waren

so grün wie von einer Katze. Alle Professoren sind dumm, aber er war noch dümmer.

Die Haare ließ er sich auch nicht schneiden und hatte viele Schuppen.

Wenn er von den alten Deutschen redete, strich er seinen Bart und machte sich eine Baßstimme.

Ich glaube aber nicht, daß sie einen solchen Bauch hatten und so abgelatschte Stiefel wie er.

Die anderen schimpfte er, aber mich sperrte er ein, und er sagte immer: «Du wirst nie ein nützliches Glied der Gesellschaft, elender Bursche!»

Dann war ein Ball in der Liedertafel, wo meine Mutter auch hinging wegen der Marie.

Sie kriegte ein rosa Kleid dazu und heulte furchtbar, weil die Näherin so spät fertig wurde.

Ich war froh, wie sie draußen waren mit dem Getue.

Am andern Tage beim Essen redeten sie vom Balle, und Marie sagte zu mir: «Du, Ludwig, Herr Professor Bindinger war auch da. Nein, das ist ein reizender Mensch!»

Das ärgerte mich, und ich fragte sie, ob er recht gespuckt hat und ob er ihr rosa Kleid nicht voll Eierflecken gemacht hat. Sie wurde ganz rot, und auf einmal sprang sie in die Höhe und lief hinaus, und man hörte durch die Tür, wie sie weinte.

Ich mußte glauben, daß sie verrückt ist, aber meine Mutter sagte sehr böse: «Du sollst nicht unanständig reden von deinen Lehrern; das kann Mariechen nicht ertragen.»

«Ich möchte schon wissen, was es sie angeht, das ist doch dumm, daß sie deswegen weint.»

«Mariechen ist ein gutes Kind», sagte meine Mutter, «und sie sieht, was ich leiden muß, wenn du nichts lernst und unanständig bist gegen deinen Professor.»

«Er hat aber den ganzen Bart voll Eidotter», sagte ich.

«Er ist ein sehr braver und gescheiter Mann, der noch eine große Laufbahn hat. Und er war sehr nett zu Mariechen. Und er hat ihr auch gesagt, wie viel Sorgen du ihm machst. Und jetzt bist du ruhig!»

Ich sagte nichts mehr, aber ich dachte, was der Bindinger für ein Kerl ist, daß er mich bei meiner Schwester verschuftet.

Am Nachmittag hat er mich aufgerufen; ich habe aber den Nepos nicht präpariert gehabt und konnte nicht übersetzen.

«Warum bist du schon wieder unvorbereitet, Bursche?» fragte er.

Ich wußte zuerst keine Ausrede und sagte: «Entschuldigen, Herr Professor, ich habe nicht gekonnt.»

«Was hast du nicht gekonnt?»

«Ich habe keinen Nepos nicht präparieren gekonnt, weil meine Schwester auf dem Ball war.»

«Das ist doch der Gipfel der Unverfrorenheit, mit einer so törichten Entschuldigung zu kommen», sagte er, aber ich hatte mich schon auf etwas besonnen und sagte, daß ich so Kopfweh gehabt habe, weil die Näherin so lange nicht gekommen war und weil ich sie holen mußte und auf der Stiege ausrutschte und mit dem Kopf aufschlug und furchtbare Schmerzen hatte.

Ich dachte mir, wenn er es nicht glaubt, ist es mir auch Wurscht, weil er es nicht beweisen kann.

Er schimpfte aber nicht und ließ mich gehen.

Einen Tag danach, wie ich aus der Klasse kam, saß die Marie auf dem Kanapee im Wohnzimmer und heulte furchtbar. Und meine Mutter hielt ihr den Kopf und sagte: «Das wird schon, Mariechen. Sei ruhig, Kindchen!»

«Nein, es wird niemals, ganz gewiß nicht, der Lausbub tut es mit Fleiß, daß ich unglücklich werde.»

«Was hat sie denn schon wieder für eine Heulerei?» fragte ich.

Da wurde meine Mutter so zornig, wie ich sie gar nie gesehen habe.

«Du sollst noch fragen!» sagte sie. «Du kannst es nicht vor Gott verantworten, was du deiner Schwester tust, und nicht genug, daß du faul bist, redest du dich auf das arme Mädchen aus und sagst, du wärst über die Stiege gefallen, weil du für sie zur Näherin mußtest. Was soll der gute Professor Bindinger von uns denken?»

«Er wird meinen, daß wir ihn bloß ausnützen! Er wird meinen, daß wir alle lügen, er wird glauben, ich bin auch so!» schrie Marie und drückte wieder ihr nasses Tuch auf die Augen.

Ich ging gleich hinaus, weil ich schon wußte, daß sie noch ärger tut, wenn ich dablieb, und ich kriegte das Essen auf mein Zimmer.

Das war an einem Freitag; und am Sonntag kam auf einmal meine Mutter zu mir herein und lachte so freundlich und sagte, ich soll in das Wohnzimmer kommen.

Da stand der Herr Professor Bindinger, und Marie hatte den Kopf bei ihm angelehnt, und er schielte furchtbar. Meine Mutter führte mich bei der Hand und sagte: «Ludwig, unsere Marie wird jetzt deine Frau Professor», und dann nahm sie ihr Taschentuch heraus und weinte. Und Marie weinte. Der Bindinger ging zu mir, legte seine Hand auf meinen Kopf und sagte: «Wir wollen ein nützliches Glied der Gesellschaft aus ihm machen.»

Onkel Aluco, einige Vögel, die Zeit

Manchmal kam Vaters Bruder Aluco zu uns und sagte, daß er unbedingt auf meine Hilfe angewiesen wäre, er schriebe gerade wieder ein neues wissenschaftliches Werk und seine Augen wären so miserabel, daß er sich bei den entsprechenden Beobachtungen, die seiner Arbeit vorauszugehen hätten, weitgehend auf *meine* Augen verlassen müßte.

Vater lieh mich nur ungern an Onkel Aluco aus. Denn einmal waren Onkel Alucos Augen so scharf wie die eines Falken, und dann war die einzige Stelle, die sich für Onkel Alucos wissenschaftliche Arbeiten ernstlich interessierte, sein uralter staubiger Koffer, der in seinem Schlafzimmer auf dem Kleiderschrank lag.

Aber da Onkel Aluco nur dann wirklich glücklich war, wenn er eine wissenschaftliche Arbeit schreiben konnte, beziehungsweise in den Vorstudien zu einer steckte, gab Vater meist ziemlich schnell nach, denn er wollte auf gar keinen Fall, daß sein Bruder unglücklich wäre.

Onkel Alucos Spezialgebiet war die Vogelkunde.

Es gab unglaublich viele Vögel, die ihm ans Herz gewachsen waren. Aber am liebsten hatte er die, die mit in die Großstadt gekommen waren. Es waren keine besonderen Vögel, und es gab in den Wäldern und auf den Luchen bestimmt aufregendere. Doch das war es ja eben: Jene Großstadtvögel hatten der Natur den Rücken gekehrt und waren, von allen guten Geistern verlassen, dem Menschen gefolgt; und für diesen Entschluß liebte sie Onkel Aluco.

Wohl mit am längsten haben ihn die Wanderfalken beschäftigt. Onkel Aluco fing damals gerade an, sich einen Vollbart stehen zu lassen; er trug das Haar lang und gewellt und einen offenen Schillerkragen dazu, denn er liebte es, sich auch nach außen hin als Forscher zu geben. Das Manuskript, in das die Beobachtungen an den Falken hineingearbeitet werden sollten, war handgeschrieben wie stets, und es stand in krummen Druckbuchstaben «Die Ernährung unserer Tagraubvögel» darüber.

Der Wanderfalke hatte seinen Stammplatz auf der Kaiser-Wilhelm-Gedächtniskirche am Zoo. Er saß direkt unter dem Kreuz, und oft genug sahen wir ihn dort oben, hoch über der Autoflut, eine frisch geschlagene Taube rupfen, und die weißen Federn rieselten sanft, eine himmlische Botschaft, am Glockenstuhl nieder, segelten noch ein Stück den Kurfürstendamm oder die Tauentzienstraße entlang und setzten dann zögernd zur Landung an.

Wir waren mit dem Schupo bekannt, der hier den Verkehr regelte. Wir waren sonst gar nicht für Schupos, aber diesen brauchten wir einfach. Onkel Alucos begeisternde Art, vom Wanderfalken zu reden, war auf ihn auch nicht ohne Wirkung geblieben; er setzte bestimmt mehrmals täglich Leben und Stellung aufs Spiel, so oft reckte er nun, mitten im ärgsten Verkehrsgewühl meist, einsichtig lächelnd das Kinn zur Kirchturmspitze empor, wo das Falkenpaar sich unter kreischenden Liebesbeteuerungen zärtlich-zänkisch umkreiste.

Es genügte, daß Onkel Aluco den weißen Brötchenbeutel schwenkte, in den wir die Fraßreste sammelten, schon stoppte unser Schupo den Autostrom, und vom ohrenbetäubenden Hupkonzert der so zum Warten Verdammten beschimpft, suchten wir auf dem Fahrdamm die Federn und Knochen zusammen.

Nachher, auf den Stufen zum Hauptportal, wurde bestimmt und bewundert: smaragden schimmernder Entenflaum, schwarzweiß gebänderte Elsternflügel, rosa Taubenfüße mit sorgfältig beschrifteten Aluminiumringen am Knöchel, betrübt blickende Bleßhuhnköpfe, sauber genagte Drosselbrustblätter und viele andere Merkwürdigkeiten.

Es stellten sich immer zahlreiche Zuschauer ein, wenn wir da so auf den Kirchenstufen hockten und das alles sortierten. Onkel Aluco nahm dann gleich die Gelegenheit wahr und begann an Hand der ausgebreiteten Schätze die Kühnheit und den Unternehmungsgeist der Falken zu loben.

Wir sollten doch froh sein, rief er, im Zeitalter der Notverordnungen noch einen derart draufgängerischen Vogel zu haben.

Die meisten Zuhörer fanden das auch; nur mit dem Pfarrer hatten wir Schwierigkeiten; er verzieh den Falken nicht, daß sie so dicht unterm Kreuz so unheilig waren. Onkel Aluco mußte all seine Überredungskraft aufbieten, um ihn ihnen wenigstens leidlich gewogen zu stimmen.

Immer allerdings hatte Onkel Aluco nicht so einen Erfolg.

Einmal zum Beispiel sind wir wegen des Wanderfalken beinah verprügelt worden. Es war in Siemensstadt-Fürstenbrunn, in einer Laubenkolonie auf der Jahresversammlung des Brieftaubenzüchtervereins «Coburger Lerche».

Wir hatten uns eingeschlichen; Onkel Aluco wollte eigentlich nur zuhören und sich ein bißchen informieren. Aber dann wurden ihm die dauernden Ausfälle gegen den Wanderfalken zu bunt, und mitten in die Rechenschaftsrede des neugewählten Vorstands rein rief er, daß die Taubenzüchter den Falken ja nur provozierten, wenn sie ihre schwächlichen Vögel so weite Strecken zurücklegen ließen.

Zum Glück war die Erregung der Anwesenden hierauf so groß, daß eine Laubenwand eingedrückt wurde; das lenkte die Aufmerksamkeit von uns ab, und wir konnten noch mal entkommen.

Ganze fünfeinhalb Jahre hat Onkel Aluco sich dann noch mit den Wanderfalken befaßt. Doch Vater sagte, so lange könnte er unmöglich auf mich verzichten; und daher besuchte ich Onkel Aluco erst wieder, als er Vater drängend beschwor, mich doch zumindest im Interesse einer *neuen* wissenschaftlichen Arbeit zu ihm zu schicken.

Ich ging gleich zum Schreibtisch.

Die Anfangsseiten des neuen Manuskripts waren handgeschrieben wie stets, jetzt allerdings in etwas gelösteren Zügen, und es stand in kompakten Druckbuchstaben «Die Ernährung unserer Nachtraubvögel» darüber. Onkel Aluco trug das Haar jetzt nicht mehr wellig zurückgekämmt, sondern kurz und gescheitelt, und der Bart war gestutzt und schon mit den ersten grauen Fäden durchwirkt, und der Schillerkragen war einer hohen, bläulich schimmernden Röhre gewichen, um die sich eine schnürsenkelhaft dünne Krawatte herumschlang.

Unser neues Arbeitsgebiet war der Tiergarten zwischen Brandenburger Tor und Siegessäule. Hier hauste der Waldkauz; ein Vogel, der Onkel Aluco schon immer sehr nahestand, und der ihn jetzt, wo er auch noch zum Forschungsgegenstand aufgerückt war, zu Leistungen anfeuerte, zu denen sich Onkel Aluco in unbegeistertem Zustand wohl kaum hätte hinreißen lassen.

Es gab damals mehrere Waldkauzpaare im Tiergarten, jedoch nur ein einziges Paar, das Onkel Alucos Forderung: neben Ratten, Kaninchen und Mäusen auch Vögel und Insekten zu fressen, erfüllte. Alle anderen Paare waren bequem zu erreichen; unseres leistete sich den Luxus, im Tiergartenviertel, neben dem Auswärtigen Amt, im Dachgeschoß einer leerstehenden Villa zu brüten. Das heißt, so ganz leer war die Villa nicht; ein livrierter Hausmeister bewohnte sie, der einen scharfen Schäferhund hatte.

Wir standen uns nur mit dem Hund gut; seinem Herrn sah man zu deutlich an, wäre er den Käuzen auf die Schliche gekommen, er hätte in ihrem Brutgeschäft Sabotage gewittert. Doch sie schienen auf Filzpantoffeln zu fliegen, so lautlos verhielten sie sich, und unsere einzige Angst war jetzt nur, ob es den Eltern gelang, den Kindern dieselbe Vorsicht anzuerziehen.

Wir konnten nur mittwochs aufs Grundstück; da war der Schäferhund allein zu Hause. Wir warfen ihm erst ein paar Steinchen; dann kriegte er seine Wurst, und wir durften uns ungehindert bewegen.

Das Wichtigste war immer erst, nachzusehen, ob bei den Käuzen auch alles in Ordnung wäre; wir hatten uns hierfür eine Obstleiter besorgt.

Meist blickte bloß der runde Kopf des Männchens aus der Bodenluke hervor. Die Abendsonne spiegelte sich in seinen Augen, aber es schloß sie stets uninteressiert wieder, nachdem es festgestellt hatte, wir waren es nur.

Wir suchten dann unter den alten Eichen im Garten das Gewölle der Käuze zusammen, aus dem Onkel Aluco zu bestimmen verstand, was sie gefressen hatten; darauf warfen wir dem freudig bellenden Schäferhund noch ein paar Steinchen und kletterten wieder über die Mauer.

So ging das Wochen. Und gerade an dem Tag, wo Onkel Aluco mit Sicherheit wußte, die Jungen mußten ausgeschlüpft sein, war die Villa von oben bis unten erleuchtet, man hörte Musik, und Herren im Frack und Damen in großer Abendtoilette wandelten im Haus und im Garten umher.

Die Käuze sahen wir auch; sie irrten verstört durch die hell beschienenen Wipfel.

Da war keine Zeit zu verlieren. Als wieder mal eine Limousine vor dem Portal hielt, schlossen wir uns schweigend den Aussteigenden an, und Onkel Aluco ließ uns drin der Hausherrin melden.

Diese war eine sehr alte, sehr weißgepuderte, ich glaube, schwedische Dame; sie hörte Onkel Aluco, der unversehens ins Schwärmen geriet, aufmerksam an, klopfte ihm ein paarmal zustimmend mit ihrem Fächer auf die Schulter, und als er Luft holen wollte, um neu anzusetzen, unterbrach sie ihn freundlich und teilte ihren Gästen in verschiedenen Sprachen mit, um was es sich handelte.

Ich habe nie wieder eine so einsichtige und disziplinierte Gesellschaft erlebt. Sofort liefen die Herren nach allen Seiten auseinander und knipsten die Kronleuchter aus, Diener brachten Kerzen herbei, die Musik verstummte, und im Nu war Onkel Aluco von einer Schar erregt tuschelnder Damen umringt, die ihn flüsternd um Einzelheiten über den Waldkauz bestürmten.

Onkel Aluco war das nur recht; und bald hatten sich im Musiksaal auch die übrigen Gäste um ihn versammelt, und Onkel Aluco konnte beginnen, sich selbst zu zitieren und ein Loblied auf die Eulen und vor allem auf den Waldkauz zu singen.

Es war eine wunderbare Stimmung. Die Kerzen spiegelten sich in der dunklen Wandtäfelung und in den Perlenketten der Damen, und schwieg Onkel Aluco mal, um sich ein Räuspern zu gönnen, dann war nur das sanfte Rauschen der Eichen und das Flüstern der Dolmetscher zu hören. Einmal schrie allerdings ein Herr, der einen uniformähnlich zugeschnittenen Frack mit einer brandroten Armbinde trug, schrill, er verbäte sich diesen Unsinn; aber man zischte ihn aus, und wütend schlug er vor der lächelnden Hausherrin die Hacken zusammen und stürmte davon.

Dann wurden Lampions verteilt, und lautlos stieg man in den Garten hinab, und die Herren zogen sich ihre Handschuhe an und suchten unter Onkel Alucos Leitung, und von den bewundernden Blicken der Damen verfolgt, im Gras nach Waldkauzgewölle, dessen Bestandteile Onkel Aluco dann im weiteren Verlauf des Abends unter ständig ansteigendem Beifallsgemurmel säuberlich zerlegte und bis auf das winzigste Spitzmausschienbein bestimmte.

Später, als die jungen Waldkäuze längst schon flügge waren, gestand uns die Hausherrin mal, sie hätte noch nie in ihrem Leben eine so interessante Gesellschaft gegeben.

An sich hätte Onkel Aluco nun darangehen können, sein Manuskript abzuschließen; doch die jungen Käuze entwickelten sich zu derart faszinierenden Außenseitern, daß er ihnen noch drei weitere Jahre und siebzehn eng beschriebene Zusatzseiten spendierte.

Dann war auch diese Arbeit getan; und eines Tages klingelte es, und Vater kam mit Onkel Aluco herein, der ihn händeringend bat, mir doch zu erlauben, ihn bei den Vorstudien zu einem *neuen* wissenschaftlichen Werk zu unterstützen.

Ich ging gleich mit.

Diesmal lag nur eine einzige Seite auf Onkel Alucos Schreibtisch. Die Schrift auf ihr war störrisch und selbstbewußt und mit umständlichen Widerhaken gespickt, und als Titel hatte Onkel Aluco «Über die Schlafgewohnheiten unserer Krähen» darübergesetzt.

Es sollte keine sehr lange Arbeit werden; das Jahr dreiunddreißig hatte eben begonnen, und es hatte eigentlich nicht den Anschein, als ob es ein sonderlich günstiges Jahr für vogelkundliche Studien wäre. Onkel Aluco hätte das Haar jetzt gern wieder lang und gewellt nach hinten gekämmt, denn überall begann ein soldatischer Haarschnitt in Mode zu kommen, den er nicht mochte; doch er mußte sich mit der Verlängerung seines Bartes begnügen, das Haupthaar reichte nicht mehr. Er trug sich jetzt schwarz und kehrte, was auch in seiner herausfordernd bedächtigen Gangart zum Ausdruck kam, ganz den Gelehrten hervor.

Der Krähentrupp, mit dem wir zusammenarbeiteten, hauste keine drei Minuten von Onkel Alucos Wohnung entfernt; aus dem Küchenfenster konnten wir ihn mit dem Fernglas bequem kontrollieren. Es war eine Platanengruppe, die die Krähen sich ausgesucht hatten; sie stand gegenüber dem Zeughaus, hart neben dem Kronprinzenpalais.

Onkel Aluco hatte große Angst, die dauernde Marschmusik und das Brüllen der Lautsprecher auf dem Lustgarten drüben könnten die Krähen vertreiben. Aber sie sahen eigentlich nicht so aus, als ob sie sich einschüchtern ließen.

Im Sommer saßen sie auf den obersten, abgestorbenen Ästen der Platanen und starrten mit heimtückisch gelassenen Parzenmienen ins Weite; man hatte immer den Eindruck, sie erwarteten was. Das Blattdickicht unter ihnen verbarg ihre Nester: klägliche Reisigteller, die im Herbst so heruntergewirtschaftet waren, daß man hindurchsehen konnte.

Im Winter taten sich unsere Krähen mit anderen Krähentrupps zusammen und zogen – schwarze, unheilträchtige Federwolken – über die schiefergrauen Dächer Berlins und weiter auf die Rieselfelder hinaus, wo wir beobachteten, wie sie sich an den Jaucherückständen satt fraßen, rudelweise Hasen jagten und nachmittags dann zu Tausenden in die winzigen Erlengehölze einfielen, aus denen man sie, bis weit in die Dämmerung hinein, ohrenbetäubend die neusten Schachzüge des Schicksals debattieren hören konnte.

Nein, es waren bestimmt keine angenehmen Geschöpfe; und doch liebte Onkel Aluco sie von allen seinen Großstadtvögeln am meisten. Sie hatten so etwas Bösartig-Überlegenes; Onkel Aluco nannte die Zähigkeit, mit der sie immer wieder zu ihren Platanen zurückkehrten, sogar vorbildlich.

Und tatsächlich, wenn im März dann wieder die ersten auf den abgestorbenen Zweigen einfielen und wir durch das Fernglas sehen konnten, wie sie zynisch zum Lustgarten rüberblickten, dann war uns oft auf eine sehr unzeitgemäße Art zuversichtlich zumute, und wir wußten, diese Zuversicht hielt nun, jedenfalls was die Krähen betraf, das ganze Jahr über an. Denn schon wenige Stunden darauf kamen die Weibchen mit dem ersten Nistmaterial angeflogen, und nicht lange, und die Nester waren notdürftig geflickt; und jetzt war von den Krähenweibchen wochenlang nichts weiter zu sehen, als ihre stahlblau über den Nestrand ragenden Pfannenstielschwänze.

Aber nicht nur wir liebten die Krähen; *alle* im Viertel liebten sie; jedenfalls alle, die noch nicht Schritt gefaßt hatten und die Fahnenaufmärsche Unter den Linden und die Kundgebungen auf dem Lustgarten lieber aus der Vogelperspektive ihrer Klofenster oder noch lieber gar nicht betrachteten.

Aber dann passierte es doch eines Tages.

Während einer der seltenen Atempausen des Redners überflog der gesamte Krähentrupp die mikrophonstarrende Fahnentribüne, und von den Lautsprechern übernatürlich verstärkt, prasselte von allen Seiten ein höhnisches vielstimmiges Krächzen über den Lustgarten hin.

Augenzeugen berichteten uns, kaum einer der Versammelten hätte noch auf den Redner geachtet; alle Gesichter waren zu den Krähen gewendet, die nun langsam und provozierend träge wieder zu ihren Nistbäumen flogen.

Onkel Aluco war sehr bestürzt. Ich verstand ihn erst gar

nicht, denn die Krähen hatten doch auch seiner Meinung Ausdruck verliehen. Aber schon wenige Tage darauf zeigte es sich, daß er recht gehabt hatte, um sie in Sorge zu sein: Jemand hatte erfahren, daß unsere Krähenkolonie von der Feuerwehr unschädlich gemacht werden sollte.

Aber Onkel Aluco war auch nicht untätig. Die Staatliche Stelle für Naturschutz wurde von der gleichen Stunde an derart mit telefonischen Beschwerden überschüttet, daß die Herren dort sich keinen anderen Rat wußten, als die immer wieder auftauchende und von Onkel Aluco mit großem Bedacht für die Krähenkolonie gewählte Bezeichnung «Volksheiligtum» ihrer übergeordneten Dienststelle weiterzumelden.

Diese beschloß, einen Prüfungsausschuß zu schicken, und als der, in Ledermäntel und schlechte Laune gehüllt, über die Schloßbrücke schritt, war der Schinkelplatz, auf dem sich die Platanen erhoben, mit gut vierhundert schweigenden Menschen bedeckt, die nichts weiter taten, als ausdruckslos auf das gegenüberliegende Zeughaus zu blicken.

Auf die Kommission mußte das, besonders im Zusammenhang mit den hoch über den Köpfen der schweigenden Menge hockenden Krähen, einen unauslöschlichen Eindruck gemacht haben; jedenfalls sickerte schon Stunden später dann durch, der Befehl, die Krähenkolonie unschädlich zu machen, wäre, völkischen Gesichtspunkten Rechnung tragend, wieder zurückgenommen worden.

Obwohl ihn Vater immer davor gewarnt hatte, sich in die Politik einzumischen, war Onkel Aluco sehr stolz auf seinen Erfolg. Irgendwie schien Vaters Warnung jedoch berechtigt gewesen zu sein. Denn als Onkel Aluco in den folgenden Wochen versuchte, an seinem Krähenmanuskript weiterzuschreiben, da brachte er nicht *eine* vernünftige Zeile zustande. Es war wie verhext, er fand einfach seinen unbefangenen Ton nicht wieder.

Jetzt brauchte mich Onkel Aluco nicht mehr; doch im Jahr neunundvierzig habe ich ihn noch mal besucht.

Er saß in der Küche auf dem Boden und hatte all seine wissenschaftlichen Werke um sich herum ausgebreitet und war gerade auf den Krähenaufsatz gestoßen. Sein Bart war nun wirr und eisgrau und sein Rücken gebeugt; doch er trug jetzt wieder einen seiner hohen, bläulich schimmernden Kragen, um den sich eine schnürsenkeldünne Krawatte herumschlang.

Ich las ihm das Manuskript ein paarmal vor; es schien ihm noch gut zu gefallen. Dann stand er auf und holte sein Fernglas, und wir traten ans Fenster und sahen über die Bombentrichter und die Ruinen hinweg zu der Platanengruppe hinüber.

Dort hockten, über ihren dürftigen Reisigtellern von Nestern, die Krähen und starrten mit angewidert gekräuselten Schnabellefzen zum Lustgarten und zum Marx-Engels-Platz rüber, wo eben ein paar Arbeiter dabei waren, eine große weiße Pappfriedenstaube aufzustellen.

Onkel Aluco blickte sie nachdenklich an.

«Wenn ich den Krähenaufsatz fertig habe», sagte er, «werde ich wohl erst mal wieder eine längere Arbeit über den Wanderfalken schreiben.»

Und richtig: keine drei Wochen darauf lagen die Anfangsseiten eines neuen wissenschaftlichen Werks auf dem Schreibtisch. Es war in einer sehr exakten und bestechend ordentlichen Handschrift gehalten, und in kühnen, steilen Druckbuchstaben stand «Die Taube im Ernährungsbild unserer heimischen Wanderfalken» darüber.

CARLO MANZONI

Eine geruhsame Flugreise

Es gibt eine Menge Menschen, die Herr ihrer Nerven sind. Nicht nur das, sie beherrschen auch die Nerven anderer.

Kaum zu glauben, aber es ist so. Herr über die eigenen Nerven zu bleiben, ist in gewissen Situationen nicht leicht. Ich sage: in gewissen Situationen, denn in anderen wäre es heller Blödsinn, Herr seiner Nerven zu bleiben. Wenn alles glatt geht und kein Grund besteht, sie zu verlieren, heißt das noch lange nicht, seine Nerven zu beherrschen. Haben tut man sie immer, aber man braucht sie nicht zu beherrschen; also, ich will damit sagen ... Sie haben mich sicher verstanden.

Sehr selten sind die, welche nicht nur ihre eigenen, sondern auch noch die Nerven anderer beherrschen.

Diesen gelingt es, ich will nicht gerade sagen, Mut um sich zu verbreiten, aber wenigstens Angst und Schrecken von den sie umgebenden Menschen fernzuhalten.

Die Luftstewardessen vor allen besitzen diese seltene Gabe. Manchmal gelingt es ihnen, eine Reise voller Gefahren in einen reizenden Ausflug zu verwandeln. Sie zerstreuen die Passagiere mit netten Geschichten oder sonstwie.

Sie sind tatsächlich Herrinnen nicht nur ihrer Nerven, sondern auch der aller Flugreisenden. In diesem Zusammenhang erzählt mir mein Freund Giacomo del Sigillo oft seine reizendste Flugreise, die er je gemacht hat. Jedesmal erfindet er eine neue Variante, so daß die Geschichte immer wieder ganz anders klingt. Aber so geht es ja meistens mit unseren Erlebnissen, wenn wir sie öfter erzählen. Man beginnt mit den einfachen Tatsachen und baut diese dann aus. Nach einigen Jahren sind sie dann sehr kompliziert und äußerst dramatisch geworden.

Dramatisch möchte ich die Geschichte von Giacomo del Sigillo nicht nennen. Er wiederholt nur immer, daß es seine schönste Flugreise war, weil er die normalen Ängste, die eine Flugreise so in sich hat, nie zu spüren bekam. «Auf einmal waren wir alle überzeugt, daß alles großartig gehen würde», sagte Giacomo, «und dabei muß man bedenken, daß wir allesamt zum erstenmal flogen und deshalb grausame Angst hatten. Bis jetzt hatten wir vom sicheren Boden aus die Flugzeuge nur mit einem Gemisch von Bewunderung und Angst angestarrt.

Einer unter den Passagieren zitterte richtig vor Angst. Er sagte, er fühle sich wie im Wartezimmer seines Zahnarztes. Er machte uns viel zu schaffen, bis wir ihn überzeugen konnten, daß er nicht beim Zahnarzt war, sondern im Begriff, ein Flugzeug zu besteigen. Dann begann er zu weinen, weil er das noch viel schlimmer fand. Wir flößten ihm gemeinsam unser bißchen Mut ein, so daß für uns keiner mehr übrigblieb und wir auch zu zittern anfingen, so sehr, daß wir nicht einmal mehr unser Gepäck halten konnten.

Nun erschien die Stewardeß, die uns auf diesem Flug betreuen sollte. Sie war jung, hübsch und lächelte. Sie sah uns nur an und . . . verstand. Von diesem Moment an bemächtigte sie sich unserer Nerven. Wir beruhigten uns. Ihre Anwesenheit ließ jede Angst verschwinden.

Nur der mit der Zahnarztangst hörte nicht auf zu zittern. Die Stewardeß näherte sich ihm und fragte, was er in dem seltsamen Etui mit sich trage.

‹Eine Trompete›, sagte er.

‹Eine Trompete? Sind Sie krank?› fragte die Stewardeß ihrerseits und legte sanft ihre Hand auf seinen Arm.

‹Nein›, sagte er. ‹Ich reise zu einem Orchester. Warum fragen Sie, ob ich krank bin?›

Der Mann war jetzt mehr erstaunt als ängstlich. Das Zittern hatte aufgehört, und seine normale Gesichtsfarbe kehrte wieder. Die Stewardeß lächelte.

‹Die Trompete erinnert mich an eine schreckliche Krankheit, die vor einiger Zeit meinen Onkel befiel›, sagte sie. ‹Eben wegen dieser Krankheit bin ich von Zuhause durchgebrannt und Stewardeß geworden.›

Sie entfernte sich, und wir versammelten uns, neugierig geworden, um den Trompetenmann. Durch die Erzählung der Stewardeß hatten wir alle unsere Ängste vergessen und wollten wissen, wie es weiterging mit der Krankheit ihres Onkels.

Unser Flugzeug stand bereit, und als wir den Platz überquerten, um die Gangway hinaufzusteigen, überfiel uns unsere Angst. Der Trompetenmann fing wieder zu zittern an, aber die Stewardeß half ihm beim Einsteigen.

‹Sie müssen keine Angst haben›, sagte sie, ‹es war keine gewöhnliche Krankheit. Im Gegenteil, sie ist äußerst selten und befiel – zum Erstaunen von Ärzten der halben Welt – ausgerechnet meinen Onkel. Es ist übrigens nachgewiesen, daß Trompetenbläser gegen sie immun sind.› Sie hatte den Mann die Ursache seiner Angst vergessen lassen, und er wurde ganz ruhig.

Als die Tür verschlossen war, flogen wir ab. Wir hoben uns vom Rollfeld, es verschwand unter uns, wir sahen Felder, Hausdächer, den Fluß. Die Stewardeß spazierte lächelnd hin und her, und ihre Gegenwart ließ uns vergessen, daß wir in der Luft waren. Sie hatte sich unserer Nerven bemächtigt, alle unsere Reaktionen hingen nun von ihr ab. Das heftige Schwanken einer Tragfläche beeinträchtigte ihr Lächeln in keiner Weise, und damit wiederum beruhigte sie *uns*.

Wir tauchten in ein Wolkenchaos, ein heftiger Zyklon ließ das Flugzeug taumeln. Sofort konzentrierte die Stewardeß die Aufmerksamkeit der Fluggäste auf ihre Person.

‹Die Geschichte meines Onkels›, erzählte sie lächelnd und vermittelte uns so den Eindruck, daß draußen nichts Außergewöhnliches geschah, ‹ist zwar seltsam, aber doch einfach. Noch nie war jemand auf so kuriose Weise erkrankt.›

Der Trompetenmann hörte besonders interessiert zu, weil die Geschichte mit seinem Beruf zusammenhing.

‹Mein Onkel Assimetro wohnte bei uns und war immer ganz gesund›, fuhr die Stewardeß fort, während das Flugzeug zwischen Blitzen und Sturmböen einen verrückten Tanz aufführte, ‹aber eines Tages fand er eine Trompete aus glänzendem Messing. Anfangs hatte dieser Fund keinerlei Folgen. Keiner kümmerte sich groß darum, will ich sagen, bis die Krankheit ausbrach. Ich erinnere mich gut an diesen Tag. Als ich nach Hause kam, hörte ich Trompetentöne und dachte nur, daß der Onkel versuchte, auf seinem Fund zu blasen, aber der Lärm hörte nicht auf, und nach einer Stunde blies doch mein Onkel fehlerfrei den ganzen Bersaglierimarsch.› Wir hörten eine heftige Explosion, und das Flugzeug wackelte.

‹Tatataataataa tataata . . .›, sang der Trompetenmann.

‹Genau›, sagte die Stewardeß. ‹Wir waren natürlich überzeugt, daß der Onkel nach einiger Zeit genug haben würde, aber nein. Die Nachbarn begannen zu schimpfen und protestierten, wir rannten zum Onkel und baten ihn, endlich aufzuhören. Nichts zu machen. Mit rotem Kopf, daß man glaubte, er würde jeden Augenblick zerspringen, dachte er gar nicht daran, die Trompete abzusetzen. Wir waren verzweifelt und wußten keinen Ausweg. Er ließ sich das Instrument auch nicht entreißen. Er blies die ganze Nacht. Am nächsten Morgen riefen wir einen Arzt. Er untersuchte den Onkel, ohne daß dieser auch nur einen Moment das Instrument von den Lippen ließ. Der Arzt konstatierte einen akuten Anfall von *Trompitis metallica,* einen Überschuß an Luft in den Lungen, gegen den nichts zu machen war. Die Krisis mußte sich selbst überwinden. Die Tage vergingen, und die Trompete ertönte pausenlos. Tag und Nacht der Bersaglierimarsch. Die Nachbarn zogen aus, und auch ich kapitulierte und entfloh.› In diesem Augenblick schlugen helle Flammen aus der Pilotenkabine. ‹Jetzt dürfen wir rauchen!›, freute sich die Stewardeß und zündete ihre Zigarette an dem Flammenmeer an. Wir waren inzwischen aus den Wolken und hatten das Unwetter hinter uns gelassen.

Alle zündeten wir uns Zigaretten an, nur der Trompetenbläser nicht. ‹Ich rauche nicht, danke sehr›, sagte er. ‹Aber die Erzählung der jungen Dame interessiert mich brennend.›

‹Meine Familie machte eine tragische Woche durch›, erzählte unsere Betreuerin weiter, während sie hinter unseren Rücken die Fallschirme anschnallte (mit soviel Charme, daß wir es gar nicht bemerkten!), ‹denn dieser Marsch zwang meine ganze Familie, sich nur mehr im Marschtempo zu bewegen. Sie müssen sich das nur vorstellen, sogar das Dienstmädchen marschierte.›

Die Stewardeß entnahm dem Etui die hellglänzende Trompete des Musikers. Sie führte das Instrument zum Mund, begann den Bersaglierimarsch zu blasen und durchmaß im echten Bersaglierilaufschritt den schmalen Gang zur Tür, und als sie öffnete, sprangen wir alle zum Klang dieses Marsches ins Leere. Auf halbem Weg trafen wir unsere Stewardeß, auch sie am Fallschirm hängend, und der Trompetenmann fragte, indem er die Hände als Schalltrichter benützte: ‹Und das Essen?› hörten wir ihn rufen. ‹Was?› schrie die Stewardeß zurück, so laut sie konnte.

‹Wie konnte Ihr Onkel essen, wenn er die Trompete nie absetzte?›

‹Injektionen!!!› klärte ihn die Stewardeß auf. Auf einer Wiese außerhalb der Stadt kamen wir zu Boden. In unserer Nähe verglühten die Reste unseres Flugzeuges.

Wir befreiten uns von den Fallschirmen und bestiegen einen herbeieilenden Krankenwagen. In ihm gab die Stewardeß die Trompete ihrem rechtmäßigen Besitzer wieder.

‹Mein Onkel›, sagte sie lächelnd, ‹ist bald darauf genesen. Auf einer Konsultation zwischen Ärzten und Kapellmeistern wurde beschlossen, ein ganzes Orchester an das Bett des Kranken zu bringen. 32 Musiker spielten die Begleitung zu dem von der Trompete geblasenen Bersaglierimarsch. Bei der letzten Note löste der Onkel die Trompete von den Lippen. Endlich.› Der Trompetenbläser seufzte. ‹Ihre Erzählung hat mich die ganze Flugreise vergessen lassen›, sagte er, ‹wo sind wir eigentlich?›

Er schaute aus dem Fenster des Krankenwagens, der eben hielt. Als wir ausgestiegen waren, erzählte man uns unser Flugabenteuer, die Explosion eines Motors, den Brand, unsere Rettung durch die Fallschirme. Wir wurden blaß und fingen wieder an zu zittern. Der Trompetenbläser fiel in Ohnmacht, und wir mußten ihn ins Hotel tragen.»

Damit endet die Erzählung meines Freundes Giacomo del Sigillo, und ich glaube nicht, daß sie sehr wahr ist. Er hat sie schon so oft erzählt, daß er sicher noch eine Menge hinzuerfunden hat. Ich glaube, daß die wirkliche Geschichte darin bestand, daß mein Freund beim Verlassen des Flugzeuges nach einer absolut ereignislosen Reise auf der Gangway stolperte.

ELIZA LESLIE

Ein Abend bei den Watkinsons

Mrs. Morland, eine kultivierte, gesellschaftlich vollendete Dame, war die Witwe eines hervorragenden Senators in einem der westlichen Staaten, dessen Gouverneur er auch zweimal gewesen war. Als ihre Tochter im besten Internat von Philadelphia ihre Erziehung abgeschlossen hatte und ihr Sohn im Begriff stand, an der Universität Princeton zu promovieren, hatte die Mutter eine Reise mit beiden Kindern nach Niagara und zu den Seen geplant; über Boston wollten sie zurückkehren. Nachdem Mrs. Morland und die begeisterte Caroline von Philadelphia abgefahren waren, unterbrachen sie die Reise in Princeton, um der alljährlichen Universitätsfeier beizuwohnen, und waren glücklich, mitzuerleben, wie ihr geliebter Edward die Urkunde erhielt, die ihn zum «Bachelor of Arts» ernannte; vorher hatten sie eine Rede von ihm auf «Die Schönheiten des amerikanischen Charakters» gehört, die mit großem Beifall aufgenommen worden war. Studenten äußern sich sehr gerne über Dinge, zu deren Beurteilung große Welterfahrung nötig ist. Aber Edward Morland empfand Wohlwollen allem und allen gegenüber und hatte bisher das Leben immer durch eine rosige Brille betrachtet.

Mrs. Morland, die nicht völlig von der Berühmtheit ihres verstorbenen Mannes abhängig war, vielmehr wünschte, daß ihre Kinder Musterexemplare der besten Gesellschaft in den nördlichen Städten kennenlernen sollten, war mit zahlreichen Einführungsbriefen von zu Hause abgereist. Aber als sie in New York ankamen, stellte sie zu ihrem großen Kummer fest, daß, da sie während des kurzen Aufenthalts in Philadelphia ausgepackt und auch ihr kleines Reiseschreibpult herausgenommen hatte, sie dieses im Kabinett ihres Zimmers im Hotel merkwürdigerweise hatte stehenlassen. In diesem Pult waren alle ihre Briefe aufbewahrt außer den beiden, die ihr Freunde in Philadelphia mitgegeben hatten. Die jungen Leute, die eiligst die Wunder von Niagara sehen wollten, hatten sie angefleht, nicht länger als einen Tag oder zwei in New York zu bleiben, und meinten, diese beiden Briefe genügten im Augenblick vollauf. Inzwischen schrieb sie aber an das Hotel, man möge ihr das Pult sobald als möglich nach New York schicken.

Am Morgen nach ihrer Ankunft in der großen Handelsmetropole Amerikas nahm die Familie Morland eine Kalesche, um durch die wichtigsten Stadtteile der City zu fahren und die beiden Briefe in den Häusern, an welche sie adressiert waren, abzugeben; beide lagen in der Gegend zwischen dem oberen Broadway und dem North River. In einer der vornehmsten Straßen fanden sie den eleganten Wohnsitz der Mrs. St. Leonard; aber als sie vor der Tür hielten, bekamen sie den Bescheid, daß die Herrin nicht zu Hause sei. Darauf gaben sie den Einführungsbrief (den sie für den Fall dieses Mißerfolgs vorsorglich mit ihrer eigenen Visitenkarte in einen Briefumschlag gesteckt hatten) ab und fuhren zu einer anderen Straße, die beträchtlich weiter oben lag. Hier kamen sie zum Hause der Familie Watkinson, an deren Herrin der andere Brief aus Philadelphia gerichtet war. Das Haus war eines in einem großen Block von Häusern, die alle gleich aussahen und in deren sämtlichen Stockwerken alle Fensterläden geschlossen waren, einer Sitte gemäß, die in New York mehr verbreitet war als in irgendeiner anderen Stadt.

Auch hier hatten sie keinen Erfolg; das Dienstmädchen sagte an der Tür, die Damen seien äußerst beschäftigt und könnten keinen Besuch empfangen. Sie hinterließen den zweiten Brief samt ihrer Karte und fuhren weiter, bis sie die Croton-Wasserwerke erreichten, wo sie ausstiegen, um die Werke zu besichtigen und zu bewundern. Als sie ins Hotel zurückkamen mit der Absicht, sich eine Stunde oder zwei auszuruhen und dann wieder auszugehen, fanden sie ein Briefchen von Mrs. Watkinson vor, die sehr bedauerte, daß sie sie nicht habe empfangen können, als sie ihr einen Besuch machen wollten; sie erklärte, daß Mutterpflichten ihr nie das Vergnügen erlaubten, am Vormittag Besuch zu empfangen, und daß ihre Dienstboten entsprechend instruiert seien. Sie erbat aber einen Besuch am Abend (um neun Uhr, schrieb sie) und wünsche dringend sofortige Antwort.

«Ich nehme an», sagte Mrs. Morland, «daß sie ein paar Freunde einladen will, die wir kennenlernen sollen, im Falle wir die Einladung annehmen; und darum möchte sie natürlich möglichst bald Antwort haben. Selbstverständlich werden wir sie nicht warten lassen. Mrs. Denham, die mir unaufgefordert den Brief mitgab, hat mir versichert, Mrs. Watkinson gehöre zu den angesehensten Familien in New York und sei in ihren Kreisen als geradezu vorbildlich bekannt. Es scheint, daß Mr. Denham und Mr. Watkinson geschäftlich miteinander zu tun haben. Sollen wir hingehen?»

Die jungen Leute waren dafür und sagten, das werde zweifellos ein genußreicher Abend werden.

Nachdem ein die Annahme der Einladung bestätigendes Billet geschrieben war, wurde es sofort abgesandt; man vertraute es einem Hotelboten an, damit es noch vor der nächsten Postlieferung ankommen sollte, und Edward Morland wünschte, daß der Bote mit dem Omnibus fahre, damit keine Zeit verlorenginge. «Es ist nur recht und billig», sagte er zu seiner Mutter, «daß wir Mrs. Watkinson soviel Zeit wie möglich geben, damit sie ihre Vorbereitungen treffen und ihren Freunden die Einladung schicken kann.»

«Wie rücksichtsvoll du bist, lieber Edward», sagte Caroline, «immer denkst du daran, wie es den anderen am besten paßt. Deine Freunde müssen dich vergöttert haben.»

«Nein», sagte Edward, «sie sagten, ich sei ein eingebildeter Esel.» In diesem Augenblick fuhr ein besonders hübscher Wagen am Privateingang des Hotels vor. Eine sehr elegante Frau stieg aus und wurde gleich vom Oberkellner in den Salon geleitet. Als er auf Mrs. Morland und ihre Kinder wies, kam sie zu ihnen heran und stellte sich mit großer Anmut als Mrs. St. Leonard vor. Dies war die Dame, in deren Hause sie den ersten Einführungsbrief abgegeben hatten. Sie bedauerte sehr, daß sie nicht zu Hause gewesen war, als die Morlands vorbeikamen, und sagte, als sie ihren Brief vorgefunden habe, habe sie sich gleich auf den Weg gemacht, sie zu besuchen und für den Abend einzuladen. «Heute abend», sagte Mrs. St. Leonard, «erwarte ich so viele Freunde, wie ich für ein Sommerfest nur auftreiben kann. Der Anlaß ist die Heirat meiner Nichte, die unlängst stattgefunden hat. Jetzt ist sie gerade mit ihrem Mann von der Hochzeitsreise zurückgekommen, und bald werden sie nach ihrem Wohnsitz in Baltimore abreisen. Ich glaube, ich kann Ihnen einen angenehmen Abend versprechen, da ich ein paar reizende Leute erwarte, mit denen ich Sie gerne bekannt machen möchte.»

Edward und Caroline wechselten Blicke und konnten sich nicht enthalten, betrübt ihre Mutter anzusehen, auf deren Gesicht ein recht deutlicher Schatten des Bedauerns lag. Nach einer kurzen Pause antwortete sie Mrs. St. Leonard: «Es tut mir außerordentlich leid, aber wir haben gerade einer vorherigen Einladung für heute abend zugesagt.»

«Welche Enttäuschung für mich», sagte Mrs. St. Leonard, die mit Wohlgefallen das einnehmende Aussehen der beiden jungen Leute betrachtet hatte. – «Können Sie sich denn nicht irgendwie der Verpflichtung dieser unglückseligen Einladung entziehen – ich meine, unglückselig für mich. Welch ärgerlicher *contretemps*, daß ich aus war, als Sie kamen, und daß mir so die Freude entging, Sie sofort kennenzulernen und mir das Vergnügen Ihrer Anwesenheit für heute abend zu sichern! Es handelte sich darum, daß ich mit ein paar Lieferungen, die heute morgen geschickt wurden, nicht zufrieden war und selbst gehen mußte, um alles richtigzustellen, und das hat mich länger aufgehalten, als ich dachte. Darf ich fragen, bei wem Sie heute eingeladen sind? Vielleicht kenne ich die Dame – wäre das der Fall, so wäre ich in großer Versuchung, hinzugehen und Sie ihr abzubetteln.»

«Die Dame heißt Mrs. Watkinson», antwortete Mrs. Morland, «höchstwahrscheinlich lädt sie ein paar Freunde ein, die wir kennenlernen sollen.»

«Aber natürlich», sagte Mrs. St. Leonard. «Es tut mir wirklich furchtbar leid – und leider muß ich gestehen, daß ich sie überhaupt nicht kenne.»

«Wir müssen bei unserer ersten Einladung bleiben», sagte Mrs. Morland. «Soviel ich aus Mrs. Watkinsons Nachricht entnehme, muß ich, da sie neun Uhr erwähnt, annehmen, daß sie noch andere Leute dazu bitten will. Ich kann sie unmöglich enttäuschen. Ich kann den Ärger nur zu gut nachfühlen (ich kenne ihn aus eigener Erfahrung), den man empfindet, wenn man eine Anzahl Freunde eingeladen hat, damit sie fremde Leute kennenlernen, und die Fremden sagen dann unter irgendeinem Vorwand ganz kurz vorher ab. Ich glaube, nichts kann mich dazu verführen, daß ich es ebenso mache.»

«Ich muß sagen, Sie haben völlig recht», sagte Mrs. St. Leonard. «Ich sehe ein, daß Sie zu Mrs. Watkinson gehen müssen. Aber können Sie den Abend nicht aufteilen, indem Sie einen Teil desselben bei ihr verbringen und dann zum Schluß zu mir kommen?»

Bei diesem Vorschlag leuchteten die Augen der jungen Leute auf, denn sie fanden Mrs. St. Leonard ganz reizend und stellten sich vor, daß eine Gesellschaft in ihrem Hause wunderschön sein müßte. Außerdem waren Gesellschaften etwas Neues für sie beide.

«Wenn es möglich ist, werden wir das tun», antwortete Mrs. Morland, «und mit welchem Vergnügen, das brauche ich Ihnen nicht zu versichern. Wir verlassen New York morgen, aber wir kommen im September wieder hier durch, und dann werden wir uns besonders freuen, Mrs. St. Leonard wiederzusehen.»

Nach weiterer kurzer Unterhaltung verabschiedete sich Mrs. St. Leonard, sprach noch einmal die Hoffnung aus, ihre neuen Freunde am Abend noch zu sehen, und schärfte ihnen ein, ihr Bescheid zu geben, sobald sie auf dem Heimweg nach New York kämen.

Edward Morland begleitete sie zu ihrem Wagen und stimmte dann in das Lob ein, das seine Mutter und seine Schwester Mrs. St. Leonard zollten, aus deren außerordentlich schönem Antlitz auch große Klugheit strahlte und eine Liebenswürdigkeit, bei der sich jeder sofort behaglich fühlte.

«Sie ist ein Beweis dafür», sagte Edward, «wie überlegen unsere großen Damen denen in Europa sind.»

«Warte, lieber Sohn», sagte Mrs. Morland, «bis du in Europa warst und Gelegenheit gehabt hast, dir in diesem Punkt (wie in vielen anderen) auf Grund wirklicher Beobachtung ein Urteil zu bilden. Was mich betrifft, so glaube ich, daß die Angehörigen der oberen Klassen sich in allen zivilisierten Ländern sehr ähnlich sind, wenigstens in ihren Haupteigenschaften.»

«Aha, hier kommt der Bote, den wir zu Mrs. Watkinson geschickt haben», sagte Caroline Morland. «Ich hoffe, er hat das Haus nicht gefunden und den Brief zurückgebracht. Dann können wir gleich zu Mrs. St. Leonard gehen und den ganzen Abend dableiben.»

Der Mann berichtete, daß er das Haus wirklich gefunden und den Brief Mrs. Watkinson selbst gegeben habe, die zufällig in der Eingangshalle vorüberging, als die Tür geöffnet wurde, und daß sie den Brief sofort gelesen und gesagt habe: «Sehr wohl.»

«Sind Sie sicher, daß Sie das Haus nicht verwechselten», sagte Edward, «und daß Sie den Brief wirklich Mrs. Watkinson gegeben haben?»

«Aber ganz bestimmt, Sir», antwortete der Bote. «Als ich gerade aus dem alten Lande hier herüber gekommen war, da war ich eine Zeitlang bei den Watkinsons, und obwohl sie sich heute, als sie mich sah, nichts anmerken lassen wollte, daß sie das noch wußte, sagte sie doch aus Versehen ‹James› zu mir. Jawohl, das waren ihre Worte, als ich ihr das Billet gab: ‹Sehr wohl, James.›»

«Kommt», sagte Edward, als sie wieder allein waren, «laßt uns die Sache von der guten Seite betrachten. Wenn wir bei Mrs. Watkinson keine große Gesellschaft antreffen, so lernen wir doch wahrscheinlich einige sehr nette Leute kennen und können uns an ‹verständigen Reden und Seelenfreundschaft› ergötzen. Möglicherweise finden wir es bei den Watkinsons so vergnüglich, daß wir mit Bedauern fortgehen, und sei es Mrs. St. Leonards wegen.»

«Ich glaube nicht, daß Mrs. Watkinson zur vornehmen Gesellschaft gehört», sagte Caroline, «sonst kennte Mrs. St. Leonard sie. Gestern abend hörte ich ein paar Damen hier über Mrs. St. Leonard reden, und aus dem, was sie sagten, hörte ich heraus, daß sie zur *élite* der *élite* gehört.»

«Und wenn auch», bemerkte Mrs. Morland, «sind denn gute Manieren und Bildung ausschließlich den Menschen vorbehalten, die dieser Klasse angehören?»

«Gewiß nicht», sagte Edward, «der begabteste und gebildetste junge Mann an unserer Universität, der, dessen Gesellschaft mir die meiste Freude machte, war der Sohn eines Maurers.»

Nach dem Essen hörten die Morlands im Damensalon eine Unterhaltung zwischen mehreren weiblichen Gästen mit an, die alle Mrs. St. Leonard dem Ruf nach sehr gut zu kennen schienen, und sie sprachen über ihre Gesellschaft, die diesen Abend stattfinden sollte.

«Ich habe gehört», sagte eine Dame, «daß Mrs. St. Leonard eine ungewöhnlich große Anzahl ‹Löwen› dahaben wird.»

Dann nannte sie einen vornehmen General samt seiner eleganten Frau und feingebildeten Tochter; einen berühmten Fregattenkapitän; zwei hervorragende Kongreßmitglieder und sogar einen ehemaligen Präsidenten. Auch einige der bedeutendsten amerikanischen *literati* und zwei erstklassige Künstler.

Edward Morland meinte, jetzt könnte er wohl sagen: «Hätte ich nur Ohren genug, alles dies zu hören!»

«Eine Frau wie Mrs. St. Leonard kann immer über die besten ‹Löwen› verfügen, die es überhaupt gibt», bemerkte eine andere Dame.

«Und dann», sagte eine dritte, «hat man mir erzählt, daß sie in der Beleuchtung und im Schmücken ihrer an sich schon eleganten Räume einen so exquisiten Geschmack hat. Und ihr Tisch fürs Souper, sei es bei Sommer- oder Wintergesellschaften, ist so wunderbar arrangiert; alle Speisen sind köstlich, die Dienerschaft perfekt – und Mrs. St. Leonard macht die Honneurs so mühelos und so taktvoll.»

«Freunde von mir, die bei ihr verkehren», sagte eine vierte Dame, «schildern ihre Gesellschaften als die Vollkommenheit selbst. Sie versteht es immer, die Leute zusammenzubringen, die sich am besten eignen, die gemeinsame Konversation zu genießen. Und doch wird niemand übersehen oder vernachlässigt. Und dann kommt alles im richtigen Maß an die Reihe – sie bietet genau genug Musik und genau genug andere Unterhaltungen, die zum Vergnügen ihrer Gäste beitragen können; und doch ist keinerlei Absicht oder Lenkung ihrerseits bemerkbar.»

«Und das Allerbeste», sagte die Dame, die zuerst gesprochen hatte, «Mrs. St. Leonard ist eine der gütigsten, großzügigsten, wohlmeinendsten Frauen – auf alle nur mögliche Art tut sie Gutes.»

«Ich kann nicht mehr zuhören», sagte Caroline und stand auf, um den Platz zu wechseln. «Wenn ich noch mehr höre, werde ich die Watkinsons ganz einfach hassen. Wie ärgerlich, daß sie uns zuerst eingeladen haben! Hätten wir nur daran gedacht zu warten, bis wir Nachricht von Mrs. St. Leonard hatten!»

«Schäme dich, Caroline», sagte ihr Bruder, «wie kannst du so über Leute reden, die du noch nie gesehen hast und denen du für die freundliche Einladung dankbar sein solltest; selbst wenn sie einer anderen Gesellschaft in die Quere kommt, die – ich muß es zugestehen – ungewöhnliche Attraktionen zu bieten scheint. Jetzt habe ich ein Vorgefühl, daß wir den Watkinson-Teil des Abends sehr genießen werden.»

Gleich nach dem Tee begaben sich die Damen an ihre Toilette. Zum Glück haben Mode wie auch guter Geschmack entschieden, daß bei einer Sommergesellschaft die Kleidung der

Damen nie über das elegant Einfache hinausgehen soll. Deshalb konnten unsere beiden Damen, während sie sich auf den beabsichtigten Besuch bei Mrs. St. Leonard vorbereiteten, sich so kleiden, daß sie auch bei der kleineren Gesellschaft, welche sie bei den Watkinsons anzutreffen erwarteten, nicht fehl am Platze scheinen würden. Über einem Unterkleid aus Batist zog Caroline ein Kleid aus weißem, spitzenverziertem Organdy an, das mit rosa Bandschleifen geschmückt war. Auf dem Hinterkopf trug sie einen Kranz aus frischen rosa Blüten, der von einem passenden Band gehalten wurde.

Mrs. Morland trug schwarzen Grenadine über Satin und eine mit Weiß verzierte Spitzenhaube.

Es war Viertel nach neun, als ihr Wagen vor der Tür der Watkinsons anhielt. Die Front des Hauses sah sehr dunkel aus. Nicht ein Lichtstrahl schimmerte durch die geschlossenen Blenden, und der Schein hinter dem Oberlicht der Haustür war kaum bemerkbar. Nachdem der Kutscher mehrere Male geläutet hatte, öffnete ein irisches Mädchen die Tür, vorsichtig (wie irische Mädchen das immer tun), und ließ sie in die Eingangshalle hinein, wo auf einem Wandleuchter ein einziges Licht brannte. «Sollen wir hinaufgehen?» sagte Mrs. Morland. «Und wozu solltet ihr hinaufgehen?» sagte das Mädchen schnippisch. «Da ist es ganz dunkel, und nichts ist vorbereitet. Eure Sachen könnt ihr hier auf den Ständer hängen. Erwartet ihr eine Gesellschaft? Selig die, wo nix erwarten.»

Der optimistische Edward Morland hörte diese Weisheit ziemlich verständnislos an, und seine Schwester flüsterte: «Wir gehen sobald wie möglich zu Mrs. St. Leonard. Auf wann hast du den Kutscher zum Abholen bestellt?»

«Auf halb elf», war des Bruders Erwiderung.

«Oh! Edward, Edward!» rief sie aus, «und ich wette, er wird nicht pünktlich sein. Er wird uns hier bis elf Uhr sitzenlassen.»

«Courage, mes enfants», sagte die Mutter, *«et parlez plus doucement.»*

Das Mädchen führte sie ins hintere Wohnzimmer und sagte: «Hier kommt der Besuch.»

Das Zimmer war groß und düster. Ein buntkarierter Teppich bedeckte den Fußboden, alle Möbel waren mit gestreiften Kattunüberzügen versehen und Lampen, Spiegel und so weiter hinter grüner Gaze verborgen. Das vordere Wohnzimmer war völlig dunkel, und im hinteren gab es kein anderes Licht als eine Lampe mit Schirm auf einem großen Mitteltisch, um den herum ein Kreis von Kindern jeder Größe und jeden Alters versammelt war. Auf einem Sofa ohne Rücken und ohne Kissen saßen Mrs. Watkinson und eine junge Dame, die sie als ihre Tochter Jane vorstellte. Und Mrs. Morland hinwiederum stellte Edward und Caroline vor.

«Möchten Sie im Schaukelstuhl Platz nehmen, Madam?» fragte Mrs. Watkinson.

Da Mrs. Morland das Angebot ablehnte, setzte sich die Gastgeberin selbst hinein und schaukelte von da ab fast ununterbrochen. Es war ein unbequemer Schaukelstuhl mit langen Beinen und krummer Rückenlehne, und schlimmerweise war er mit nichts versehen, worauf man die Füße hätte stellen können.

«Mein Mann ist geschäftlich in Boston», sagte Mrs. Watkinson. «Zuerst meinte ich, Madam, es sei mir unmöglich, Sie heute abend hierher zu bitten, denn in seiner Abwesenheit pflegen wir keine Geselligkeit; aber meine Tochter Jane hat mich um- überredet, doch nach Ihnen zu schicken.»

«Wie schade», dachte Caroline.

«Sie müssen uns so nehmen, wie wir sind, Madam», fuhr Mrs. Watkinson fort. «Wir machen wegen niemandem irgendwelche Umstände; unser Grundsatz ist, uns nicht stören zu lassen. Wir geben keine Gesellschaften (mit einem Blick auf die Toiletten der Damen). Unsere Kinder sind unsere oberste Pflicht, und wir können unsere Mittel nicht an Modeflitter und Narrheit verschwenden. Die Kinder werden Grund haben, uns dafür zu danken, wenn wir sterben.»

Etwas wie ein Aufschluchzen kam von dem großen Tisch her, wo die Kinder saßen, und man sah einen Knaben das Taschentuch vors Gesicht halten.

«Joseph, liebes Kind», sagte die Mutter, «weine nicht. Sie glauben nicht, Madam, welch ungewöhnlicher Knabe das ist. Sie sehen, wie die bloße Erwähnung eines Ereignisses, zum Beispiel unseres Todes, ihn überwältigt hat.»

Hinter dem Taschentuch war wieder ein Aufschluchzen zu hören, und die Morlands fanden, daß es nun sehr nach unterdrücktem Lachen klang.

«Wie ich schon sagte, Madam», fuhr Mrs. Watkinson fort, «wir geben niemals Gesellschaften. Alle sündigen Dinge überlassen wir den Eitlen und den Narren. Meine Tochter Jane hat mir heute morgen berichtet, daß heute abend bei der Witwe St. Leonard eine Gesellschaft gegeben wird. Und es ist erst fünfzehn Jahre her, daß ihr Mann gestorben ist. Er wurde nach dreitägiger Krankheit hinweggerafft, kaum zwei Monate nach der Heirat. Ich habe einen Dienstboten gehabt, der zu der Zeit bei ihnen war, daher weiß ich Bescheid. Und da ist sie nun, wohnt in einem eleganten Haus, fährt in ihrer Kalesche herum, zieht sich prächtig und herausfordernd an und gibt Gesellschaften und genießt das Leben, wie sie das nennt. Wie ich das arme Geschöpf bemitleide! Gott sei Dank gehen keine meiner Bekannten zu ihren Gesellschaften. Täten sie das, so würde ich sie nie wieder in meinem Hause sehen wollen. Das bringt einen nur auf närrische, dumme Gedanken – und Narrheiten und dummes Zeug sind Sünde. Meinen Sie nicht, Madam?»

«Wenn man es übertreibt, dann können sie sicherlich dazu werden», antwortete Mrs. Morland.

«Wir haben gehört», sagte Edward, «daß Mrs. St. Leonard, obwohl sie eine Zierde der frohen Weltlichkeit ist, ein gutes Herz, ein wohltätiges Gemüt und eine freigebige Hand hat.»

«Ich weiß nicht viel von ihr», erwiderte Mrs. Watkinson und reckte den Kopf hoch, «und ich habe nicht den leisesten Wunsch, mehr zu wissen. Es ist gut, daß sie keine Kinder hat; das wären verlorene Schafe, die in ihrem Pferch aufgezogen würden. Ich meinerseits, Madam», fuhr sie fort, sich an Mrs. Morland wendend, «bin ganz zufrieden mit den stillen Freuden eines glücklichen Heims. Und keine Mutter darf auch nur das Geringste mit anderen Vergnügungen zu tun haben. Meine unschuldigen Kinder wissen nichts vom Theater, von Bällen und Gesellschaften und sollen niemals etwas davon wissen. Sehen sie vielleicht aus, als ob sie an ein Leben voller Vergnügungen gewöhnt seien?»

So sahen sie gewiß nicht aus! Denn als die Morlands einen Blick auf sie warfen, dachten sie, daß sie noch nie Kindergesichter gesehen hatten, die weniger fröhlich und zudem weniger anziehend waren. Nicht ein einziges nettes Gesicht, keine erfreuliche Miene in der ganzen Schar. Edward Morland erinnerte sich, oft gelesen zu haben, daß «die Kindheit immer schön ist». Aber er sah, daß die jungen Watkinsons eine Ausnahme von dieser Regel waren.

«Einer Mutter erste Pflicht, das sind ihre Kinder», wiederholte Mrs. Watkinson. «Bis neun Uhr sind meine Tochter Jane und ich jeden Abend damit beschäftigt, die Hausaufgaben abzuhören, die sie zum nächsten Morgen für die Schule gemacht haben. Vorher können wir keinen Besuch empfangen, und wir bitten nie jemanden zum Tee, das würde uns in unseren Pflichten behindern. Wir waren gerade fertig mit den Schulaufgaben, als Sie kamen. Nachher dürfen die Kinder etwas Vernünftiges spielen, denn ich erlaube kein Vergnügen, das nicht zugleich belehrend ist. Meine Kinder sind so gut erzogen, daß sie selbst dann ernsthafte Spiele spielen, wenn sie allein sind.»

Zwei der Knaben sahen einander verstohlen an mit einem Blick, in dem Edward Morland die Listen des Murmelspiels erkannte.

«Jetzt spielen sie gerade das Astronomie-Spiel», fuhr Mrs. Watkinson fort. «Sie haben auch ein geographisches und ein mathematisches Kartenspiel. Das ist eine segensreiche Entdeckung: die Erfindung dieser Lehrspiele; so daß man sogar die Spielzeit der Kinder erzieherisch verantworten kann. Und Sie können sich nicht vorstellen, Madam, wie sehr die Kinder diese Spiele genießen.»

In diesem Augenblick stand der Knabe namens Joseph vom

Tisch auf und sagte, während er zu Mrs. Watkinson hinüberstolzierte: «Mama, bitte mich zu verhauen.»

Ob dieser ungewöhnlichen Aufforderung waren die Gäste sehr erstaunt, und Mrs. Watkinson antwortete: «Dich verhauen, mein bester Joseph – warum? Ich habe nicht gesehen, daß du heute abend irgend etwas Unrechtes getan hast, und du weißt, daß meine Fürsorglichkeit mich veranlaßt, meine Kinder immerfort zu überwachen.»

«Du konntest es nicht sehen», antwortete Joseph, «denn ich habe nichts sehr Böses *getan*. Aber ich habe einen schlechten Gedanken gehabt, und du weißt doch, Mr. Ironrule sagt, daß ein Fehltritt in Gedanken genauso schlimm ist wie ein wirklich begangener Fehltritt.»

«Sie sehen, Madam, was für ein gutes Gedächtnis er hat», sagte Mrs. Watkinson leise zu Mrs. Morland. «Aber mein bester Joseph, du machst deine Mutter erbeben. Was für einen Fehltritt hast du dir vorgestellt? Was war dein böser Gedanke?»

«Ja», sagte ein anderer Knabe, «was für ein Gedanke?»

«Mein Gedanke war», sagte Joseph, «‹zum Teufel mit der ganzen Astronomie, und ich möchte den Mann gehenkt sehen, der dieses Spiel erfunden hat›.»

«Oh! Mein Kind», rief die Mutter aus und hielt sich die Ohren zu, «ich bin wirklich schockiert. Ich bin nur froh, daß du sofort bereut hast.»

«Ja», gab Joseph zurück, «aber ich fürchte, die Reue wird nicht andauern. Wenn ich nicht Schläge bekomme, habe ich vielleicht diese bösen Gedanken jedesmal, wenn ich Astronomie spiele, und noch schlimmere beim Geographie-Spiel. Schlage mich, Mama, und strafe mich, wie ich es verdiene. Da in der Ecke das spanische Rohr: Ich will es dir selber bringen.»

«Trefflicher Knabe!» sagte seine Mutter. «Du weißt doch, daß ich meinen Kindern immer verzeihe, wenn sie aufrichtig ihre Verfehlungen bekennen.»

«Ja, das tust du», sagte Joseph, «aber eine Tracht Prügel wird mich gründlicher kurieren.»

«Ich kann mich nicht dazu entschließen, ein so gewissenhaftes Kind zu züchtigen», sagte Mrs. Watkinson.

«Soll ich Ihnen die Mühe abnehmen?» fragte Edward, der vor Widerwillen über die salbungsvolle Heuchelei dieses jungen Schurken alle Geduld verloren hatte. «Es ist eine solche Seltenheit, daß ein Knabe Prügel verlangt, daß ein so erstaunlicher Wunsch unbedingt erfüllt werden sollte.»

Joseph drehte sich um und schnitt ihm eine Grimasse.

«Gib mir den Rohrstock», sagte Edward halb lachend, bereit, ihn ihm aus der Hand zu nehmen. «Ich werde ihn so anwenden, daß du wirklich zufrieden bist.»

Der Knabe hielt es für das klügste, mit langen Schritten davon und zum Tisch zurückzugehen und sich zwischen seinen Brüdern und Schwestern zu verstecken, von denen einige töricht überrascht nur glotzten, während andere flüsterten und kicherten, in der Hoffnung, mit anzusehen, wie Joseph tüchtig verhauen wurde.

Mrs. Watkinson, die Edward mit einem bitterbösen Blick bedacht hatte, beeilte sich, die Aufmerksamkeit seiner Mutter auf etwas anderes zu lenken. «Mrs. Morland», sagte sie, «erlauben Sie mir, Ihnen den jüngsten meiner hoffnungsvollen Sprößlinge vorzustellen.» Sie wies auf einen Knaben von etwa fünf Jahren, der mit zurückgeworfenem Kopf und weit offenem Munde in seinem Stuhle schlummerte.

Mrs. Watkinsons Kinder gehörten zu der lästigen Art von Kindern, die nie zu Bette gehen; wenigstens nicht ohne jeden nur möglichen Widerstand. All ihre selbstgerühmte Autorität reichte nicht aus, sie dazu zu zwingen; sie wollten nie zugeben, daß sie schläfrig waren; immer wollten sie «aufbleiben», und allabendlich gab es eine Szene mit Schelten, Zureden, Drohen und Überlisten, um sie in Marsch zu setzen.

«Wahrhaftig», sagte Mrs. Watkinson, «das liebe Kind schläft schon fast. Rüttle ihn wach, Christopher. Ich möchte, daß er eine Rede hält. Seine Lehrerin gibt sich große Mühe, ihre kleinen Schüler sprechen zu lehren, sie stellt sich selbst vor sie hin und macht es ihnen vor.»

Das Kind war gewaltsam aufgerüttelt worden (zwei oder drei andere hatten Christopher dabei geholfen), rieb sich die Augen und fing an zu greinen. Die Mutter ging zu ihm, nahm ihn auf den Schoß, beruhigte ihn und fing an, ihm zuzureden. Darnach stellte sie ihn vor Mrs. Morland auf die Füße und wollte, daß er für den Besuch eine Rede hielte. Das Kind steckte den Daumen in den Mund und blieb stumm.

«Mama», sagte Jane Watkinson, «sag ihm lieber, welche Rede er aufsagen soll.»

«Sage Cato oder Plato auf», sagte die Mutter, «oder wie er heißt. Los jetzt, Benny – wie fängt es an? ‹Du bist im Recht und sehr verständig, Plato.› So fängt es an.»

«Sag Lucius auf», sagte die Schwester Jane. «Komm jetzt, Benny – sag ‹Den Frieden meinen deine Gedanken›.»

Der Kleine sah aus, als meinten die seinen *das* nicht, und als denke er sich vielmehr einen Wutausbruch aus.

«Nein, nein!» rief Christopher aus. «Laßt ihn Hamlet sprechen. Los jetzt, Benny – ‹Sein oder Nichtsein›.»

«Gar nichts soll sein», schrie Benny, «und ich will kein bißchen für irgend jemanden aufsagen. Ich hasse diese Reden!»

«Seht nur, wie eigensinnig er ist», sagte Joseph salbungsvoll. «Und läßt man ihm das durchgehen?»

«Sag irgend etwas auf, Benny», sagte Mrs. Watkinson, «irgend etwas, wenn es nur eine Rede ist.»

Alle Watkinson-Stimmen schrien nun stürmisch auf das eigensinnige Kind ein – «Rede halten! Rede halten! Rede halten!» Aber sie bewirkten nicht mehr als die ewig wiederholten Ermahnungen, mit denen die Bonnen die armen Köpfchen der Babys verwirren, wenn sie fordern: «Mach winke-winke – mach winke-winke!»

Nun griff Mrs. Morland ein und bat, man möge das müde Kind entschuldigen; worauf dieses brüllte, daß es überhaupt nicht müde sei und nie zu Bett gehen werde.

«Ich habe es noch nie erlebt, daß eines meiner Kinder sich so benommen hat», sagte Mrs. Watkinson. «Sie sind immer beispiellos gehorsam, Madam. Ein Blick genügt. Und ich muß sagen, daß sie von der Erziehung, die wir ihnen zuteil werden lassen, in jeder Weise profitiert haben. Es ist nicht unsere Art, Madam, unser Geld an Gesellschaften und Narreteien, auf elegante Möbel und elegante Kleidung und üppiges Essen und lauter solche abscheulichen Dinge zu verschwenden. Unsere oberste Pflicht sind unsere Kinder – dafür zu sorgen, daß sie alles lernen, was in den Schulen gelehrt wird. Wenn sie nicht geraten, dann nicht aus Mangel an Bildung. Hester, liebes Kind, komm und sprich Französisch mit Miss Morland.»

Hester (anders als ihr kleiner Bruder, der keine Rede halten wollte) kam keck heran und sagte zu Caroline Morland: «*Parlez-vous français, mademoiselle? Comment se va madame votre mère? Aimez-vous la musique? Aimez-vous la danse? Bon jour – bon soir – bon repos. Comprenez-vous?*»

Auf diese Tirade, die mit großer Zungenfertigkeit heruntergerasselt wurde, antwortete Miss Morland nichts als: «*Oui, je comprends.*»

«Sehr gut, Hester – wirklich sehr gut», sagte Mrs. Watkinson. «Sie sehen, Madame», wandte sie sich an Mrs. Morland, «wie sehr geläufig sie das Französische spricht; und sie lernt es erst seit zwei Jahren.»

Nach längerem Geflüster zwischen Jane und ihrer Mutter ging die erstere hinaus und schickte das irische Mädchen mit einem Tablett hinein, auf dem ein Korb mit Sodakeksen, ein Krug Wasser und einige Gläser standen. Mrs. Watkinson forderte ihre Gäste auf, sich wie zu Hause zu fühlen und herzhaft zuzugreifen; sie sagte: «Bei uns gibt es nie Kuchen, Süßigkeiten, Gebäck und solche Dinge, die kommen uns nicht ins Haus, weil sie für die Kinder sehr ungesund wären und weil es unrecht wäre, sie damit in Versuchung zu führen. Sie werden mir sicherlich darin zustimmen, Madam, daß einfache Nahrung für jedermann am besten ist. Leute, die etwas Extrafeines wollen, mögen zu Gesellschaften gehen; aber bei mir werden sie es nie bekommen.»

Als der Imbiß eingenommen und jedes Kind mit einem Keks versorgt war, sagte Mrs. Watkinson zu Mrs. Morland: «Jetzt,

Madam, sollen Sie etwas Musik von meiner Tochter Jane hören, sie gehört zu Mr. Bangwhangers besten Schülern.»

Jane Watkinson setzte sich ans Klavier und fing an, ein Stück zu spielen, das sechs endlose Seiten hatte, die sie ohne Rücksicht auf Takt und Tonart, aber mit gewaltiger Kraft der Hände spielte; trotzdem hatte es aber die gute Wirkung, daß die meisten der Kinder einschliefen.

Den Morlands schien der Abend schon fünf Stunden lang gedauert zu haben. Aber es war erst halb elf, als Jane in der Mitte ihres Stückes angekommen war. Stillschweigend waren alle Gäste übereingekommen, daß man am besten Mrs. Watkinson die Absicht nicht merken lassen sollte, direkt von ihrem Hause zu Mrs. St. Leonard zu fahren; und die Ankunft des Wagens hätte das Zeichen zum Aufbruch gegeben, selbst wenn Janes Stück noch nicht zu Ende gewesen wäre. Sie warfen verstohlene Blicke nach der Uhr auf dem Kaminsims. Es fehlte nur eine Viertelstunde an elf Uhr, als Jane vom Klavier aufstand und die Mutter ihr zu ihrem vorzüglichen Spiel gratulierte. Aber noch immer hörte man keinen Wagen halten, keine Hausglocke läuten. Mrs. Morland äußerte die Befürchtung, daß der Kutscher vergessen habe, sie abzuholen.

«Ist er bezahlt worden, als er Sie herbrachte?» fragte Mrs. Watkinson.

«Ich habe ihn bezahlt, als wir vor der Haustür ankamen», sagte Edward. «Ich dachte, vielleicht brauchte er das Geld für irgend etwas, ehe er uns abholt.»

«Das war sehr nett von Ihnen, Sir», sagte Mrs. Watkinson, «aber nicht sehr weise. Man kann sich auf keinen Kutscher verlassen, und da er in dieser regnerischen Nacht sicher sein kann, Geschäfte zu machen, kommt er vielleicht überhaupt nicht wieder – da er ja fürs Herbringen schon bezahlt ist.»

Nun *war* aber in Wirklichkeit der Kutscher zur abgemachten Zeit dagewesen, doch der Lärm von Janes Klavier hatte verhindert, daß man im hinteren Wohnzimmer seine Ankunft hörte.

Das irische Mädchen war zur Tür gegangen, als er läutete,

und hatte in ihm jemanden erkannt, den sie zu ihren «alten Freunden» zählte. In diesem Augenblick kamen eine Dame und ein Herr, die vom Regen überrascht worden waren, angelaufen, und als sie sahen, daß ein Wagen vor der Tür hielt, fragte der Herr den Kutscher, ob er sie nicht zum Rutger-Platz bringen könne. Der Kutscher erwiderte, daß er gerade gekommen sei, um zwei Damen und einen Herrn abzuholen, die er vom Astor-Haus hierher gefahren habe.

«Aber sicher doch, Patrick», sagte das Mädchen, das in der Tür stand, «wenn ich du wär, tät ich mir heute nacht noch einen Extrapfennig dazuverdienen. Miß Jane, die hämmert noch eins von ihren langen Musikstücken herunter, und das ist nicht zu Ende, ehe du zum Rutger-Platz und wieder zurück bist. Und wenn du sie ein bißchen warten läßt, was schadet das? Die haben ein trockenes Dach überm Kopf, und ich wette, daß sie nicht zum ersten Mal in ihrem Leben warten, und nicht zum letzten Mal.»

«Stimmt genau», sagte der Herr; ohne schicklicherweise erst die Leute fragen zu lassen, die den Wagen bestellt hatten, befahl er seiner Frau, einzusteigen, stieg selbst ein, und sie fuhren davon zum Rutger-Platz.

Lieber Leser, wenn du je in einem fremden Hause dadurch aufgehalten worden bist, daß dein Wagen nicht kam, dann wirst du leicht nachfühlen können, wie sehr man sich ärgert, wenn sich herausstellt, daß man eine Familie über die gewohnte Zeit hinaus daran hindert, zu Bett zu gehen. Und in diesem Falle gab es doppelten Ärger, da die Gäste voller Ungeduld waren, sich an einen besseren Ort zu begeben. Die Kinder, die alle weinten, als man sie aus dem Schlaf weckte, wurden schließlich von zwei Dienstmädchen und Jane Watkinson, die darnach nicht mehr zurückkam, zu Bett gebracht. Niemand blieb übrig als Hester, die hervorragende Studentin der französischen Sprache, die – da sie zu den kindlichen Kobolden gehörte, welche die Fähigkeit besitzen, ohne Schlaf zu leben – bolzengerade mit weit offenen Augen dasaß und die sich sehr unbehaglich fühlenden Besucher beobachtete.

Die Morlands konnten es nicht mehr aushalten, und Edward schlug vor, nach einem Wagen zum nächsten Mietstall zu schicken.

«Wir halten jetzt keinen Diener mehr», sagte Mrs. Watkinson, die fast einnickend im Schaukelstuhl saß, ab und zu krampfhaft etwas Konversation zu machen versuchte und noch öfter als zuvor «Madam» sagte.

«Diener sind eine schreckliche Plage, und wir haben schon seit drei Jahren keinen mehr. Und ich weiß nicht, wie Mary oder Kate in dieser Sturmnacht ausgehen und den nächsten Mietstall suchen könnten.»

«In keinem Fall würde ich zulassen, daß die Frauen das tun», erwiderte Edward. «Wenn Sie mir gütigst einen Schirm leihen wollen, gehe ich selbst.»

Er machte sich also an dieses Unternehmen, hatte aber bei zwei Mietställen keinen Erfolg, da die Wagen alle fort waren. Schließlich fand er einen und wurde darin zu Mrs. Watkinsons Haus gefahren, wo Mutter und Schwester auf ihn warteten, fix und fertig in ihren seidenen Hauben und Umschlagetüchern. Sie verabschiedeten sich erleichtert, und Mrs. Watkinson ermunterte sich soweit, die Hoffnung auszusprechen, daß sie einen angenehmen Abend verbracht hätten und bei ihrer Rückkehr nach New York noch einen solchen mit ihr verbringen würden. Wie schwer ist es doch, in solchen Fällen zu antworten, selbst nur die sogenannte «Form» zu wahren.

Mit einer Küchenlampe wurde ihnen zur Tür geleuchtet, da die Lampe in der Eingangshalle schon längst gelöscht worden war. Zum Glück hatte der Regen aufgehört; die Sterne kamen allmählich wieder heraus, und als die Morlands sich im Wagen und auf dem Weg zu Mrs. St. Leonard befanden, hatten sie das Gefühl, sie könnten wieder atmen. Wie anzunehmen, besprachen sie ungehemmt alle ärgerlichen Ereignisse des Abends; aber da der Verdruß nun vorbei war, waren sie eher geneigt, sich darüber zu belustigen.

«Liebe Mutter», sagte Edward, «du hast mir leid getan, als du das fortwährende ‹Madam, Madam› von Mrs. Watkinson ertragen mußtest; denn ich weiß, du kannst das Wort nicht leiden.»

«Ich wollte», sagte Caroline, «mir fielen nicht immer so lächerliche Erinnerungen ein. Aber wirklich, heute abend konnte ich mir das dumme, alte Kinderspiel nicht aus dem Kopf schlagen:

Aus Spanien kommen drei Ritter fein,
frein um Euer Töchterlein!»

«*Ich* werde bestimmt nie einer dieser spanischen Ritter sein», sagte Edward. «Töchterlein Jane läuft nicht Gefahr, durch meine ‹Schmeichelzunge› beeinflußt zu werden. Aber es ist doch nicht recht, daß wir so über sie reden.»

Sie fuhren in der Hoffnung zu Mrs. St. Leonard, noch rechtzeitig zu kommen, um eine halbe Stunde dort verbringen zu können. Aber als sie zu der Straße kamen, wo sie wohnte, begegneten ihnen ein paar Kutschen, die schon auf dem Heimweg waren, und als sie die Tür des hell erleuchteten Wohnsitzes erreichten, sahen sie die letzten Gäste in den letzten Wagen davonfahren, und mehrere Musikanten kamen mit ihren Instrumenten die Treppe herunter.

«Also war da *wirklich* eine Tanzerei!» seufzte Caroline. «Ach, was haben wir versäumt! Es ist zu ärgerlich.»

«Das ist es schon», sagte Edward; «aber denke daran, daß wir morgen früh nach Niagara abreisen.»

«Ich werde Nachricht für Mrs. St. Leonard hinterlassen», sagte seine Mutter, «und erklären, daß wir bei Mrs. Watkinson aufgehalten worden sind, weil der Kutscher uns im Stich gelassen hat. Wir wollen uns mit der Hoffnung trösten, daß wir diese Dame wiedersehen, wenn wir zurückkommen. Und nun, liebe Caroline, mußt du dir die heutigen ungünstigen Ereignisse zur Lehre dienen lassen. Wenn du Hausherrin bist und Freunden eine Artigkeit erweisen willst, so sage in deiner Einladung ganz offen, was sie zu erwarten haben. Und wenn es dir nicht möglich ist, andere Leute dazu einzuladen, die sie kennenlernen sollen, dann sage gleich dazu, daß du nicht darauf bestehst, daß sie die Verabredung mit *dir* einhalten, im Falle später sich etwas bietet, was sie vielleicht vorziehen; vorausgesetzt nur, daß sie dich rechtzeitig von der Änderung ihrer Pläne unterrichten.»

«O Mama», sagte Caroline, «du kannst dich darauf verlassen, daß ich mich immer davor hüten werde, meine Gäste mit einer Einladung zu verlocken, deren Befolgung sie vielleicht bedauern könnten, besonders, wenn es Freunde sind, deren Zeit knapp bemessen ist. Ganz gewiß werde ich, wie du sagst, ihnen mitteilen, daß sie sich nicht an mich gebunden zu fühlen brauchen, wenn sie später eine Einladung erhalten, die ihnen mehr Vergnügen verspricht. Es wird noch lange dauern, bis ich den Watkinson-Abend vergesse.»

GUNTHER H. RUDDIES

Familienkonferenz

Die Familie Hamburger hat sich zum Mittagessen versammelt. Die dampfende Suppenschüssel steht auf dem Tisch. Salz fehlt. Die Entfernung zur Küche und zurück beträgt knapp sieben Meter Luftlinie oder 30 Sekunden Wegzeit.

VATER: *will aufspringen*
«Ich hole eben den Streuer.»

MUTTER: *hält ihn am Ärmel zurück*
«Kommt nicht in Frage. Du warst die ganze Woche unterwegs. Eines der Kinder wird den Salzstreuer holen.»

TOCHTER: *klopft an den Teller*
«Eines der Kinder wird den Salzstreuer nicht holen. In dieser Woche ist Bernd Beauftragter.»

MUTTER: «Bernd befindet sich per Schüleraustausch in Südfrankreich.»

TOCHTER: «Dann berufen wir eben eine außerordentliche Familienkonferenz ein und bestimmen einen Ersatzmann. Wozu haben wir eine Ordnung aufgestellt, wenn wir uns nicht daran halten? Ich finde, Mama, als Eltern gebt ihr kein gutes Beispiel für demokratisches Verhalten ab.»

SOHN: «Das Problem hättet ihr auf der letzten ordentlichen Familienkonferenz besprechen sollen.»

MUTTER: «Wie erinnerlich, gab es am Mittwoch Reisbrei mit Zucker und Zimt.»

TOCHTER: *energisch*
«Wer ist nach dem Alphabet mit dem Vorsitz an der Reihe?»

FÜNFJÄHRIGER: *nimmt Kaugummi aus dem Mund, klebt die Masse unter den Tisch*

«Ich! Jemand was dagegen?»

VATER: *resignierend*

«Bis zur Beschlußfassung dürfte die Suppe kalt geworden sein.»

FÜNFJÄHRIGER: «Papa, ich entziehe dir das Wort. Hier geht es nicht um das lächerliche Salzfaß, sondern um ein Prinzip. Du solltest dich befleißigen, demokratische Spielregeln einzuhalten. Wie können wir Kinder sonst euch Eltern helfen, euren Erziehungsauftrag zu erfüllen?»

SOHN: «Mir knurrt der Magen. Werden nun Anträge zur Tagesordnung angenommen oder nicht?»

FÜNFJÄHRIGER: «Ich brauche einen Protokollführer.»

TOCHTER: *feixend*

«Mutter ist an der Reihe.»

SOHN: *zieht unter dem Tisch Schuhe aus*

«Ihre Klaue ist schwer zu lesen. Kürzlich hat sie übrigens Forsythien ohne ‹h› geschrieben.»

VATER: «Etwas mehr Respekt und Toleranz bitte ich mir aus. Das hat auch etwas mit demokratischem Stil zu tun.»

SOHN: «Hört, hört. Sind wir eine Benimmanstalt oder ein Entscheidungsgremium? Im übrigen kann ich Nachsicht beanspruchen: ich befinde mich in der nachpubertären Phase.»

FÜNFJÄHRIGER: *stellt sich auf den Stuhl*

«Also TOP 1 (Tagesordnungspunkt): Protokollführer bestimmen. TOP 2: Beschluß darüber herbeiführen, wer das Salzfaß holt.»

TOCHTER: *Zwischenruf*

«Heute oder immer?»

VATER: «Ich protokolliere, damit es schneller geht. Mutter hat große Wäsche.»

FÜNFJÄHRIGER: «Widerspruch dagegen? Enthaltungen? Nein. Danke. Papa, du darfst das Protokoll der 395sten Familienkonferenz führen. Ich rufe TOP 2 auf. Möchte sich jemand dazu äußern?»

SOHN: *trommelt ärgerlich mit dem Löffel an den Teller*

«O Mann, hier geht ja alles drunter und drüber. Zuerst benötigt man einen Antrag mit Begründung. Dann folgt die Debatte, zum Schluß die Abstimmung. Erinnert ihr euch, wie wir darüber diskutiert haben, ob wir uns ein weiteres Geschwisterchen wünschen sollten oder nicht?»

FÜNFJÄHRIGER: *hochroten Gesichts*

«Ich habe im Protokoll nachgelesen, wer damals gegen mich votiert hat. Selbstredend bleibt das nicht ohne Folgen für mein Stimmverhalten ...»

TOCHTER: «Wird geheim oder offen abgestimmt?»

SOHN: «Warum nicht im Hammelsprung und namentlich?»

MUTTER: «Du meine Güte, jetzt fängt der ewige Streit schon wieder an.»

TOCHTER: *spielt mit Zahnstochern*

«Was heißt hier Streit? Wir üben uns darin, Konflikte friedfertig auszutragen. Mir fällt es jedenfalls nicht leicht, offen gegen Papa oder Mama zu stimmen.»

FÜNFJÄHRIGER: «Das Verfahren ist in den Statuten festgelegt. Allerdings kann man es mit Zweidrittelmehrheit ändern. Wollen wir nun zuerst über das Verfahren oder über den Antrag abstimmen, ich meine ...»

VATER: *stolz*

«Siehst du, Mutter, der Bursche wird später Karriere machen, in Gewerkschaft, Partei oder so was.»

FÜNFJÄHRIGER: «Damit ist alles ziemlich klar. Ich formuliere nun den Beschlußantrag, vorausgesetzt, ihr sagt mir, ob die Regelung auch für Pfeffer gilt.»

VATER: *beginnt geistesabwesend Strichmännchen auf die Tischdecke zu malen*

TOCHTER: «Ich habe dreimal hintereinander Blumenvasen auf den Tisch gestellt. Wir sollten meiner Meinung nach Dienstleistungen grundsätzlich regeln, wenn wir schon einmal dabei sind.»

SOHN: «Das sagst du doch bloß, weil du Sitzungsgelder schinden willst. Bei jeder Familienkonferenz, die länger als zwei Stunden dauert, verdoppelt sich dein Taschengeld, das ohnedies zu hoch ist.»

TOCHTER: *beginnt zu flennen*
«Muß ich mir das gefallen lassen?»

FÜNFJÄHRIGER: «So kommen wir nicht weiter. Ich schlage die Bildung von Ausschüssen vor. Warum sollten wir nicht einen Pfefferausschuß und einen Blumenausschuß haben? Meinerseits würde ich einen Spielausschuß begrüßen, denn ich habe es satt, mir immerzu Spiele selbst ausdenken zu müssen.»

SOHN: *taucht Zeigefinger in die Suppenschüssel*
«Seht mal her. Oben bildet sich eine Haut. Kaltes Fett ist ungesund.»

MUTTER: «Es hat geläutet. Ich gehe nachsehen.»
schöpft Teller voll, nimmt ihn mit und bleibt verschwunden

VATER: «Wie heißt nun der Beschlußantrag, damit die Kuh vom Eis kommt?»

FÜNFJÄHRIGER: «Was für eine Kuh?»

VATER: *ärgerlich abwinkend*
«Nur so eine leere Redensart von einem früheren Bundeskanzler.»

TOCHTER: *zieht Lippen nach, füllt ihren Teller und steht auf*
«Entschuldigt mich mal eben.»

SOHN: *schlüpft wieder in die Schuhe*
«Wenn die glauben, wir tagen zu dritt weiter, haben sie sich geirrt. Ich nehme meinen Teller und gehe.»

FÜNFJÄHRIGER: *klemmt die Schüssel unter den Arm und begibt sich damit in die Küche*
«Die Familienkonferenz ist beendet, Papa.»

VATER: *trägt seinen Teller in die Küche, wo die Familienmitglieder bereits friedlich ihre Suppe löffeln, das Salzfaß steht in der Mitte*
«Sage einer, daß eine Familienkonferenz keine Probleme löst.»

INGE KRUPP

Eiko

Es war gar kein «Heiliger Abend» für mich. Geschneit hatte es auch nicht, nur müde geregnet, und als ich neben meiner älteren Schwester einherging, da kratzte unter meinem Teddymantel der Wollpullover – und meine Schuhe, die drückten. Ich war acht Jahre alt und Birgid zwölf. Birgid hatte, wie zumeist, allen Wettern zum Trotz, gute Laune – und ich, ich hatte ganz schlechte, wie fast immer bei Regenwetter. Aber es war gar nicht nur das Wetter: ich war in arg trauriger Stimmung, und ich war es wegen Eiko. Eiko, unser Hund, war vor erst wenigen Wochen gestorben – und ich, ich war mit ihm aufgewachsen. Schon während meiner ersten Gehversuche hatten sich meine Kinderhände in Eikos Fell vergraben. Eiko, ein braunweißer Münsterländer, er war immer mit und neben mir. Mit Eiko in Fußnähe, das wußte ich, konnte mir gar nichts geschehen – hatte mir gar nichts geschehen können. Eiko war nur neun Jahre alt geworden. Nein, dieses Jahr konnte für mich nicht Weihnachten sein, denn: worüber sollte ich mich freuen?

Die anderen Familienmitglieder schienen schneller zu vergessen, aber es half mir gar nichts, wenn sie, gleichsam um mich zu trösten, sagten: «Er ist doch nur ein Hund gewesen!» Ja – aber was fur ein Hund!

Zwei Weihnachten zuvor hatte ich von den Großeltern einen winzigen schneeweißen Eisbären geschenkt bekommen – aus echtem Fell! Ich hatte den niedlichen Eisbären kaum mehr aus der Hand genommen. Das wiederum war dem Eiko an Streicheleinheiten abhanden gekommen. Am nächsten Morgen hatte der Eisbär zerbissen am Boden gelegen. Doch ich hatte meinem Eiko diesen Anfall von Eifersucht schnell verziehen: mit einem kleinen Eisbären konnte ich schließlich nicht wie mit einem großen verständigen Hund spazierengehen.

«Zwei Geschenke weiß ich schon», unterbrach Birgid meine rückgewandten Hundegedanken. «So», sagte ich dumpf, denn es war mir in diesem Jahr vollkommen egal, was die Eltern mir schenken würden. Wenn wir zurückkehren würden vom Weihnachtsgottesdienst, würde es, wie alljährlich, die Bescherung geben.

Vor der nach außen unscheinbaren roten Backsteinkirche blieben Birgid und ich, inmitten erwartungsfroher Kirchgänger, abwartend stehen. Als es zu läuten begann, als sich das Kirchenportal öffnete, schritten alle höflich in die Kleinstadtkirche. Ich besah die Gesichter, und mir war, als hätten all diese Menschen, geradeso wie der Weihnachtsbaum im Altarraum mit Kerzen und Lametta, auf einmal zu strahlen begonnen. Als dann das Orgelspiel einsetzte, fing ich an, wie aus Verlegenheit, mit den Füßen zu scharren. «Vom Himmel hoch, da komm ich her», sang mir in den höchsten Tönen eine grauhaarige Dame ins rechte Ohr. Ich sah empor in die Kirchenkuppel, die mitternachtsblau war, übersät mit Sternen, und ich dachte: Mein größter Weihnachtswunsch wäre, meinen Eiko zurückzubekommen. Daraufhin begannen meine Tränen zu rollen. Ja, doch, ich war acht Jahre alt und hatte längst begriffen: Wer gestorben war, konnte nicht wiederkommen. Meine Tränen aber wollten sich nicht mehr abstellen lassen. Während das Orgelspiel durch die Kirche vibrierte, während Auszüge aus der Weihnachtsgeschichte verlesen wurden, während um mich herum alle Menschen lauthals anhoben zu singen, begann mir das Kirchenschiff zu verschwimmen. Birgid boxte mich ein paarmal in die Seite – aber das nützte nichts. «Alle Jahre wieder kommt das Christuskind / auf die Erde nieder, wo wir Menschen sind», nahm ich ihre Stimme links von mir wahr – und rechts die überhelle Stimme der grauhaarigen Dame: «steht auch mir zur Seite, still und unerkannt / daß es treu mich leite an der lieben Hand.»

Unter Glockengeläut trieben wir dem Ausgang zu. «Nein, was bist du nur für ein gläubiges Kind, daß dich die Weihnachtsgeschichte so sehr mitnimmt!» beugte sich jene grauhaarige Dame über mich. «Aber nicht weinen, freuen solltest du dich – unser Heiland ist heute geboren!» Und ich – ich heulte nun erst recht laut los: «Unser Hund – unser Hund ist gestorben!»

Energisch hatte meine Schwester mich mit sich gezogen. «Man muß sich ja für dich schämen!» Und kaum zu Hause angekommen, rief sie wütend meinen Eltern entgegen: «Die nehme ich nie mehr mit in die Kirche!»

Die Bescherung nahte – ich trottete hinter meinem großen Bruder und hinter meiner Schwester drein in das Weihnachtszimmer. Die Kerzen am Weihnachtsbaum brannten wie immer, und meine Geschwister packten ganz bald ihre Geschenke aus. Meine Mutter nahm mich an die Hand, zog mich aufmunternd zu meinen Paketen. «Ja», sagte ich hernach, «die Spielsachen kann ich gut gebrauchen, und dieser Pullover kratzt wenigstens nicht.»

Daraufhin folgte das Weihnachtsessen: Es gab Rehbraten, den mein Vater zuvor in der Küche tranchiert hatte. Ich dachte an Eiko, der all die Jahre wieder die Knochen abgenagt hatte, und starrte auf meinen Teller.

«Komm einmal her zu mir», sagte leise mein Vater. Da wußte ich: Er dachte an Eiko wie ich. Und er sagte mir, daß Eiko so große Schmerzen gehabt hatte, daß er deshalb davon erlöst worden war. Ja – das sah ich ein.

«Aber – wenn Menschen sterben, dann – dann haben sie danach einen Himmel. Und Tiere, ja, Hunde, die haben das nicht, sagen alle – die haben keine Seele!»

«Nein, nein», sagte mein Vater, «so stimmt das nicht. Für alle Tiere, die im Leben eine Seele hatten – für die gibt es ebenso einen Himmel.»

«Für die Hunde auch?» mußte ich wissen.

«Ja, für die Hunde gibt es einen Hundehimmel.»

«Kann dann unser Eiko im Hundehimmel sein?»

«Ja», sagte mein Vater.

«Und – kann er da laufen, richtig frei?»

«Ja, viel freier noch als je zuvor!»

Es war Weihnachten, ich war acht Jahre alt, und: ich konnte mich wieder freuen.

FRITZ VON HERZMANOVSKY-ORLANDO

Das Familienbild

Für mich war es jedesmal ein Festtag, wenn meine Großmutter mich zu den Watzkas mitnahm. Denn die Familie Watzka und besonders deren Oberhäuptin, die dicke Mutter Pepi, waren von Geheimnissen umwittert, die sich nicht enträtseln ließen und statt dessen immer neue, unwahrscheinliche Seiten hervorkehrten. Es war über alle Maßen aufregend.

Selbst der Ursprung des vertraulichen Du, das zwischen meiner Großmutter und Frau Watzka in Gebrauch stand, blieb mir ewig unklar. Stammte Josephine wirklich aus böhmischem Provinzadel, wie sie gern behauptete, und war ihre jetzige, mehr kleinbürgerliche Treue nur die Folge ihrer Eheschließung mit Herrn Watzka (der übrigens, ungeachtet seines tschechischen Namens, aus Ungarn kam)? War sie seinerzeit, als junge Pepi, im Haushalt meiner Großeltern beschäftigt gewesen? Oder gar meiner Urgroßeltern, als Kinderfrau meiner Großmutter? Ich weiß es nicht und habe es nie erfahren. Wenn ich eine zaghafte Erkundigung wagte, trug mir das einen strafenden Blick meiner guten Großmutter ein, während die dicke Mutter Pepi sich den Anschein gab, als ob sie mich gar nicht gehört hätte. Ihre Geisteseinfalt schien ihr ohnehin schon quälende Schmerzen zu bereiten, aber in solchen Momenten nahmen ihre unsäglich dummen Glotzaugen einen geradezu höllisch gepeinigten Ausdruck an. Dabei zog sie die Brauen verzweifelt hoch und begann mit nervösen, wenn auch dicken Fingern an dem ständig verschwitzten Perlenkollier zu klimpern, das sie direkt unterm Kinn trug, denn einen Hals hatte sie nicht.

Den Watzka, der in seiner Jugend ein typischer magyarischer Feschak mit leichten Mephisto-Zügen gewesen sein muß, sah man nur selten und die übrigen Familienmitglieder nur unregelmäßig, so daß man nie genau wissen konnte, wer dazugehörte und wer nicht.

Das große, pompös eingerahmte Familienbild hingegen – eine aus mehreren gelblich angestochenen Fotografien zusammengefügte Monstrosität, die an der Stirnwand des Salons prangte – bekam man nicht nur zu sehen, sondern bekam es von Mutter Pepi auch sehr oft erklärt:

«Alsdann die Dame mittendrin in der großen Balltoilette bin ich. Wenn ich vielleicht einen etwas entteischten Gesichtsausdruck hab, is das die Schuld vom Fotografen, weil der g'sagt hat, ich soll immer in die Glaswirtschaft da hineinschaun, es wird gleich a Vogerl herausfliegen. Hab ich g'schaut, is kein Vogerl kommen. Es war eine Fliege.»

Sie seufzte auf und griff rasch nach ein paar Süßigkeiten, die sie in ständiger Reichweite hatte; am liebsten waren ihr die sogenannten Buchteln, aus flaumigem, oben und unten knusprig gebräuntem Teig gebacken und mit jener unnachahmlichen Abart von Zwetschgenmarmelade gefüllt, die man in Böhmen und den angrenzenden Kronländern «Powidl» nennt. Durch solche Stärkung über die Lügenhaftigkeit der Menschen getröstet, deutete sie mit bröselbestäubtem Zeigefinger auf die männliche Gestalt, die mit ihr die Mitte des Bildes einnahm und an deren Knien ein überaus häßlicher Knabe in Röhrenstiefeln lehnte: «Der mit 'n Spitzbart und die stechenden Augen is selbstredend der Watzka, und der Bub is unser Jingster, der Zdenko. Daneben die Ada, unsere Älteste, was bekanntlich den Keckeis geheiratet hat, den da. – Nein, *den*.»

«Und wer ist der, den du zuerst für den Keckeis gehalten hast?» fragte meine Großmutter.

«Jaa, wenn ich das nur wißte! Wir zerbrechen uns eh schon seit Jahren den Kopf drieber. Auch der Watzka kann sich nicht erinnern, ob es ein unsriges Kind is . . . Mit die Fotografen is a Kreiz. Sie meinen's ja nicht schlecht, aber sie haun halt immer die Bestellungen durcheinander, besonders die Idealisten, die mit Samtjackerl und Kinstlermähne. Nachher will man ihnen natierlich nicht die Schand antun und das Bild refisieren, obgleich es einen jedesmal vom frischen wurmt, wenn man's anschaut. Laßt man's halt in Gottes Namen im Salon hängen ... Also, das da ist dann die Mizzi, da war's grad krank. Und a alte Frau, was uns immer den Reibsand bringt, hat ihr a Hundsfetten geben zum Einreiben. Ich sag dir, g'stunken hat's nicht zum Aushalten. Aber g'sund ist worden.»

Mizzi hatte eine konkave Brust und eine auf dem Bild völlig schwarz wirkende Nase, die einem verrunzelten Schwammerl bedrückend ähnlich sah. Meine Großmutter lenkte rasch ab, indem sie sich nach dem angrenzenden Mädchen erkundigte.

«Jene hier? Das is die Wilma.» Mutter Pepi nickte wehmütig. «Das war damals die Braut vom armen János, weißt ja eh. Er hat's aber nicht g'heirat, weil man ihr auf was draufkommen is. Nix wie Ärger ham wir wegen derer g'habt. Sogar die Polizei war bei uns im Haus, nachschaun. Und da hat er dann das Verleebnis rickgängig gemacht. Aber da im Bild, da siehst ja, da schaut er noch ganz frehlich drein, der Jancsi. In Uniform. Das war kurz vor'n Unglick. Bevor's ihn wegen dem entsetzlichen Foppa bein Maneever erschossen ham ...»

Daß «Foppa» Mutter Pepis Version von «faux pas» war, wußte ich schon. Die angebliche Erschießung ihres Lieblingssohnes János gehörte jedoch zu den unergründlichen und unberührbaren Geheimnissen des Hauses. Deshalb überraschte es mich sehr, als meine Großmutter einwarf: «Aber der Jancsi lebt doch noch? Ich hab's erst neulich wieder gehört!»

Mutter Pepi zog schmerzerfüllt etwas Luft ein. Die Augen glotzten wie bei einem herzkranken Frosch, und die Brauen standen ungefähr dort, wo bei anderen Damen die Frisur beginnt. Dann hatte sie sich wieder gesammelt und überhörte mit gewohnter Meisterschaft, was sie nicht hören wollte.

«Derschossen ham's ihn, den Ärmsten, weißt ja eh. Weil er damals beim Maneever den Erzherzog Albrecht iirtiemlich in' Dreck geschmissen hat. Auf dem Altar des Vaterlandes. No ja.» Noch einmal schnupfte sie auf und war schon wieder bei der Erklärung des Bildes. «Die Wilma ham wir trotzdem im Bild gelassen. Es macht es reicher ... Hier wiederum sind unsere zwei verstorbenen anderen Sehne, bevor der Zdenko gekommen is. Den linken hat der Fotograf ein bißl zu klein gemacht, deswegen ham wir auch ka rechte Freid mit dem. Alois hat er g'heißen. Und in Wirklichkeit war er grad so groß wie der Jancsi gottselig ... Das da muß ich dir nicht sagen, das ist mein guter Vater, der Ritter Horniembsch von Horniemschau aus Kolin. Die Damen rechts und links sind meine beiden seligen Stiefmitter. Und dahinter, wo er noch a bißl wie a Teifl ausschaut, is der Watzka als Junger.»

«Und wie kommt ihr zu dem Lohengrin, in den sich dein seliger Vater einhängt?»

«Das is doch sein Löbtag kein Lohengrün nicht, das is doch der Keckeis. Der hat sich nur so kostimiert, wie er einmal Theater gespielt hat, beim Feierwehrball im ‹Auge Gottes›. Das war ja damals, wie sich die Ada in ihn verliebt hat. Und da hat's dann keine Ruh geben, bis wir ihn ins Familienbild hineingenommen ham. Eigentlich is er nur zweiter Direktor von der Dampfmölkerei, aber er is a Kinstlernatur. Und die Ritterristung is nur aus Stanniol. Seit was amal beim Ahnenfest am Kahlenberg der Blitz in einen Lohengrin eing'schlagen hat, dirfen die Kostiemleihanstalten nur noch stanniolene Lohengrine herborgen. Der vom Blitz Geteetete war ein k. k. Statthaltereikonzipist, a g'wisser von Kaiserhuld. Wegen diesen sind jetzt die blechernen Lohengrine strengstens verboten ...»

Die Unterhaltung begann sich anderen Dingen zuzuwenden und interessierte mich nicht mehr. Mich interessierte das tragische Ende des seligen János bei den Manövern. Aber meine Großmutter hatte für die Nachforschungen, die ich auf dem Heimweg anzustellen versuchte, nur ein Kopfschütteln und ein verschmitztes Lächeln als Antwort. Auch mit ihrer Mitteilung, daß der abgängige Jancsi ja nicht nur Soldat und Reserve-Unteroffizier gewesen sei, sondern im Hauptberuf eigentlich Kassierer bei der Unionbank, wußte ich nichts anzufangen. «Die Pepi leidet halt an verschlagener Romantik», setzte sie hinzu. «Also lassen wir's dabei.»

Mir blieb das alles vollkommen unverständlich; aber ich genoß es sehr, als bei unserem nächsten Besuch die Rede abermals auf János kam und von seiten der Mutter Pepi eine Aufklärung seines tragischen Endes erfolgte, wie sie es sah. Wer weiß, vielleicht hatte meine gute Großmutter das Datum unseres Besuchs mit Absicht so gewählt. Es wäre ihr zuzutrauen. Jedenfalls empfing uns Mutter Pepi in einem desolaten Zustand tiefster Niedergeschlagenheit, der sich schon darin äußerte, daß um ihren Sitz herum eine Menge kalter Buchteln verstreut waren, viele davon zertreten.

«Damit's nicht ganz derkalten», sagte Mutter Pepi tonlos und starrte trüb vor sich hin.

«Was ist denn los mit dir, Pepi?» fragte meine Großmutter mit inniger und, wie mir schien, ein wenig heuchlerischer Anteilnahme.

«Ja weißt denn nicht, was heit für ein Jahrestag is?» kam vorwurfsvoll die Gegenfrage. «Heit vor einem Jahr ham's doch den armen Jancsi derschossen, Gott hab ihn selig.»

«Um Himmels willen, richtig», bemerkte meine Großmutter artigkeitshalber. «Und warum eigentlich?»

«Das fragst noch? Wo's alle Spatzen, ich bitt dich, von denen Dächern pfeifen?»

«Aber was hat er denn angestellt? Er war doch immer so brav und anständig?»

«Marandjosef, das ist es ja! Wegen seiner Pflichttreie!»

Die kugelrunde Matrone versuchte aufzustehen, fiel aber sofort mit einem Krach in den schwer überlasteten Lehnstuhl zurück. Immerhin konnte man in dem kurzen Augenblick feststellen, daß sie auf mehreren zerquetschten Buchteln gesessen war, die ihren Powidl zur Gänze von sich gegeben hatten. Zum Glück trug sie ein braunseidenes Kleid.

«Sitzt du nicht ein bißchen feucht, Pepi?»

«Wie soll ich heit dran denken, ob ich feicht sitz oder nicht! Wo's grad heit vor einem Jahr meinem Jancsi auf der Schmelz z'sammg'schossen ham, den armen Buben ... und nur wegen seinen patriotischen Ibereifer ...»

Die fette Dulderin machte den Mund der Niobe, aber so, als ob ihn der Höllenbreughel aus dem Gedächtnis kopiert hätte. «Bei die Herbstmaneever, daß ich dir amal die Wahrheit sag. Da hat der arme Bub, weils' ihn doch als Reserve-Unteroffizierslieutnant zur Waffeniebung eingezogen ham, einen Horchposten ausieben missen. Mit der neichen Uniform, vom Zymbler in der Mariahilferstraßen, schad ums Geld. Kannst dir denken, was er da fir einen schwierigen Dienst gehabt hat, durch die Gebische ... ich bitt' dich, auf alle viere hat er missen kriechen ... bis ganz nah zum ... Ježišmarja ... Feind.

No, und wie er in denen Gebischen herumg'schloffen ist, sieht er dir nicht auf einmal einen hochen Generalen, was an grienen Föderbusch am Kopf g'habt und mit'n Ricken gegen seiner ganz unentschlossen umanandsteht. In der einen Hand hat er a Landkarten und die andre haltet er ans Ohr. War halt mißtrauisch wie alle hochen Generale, wegen Intrügen von Hofkakarilla ... No, und wie er so Hand an Ohr haltet, ob wer kommt, denkt sich der Jancsi: Aha, der hat herausgekriegt, wo unsre Truppe steht, no das is scheen, no wart nur, das versalz ich dir, der wird g'fangt. Erschtens gewinnen wir dann die Maneever, und zweitens wird mein Hauptmann, der Chládek, a Mordsfreid ham, wann ich ihm den Generalen bring. Vielleicht hat sich der Bub ... mein Gott, er war ja schließlich Bankbeamter ... hat er sich auch noch denkt, daß er vielleicht a Leesegeld kriegt fir an gefangenen Generalen, man kennt ja aus Romanen ... No, unter dem sieht er schon, wie der General ... aber ich bitt' dich: sag's niemanden nie nicht weiter, um alles in der Welt ... also wie der General die Hosen herunterlaßt und die Landkarte zerreißt und weichrippelt. Ieberlegt sich der János nicht mehr lang, springt aus'n Gebisch und brillt: ‹Im Namen Seiner Majestät unseres Allerheechsten Kriegsherrn sind Sie verhaftet!› Und wie der alte Herr vor

Schreck nach hinten fallt und den grienen Buschen verliert, sieht der Bub . . . ich bitt', schweig drieber . . . daß es der Durchlauchtigste Herr Erzherzog Albrecht war, der Onkel vom Kaiser . . .»

Mutter Pepi hielt inne, rötzelte tiefbekümmert und stierte zu Boden.

Der Kanari, sonst immer für ein Stummerl gehalten, begann fröhlich zu zwitschern.

«Ja, Hansili, du hast leicht singen», seufzte die überfressene Niobe. «Du hast kan Sohn nicht, was mit'n Pelonton fisiliert worden is und wo die arme Mizzi jetzt kan Bruder nicht mehr hat zum Aufpassen, damit sie nicht um achte auf die Nacht denen Wiestlingen zum Opfer fallt . . .» (Daß dies gerade «um achte auf die Nacht» geschehen müsse, war eine von Mutter Pepis Marotten. Vielleicht erschien ihr die Entheiligung der Nachtmahlstunde als ein besonders verabscheuungswürdiges Delikt. Im übrigen stieß ihrer unbeschreiblich reizlosen Tochter die Schande niemals zu.) «Alsdann stell dir vor», wandte sich die schwergeprüfte Matrone zum Abschluß an meine Großmutter. «Den Erzherzog Albrecht, den Oberstkommandierenden von der ganzen Armöö, hat mein unglicklicher Sohn fangen missen . . . beim Kacken, ich bitt' dich . . . an Generalen mit lauter ruhmvolle Siege an den Fahnen . . . so was laßt der Himmel zu. Da ham s' natierlich nix andres machen kennen als ihn derschießen. Aber ich beschweere dich nochamal, bewahr das bei dir bis aufs Totenbett! Es ist das greeßte Staatsgeheimnis von Esterreich! Wann das der Kaiser erfahrt . . .

Bis jetzt hat noch niemand gewagt, es ihm zu sagen . . . nicht amal flisternd . . . so ein Unglick, so ein Unglick . . .»

Laut aufröhrend sank die beklagenswerte Frau hintüber in den Lehnstuhl.

Dann, wohl um ihrem Schluchzen Einhalt zu gebieten, stopfte sie sich gleichzeitig drei Buchteln in den Mund und barg das Gesicht in Händen. Meine Großmutter machte mir ein Zeichen. Wir entfernten uns auf Zehenspitzen.

Eine italienische Familie im Exil

Ich war dreieinhalb Jahre alt, als ich meine Eltern kennenlernte. Es ereignete sich am Bahnhof von Marseille im Herbst 1928. Der Großvater begleitete mich, und wir kamen mit dem Zug aus Todi, in Umbrien. Das Durcheinander auf diesem Bahnhof betäubte und ängstigte mich. Ein lauter, unbändiger Menschenstrom trieb uns zum Ausgang, während wir uns aneinander festhielten.

Ich wußte, daß wir «zu Mama» wollten, aber mehr als die Vorstellung, sie zu treffen, hatten mich das plötzliche Ende meines gewohnten Lebens in Todi und die lange, aufregende Bahnfahrt verwirrt und neugierig gemacht. «Die Mama» war etwas Unwirkliches. Die Fotos, die man mir gab, zeigten eine lächelnde Frau, der ich vor dem Einschlafen ein Küßchen schickte, wie der Großvater es mich gelehrt hatte.

Alle meine kleinen Freunde in Todi hatten eine Mama – natürlich auch die größeren –, nur ich nicht. Im übrigen hatte ich auch keinen Papa, aber ich entsinne mich nicht, daß er häufig erwähnt worden wäre. Dafür hatte ich Opa Chino; einen lieben, unterhaltsamen Großvater, der mir immer Gesellschaft leistete. Ich hätte ihn für keine Mama der Welt hergegeben. Die Erwachsenen bedauerten mich; ich hörte sie oft sagen:

«. . . die Ärmste, ihre Mama ist weit weg.» Mir gefiel es; es ging mir gut in Todi, und ich war glücklich. Ich hatte einen Großvater für mich alleine; abgesehen von der Großmutter, einem Haufen Tanten, Cousins, Cousinen, entfernten Verwandten und der Kinderfrau Cristina, die alle darum wetteiferten, mich zu verwöhnen und zu verhätscheln.

Mit dem Großvater machte ich lange Spaziergänge über die Felder rund um Todi. Er lehrte mich, alles das zu betrachten, was ich sah: die Blumen, Insekten, Bäume und Vögel; ihrem Gesang zu lauschen, ein Blatt vom anderen zu unterscheiden, eine eben gepflückte Frucht zu genießen, der Sonne zu danken und den Mond zu begrüßen; zu begreifen, wenngleich noch undeutlich, daß das Leben ein Geschenk ist.

Wenn wir nicht durch die Felder streiften, durfte ich mit meinen Freunden auf der großen Piazza von Todi herumlaufen oder mit ihnen «Kuchenbacken» spielen. Aus dem Sand, den wir in einem Eimerchen aus dem Park an der Rocca holten, formten wir kleine Kuchen, die wir direkt gegenüber dem Haus, in dem ich wohnte, auf den Stufen der mittelalterlichen Freitreppe des Priorenpalastes ausstellten. Die Piazza Vittorio Emanuele in ihrer Geräumigkeit war für mich der schönste Spielplatz, den ich mir vorstellen konnte.

Das war bis zur Ankunft in Marseille meine Welt gewesen, die ich nun verlassen sollte. Der Großvater und ich gingen zum Ausgang hin, als eine Dame, die einen großen braunen Fuchs um den Hals trug, sich plötzlich durch die Menge drängte, auf mich stürzte, mich krampfhaft an die Brust drückte und küßte.

Ich war entsetzt. «Der Wolf, der Wolf . . .!» schrie ich, strampelte mit den Beinen und versuchte, mich aus der Umarmung zu befreien, die so unerwartet wie heftig war. Die Dame hatte mit dem Fuchskopf mein Gesicht berührt, und der gläserne Blick der Bestie hatte mein Auge gestreift. Dank meiner Schreie lockerte die Frau ihren Klammergriff, ich warf mich fluchtartig dem Großvater in die Arme und erfuhr dort, daß sie «meine Mama» sei.

Ich hing noch starr am Großvater, wie eine Frucht am Ast, als sich mit gebieterischem Schritt ein großer, hagerer Herr näherte, der einen breitrandigen schwarzen Hut auf dem Kopf hatte. Er lächelte mich an, hob mich auf und umarmte mich:

«. . . da ist ja unser Franca-Kind . . .», sagte er. Dieser Herr war mein Papa. So strebten wir also zu viert zum Ausgang des

Bahnhofs; ich fest an der Hand des Großvaters, der in dem Moment die einzige Person war, zu der ich Vertrauen hatte. Wir stiegen in ein Taxi, fuhren auf der berühmten Corniche am Meer entlang und kamen zur Rue Batterie des Lions, wo meine Eltern mit meiner großen Schwester Annarella damals wohnten.

Die Begegnung mit meinem neuen Leben als Flüchtlingskind war schroff. Annarella zeigte sich wenig begeistert davon, mich zu erblicken. Ich war nicht mehr das unschuldige Wickelkind, als das sie mich gesehen hatte, bevor sie mit Mama aus Italien flüchtete. Sie ahnte sofort, daß wir von nun an zu zweit waren und uns die Eltern, die Freunde und die Bühne des Lebens würden teilen müssen.

«Ich hab meine kleine Schwester jetzt genug gesehen; ihr könnt sie wieder fortschaffen», sagte sie. Was mich betrifft, so hatte ich weder Zutrauen zu ihr noch zu den zwei Unbekannten, die behaupteten, meine Mama und mein Papa zu sein, und ich versuchte, in der Nähe des Großvaters zu bleiben. Der Tag war ein großes Tohuwabohu; alle befreundeten Emigranten von Marseille waren gekommen, um mich zu feiern. Später begriff ich: der Empfang galt einem freudigen Ereignis – einem der wenigen in jenen Jahren. Eine Familie im Exil hatte sich wiedergefunden.

Mein Vater teilte das Ereignis den Kindern befreundeter Emigranten auf einem Billett vom 22. Oktober 1928 mit. Daran war ein Foto von mir geheftet, das die Form eines Paßfotos hatte; das gleiche, das für meinen ersten Ausweis benutzt wurde.

«... Franca Schiavetti, ganz frisch aus Italien eingetroffen, stellt sich ihren Gefährten im Exil vor ...», stand auf dem Billett, und Papa führte mir die Hand, damit ich meine Unterschrift daruntersetzen konnte.

Ich erinnere mich sehr deutlich an die ersten Augenblicke in Marseille: ein Hin und Her und ein Rein und Raus von Leuten und zuweilen eine Bemerkung, die ich nicht verstand; es war Französisch. Wir setzten uns zu Tisch, der Papa nahm mich auf den Schoß, und dann begann er, dem Großvater von seiner Flucht zu berichten. Auf diese Weise konnte ich ihn das erste Mal von nahem betrachten. Er gefiel mir – ein Gefühl, das übrigens von einer gewissen Skepsis begleitet wurde, die ich lange nicht los wurde. Zu den Freunden und «compagni», Gefährten – ein neues Wort für mich, jedenfalls so, wie es in diesen Kreisen gebraucht wurde – gehörte ein kleiner Mann, an den ich mich besonders erinnere. Er war untersetzt, hatte ein rundes Gesicht, eine ebenfalls runde Brille auf der Kartoffelnase und versuchte mit allen Mitteln, mich zu unterhalten und zum Lachen zu bringen.

Sie nannten ihn Checco. In Wirklichkeit war er – wie ich später erfuhr – der Journalist Francesco Volterra, der als Möbelpolierer arbeitete, um zu überleben. Auch er war ein Emigrant. Er stammte aus Rom, wo er für die *Voce Repubblicana* geschrieben hatte – die Zeitung der republikanischen Partei, deren Chefredakteur mein Vater bis zu seiner Flucht aus Italien gewesen war. Checco war mit knapper Not einer faschistischen Strafexpedition entgangen. Kurz bevor in Italien sämtliche Oppositionsblätter verboten wurden, im Herbst 1926, waren Papa und er auf der Piazza della Pigna in Rom, unweit der Druckerei der *Voce Repubblicana*, brutal überfallen worden.

Seitdem hatten sie nur noch die Wahl zwischen der Verbannung, für die Papa auch schon vorgesehen war, wie er auf vertraulichem Wege erfahren hatte, und dem Exil. Papa beschloß, zusammen mit Eugenio Chiesa, das Land illegal zu verlassen. Die Organisation der Flucht übernahm Gigino Battisti, und im November 1926 überquerte Papa zusammen mit Eugenio Chiesa und einem weiteren Antifaschisten namens Padovani die Grenze zur Schweiz. Die Beschreibung dieser Flucht faszinierte mich, auch wenn ich nur wenige Einzelheiten verstand: die der drohenden Gefahren vor allem. Papa war ein guter und fesselnder Erzähler.

Ich hörte die Geschichte zum ersten Mal am Tag meiner Ankunft in Marseille, auf den Knien des Vaters, den ich gerade kennengelernt hatte. Die Glöckchen an den metallenen Grenzzäunen, durch die mein Papa hindurchklettern mußte, faszinierten mich, und ich hielt den Atem an, wenn ich diese Geschichten von Flucht und Gefahr hörte. Immer wieder bat ich Papa, daß er mir von seiner Flucht erzählen sollte, aber er mochte es nicht, wenn ich sagte: «Erzähl mir, wie du davongelaufen bist . . .»

Der Ausdruck «davongelaufen» gefiel ihm nicht. «Ich bin nicht davongelaufen», pflegte er zu sagen und dabei unmerklich zu lächeln, um anzudeuten, daß es nicht so ernst gemeint war: «Ich habe mich zurückgezogen, um besser kämpfen zu können . . .»

Später stellte ich fest, daß es seine Eigenart und vielleicht auch Koketterie war, sich niemals ganz ernst zu nehmen, je ernster die Ereignisse waren, in die er so oder so verwickelt war.

Nachdem Papa «sich zurückgezogen hatte, um besser kämpfen zu können», war Mama alleine in Rom geblieben; sie war siebenundzwanzig Jahre alt, hatte zwei Kinder und wenig Geld. Als ich schon größer war, erzählte sie mir, daß sie gerade die Nachricht erhalten hatte, Papa sei gesund und heil in der Schweiz angekommen, als einige rasende Polizisten morgens um vier das Haus stürmten und das Unterste zuoberst kehrten.

Wir lebten damals im Stadtviertel San Saba in Rom, und sie glaubten, daß Papa sich dort versteckt halte. Wie es schien, suchten sie überall, auch in den Matratzen, und schlugen alles entzwei, was ihnen in die Finger kam. Meine Schwester, die damals sechs Jahre alt war und die Bescheid wußte, fuhr aus dem Schlaf hoch. Sie begriff, daß man der Polizei einen Streich gespielt hatte, «und lachte in den verrücktesten und höchsten Tönen», wie meine Mutter in ihrem ersten Brief nach Papas Flucht schrieb.

Ich verschlief den Ansturm; ich war etwas älter als ein Jahr und hatte bereits eine «Familienzusammenführung» hinter mir. Kurz vor meiner Geburt hatte nämlich unser Hausarzt, Carlo Zuccarini, ein angeheirateter Onkel, entschieden, daß ich eine Amme bräuchte. Mamas Konstitution war zu schwach, um mich zu stillen. Ich weiß nicht, wie lange der arme Onkel Carlo die römische Campagna durchstreift hat, um eine gesunde, kräftige und in jeder Hinsicht vertrauenerweckende Amme zu finden. Eine gewissenhafte Suche war um so wichtiger, als ein Brüderchen von mir – Gian Franco –, das erste Kind meiner Eltern, im Alter von neun Monaten gestorben war, während es noch die Brust der Amme bekam.

In Vignanello, diesem wunderschönen, alten, mauerbewehrten Ort in den ciminischen Bergen nördlich von Rom, fand Onkel Carlo endlich eine Frau, die für seine Zwecke geeignet war; oder besser gesagt, für meine. Die Amme Maria hatte gesunde und quietschvergnügte Zwillinge – ihre Milch schien also ausgezeichnet zu sein. Dafür war sie, wie ich viele Jahre später feststellen konnte, häßlich wie die Nacht und erschreckend dürr. Gott weiß, woher all die Milch kam. Natürlich löste sie damit einige der dringenden wirtschaftlichen Probleme, die sie damals und auch später noch hatte. Ihr Mann war ein tüchtiger Landarbeiter, der aber nur in der Saison Arbeit hatte und kein festes Einkommen besaß. Aber Maria sorgte dafür, solange sie konnte, daß ihre Einnahmequelle nicht versiegte. Sobald sie feststellte, daß diese Gefahr bestand, ließ sie sich schwängern, und nach neun Monaten begann ihre kostbare Quelle wieder zu sprudeln.

Kurz vor meiner Geburt im glühendheißen Juli wurde Maria vom Onkel Doktor abgeholt, nach Rom gebracht und, wie zuvor vereinbart, wurde ich ihr sofort übergeben. Wie man mir erzählte, gab es jedoch eine unerwartete Schwierigkeit. Bei der Übergabe bat die Amme meine Eltern um «die Taufbescheinigung der Kleinen».

«Wir haben keine», antwortete mein Vater stirnrunzelnd.

«Was heißt das?»

«Daß das Kind nicht getauft ist: aus Prinzip. Wenn sie alt genug ist, selbständig zu denken, kann sie das selber entscheiden.»

«Was soll das bedeuten?» wiederholte Maria, die bis dahin

vielleicht nicht oft die Gelegenheit gehabt hatte, Menschen mit Prinzipien zu begegnen.

«Es bedeutet, daß wir das Kind nicht taufen lassen wollen.»

«Ach, so ist das? Dann nimm. Ein Tier kommt mir nicht an die Brust.»

Und mit diesen Worten – berichten sämtliche damals anwesenden Zeugen: Mama, Papa und Onkel Carlo – legte die Amme mich unerbittlich zurück in die Arme meines Vaters. Offensichtlich auch sie, ohne es zu wissen, eine «Frau mit Prinzipien».

Die Streitfrage dauerte lange, wie es scheint, und drohte für mich ein schlimmes Ende zu nehmen, denn zwischen der Amme und meinem Vater entwickelte sich eine Art Kraftprobe, in deren Verlauf ich mehrfach hin und her gereicht wurde.

Eine dringende politische Angelegenheit meines Vaters rettete mich. Er hatte viele in jener Zeit: eine unendliche Kette von Durchsuchungen, Beschlagnahmen und polizeilichen Festnahmen, die ihn unverhofft und stundenlang von zu Hause fernhielten. Ausgerechnet in der Zeit meiner Geburt hatte Papa ein Duell mit Curzio Malaparte – es gab etliche mit Florett – wegen einer Polemik zwischen der *Voce Repubblicana* und dem toskanischen Autor, der damals Mussolini unterstützte.

Es war mein Glück, daß Papa die häuslichen Mauern verließ. Mama und die Amme einigten sich rasch von Frau zu Frau. In Windeseile brachten sie mich in die Kirche gleich neben der Via della Minerva, wo ich geboren wurde: Santa Maria sopra Minerva, und fanden, genau wie sie es vorhergesehen hatten, einen Dominikanerpater, der sich die Gelegenheit nicht entgehen ließ. Er taufte mich ohne großes Federlesen, und die Amme Maria konnte mich im Triumph nach Vignanello mitnehmen und brauchte sich kein Tier an die Brust zu legen, sondern «eine Kreatur». Ich blieb dort sieben Monate, dann holten die Meinigen mich zurück nach Rom.

Mama erinnerte sich an die Zeit um 1926 mit tiefer Beklommenheit. Es war eine äußerst schwierige Zeit für die Gegner des Faschismus: Überfälle und Strafexpeditionen ohne Unterlaß, Drohungen, Einschüchterungen und ungezählte Gewalttaten. Die Menschen hatten Angst. Mit Bitterkeit dachte Mama daran zurück, daß viele Bekannte und sogar Frauen, die sie bis dahin als Freundinnen betrachtet hatte, sich um die Ecke drückten oder die Straßenseite wechselten, wenn sie ihr begegneten. Sie hatten Angst, sich zu kompromittieren, wenn sie mit ihr sprachen oder sie grüßten.

ILSE GRÄFIN VON BREDOW

Alles paletti?

Kurz vor der geplanten Abreise, als Nora Lechow sich auf Sylt zu erholen anfing, meldete sich ihre Freundin Wiltrud, um zu fragen, ob Nora nicht bei einer Familie Schaumburg die Hausfrau vertreten könne. Wiltrud hatte zwei Angebote auf einmal bekommen und befand sich nun in Verlegenheit. Nach kurzem Zögern sagte Nora zu.

Das «kleine Anwesen» der Schaumburgs, in der Nähe eines großen Flusses, wie man es Nora am Telefon beschrieben hatte, entpuppte sich als stattlicher, neoklassizistischer Bau mit Säulen und einer Sandsteintreppe auf einem parkähnlichen, sanft abfallenden Grundstück voller prächtiger alter Bäume. Die Hausfrau hatte Nora in das mit dem üblichen gefälligen Gemisch aus antiken Möbeln und modernen Grafiken und Skulpturen eingerichtete Wohnzimmer gebeten und war eifrig bemüht, ihre Familie ebenso aufzupolieren, wie es mit dem Renaissanceschreibtisch geschehen war. Er glänzte und funkelte wie ein Kronleuchter und wirkte ohne seine von Jahrhunderten geprägten Risse und Narben ausdruckslos wie ein geliftetes Gesicht.

Am längsten hielt sich Frau Schaumburg im Gespräch bei ihrem ältesten Sohn auf, dem «hervorragenden Diplomaten», weilte nicht ganz so lange bei Dorothea, der «befähigten Pädagogin», beschrieb danach die «steile Karriere» ihres Mannes und vergaß auch nicht, den heftig haarenden Bobtail zu ihren Füßen als «treu und wachsam» in ihre Lobpreisungen einzubeziehen. Nach einer kleinen Atempause kam sie auf Hedwig und Heidi, die beiden vierzehnjährigen Mädchen, zu sprechen, für die Nora engagiert worden war. Sie waren, wie ihre Mutter unter gereiztem Auflachen bemerkte, «entzückend originell».

Während Nora voll düsterer Vorahnungen an diesem Ausdruck herumrätselte – bedeutete das etwa, daß sie besonders schwierig waren? –, hatte Frau Schaumburg das Thema gewechselt. Ihr hübsches, immer noch faltenloses Gesicht unter dem zurückgekämmten Haar bekam einen geschäftlichen Ausdruck. «Ist Ihr Tagessatz nicht ein wenig hoch, Frau Lechow?» Wiltrud, die Frau Schaumburg kannte, hatte sich verpflichtet gefühlt, Nora vorzuwarnen. «Laß dich nicht von ihr drücken. Der Preis, den ich für dich ausgemacht habe, ist völlig korrekt.» Daher nahm Nora ihre Frage gelassen auf. «Den Haushalt macht ja weitgehend Frau Römer. Eine besonders tüchtige Person übrigens. Sie sollen mehr ein Auge auf die Mädchen haben.»

«Eben», sagte Nora trocken. «Ich trage die Verantwortung.»

Die Zwillinge waren inzwischen ins Zimmer gekommen. Sie ignorierten die Aufforderung ihrer Mutter, Nora zu begrüßen, warfen nur ein lässiges «Hallo» in den Raum und ließen sich über die Armlehnen in die beiden mit teurem Gobelinstoff bezogenen Ohrensessel fallen. Als die Rede auf die bevorstehende Reise kam, schoben sie einfach die Kopfhörer ihrer Walkmen, die sie wie Stethoskope um den Hals trugen, wieder über die Ohren. Die Eltern wollten jetzt Ferien machen. Sie hatten sich in Irland ein Haus mit eigenem Fischgewässer gemietet, und Frau Schaumburg schwärmte von der grünen Insel mit ihren gastfreien und so herrlich urwüchsigen Menschen. Während sie redete, musterte Nora die Zwillinge.

Sie sahen sich kaum ähnlich, auch nicht in der Aufmachung. Hedwig kleidete sich schon damenhaft mit Cashmere-Pullover und Perlenkette. Das Haar fiel ihr lang und glatt ins Gesicht. Sie war stark geschminkt, und mit den blauen, von goldenen Pünktchen durchsetzten Lidschatten glichen ihre Augen schillernden Mistkäfern. Heidi dagegen sah mehr aus, als sei sie gerade von einem Ernteeinsatz zurückgekehrt. Ihre

Latzhose war schmuddelig, und das Männerhemd, das ihr aus dem Hosenbund heraushing, mit Farbe beschmiert. Dazu trug sie trotz der Julihitze pelzgefütterte plumpe Stiefel, die man in Noras Jugend wahrscheinlich als Knobelbecher bezeichnet hätte, und die Haare so kurz wie die Jungfrau von Orleans in einer modernen Aufführung.

Frau Schaumburg schwärmte weiter von dem satten Grün und den tiefblauen Seen und Flüssen Irlands, und Nora blickte aus dem Fenster, sah durch die alten Bäume den Fluß in der Sonne glitzern und dahinter ein goldgelbes Gerstenfeld.

«Und denken Sie nur», rief Frau Schaumburg hingerissen, als hätte sie im Müll plötzlich die blaue Blume der Romantik entdeckt, «die Menschen dort, sie singen noch bei der Arbeit!»

Einen Tag später reiste das Ehepaar mit viel Getöse ab, und Nora bemühte sich als erstes um ein freundschaftliches Verhältnis zu Frau Römer. Putzfrauen, die schon lange in der Familie waren, fühlten sich leicht bevormundet; das mußte sie auf jeden Fall vermeiden. Doch Frau Römer schien unkompliziert, sie freute sich, jemand zum Schwatzen zu haben, und ergänzte die Schaumburgsche Familiengeschichte auf ihre Weise.

«Er macht 'ne Menge Kies. Und sie? Ich trag nichts aus dem Haus, aber . . .»

Nora erfuhr, daß Frau Schaumburg, nachdem sie erst den Sohn durchs Abitur, dann in den diplomatischen Dienst geboxt und die älteste Tochter aus den Armen eines Niggers – «Farbigen, meine ich», verbesserte sich Frau Römer – gerissen hatte, in eine Nervenkrise geraten war. Es kam zu einem vorübergehenden Verhältnis mit dem Nachhilfelehrer der Zwillinge. Jetzt beteiligte sich die Hausfrau in mittleren Jahren an einer Selbsterfahrungsgruppe, nahm Yoga-Unterricht und ließ sich von einer Meisterin in der Kunst der Glasmalerei unterweisen.

«Die armen Zwillinge», sagte Nora.

«Ach, mit denen schaukelt sie noch genug durch die Gegend. Das sind hartgesottene kleine Biester. Haben Sie schon ihre Zimmer gesehen? So was von dreckigen Waschbecken gibt's nicht mal bei Asozialen! Aber was reg ich mich auf!» Frau Römer goß sich zur Beruhigung einen Obstler ein. «Bei meinem schwachen Herzen dürfte ich gar nicht mehr arbeiten gehen. Zuviel Blutfett, wenn Sie wissen, was ich meine. Mein Mann sagt immer, hast du das nötig, anderen Leuten den Dreck wegzumachen?»

Nein, nötig hatte es Frau Römer natürlich nicht. Sie strich sich selbstgefällig über die Schürze. Aber ein weiches Herz hatte sie, und darum brachte sie es einfach nicht fertig, die Schaumburgs sitzenzulassen.

Nora hatte mit den Zwillingen wenig auszustehen. Sie bekam sie selten zu Gesicht. Kaum waren sie aus der Schule zurück und hatten gegessen, da klingelte es schon an der Haustür, und eine abgehetzte Mutter, gekleidet nach Art des Vororts – sportlich, aber teuer –, holte die beiden ab, um sie zusammen mit ihren eigenen Kindern zum Ballett, Flötenunterricht, Tennis oder Hockey mitzunehmen. Anscheinend waren die Mütter in dieser Gegend vorwiegend damit beschäftigt, ihre Sprößlinge und deren Freunde herumzukarren. Zwar hielt der Bus ein paar Schritte vor dem Haus, aber als Fortbewegungsmittel kam er wohl ebensowenig in Frage wie ein Maultier für einen Reiter.

Hedwig, die gepflegtere und ordentlichere von den Zwillingen, machte sogar gelegentlich ihr Bett, während Heidi nur die Decke über nie gelüftete Kissen, Zeitschriften, Comics, Lockenwickler, zerknüllte Tempotaschentücher, Schokoladenpapier und Strümpfe zog. Auf Noras Vorhaltungen reagierte sie mit verständnislosem Achselzucken: «Wozu der Umstand? Abends geh ich doch wieder rein!»

Heidi war eine kräftige Esserin und manschte Kartoffeln, Fleisch und Soße gern zu einem unappetitlichen Brei zusammen, ehe sie das Ganze in sich hineinschlang. Hedwig sah ihrer Schwester dabei mit hochgezogenen Brauen zu: «Frißt mal wieder wie ein Schwein!» Sie selbst begnügte sich angeblich mit etwas Salat, denn sie probierte gerade eine der in Frauenzeitschriften angepriesenen revolutionären Diäten aus, oder füllte ihren Magen nur mit etwas Weizenkleie und stieg dreimal am Tag auf die Waage im Badezimmer.

«Aber ein kleines Steak kann doch nichts schaden», lockte Nora.

«Nun ja», Hedwig nickte gnädig. «Wo Sie sich so viel Mühe mit dem Sonntagsessen gegeben haben, kann ich ja mal eine Ausnahme machen.»

Aber die Ausnahme wurde sehr bald zur Regel. Denn im Laufe des Tages und vor allem vor dem Schlafengehen ging klapp, klapp, klapp die Tür des Kühlschranks, und sämtliche Vorräte verschwanden nach und nach auf geheimnisvolle Weise. Als Nora eines Tages feststellte, daß in dem fürs Wochenende gefüllten Kühlschrank am Freitag abend nur noch Magerquark und eine preiswerte Käsesorte zu finden waren und vom gekochten Schinken nichts mehr als der Fettrand im Einwickelpapier lag, packte sie den am Sonnabend vormittag neugekauften Aufschnitt in eine Schüssel und versteckte ihn kurzerhand unter ihrem Bett.

Eine erdbebenartige Erschütterung ließ sie am Nachmittag erschreckt in ihr Zimmer rennen. Der Bobtail hatte die Beute erschnuppert, war unter das Bett gekrochen und dabei mit dem Halsband an einer Bettfeder hängengeblieben. Die Mädchen mußten ihr helfen, das Bettgestell hochzuwuchten, damit sie den Hund aus seiner mißlichen Lage befreien konnten.

«Nun sieh dir diese Lechow an», hörte sie die Zwillinge miteinander flüstern. «Die denkt wohl auch, selber essen macht fett.»

Im übrigen schenkten sie ihr kaum Beachtung. Sie waren ausschließlich mit sich selbst beschäftigt. In Noras Gegenwart unterhielten sie sich nur in Stummelsprache.

«Peter?» fragte Hedwig.

«Unheimlich ätzend», antwortete Heidi.

Nora nahm es hin, daß ihre Ohren von Rockmusik aus Stereoboxen strapaziert wurden. Auch daß die Mädchen ungeniert in den Schränken ihrer Mutter herumwühlten und sich mit allem bedienten, was sie gerade brauchten. Einen Teufel würde sie tun, fremder Leute Kinder zu erziehen! Man machte sich damit nur das Leben zur Hölle, und die Eltern würden dann ganz erstaunt tun: So kennen wir unsere Kinder gar nicht! Daher beschränkte sie ihre Aufsichtspflicht auf die Schularbeiten und sorgte dafür, daß beide rechtzeitig schlafen gingen. Glücklicherweise gab es damit keine Schwierigkeiten, denn die Mädchen honorierten in gewisser Weise, daß sie über vieles hinwegsah. Auch mit dem Fernsehprogramm kam man sich nicht in die Quere, da es zwei Apparate im Haus gab.

Einmal, während Nora sich voller Rührung einen alten Ufa-Film mit Zarah Leander ansah, kamen die Zwillinge ins Zimmer, setzten sich neben sie und fragten, ob sie auch für den alten Adolf geschwärmt habe.

«Wie kommt ihr denn darauf?» Nora fühlte sich in ihrer sentimentalen Stimmung gestört.

«Wir dachten, so Frauen wie Sie hat der mächtig angetörnt», meinte Heidi.

«Damals war ich ein junges Mädchen», sagte Nora gemessen. «Vielleicht darf ich jetzt diesen Film zu Ende sehen?»

«Komm, wir hauen ab.» Heidi zog ihre Schwester vom Sofa hoch. «Sie hat keinen Bock drauf, darüber zu sprechen!»

An einem Nachmittag, als die Zwillinge ins Kino gegangen waren und sie in ihrem Zimmer Briefe schrieb, hörte Nora aus der Küche ein Geräusch. Sollte sich der Hund dort herumtreiben? Doch vor dem Kühlschrank kauerte eine junge Frau. Sie stand auf und begrüßte Nora mit vollem Mund.

«Ich bin Dorothea Schaumburg.» Nora starrte entgeistert auf die Schinkenscheibe in ihrer Hand. Sie dachte an das knappe Haushaltsgeld.

«Ich nehm mir was fürs Wochenende mit», erklärte die Studienrätin und packte Butter, drei Dosen Kompott, Marmelade, Käse und ein Glas saure Gurken in einen Korb.

Nora musterte erstaunt einen großen Sack auf dem Küchenfußboden.

«Meine Wäsche», erklärte Dorothea. «Meine Waschmaschine ist kaputt.» Sie schleifte den Sack hinter sich her zur Kellertreppe und beförderte ihn mit einem Fußtritt hinunter. «Plagen Sie die Zwillinge sehr?»

«Nein, nein, aber . . .» Nora ergriff die günstige Gelegenheit: «Sie schreiben nächste Woche eine Mathematikarbeit. Könnten Sie da nicht vorher ein wenig mit ihnen üben? Ich verstehe nichts davon. Und die Arbeit ist für die Versetzung wichtig.»

«Die bleiben so oder so sitzen.» Die befähigte Pädagogin machte sich in ihrem Cabriolet wieder aus dem Staube.

Frau Römers Stirn umwölkte sich, als sie den Wäschesack entdeckte. «Ihre dreckige Unterwäsche hätte das Fräulein wenigstens selbst in die Waschmaschine tun können. Ekelhaft, so was!» Eilfertig brachte Nora den Obstler, um sie zu besänftigen.

Aber die Zeichen standen auf Sturm, und Hedwig war es vorbehalten, den Orkan zum Ausbruch zu bringen. Sie wurde nämlich von Frau Römer dabei ertappt, wie sie eine ihrer frischgebügelten Blusen nach der anderen aus dem Schrank zog, kurz daran roch, angewidert den Kopf schüttelte und sie auf den Boden warf. Frau Römer berichtete Nora empört davon.

Am nächsten Morgen wartete Nora vergeblich auf sie.

«Die berappelt sich schon wieder», trösteten die Zwillinge. «Die kriegt manchmal solche Touren.»

Aber Frau Römer ließ sich die ganze Woche nicht blicken, und Nora mußte sich um die Mahlzeiten und den Haushalt kümmern. Es war gespenstisch, wie schnell das Haus verrottete. Die Räume wirkten wie Pflanzungen, von denen der Urwald wieder Besitz ergriffen hatte. Das Silber, das überall herumstand, wurde trotz Anlaufschutz rabenschwarz, die Fenster waren nach einer stürmischen Regennacht blind vor Schmutz, über die kostbaren Gobelinstühle zog sich ein Flor von Hundehaaren, und im ganzen Haus standen gebrauchte Teller und Gläser herum. Zu allem Überfluß verkündeten ihr die Zwillinge: «Am Sonnabend geben wir 'ne Party!»

Zum erstenmal wurde Noras Stimme scharf. «Kommt nicht in Frage! Solange eure Eltern nicht da sind, wird nicht gefeiert.»

Wortlos zeigten ihr die Mädchen eine Ansichtskarte aus Irland. «Habt's recht hübsch an eurem Fest, Kinder», hatte Frau Schaumburg geschrieben, «aber macht nicht zuviel Unordnung.»

Nora verbarg ihren Ärger. «Warum hat mir eure Mutter nichts davon gesagt?»

Die beiden grinsten. «Sie wird schon ihre Gründe dafür gehabt haben!»

«Bitte, bitte», sagte Nora steif. «Mein Haus ist es ja nicht.»

Heerscharen von jungen Leuten zogen am Freitag abend ein und belegten die Küche mit Beschlag, aus der bald penetranter Knoblauchgeruch drang. Als sie sich zum Essen in den schummrig beleuchteten Räumen im oberen Stockwerk niedergelassen hatten, warf Nora einen Blick in die Küche. Kein Topf, der nicht benutzt worden war und jetzt klebrig und angebrannt auf dem Geschirrspülbrett stand; der Fußboden glitschig wie Schmierseife. Ein plötzlich anschwellender dumpfer Ton ging ihr durch Mark und Bein. Es klang, als trompetete ein verlorengegangenes Elefantenbaby nach seiner Mutter.

«Mensch, Harald!» schrie es im Chor. «Daß du deine Posaune mitgebracht hast, ist wirklich stark.» Und dann Hedwigs Stimme: «Das ist ja dieselbe wie damals in Ravenna!»

Nora riß ihren Mantel vom Haken und rannte nach draußen. Sie wanderte die Straßen des Nobelviertels, in denen sich die Häuser hinter dichten Hecken versteckten, zum Fluß hinunter. Etwas besänftigt durch ihren Spaziergang, kehrte sie zurück. Im Flur roch es brenzlig. «Hedwig, Heidi, was ist passiert?» rief sie beunruhigt, als Hedwig mit dem Minimaxgerät an ihr vorbeieilte.

«Nichts! Irgendso ein Idiot hat bloß versucht, das Mobile mit der brennenden Zigarette in Schwung zu bringen.»

Und dann sah Nora die Flamme. Prächtig züngelnd schoß sie die holzgetäfelte Decke entlang.

Die Feuerwehr war rasch zur Stelle. Als sie wieder abrückte, waren die Schlafzimmer der Mädchen und der obere Flur wie in Badeschaum getaucht. Nora knöpfte sich die Mädchen vor. Von Zorn übermannt, schrie sie ihren Ärger heraus. Dann brach sie in Tränen aus und verzog sich ins Bett.

Am nächsten Morgen kam sie erst gegen elf Uhr herunter. Im Wohnzimmer lehnte ein Zettel an der großen Vase. «Wir sind zum Mittag bei Freunden, aber um drei Uhr zurück.»

Sie sah sich im Haus um. Die Mädchen hatten tatsächlich den Versuch gemacht, die Zimmer wieder in Ordnung zu bringen. Sogar das Geschirr war abgewaschen.

Nora legte sich in einen Liegestuhl auf die Terrasse. Sie war dabei, die Lage zu überdenken, als die Haustür ging. Gleichzeitig klingelte das Telefon. Ehe sie hingehen konnte, hatte Heidi bereits den Hörer abgenommen. «Nein, nein, ausgeschlossen», hörte Nora sie sagen. «Heute können wir wirklich nicht kommen, die Lechow ist auf'm Egotrip, und da weiß man nie.»

Wenige Augenblicke später stülpten sich zwei Kopfhörer über Noras Ohren, und ein Taschenrecorder wurde ihr in den Schoß gelegt. «*Eine Frau wird erst schön durch die Liebe*», röhrte Zarah Leander ihr ins Ohr. Die Mädchen hatten sich vor ihr aufgebaut und sahen sie erwartungsvoll an. Nora schob den Bügel zurück.

«Alles wieder paletti?» fragten sie, ohne jede Bosheit.

«*Ganz allein nur durch die Liebe*», sang Zarah in Noras Haar.

KARL GAUTSCHI

Elternsorgen

Hausaufgaben für Eltern

Unsere schulische Karriere als Eltern wies in den ersten zwei Jahren keine besonderen Höhepunkte auf: Brav kontrollierte meine Gemahlin die Hausaufgaben unseres ältesten Töchterchens Brigitta, während sich meine Rolle als Vater darin erschöpfte, von Zeit zu Zeit von der Höhe des ungekrönten Familienoberhaupts herab Lob und Tadel zu erteilen und anläßlich der Examensstunde mäßig interessiert und gutmütig muntere Liedchen und Gedichtlein anzuhören.

Mit dem Übertritt Brigittas in die 3. Klasse der Primarschule änderte sich allerdings die schulische Beeinflussung unseres bis anhin harmonischen Familienlebens geradezu schlagartig.

Das Ausmaß an Hausaufgaben vergrößerte sich sprunghaft, und angesichts der Tatsache, daß unsere jüngere Tochter Jeannette gleichzeitig in die 1. Klasse eingetreten war, wurden beträchtliche Konsequenzen offenbar unvermeidlich. Unser Alltag wurde plötzlich von der Schule geprägt, und zwar aufs empfindlichste.

Meine Frau und ich waren nur noch mit Hilfe eines äußerst raffiniert ausgeheckten Ablösungsplans in der Lage, das Erledigen der vielen Hausaufgaben zu überwachen. Pausenlos diktierten wir abends Sätzchen und Rechnungen, und oft überlegten wir nachts noch im Schlaf, wieviel 9 mal 783 gibt, im Kopf gerechnet natürlich, da die Fähigkeit, derart alltägliche Rechnungen nicht schriftlich, sondern mündlich lösen zu können, offensichtlich lebensentscheidend ist. Sonst würde der Lehrplan sie ja nicht verlangen.

Nach vier Wochen waren wir mit den Nerven so vollständig

am Ende, daß wir auf die Idee kamen, unsere Kinder zu größerer Selbständigkeit zu erziehen – und seither sind die Hausaufgaben eigentlich kein Problem mehr. Gott sei Dank, denn weit Schlimmeres stand uns noch bevor!

Eines Samstags kam Brigitta mit der frohen Kunde nach Hause, sie müsse am Montag verschiedene Getreidesorten mit in die Schule bringen, wenn möglich Weizen, Gerste, Roggen, Hirse und Hafer.

Mit Unbehagen sah ich meine väterliche Autorität schwinden, denn gerade in Naturkunde war ich seinerzeit nicht besonders stark gewesen, und den Unterschied zwischen Weizen und Gerste hatte ich nie so recht erkannt.

Aber natürlich mußte Brigitta ihre Getreidehälmchen haben, sonst wäre sie möglicherweise die einzige Schülerin gewesen, die am Montag keine mitgebracht hätte, und zudem gibt es in jedem Zeugnis Fleißnoten.

Also unternahmen wir am Sonntag einen ausgedehnten Familienspaziergang und bummelten gemütlich und suchenden Blicks durch die Gegend.

Unser Schrittempo wurde allerdings von Viertelstunde zu Viertelstunde schneller, denn der Lehrer war offenbar nicht gerade ein Spezialist in Sachen Landwirtschaft. Er hatte nicht realisiert, daß er mit seiner Aufgabe mindestens eine Woche zu spät war und jetzt seinetwegen Dutzende von Familien über nackte Stoppelfelder irren mußten.

Überall gab es befreundete Elternpaare zu begrüßen, die gleich uns am Suchen waren, und Brigitta konnte unterwegs mit vielen ebenfalls verwirrten Klassenkameraden plaudern. Einstimmig stellte unser improvisiert gebildeter Elternrat fest, daß die Ernte eingefahren war.

Glücklicherweise befand sich in der Nähe eine gut geführte Bauernwirtschaft, deren Wirt uns nebst Bier und Limonade ungeheißen gleich auch noch ein paar Halme aus der Scheune brachte. «Immer diese Lehrer», seufzte er, «jedes Jahr das gleiche.» Er kannte unser Elend aus langjähriger Erfahrung.

Als wir damals erleichtert zusammensaßen, wußten wir Eltern natürlich nicht, was uns im weiteren noch erwarten würde. Aber schon eine Woche später backte Brigittas Klasse in der Schulküche Brot, und selbstverständlich mußte die Familie zu Hause das gleiche versuchen. Genießerisch bissen wir in die Brötchen. Die Zahnarztrechnung kündet noch heute davon.

Dann stellten sie in der Schule Käse her. Mit Tränen in den Augen beschwor uns Brigitta, es ebenfalls versuchen zu dürfen. Unsere Riechschleimhäute sind seither in beängstigender Weise abgestumpft, und die Desinfektionskosten für unser Haus erwiesen sich als außerordentlich hoch.

Als nächstes passierte die Sache mit den Kaninchen. Der Lehrer hatte im Unterricht die Schönheiten der Kleintierhaltung gepriesen und war damit bei den tierliebenden Kindern natürlich auf offene Ohren gestoßen.

Brigitta weinte drei Nächte lang durch, erfand zusammen mit Jeannette einen neuartigen Kombinationsmultischreikrampf mit Ablösungen, ein Schluchzkonzert von gigantischer Lautstärke, gegen das sämtliche Popkonzerte harmloses Gesäusel sind – und was tut ein Vater, der seine Kinder liebt? Er kauft ein Kaninchen.

Das heißt: Er kauft natürlich zwei. Denn jedes meiner Töchterchen wollte selbstverständlich so ein herzallerliebstes Tierchen sein eigen nennen. Zufällig war eins der beiden Weibchen ein Männchen. Und so kamen wir sozusagen vollautomatisch zu weiteren Kaninchen.

Zum Glück hatten wir im Keller immer noch die kläglichen Resultate unserer seinerzeitigen Brotbackversuche. Die Kaninchen nagten mit Begeisterung und gediehen prächtig.

Unterdessen war Frühling geworden, was offenbar auch der Lehrer kräftig verspürte. Jedenfalls empfand er plötzlich das übermächtige Bedürfnis, die Schüler Gräser und Wiesenblumen suchen zu lassen. Sonntag für Sonntag streiften wir also durch die Landschaft und guckten uns die Augen wund.

Findige Väter gründeten dann aber bald die sogenannte «Wiesenblumen-Börse». Jeden Sonntagabend konnten die Familienoberhäupter bei einem frischen Bier im «Sternen» eintauschen, was ihren Sprößlingen noch fehlte, also zum Beispiel drei Wiesenschaumkräuter gegen eine Wassersumpfkresse oder zwei Frühlings-Scharbockskräuter gegen einen Schopf-Hufeisenklee. So hatte am Montagmorgen jedes Kind in jeder Klasse das richtige bei sich, und wir Väter kamen zu einem gemütlichen Schlummerbecher. «So sollten Elternabende immer sein!» fanden wir.

Damit wären eigentlich alle Probleme gelöst gewesen, wenn nicht in der Heimatkunde die Pfahlbauer und dann die Römer an die Reihe gekommen wären. Und damit begann eine nie abreißende Serie sonntäglicher Exkursionen in die Pfahlbauerwerkstatt des Schlosses Hallwil, nach Vindonissa und Avenches, nach Augusta Raurica und Zurzach. Schließlich hatte der Lehrer den Schülern ja gesagt, wer ein richtiger Vater sei, zeige seinem Kind Geschichte an Ort und Stelle.

Als wir alles glücklich hinter uns gebracht hatten, kam der Lehrer zur Ritterzeit. Wir fuhren also auf die Habsburg und auf die Lenzburg, auf die Kyburg und zum Schloß Chillon, nach Sion und nach Bellinzona.

Und da gleich anschließend die Gründungszeit der Eidgenossenschaft besprochen wurde, mußten wir natürlich auch das Rütli, die Schlachtfelder von Morgarten, Sempach und Näfels sowie Stoß, die Vögelinsegg und Arbedo besuchen.

Geduldig machten wir alles mit. Es soll niemand sagen können, wir seien schlechte Eltern. Wir wissen, was man den Kindern und dem Lehrer schuldig ist!

Ich frage mich manchmal im geheimen nur, wie es weitergehen soll: Schon die Tatsache, daß der Lehrer die mittelalterlichen Städte nicht anhand von Greyerz und Sursee, sondern unbedingt am Beispiel von Florenz und Pisa besprechen wollte, zwang uns zu größeren Reisen, und nun hält sich in Elternkreisen hartnäckig das Gerücht, in der Naturkunde kämen als nächstes Rentiere an die Reihe. Und in der Geographie die Sahara. Was sollen wir dann bloß tun?

Letzthin waren wir bei netten Leuten eingeladen, die wir erst kürzlich kennengelernt hatten. Matters wohnen in einem hübschen kleinen Einfamilienhaus etwas außerhalb der Stadt und verwöhnten uns mit einem guten und reichhaltigen Abendessen.

Die Familie besteht aus einem ruhigen, zurückhaltenden Mittvierziger, der als korrekter und höflicher Beamter gilt, einer lebhaften und sympathischen Hausfrau, einem großgewachsenen 18jährigen Mittelschüler und einer strahlend blonden Tochter, welche gerade ihre Lehre als kaufmännische Angestellte begonnen hat.

Nachdem wir nach den ausgezeichneten Tournedos Rossini und der süßen Charlotte Russe alle noch ein wenig geplaudert hatten, zogen sich die jungen Leute in ihre Zimmer zurück.

Als wir Älteren allein waren, kam ich nicht umhin, den Matters ein Lob für ihr harmonisches Familienleben auszusprechen. Die beiden jungen Menschen hatten sich nämlich im Gespräch als überaus freundliche, überlegte und kultivierte junge Leute erwiesen. Es war eine Freude, mit ihnen zu diskutieren, denn sie zeigten sich wohlinformiert, ideenreich und auf eine angenehme Art selbstsicher.

Ich war daher sehr überrascht, als Herr Matter bei meinen lobenden Worten seiner Gattin einen leidenden Blick zuwarf, der mich stutzig machte. Gleichzeitig zeigten sich auf Frau Matters Stirn deutliche Kummerfalten, die von einem hörbaren Seufzer begleitet wurden. Einen Augenblick lang herrschte peinliche Stille.

Dann meinte Herr Matter mit gedämpfter Stimme: «Es ist nicht alles Gold, was glänzt! Leider machen uns die beiden gewaltige Sorgen.» Und er verstummte unheilschwanger.

Ich erschrak und guckte wohl etwas verlegen drein. Jedenfalls kam Herr Matter nicht darum herum, eine Erklärung zu geben, und fast flüsternd sagte er: «Wissen Sie, der Junge trinkt nicht!»

«Wie meinen Sie das?» fragte ich perplex.

Matter holte aus: «Wie Sie wissen, ist statistisch bewiesen, daß die meisten jungen Männer von 17, 18 Jahren regelmäßig Alkohol konsumieren und auch hie und da einen tüchtigen Rausch haben. So ist das heute eben. Aber, ob Sie's glauben oder nicht, Hansjörg rührt keinen einzigen Tropfen an.»

Zögernd schaltete sich nun auch Frau Matter ein: «Er behauptet, er hasse den Alkohol! Und was noch schlimmer ist: Er raucht auch nicht! Dabei sieht man doch immer wieder im Fernsehen, wie sehr die heutigen Jugendlichen dem Rauchen verfallen sind. Aber Hansjörg wird es schon schlecht, wenn mein Mann seine Sonntagszigarre genießt.» Ihre Stimme bebte.

Herr Matter seufzte tief und meinte verzweifelt: «Wahrscheinlich müssen wir uns damit abfinden, daß bei Hansjörg irgend etwas nicht stimmt. Stellen Sie sich vor: Er hat noch nie eine Pop-Platte gekauft! Und er kann keine drei Pop-Gruppen voneinander unterscheiden. In seinem Zimmer hängt kein einziges Poster von den Abbas. Und was noch seltsamer ist: Er liebt Beethoven! Welcher normale junge Mann hört heute schon Beethoven?»

Krampfhaft versuchte ich, die beiden aufzurichten, indem ich schnell einwandte: «Aber das hat doch überhaupt nichts zu bedeuten. Er heult eben nicht mit den Wölfen.»

«Das ist es ja gerade», murmelte Herr Matter, «er wird zum Außenseiter. Er hat noch kein einziges Fußballspiel besucht! Am Sonntagnachmittag wandert er einsam in den Wäldern herum, um sich, wie er sagt, zu ‹erholen›. Und statt wie andere Jungen als Zuschauer an irgendwelche Sportveranstaltung zu gehen, rennt er mit dem Kompaß herum und trainiert Orientierungslauf!»

«Besonders traurig macht uns die Sache mit dem Flippern», unterbrach ihn seine Frau. «Hansjörg besucht keinen einzigen Spielsalon. Er behauptet, das Spielen an Vergnügungs- und Geldautomaten sage ihm nichts! Stellen Sie sich die Blamage vor: Hansjörg wäre nicht imstande, auch nur ein einziges Freispiel herauszuholen!»

Ich unternahm den Versuch, Frau Matter in ihrem Leid zu trösten, aber der Gastgeber fiel mir sogleich ins Wort: «Das alles wäre ja an sich nicht so tragisch, wenn uns nicht auch Cornelia tief enttäuschen würde. Unsere Tochter weigert sich beispielsweise, Jeans zu erstehen. Sogar zur Arbeit trägt sie ein Kleid oder Jupe und Bluse. Natürlich fällt sie dadurch vollkommen aus dem Rahmen, denn jedes normale junge Mädchen kauft sich doch Bluejeans!»

Frau Matter senkte die Augen, und kaum hörbar hauchte sie: «Cornelia ist nicht normal! Immer wieder lehnt sie es ab, mit ihren Freundinnen in die Disco zu gehen. Statt dessen besucht sie Konzerte von Kammerorchestern und Madrigalchören. Als ich ihr auf den 16. Geburtstag eine Barclay-James-Harvest-Platte kaufen wollte, bat sie um einen Geschenkgutschein und erstand sich damit einen Opernquerschnitt von ‹Don Giovanni›. Sie liebt Opern! Haben Sie von einem normalen jungen Mädchen von heute schon einmal so etwas gehört?»

Meine Frau wollte gerade das Wort ergreifen, als Frau Matter niedergeschlagen fortfuhr: «Cornelia nimmt nicht einmal die Pille!»

Wir schwiegen verlegen. Herr Matter brach die Stille und sagte zerknirscht: «Noch schlimmer: Sie benötigt sie nicht einmal! Cornelia hat keinen Freund, verstehen Sie, unsere Tochter ist 16jährig und hat noch keinen festen Freund! Noch nie ist sie eine ganze Nacht fortgeblieben. Es ist uns überaus peinlich, aber wahrscheinlich ist sie noch Jungfrau!»

«Ich weiß wirklich nicht», schluchzte Frau Matter leise vor sich hin, «womit wir das verdient haben. Wir gaben uns alle Mühe, unsere Kinder gut zu erziehen. Und nun sind beide nicht normal! In allen Zeitungen steht, daß die Jungen von heute rauchen, trinken, in Pop-Konzerte gehen, Jeans tragen, stundenlang in Spielsalons herumlungern und die Pille nehmen. Nur unsere beiden sind abnormal. Stellen Sie sich diese Schande vor!»

«Bald wagen wir uns nicht mehr aus dem Haus», seufzte

Herr Matter, «Hansjörg ist wahrscheinlich krankhaft veranlagt: Letzthin hat er sogar den Gottesdienst besucht! Welcher normale junge Mann geht heutzutage schon zur Kirche?»

«Den letzten Schlag hat uns die Sache mit dem Haschisch versetzt», erzählte die Gastgeberin mit feuchten Augen, «in einer Fernsehsendung haben wir erfahren, wie groß der Rauschgiftkonsum unter den jungen Leuten ist. Bekannte haben uns dann auf unsere Bitte hin aus dem Vorrat ihrer Tochter ein wenig Haschisch besorgt, und wir haben die Portion wie zufällig im Wohnzimmer herumliegen lassen. Und wissen Sie, was Cornelia gesagt hat? ‹Mutter, da liegt ja Mehl!› Nicht einmal erkannt hat sie's!»

«Es ist eine Tragödie», murmelte Matter, «eine wahre Tragödie! Da bemüht man sich mit voller Hingabe, seinen Kindern gute Eltern zu sein, und das ist nun der Dank dafür. Und dabei wünschten wir uns nie etwas anderes als normale, unauffällige Kinder!»

TRUDE EGGER

Ich will keine Hausaufgaben mehr machen!

Es sollte ein Schulunterrichtsgesetz geben, das lautet: «Hausaufgaben sind dermaßen zu erstellen, daß sie von den Eltern ohne Mithilfe der Schüler bewältigt werden können.»

Da die lieben Papis tagsüber nicht greifbar sind und am Abend viel zu müde, bleibt die Sch ... schöne Sache an uns Müttern hängen.

Wenn ein Fünfzehnjähriger in seinem Lebenslauf «geboren» mit h und p schreibt, dann weiß man wenigstens, wer schuld ist: seine Mutter, vermutlich selber eine Analphabetin.

Wenn Frauen mit Augenlidern herumlaufen, die unkontrolliert zucken, und sie beim Anblick eines offenen Fensters der heiße Wunsch überfällt, hinauszuspringen, dann steckt zu neunzig Prozent eines dahinter: Sie sind den Hausaufgaben nicht mehr gewachsen.

Dabei waren die Mütter noch nie so gebildet wie heute. Kein Wunder, sie haben ja auch nie zuvor zwei-, drei-, viermal die Schulzeiten durchgemacht. Und dabei ist alles gegen sie:

Helfen sie bei den Hausaufgaben und das Kind bleibt sitzen, heißt es: Kein Wunder, sie hat es zur Unselbständigkeit erzogen.

Helfen sie nicht und das Kind bleibt sitzen, ist der Fall sonnenklar: Um dieses Kind kümmert sich keiner. Seine Rabenmutter treibt sich auf der Kegelbahn herum. (Zweimal im Monat, aber in dem Fall ist das zweimal im Monat zuviel.)

Bleibt sie selbst schließlich mit heraushängender Zunge auf der Strecke, sagt ihr Mann zu seinem Sohn: Was willst du, deine Mutter hat eben nur die Handelsschule gemacht.

Gott ja, ich selber habe auch schon arg nachgelassen. Es mag zum Teil daran liegen, daß meine Kinder mir so wenig Vertrauen entgegenbringen. Ein Beispiel: Vor einigen Tagen fragte mich mein Jüngster: «Schreibt man Schaukel mit ‹ck›?»

Ich sagte nein. Woraufhin er aufstand, in sein Zimmer schlurfte, sich auf den Boden legte, das Wörterbuch unterm Tisch hervorzog, wo es als Ausgleich für ein wackelndes Bein diente, und das S aufschlug. Zurückgekehrt, sagte er widerwillig: «Stimmt.»

«Warum fragst du mich überhaupt? Ich hab's dir doch gesagt», murmelte ich gekränkt.

Er warf mir einen Blick zu, der deutlich besagte: Ja schon, aber kann ich dir auch trauen?

An dem Tag, an dem alle meine Kinder aus der Schule sein werden, krieche ich auf allen vieren zum nächsten Wallfahrtsort, um dem Herrn zu danken und ihn noch um ein paar Jährchen zu bitten, in denen ich mit nichts Anspruchsvollerem mehr belastet werde als dem Fernsehprogramm.

Gestern beim Abendessen legte ich die Einladung des Elternvereins vor meinen Mann hin. Der nahm sie auf, las sie mit gefurchter Stirn und schob sie mir dann ohne Kommentar wieder zu.

«Nun, wirst du gehen?» fragte ich.

Er, erstaunt: «Ich? Wieso ich?»

Ich tippte stumm auf die Anrede: Liebe Eltern. Da stand es – Eltern. Und er war doch die Hälfte davon, oder?

Leider, sagte er, leider ginge es morgen nicht. Ganz unmöglich.

«Warum nicht?» fragte ich. Soviel ich wußte, stand außer dem Denver-Clan nichts auf dem Programm.

Die Furchen auf seiner Stirn vertieften sich. Was heißt das? War er vielleicht Rechenschaft schuldig über jede Minute des Tages? Strampelte er sich nicht ohnehin ab bis zum Gehtnichtmehr, um uns zu erhalten? Und überhaupt, was soll das – informatives Gespräch zwischen Schulpsychologe, Lehrkörper und Eltern über die Problematik der Hausaufgaben und deren

Bewältigung?! Hatte er sie vielleicht zu bewältigen? Ging denn *er* in die Schule? Natürlich, wenn ich hingehen und mir den Schmarren anhören wollte, bitte sehr, nur zu!

Heiliger Bimbam! Ich ging so gern hin wie die Negersklaven Louisianas an einem heißen Sommernachmittag auf die Baumwollfelder, aber was blieb mir anderes übrig? Sollte ich die Schuld auf mich laden, unseren Sohn eines Tages bei der städtischen Müllabfuhr landen zu sehen?

Es waren eine ganze Menge Mütter da. Dazwischen auch ein paar vereinzelte Väter. Ich sah mich um. *Sehr*, sehr vereinzelte. Hauptsächlich jüngere mit Vollbärten. Vorne hatte der Psychologe Platz genommen. Er erklärte uns anhand anschaulicher Beispiele, wie es zu Aggression, Depression, Kompensation und Resignation kommt.

«Genau mein Lebensweg!» raune ich einem weiblichen Wesen an meinem linken Ellbogen zu, einem unverschämt jungen Ding, das aussieht, als säße es anstelle seiner Mutter hier.

«Er spricht von unseren Kindern, nicht von uns», entgegnete meine Nachbarin kühl.

Das habe ich inzwischen auch begriffen, denn jetzt wird er deutlicher. Was er sagen will, ist nicht schwer zu kapieren: Alles, was mit meinem Kind schiefgeht, ist meine Schuld.

Nachdem er solchermaßen unser laxes Gewissen wachgerüttelt hat, zeigt er uns auch prompt den Ausweg aus dem Dilemma. Es handelt sich um ein Vierzigpunkteprogramm. Einiges leuchtet mir ein. Anderes klingt eher utopisch, wie «kein Fernsehen vor dem Schlafengehen». «Wie soll man das machen?» flüstere ich zur Seite hin.

«Nun, *wir* haben den Fernseher abgemeldet.»

«Ja, aber was machen Sie denn sonst am Abend?»

«Oh, wir sind immer beschäftigt. Wir machen Hausmusik, laden zu kleinen wissenschaftlichen Zirkeln ein oder gehen mit den Kindern ins Fitneßcenter.»

Es macht deutlich «klick!», als mir der Unterkiefer gegen die Brosche klappt.

Als Mister Psycho alle vierzig Punkte durchhat, bittet er um

Wortmeldungen. Ich hebe schüchtern zwei Fingerchen. Sehr erstaunt blickt er in meine Richtung. Damit hat er offensichtlich nicht gerechnet. «Ja?»

Ich möchte nur wissen, sage ich demütig mit niedergeschlagenen Augen, ob man diese schönen, wirklich nützlichen vierzig Punkte auch unseren Kindern mitgeteilt hätte? Denn schließlich wären es ja, nicht wahr, ihre Hausaufga-

Weiter komme ich nicht. Denn der Herr Schulpsychologe unterbricht mich mit einem eisigen: «Nun, ich glaube, es dürfte genügen, es den *Eltern* zu erklären.»

In dem Moment passiert es. Etwas explodiert in meinem Innern, ich spüre genau, wo: hinter meinem dritten Jackenknopf. Ich sehe rote Kreise vor meinen Augen. Balle die liebevollen Mutterhände zu Fäusten. Eine grausige Stimme, die nicht die meine sein kann, kreischt los. Für was man Mütter eigentlich hält, für eine Kreuzung zwischen Wachhund und Hauslehrer? Wer sich eigentlich jemals darum kümmere, ob *wir* überfordert wären? Frustriert? Hundemüde? Ob es uns zum Hals heraushänge, zwanzig Jahre lang unregelmäßige Verben zu pauken? – Ich geb's ruhig zu, ich keife wie ein Marktweib aus Tarvis. Sagt doch auch etwas, zetere ich und starre wild um mich. Schließlich beklagt ihr euch doch ständig über die Misere, keine fünf Minuten kann man mit einer von euch reden, ohne daß ihr über die Hausaufgaben herzieht. Na, wie ist's? Jetzt wäre der richtige Zeitpunkt, den Mund aufzumachen. Hat denn wirklich keine was zu sagen?

Völlige Funkstille. Man hört eine aus dem Winterschlaf geschreckte Fliege aus ihrem Bettchen krabbeln und gähnen.

Nur vorne in der ersten Reihe, dort, wo der Lehrkörper sitzt, sagt schließlich einer was. Er sagt, Kinder, deren Mütter so wenig Interesse an deren schulischem Ergehen hätten wie *diese* Dame, wären an *dieser* Schule zweifelsohne fehl am Platz.

Ich habe ihn mir gut angesehen, diesen Herrn. O ja, sehr gut. Ich schwöre, er wird mich wiedersehen, dieser Herr, wenn die himmlischen Posaunen ertönen. Und dann wird es Heulen und Zähneknirschen geben bei diesem Herrn, jawohl.

Vor den Latein-Klassenarbeiten meiner Kinder pflegte ich eine Zeitlang die Platte aufzulegen «Laß ein Wunder geschehen, Santa Maria», bis sie so abgenützt war, daß sie beim Wunder steckenblieb.

Ich hörte von einem Heilkundigen, daß das Kauen von Anis zu Glücksgefühlen verhelfe. Ich kaute Anis von dem Augenblick an, wo ich den Schulbus die Straße heraufkriechen sah, aber das Glücksgefühl blieb aus.

Ich redete mir allen Ernstes ein, gemeinsames Lernen vermittle Kindern und Müttern ein befriedigendes Zusammengehörigkeitsgefühl. Blödsinn! Eine ungeheure Müdigkeit vermittelt es, ungefähr so, als hätte man das Matterhorn bestiegen!

Vielleicht lag es auch an den Kindern. Manchmal habe ich das Gefühl, sie sind ein bißchen komisch. Sie tun Dinge, von denen ich als Kind nicht einmal geträumt hätte. Ein Beispiel: Unser Jüngster vergrub sein Mitteilungsheft, das einige unschöne Bemerkungen seiner Lehrer enthielt, unter einer Dachlawine. Wir fanden die aufgeweichte Leiche erst nach der Schneeschmelze wieder. Beim Elternsprechtag kurz vor Weihnachten fragte mich der Deutschlehrer: «Sind Sie ganz sicher, daß er in meiner Klasse ist?» – Er hat nie ein Wort mit ihm gewechselt. Zugegeben, Schorschi ist ein wenig still. Als ich ihn am ersten Schultag aufatmend der Wissenschaft an den spröden Busen drückte, schrieb ich groß aufs Deckblatt seines Mitteilungsheftes: Dieses Kind ist *nicht* taubstumm. Wenn Sie wollen, daß es spricht, fragen Sie es nach der Funktionsweise eines Wankelmotors.

Er ist derjenige, der nach sieben Jahren Deutschunterricht im Geschichtsheft stehen hat: Ägüpten, Pfarrao, Hüroglühpen.

Dabei hatte ich mir gerade mit diesem Kind soviel Mühe gegeben. Vor jedem Diktat hatte ich mit ihm geübt bis zur völligen Erschöpfung beider Teile. Noch am Morgen vor dem Weggehen schrieb Schorschi auf mein Drängen hin in den zu Übungszwecken verwendeten Kalender einer Heizölfirma:

Rauchfangkehrer, Rauchfangkehrer, bitte sehr,
unser Ofen ziht nicht mehr,
qualm tagaus, qualm tagein,
darum ker den Raufang rein. Ruchfangkerer
danke schön
kanst zu unserm Nachbar gehn.
Mogen will ich an dich dencken
und dier ein Stück Seife schencken.

Die Fehler wurden rot angestrichen. Das ließ uns bis zum Fortgehen immer noch zehn Minuten Zeit, um die ärgsten Böcke ein letztes Mal durchzugehen.

«Und wie schreibt man ‹morgen›?» fragte ich meinen Sohn.

«m-o-g-e-n», buchstabierte Schorschi.

«Und was fehlt uns da noch?»

Schorschi dachte nach.

«Das r.»

«Na also», sagte ich überglücklich. «Jetzt wirst du es aber nicht mehr vergessen, was?»

Er nickte eifrig. Nein, er würde es nicht mehr vergessen. Mir aber ließ es keine Ruhe. Also: Wie schreibt man morgen?

«m-o-g-e-n», buchstabierte Schorschi.

Die Rs prasselten auf Schorschis blondes Köpfchen nieder mit der Gewalt einer aufgestauten Lawine.

Über seine Wange kroch ein Tränchen. Was war ich doch für ein Scheusal!

«Paß auf, Schatzi, ich werde es dir noch einmal erklären. Es ist wirklich nicht schwierig. Morrrrgen und nicht mogen, hörst du den Unterschied? Man hört es doch ganz deutlich, nicht wahr?» Ich strich ihm beruhigend übers Köpfchen. Ein dankbares Lächeln legte sich auf sein Gesichtchen. «Und wie schreibt man morgen, mein Kleiner?»

«m-o-g-e-n.»

Nebelhaft kann ich mich erinnern, daß mich die unbändige Lust ankam, meinem Sohn seine verdammte Muttersprache mit dem Buch «Frohes Lernen» in den Schädel zu hämmern.

«Geh mit ihm zum Doktor», sagte meine Mutter. Sie meinte, es handle sich zweifellos um eine Krankheit. Sie hätte vergessen, wie sie hieß, aber sie wisse, daß die Kinder dabei die Buchstaben verwechseln, sie glaube, das b mit dem d.

«Ich glaube nicht, daß es sich um eine Krankheit handelt», sagte ich.

«Na gut», meinte meine Mutter verschnupft. «Du mußt's ja wissen.»

Und dann sagt sie noch, sie wäre bloß froh, daß es nicht in *unserer* Familie läge.

«Er kriegt zuwenig Vitamine», behauptete meine Großmutter. «Er sollte mehr Milch trinken. Und du mußt eben mehr mit ihm lernen. Du nimmst dir zuwenig Zeit für die Kinder.»

Schorschis älterer Bruder, ein weiser Knabe in fortgeschrittenem Alter, war dagegen der Meinung, ich würde mit ihm nicht zuwenig, sondern zuviel lernen. Jeder Trottel mußte sehen, daß er davon vollkommen meschugge würde.

Nachdem mich auch ein Bekannter (ein Lehrer) mit Nachdruck auf die bösen Folgen des Zwangs hingewiesen hatte, ging ich mit Schorschi vor der nächsten Klassenarbeit spazieren, statt mit ihm zu üben. – Er machte nur zwei Fehler und bekam ein Gut.

Hätten wir eine Fahne im Haus gehabt, ich hätte sie ausgehängt, um aller Welt zu zeigen, daß das Glück bei uns eingekehrt war.

Die nächste Klassenarbeit, vorbereitet – oder besser gesagt, nicht vorbereitet – nach bewährter Methode, brachte Schorschi ein glattes Ungenügend. Mir wurde nahegelegt, mit ihm die Rechtschreibung zu üben und nichts als die Rechtschreibung, wenn ich nicht wollte, daß er sitzenbliebe.

Ich versprach hoch und heilig, alles Menschenmögliche zu tun. Ich wollte fortan jede freie Minute opfern, um meinem Sohn jene Sprache näherzubringen, für die man uns Müttern stillschweigend die Patenschaft in die Schuhe geschoben hat. Ich kann mir nicht helfen, aber ich hege den argen Verdacht, man hat die Bezeichnung «Muttersprache» (warum nicht «Vatersprache» wie Vaterland und Vaterhaus?) nicht ohne Hintergedanken gewählt.

So haben wir sie also jetzt am Hals, ich und du und mein armer Sohn, der, so wie es aussieht, trotz aller Bemühungen als Analphabet ausgeschult werden wird.

Und das, obwohl ich selbst inzwischen dank der intensiven Lernerei in der Lage bin, sogar Wörter wie «synonüm» fehlerlos zu schreiben, ohne im Duden nachzuschlagen!

URSULA HAUCKE

Papa, Charly hat gesagt . . .

Das große Familienspiel

SOHN: Papa? Charly hat gesagt, seine Schwester hat gesagt, dieses Werbefernsehen, das schmeißt uns um Jahre zurück!
VATER: Du schmeißt mich auch noch um Jahre zurück, wenn du mich nie in Ruhe arbeiten läßt.
SOHN: Arbeiten kannst du doch in deinem Büro.
VATER: Wenn man weiterkommen will, muß man schon etwas mehr tun, als sich in den Bürostunden erledigen läßt.
SOHN: Aber wegen dem Weiterkommen, da wollte doch Mama halbtags arbeiten gehen.
VATER: Das hat Mama nicht nötig. Wenn sie sich mit dem Haushalt nicht völlig ausgelastet fühlt, dann kann sie ja irgend etwas tun, was ihr Spaß macht.
SOHN: Das würde ihr ja gerade Spaß machen, so wie früher zu arbeiten, als Bürohilfe.
VATER: Bürohilfe! Deine Mutter war Sekretärin, und zwar eine sehr qualifizierte.
SOHN: Und warum soll sie das dann nicht wieder machen?
VATER: Weil wir dann alle ständig auf ihre Arbeit Rücksicht nehmen müßten.

Kurze Pause.

SOHN: Mama will doch nicht immer bloß Hausfrau sein.
VATER: Jetzt misch dich gefälligst nicht in unsere Angelegenheiten! Wolltest du nicht über ganz etwas anderes reden?
SOHN: Ganz was anderes nicht. Weil Charlys Schwester sagt, daß das Werbefernsehen uns um Jahre zurückschmeißt!

VATER: Wobei soll uns das denn «zurückschmeißen»? Charlys Schwester redet mal wieder von Dingen, von denen sie nichts versteht, wie?

SOHN: Gar nicht! Weil doch die Familien im Werbefernsehen sich immer so unmöglich benehmen; und weil die richtigen Familien dann denken, daß das ganz in Ordnung ist!

VATER *bereits genervt*: Kannst du das vielleicht etwas näher erläutern?

SOHN: Das hast du doch auch schon gesehn, Papa! Wie die Männer sich immer anstellen, wenn ihr Hemd nicht ganz weiß ist, und wie die Frauen dann bloß sagen, es tut ihnen so leid und sie haben sich solche Mühe gegeben!

VATER: Und was soll daran so verkehrt sein??

SOHN: Na, Charly sagt, seine Schwester sagt, wenn ihr Mann so mit ihr reden würde, dann würde sie sagen, er soll sich sein Hemd gefälligst selber waschen!

VATER *lacht ironisch*: Der Mann, der auf Charlys Schwester mal reinfällt, der kann mir heute schon leid tun! Der darf dann wahrscheinlich das Geld verdienen und noch den ganzen Haushalt machen!

SOHN: Aber Charlys Schwester hat dann doch auch einen Beruf und verdient Geld. Sie sagt, das ist es ja gerade: daß die Frauen im Werbefernsehen nie einen Beruf haben. Entweder cremen sie sich dauernd bloß ein und waschen sich die Haare und baden im Schaum, oder sie haben nur ihren Küchenfußboden im Kopf!

VATER: Ja nun – wenn für Haushaltswaren geworben werden soll, dann ist es ja wohl logisch, auch Hausfrauen zu zeigen, die damit umgehen! Immerhin gibt es ja einstweilen noch Hausfrauen!

SOHN: Aber nicht solche wie im Werbefernsehen!

VATER: Und warum nicht?

SOHN: Weil die immer so aussehen, als wären sie gerade aus einem Schönheitsladen gekommen. Mitten im Großreinemachen!

VATER: Ja, mein Gott, soll man sich vielleicht lauter abgerakkerte, verschwitzte Frauen ansehen, denen die Socken rutschen und die Haarsträhnen ins Gesicht hängen?

SOHN: Aber so denken die Zuschauer vielleicht, Hausarbeit ist gar keine richtige Arbeit, und da brauchen die Männer auch nicht zu helfen.

VATER: Genau das habe ich aber schon in den Werbeszenen gesehen: daß der Ehemann sich angeboten hat, seiner Frau zu helfen. Beim Abtrocknen zum Beispiel.

SOHN: Ja, und dann hat die Frau gesagt, daß man gar nicht mehr abtrocknen muß, weil das neue Spülmittel das von allein macht. Und dann ist der Mann gleich wieder gegangen.

VATER: So genau kann ich mich daran natürlich nicht erinnern. Ist ja auch nicht so wichtig.

SOHN: Und dann die Sache mit den kuschelweichen Pullis ...

VATER *abwesend*: So ...

SOHN: Ja. Ein Mädchen sagt da immer, daß ihre Freundinnen viel kuschligere Pullis haben. Und die Mutter guckt dann ganz traurig und grübelt, woran das wohl liegen könnte!

VATER: Die echten Mütter werden schon anders reagieren, da mach dir mal keine Sorgen ...

SOHN: Aber wenn die Kinder so was sehen, dann denken sie vielleicht, ihre Mutter hat sie nicht richtig gern, bloß weil die nicht so viel Theater mit der Wäsche macht!

VATER: So schlimm wird's ja nicht gleich kommen ...

SOHN: Und wenn sie nicht dauernd die tollen Speisen und gesunden Schokoladenstangen und all so was kriegen, dann denken sie vielleicht, die Eltern gönnen ihnen nichts!

VATER: Da hast du allerdings ganz recht. In dieser Hinsicht wird ziemlich verantwortungslos verfahren mit der Werbung. Da könnten die Eltern sich ja armkaufen, wenn sie das alles nachmachen wollten!

SOHN: Ja. Und überhaupt sehen die sich im Fernsehen nie vor und machen alles dreckig, weil die Mutter ja so tolle Putzmittel hat! Die kann das ja dann wieder wegmachen!

VATER *ungeduldig*: Ja doch, ja! Du hast ja recht. Immerhin sieht man doch auf den ersten Blick, daß in der Werbung mit völlig unrealistischen Mitteln gearbeitet wird. Frühstücken wir etwa mitten auf einer Wiese? Oder machen wir erst Wellenreiten oder eine Wildwasserfahrt, bevor wir Limonade trinken? Die Werbung nimmt doch keiner ernst!

SOHN: Ich weiß ja nicht . . .

VATER: Was weißt du nicht?

SOHN: Ich glaub, Mama war ziemlich enttäuscht an ihrem Geburtstag . . .

VATER: In welcher Hinsicht denn, bitte?

SOHN: Weil sie bloß solche Sachen gekriegt hat, wie sie die Männer im Fernsehen immer schenken: Parfum und Seife und Badeöl – alles bloß zum Schönsein!

VATER: Und der neue Saugklopfer?? Hat sie sich darüber etwa nicht gefreut?

SOHN *beruhigend*: Doch, doch, sie fand das sicher ganz gut. Aber von den Büchern, die sie aufgeschrieben hat, hast du ihr keins geschenkt.

VATER: Das macht mir auch keinen Spaß, wenn sie sich das vorher selbst aussucht. Und außerdem – diese merkwürdigen, halbwissenschaftlichen Neuerscheinungen alle . . . Das kann Mama ja gar nicht beurteilen, ob es sich dabei um wirkliche Erkenntnisse handelt oder nur um Spinnereien!

SOHN: Du denkst eben auch, Frauen sind so, wie's im Werbefernsehen gezeigt wird!

VATER: Rede keinen Unfug! Ich bin sehr wohl imstande, mir meine eigene Meinung zu bilden! Dazu brauche ich kein Werbefernsehen!

SOHN: Charly sagt aber, das ist gerade das Schlimme, daß man gar nicht merkt, wie man puliert wird.

VATER: «Puliert» vor allen Dingen! Noch nicht mal die Worte kennen, aber über ihre Bedeutung klug reden! Ma-ni-puliert heißt das, und verstehen tut ihr das sowieso noch nicht.

SOHN: Versteh ich wohl.

Pause

Und die Männer im Fernsehen – da soll man auch immer denken, das sind alles Supermänner!

VATER *gleichgültig*: Na und? Soll doch jeder denken, was er will.

SOHN: Aber Charly sagt, seine Schwester sagt, wenn sich jemand Löcher in die Schuhe läuft, bloß um 'ne Zigarette zu kriegen, dann ist das ein ganz kaputter Typ! Weiter nichts!

VATER: Lieber Himmel, Charlys Schwester kann einen ja krank machen mit ihrem wichtigen «psychologischen» Geschwätz! Gerade dieser Werbeeinfall war nun wirklich ganz originell und gut gemacht.

SOHN: Und du findest nicht, daß der Mann 'ne Macke haben muß?!

VATER *hartnäckig*: Nein, das finde ich nicht.

SOHN: Dann versteh ich eins nicht ...

VATER: Und das wäre?

SOHN: Warum *ich* dir immer deine Zigaretten holen muß!

WILLIAM SAROYAN

Der Sommer des schönen Schimmels

In jenen guten, fernen Tagen, als ich neun Jahre zählte und die Welt noch erfüllt war mit allen erdenklichen Herrlichkeiten, als das Leben noch ein köstlicher und geheimnisvoller Traum war, kam eines Tages mein Vetter Mourad, den seine sämtlichen Bekannten, außer mir, für verrückt hielten, um vier Uhr morgens zu unserem Haus und weckte mich, indem er an mein Zimmerfenster klopfte.

«Aram», sagte er.

Ich sprang aus dem Bett und schaute zum Fenster hinaus.

Ich konnte, was ich sah, nicht glauben.

Es war noch nicht Morgen, aber es war Sommer und der herannahende Tag bereits hell genug, um mich merken zu lassen, daß ich nicht träumte.

Mein Vetter Mourad saß auf einem schönen Schimmel.

Ich streckte den Kopf zum Fenster hinaus und rieb mir die Augen.

«Ja, es ist ein Pferd», sagte er auf armenisch. «Du träumst nicht. Mach schnell, wenn du reiten willst.»

Ich wußte, daß mein Vetter Mourad sich des Lebens mehr freute als irgendeiner, der je durch Versehen in diese Welt gefallen ist, aber das ging selbst über meine Fassungskraft.

Erstens: meine frühesten Erinnerungen waren Erinnerungen an Pferde, und meine erste Sehnsucht war die Sehnsucht zu reiten.

Insofern war's wunderbar.

Zweitens: wir waren arm.

Insofern konnte ich, was ich sah, nicht glauben.

Wir waren arm. Wir hatten kein Geld. Unser ganzer Stamm war mit Armut geschlagen. Jeder Zweig der Familie Garoghlanian lebte in der erstaunlichsten und drolligsten Armut der Welt. Niemand, nicht einmal die alten Leute der Familie, konnten verstehen, wie wir überhaupt Geld auftrieben, um unsere Mägen zu füllen. Und dabei waren wir – und das ist das Wichtigste – für unsere Rechtschaffenheit berühmt. Wir waren seit elf Jahrhunderten für unsere Rechtschaffenheit berühmt, selbst als wir in der Welt oder dem, was uns als Welt vorkam, die reichste Familie gewesen waren. Vor allem waren wir stolz, ferner ehrlich, und endlich glaubten wir an Recht und Unrecht. Keiner von uns hätte irgend jemanden in der Welt übervorteilen, geschweige denn bestehlen wollen.

Ich konnte das Pferd, das herrliche, *sehen*; ich konnte seinen Geruch, den köstlichen, *riechen*; ich konnte sein Schnauben, das aufreizende, *hören*; und dennoch konnte ich nicht *glauben*, daß das Pferd irgend etwas zu tun habe mit meinem Vetter Mourad oder mit mir oder irgendeinem von unserer Familie, sei's im Schlaf oder im Wachen, denn ich *wußte*, es war ausgeschlossen, daß mein Vetter Mourad das Pferd *gekauft* hatte, und wenn er es nicht gekauft haben konnte, so mußte er es *gestohlen* haben; das aber vermochte ich nicht zu glauben. Keiner, der zu den Garoghlanians gehörte, konnte ein Dieb sein.

Ich starrte erst auf meinen Vetter und dann auf das Pferd. Es lag über beiden eine zärtliche Stille und Fröhlichkeit, die mich einesteils entzückten und anderenteils erschreckten.

«Wo hast du das Pferd gestohlen, Mourad?» fragte ich.

«Spring aus dem Fenster, wenn du reiten willst», sagte er.

Also stimmte es. Er *hatte* das Pferd gestohlen. Das stand außer Frage. Er war gekommen, mich einzuladen, zu reiten oder nicht, wie es mir beliebte.

Nun, mir schien, ein Pferd zu stehlen, um zu reiten, sei nicht das gleiche wie irgend etwas anderes, zum Beispiel Geld stehlen. Vielleicht war es überhaupt gar kein Diebstahl. Diebstahl wurde es erst, wenn wir das Pferd zum Verkauf anboten, was wir natürlich, das wußte ich, niemals tun würden.

«Warte, ich muß mich anziehen», sagte ich.

«Gut, aber mach schnell», sagte er.

Ich schlüpfte rasch in die Kleider.

Ich sprang vom Fenster in den Hof hinunter und schwang mich hinter meinem Vetter Mourad aufs Pferd.

Wir wohnten damals am Rande der Stadt, hinter unserem Haus lag offenes Land: Weinberge, Obstgärten, Bewässerungsgräben und Landstraßen. In weniger als drei Minuten waren wir in der Olive Avenue, und dann begann das Pferd zu traben. Die Luft war frisch und köstlich zu atmen. Das Gefühl auf dem trabenden Pferd war wundervoll. Mein Vetter Mourad, der als einer der verrücktesten unserer Familie galt, begann zu singen, das heißt, er begann zu brüllen.

Jede Familie hat irgendwo einen verrückten Einschlag, und mein Vetter Mourad galt als der natürliche Abkömmling dieses verrückten Zweiges unserer Familie. Sein Vorgänger war unser Onkel Khosrove, ein Riese mit einem mächtigen Kopf, schwarzem Haar und dem größten Schnurrbart im San-Joaquin-Tal, ein leidenschaftlicher, erregbarer und ungeduldiger Mann, der jeden zum Schweigen brachte, wenn er brüllte: «Macht nichts, scher dich nicht drum!»

Das war alles, ganz gleich, wovon einer gerade sprach. Einmal rannte sein Sohn Arak acht Blocks weit zum Barbierladen, wo sein Vater sich den Schnurrbart stutzen ließ, um ihm zu melden, daß ihr Haus brenne. Dieser Mann Khosrove reckte sich im Stuhl auf und brüllte: «Macht nichts, scher dich nicht drum!»

«Aber», meinte der Barbier, «der Knabe sagt, Ihr Haus brennt.» Drauf Khosrove brüllend: «Genug, macht nichts, sage ich!»

Mein Vetter Mourad galt als der natürliche Abkömmling dieses Mannes, obwohl er der Sohn Zorabs war; der war ein praktischer Mann und sonst nichts. So stand es also mit unserem Stamm. Ein Mann konnte leiblich seines Sohnes Vater sein, aber das bedeutete noch nicht, daß er geistig sein Vater war. Die Verteilung der verschiedenen Geistesarten unseres Stammes war von Anfang an launenhaft und unberechenbar ausgefallen.

Wir ritten, und mein Vetter Mourad sang. Es war, als wären wir noch in der alten Heimat, wohin wir, wenigstens nach der Meinung einiger unserer Nachbarn, gehörten. Wir ließen das Pferd traben, solange es zum Traben Lust hatte. Endlich sagte mein Vetter Mourad: «Steig ab. Ich möchte allein reiten.»

«Wirst du mich allein reiten lassen?» fragte ich.

«Das hängt vom Pferd ab», sagte mein Vetter. «Steig ab.»

«Das *Pferd* wird mich reiten lassen», sagte ich.

«Wir werden sehen», sagte er. «Vergiß nicht, daß ich mich auf Pferde verstehe.»

«Ich verstehe mich nicht weniger als du auf Pferde», sagte ich.

«Das wollen wir um deiner Schönheit willen hoffen», sagte er.

«Steig ab.»

«Schön», sagte ich, «aber denk daran, daß du mich allein reiten lassen mußt.»

Ich stieg ab, und mein Vetter Mourad stieß dem Pferd die Hacken in die Flanken und schrie: «Lauf, *Vazire*!» Das Pferd hob sich auf die Hinterbeine, schnaubte und schoß in wildem Lauf davon, wie ich es herrlicher nie gesehen hatte. Mein Vetter Mourad ließ das Pferd über ein dürres Grasfeld zu einem Bewässerungsgraben rennen, überquerte den Graben zu Pferd und kehrte fünf Minuten später tropfnaß zurück.

Die Sonne stieg herauf. «Jetzt bin ich an der Reihe zu reiten», sagte ich. Mein Vetter stieg vom Pferd.

«Reite», sagte er.

Ich schwang mich auf den Rücken des Pferdes und war einen Augenblick lang von einer schrecklichen Angst ergriffen, wie man sie sich schrecklicher nicht vorstellen kann. Das Pferd rührte sich nicht.

«Gib ihm einen Stoß in die Flanken», sagte mein Vetter Mourad. «Worauf wartest du? Wir müssen es zurückbringen, bevor alle Leute aufgestanden und unterwegs sind.»

Ich stieß das Pferd in die Flanken. Wieder erhob es sich und schnaubte. Dann begann es zu rennen. Ich wußte nicht, was tun. Statt querfeldein zum Wassergraben zu laufen, rannte das Pferd auf die Straße gegen Dikran Halabians Weinberg zu, wo es über die Weinstöcke zu springen begann. Das Pferd galoppierte über sieben Weinstöcke, bevor ich hinunterfiel, dann rannte es weiter.

Mein Vetter Mourad kam die Straße heruntergelaufen.

«Du tust mir nicht leid», schrie er. «Aber wir müssen das Pferd kriegen. Lauf dorthin, ich lauf hierhin. Wenn du es erreichst, geh sanft mit ihm um. Ich werde in der Nähe sein.» Ich ging auf der Straße weiter, und mein Vetter Mourad ging quer übers Feld auf den Bewässerungsgraben zu.

Es dauerte eine halbe Stunde, ehe er das Pferd fand und zurückbrachte.

«So, spring auf», sagte er. «Alle Welt ist jetzt aufgestanden.»

«Was wollen wir tun?» fragte ich.

«Wir bringen es entweder zurück oder verstecken es bis morgen früh», sagte er.

Er schien nicht beunruhigt, und ich wußte, daß er es verstekken und nicht zurückbringen würde. Jedenfalls für einige Zeit.

«Wo wollen wir es verstecken?» fragte ich.

«Ich weiß einen Ort», sagte er.

«Wie lange ist's her, daß du das Pferd gestohlen hast?» fragte ich.

Mir ging plötzlich auf, daß er diese frühen Morgenritte seit geraumer Zeit unternahm und daß er mich heute früh nur geholt hatte, weil er wußte, wie sehnlich ich zu reiten wünschte.

«Wer sagt etwas von Pferdediebstahl?» sagte er.

«Also gut», sagte ich, «seit wann hast du angefangen, jeden Morgen zu reiten?»

«Nicht vor heute morgen», sagte er.

«Ist das wahr?» fragte ich.

«Natürlich nicht», sagte er, «aber wenn die Sache herauskommt, sollst du das sagen. Ich will nicht, daß wir beide lügen. Du weißt es nicht anders, als daß wir heute morgen ausgeritten sind.»

«Gut», sagte ich.

Er führte das Pferd ruhig zu einer Scheune in einem verlassenen Weinberg, der einst der Stolz eines Bauern namens Fetvajian gewesen war. In der Scheune lag etwas Hafer und Alfaheu. Wir machten uns auf den Heimweg.

«Es war nicht leicht, das Pferd so zahm zu machen», sagte er. «Zuerst wollte es durchbrennen, aber wie ich dir sagte, verstehe ich mich auf Pferde. Ich bringe es dazu, daß es alles tut, was ich will. Pferde verstehen mich.»

«Wie stellst du das an?» fragte ich.

«Ich kann mich mit einem Pferd verständigen», sagte er.

«Ja, aber auf welche Weise denn?» fragte ich.

«Ganz einfach und ehrlich», sagte er.

«Ich möchte freilich gerne wissen, wie ich mich mit einem Pferd so verständigen kann», sagte ich.

«Du bist noch ein kleiner Bub», sagte er. «Wenn du erst einmal dreizehn bist, wirst du es können.»

Ich ging nach Hause und aß ein tüchtiges Frühstück.

An diesem Nachmittag kam mein Onkel Khosrove zu Kaffee und Zigaretten zu uns. Er saß in der Wohnstube, schlürfte und rauchte und dachte an die alte Heimat. Dann kam ein anderer Besucher, ein Bauer namens John Byro, ein Assyrer, der aus Vereinsamung Armenisch gelernt hatte. Meine Mutter brachte dem einsamen Besucher Kaffee und Tabak, er drehte sich eine Zigarette und schlürfte und rauchte, und dann sagte er schließlich mit einem traurigen Seufzer: «Mein Schimmel, der mir im vergangenen Monat gestohlen wurde, ist immer noch verschwunden. Ich kann's nicht verstehen.»

Mein Onkel Khosrove wurde sehr erregt und schrie:

«Macht nichts. Was liegt schon am Verlust eines Pferdes? Haben wir nicht alle die Heimat verloren? Wozu weinen wegen eines Pferdes?»

«Das könnt ihr Städter wohl sagen», meinte Byro, «aber was soll ich mit meinem Zweisitzer? Was ist ein Zweisitzer wert ohne Pferd?»

«Machen Sie sich nichts draus», brüllte mein Onkel Khosrove.

«Ich bin zehn Meilen gegangen, um hierherzukommen», sagte John Byro.

«Sie haben ja Beine», schrie mein Onkel Khosrove.

«Mein linkes Bein schmerzt mich», sagte der Bauer.

«Machen Sie sich nichts draus», brüllte mein Onkel Khosrove.

«Das Pferd kostete mich sechzig Dollar», sagte der Bauer.

«Ich spucke aufs Geld», sagte mein Onkel Khosrove.

Er stand auf und schritt, die Gittertür zuschmetternd, aus dem Hause.

Meine Mutter erklärte.

«Er hat ein gutes Herz», sagte sie. «Er hat einfach Heimweh, und er ist so groß gewachsen.»

Der Bauer ging weg, und ich rannte zum Haus meines Vetters Mourad hinüber.

Er saß hinter einem Pfirsichbaum und versuchte, den verletzten Flügel eines jungen Rotkehlchens zu heilen, das nicht fliegen konnte. Er sprach zu dem Vogel.

«Was ist?» sagte er.

«Der Bauer Byro ist zu uns ins Haus gekommen», sagte ich. «Er möchte sein Pferd haben. Du hast es einen Monat lang behalten. Du mußt mir versprechen, daß du es nicht zurückbringst, ehe ich reiten gelernt habe.»

«Du wirst ein *Jahr* brauchen, um reiten zu lernen», sagte mein Vetter Mourad.

«Wir können das Pferd ein Jahr lang behalten», sagte ich.

Mein Vetter Mourad sprang auf.

«Was? Willst du einen der Garoghlanian-Familie zum Stehlen auffordern?» schrie er. «Das Pferd muß zu seinem rechtmäßigen Besitzer zurück.»

«Wann?» fragte ich.

«In spätestens sechs Monaten», sagte er.

Er warf den Vogel in die Luft. Der Vogel machte heftige Anstrengungen und fiel zweimal beinahe herab, schließlich aber flog er, hoch und schnurgerade, davon.

Zwei Wochen lang holten mein Vetter und ich jeden Morgen in der Frühe das Pferd aus der Scheune auf dem verlassenen Weinberg, wo wir es versteckt hielten, und ritten auf ihm, und jeden Morgen, wenn die Reihe, allein zu reiten, an mir war, sprang das Pferd über Weinstöcke und Bäumchen hinweg und warf mich ab und rannte davon. Dennoch hoffte ich, mit der Zeit so reiten zu lernen, wie mein Vetter Mourad es konnte.

Eines Morgens, als wir auf dem Weg zu dem verlassenen Weinberg von Fetvajian waren, stießen wir auf den Bauern John Byro, der in die Stadt ging.

«Laß mich reden», sagte mein Vetter Mourad. «Ich weiß mit Bauern umzugehen.»

«Guten Morgen, John Byro», sagte mein Vetter Mourad zum Bauern. Der Bauer betrachtete das Pferd sehr aufmerksam.

«Guten Morgen, ihr Söhne meiner Freunde», sagte er. «Wie heißt euer Pferd?»

«Mein Herz», sagte mein Vetter Mourad auf armenisch.

«Ein hübscher Name für ein hübsches Pferd», sagte John Byro. «Ich möchte schwören, es ist das Pferd, das mir vor vielen Wochen gestohlen wurde. Darf ich ihm ins Maul schauen?»

«Selbstverständlich», sagte Mourad.

«Zahn um Zahn», sagte er. «Wenn ich nicht eure Eltern kennte, würde ich schwören, daß es *mein* Pferd ist. Ich weiß wohl, eure Familie ist für ihre Redlichkeit berühmt. Aber das Pferd ist der Zwilling meines Pferdes. Ein mißtrauischer Mann würde seinen Augen mehr glauben als seinem Herzen. Guten Tag, meine jungen Freunde.»

«Guten Tag, John Byro», sagte mein Vetter Mourad.

Am anderen Morgen in der Frühe brachten wir das Pferd auf John Byros Weinberg und stellten es in die Scheune. Die Hunde folgten uns überallhin, ohne Laut zu geben.

«Die Hunde», flüsterte ich meinem Vetter Mourad zu. «Ich dachte, sie würden bellen.»

«Bei jedem anderen würden sie das auch tun», sagte er. «Ich verstehe mit Hunden umzugehen.»

Mein Vetter Mourad legte die Arme um das Pferd, drückte

seine Nase an die Nase des Pferdes, tätschelte es, und dann gingen wir weg.

Am Nachmittag kam John Byro in seinem Zweisitzer zu uns und zeigte meiner Mutter das Pferd, das gestohlen und zurückgebracht worden war.

«Ich weiß nicht, was ich denken soll», sagte er. «Das Pferd ist stärker denn je. Und gutartiger dazu. Ich danke Gott.»

Mein Onkel Khosrove, der in der Wohnstube war, wurde sehr erregt und schrie: «Ruhig, Mann, ruhig. Das Pferd wurde zurückgebracht. Macht Euch nichts draus.»

MARIA GREMEL

Meine Eltern und die Verwandten

Ich weiß nicht, soll ich die Geschichte meines Lebens niederschreiben, um den Rest meines Daseins auszufüllen, oder um längst vergangene Erinnerungen aufzufrischen, die im Alter auch unser Dasein verschönern?

Aber es ist auch einerlei, kein Fremder wird lesen, was ich schreibe, ich werde diese Schrift an keinen Verlag, an keine Zeitung schicken. Behüte Gott, daß ich auf meine alten Tage eine Schriftstellerin sein und etwa Geld oder Ehre verdienen wollte! Die heutige Jugend kann unsere damalige Zeit doch niemals verstehen. Die Alten aber, Verwandte oder Bekannte, sind mir vorausgegangen, oder leben für sich, jeder hat seine eigenen Sorgen.

Womit soll ich beginnen? Mir ist dazu jedes Talent versagt, so daß mir schon der Anfang Schwierigkeiten bereitet. Mir fällt einmal dies und dann jenes ein. Einen Roman über sein Leben kann schließlich jeder schreiben. Genug Stoff dazu bietet jedes Menschenleben.

Wie mein Leben begann, erinnere ich mich freilich nicht mehr. Da muß schon das genügen, was die Eltern erzählten. Aber auch diese sind schon lange vor mir gegangen.

Großeltern kannte ich von Vaterseite nicht mehr, beide sind 1898 gestorben und in Kirchschlag auf dem alten Friedhof gleich beim Eingang nebeneinander begraben. Sie hatten sieben Kinder, das zweitjüngste war mein Vater.

Meine Mutter war 14 Jahre jünger als mein Vater, daher kannte ich auch noch ihre Eltern. Sie hatten in jüngeren Jahren in Hollenthon ein Gasthaus gepachtet, später waren sie bis zu

Großvaters Tod Mühlenpächter. Daran kann ich mich noch gut erinnern. Es waren mehrere Müllerburschen da, die das kleine neugierige Mädel an den Zöpfen zogen oder versuchten, es in den Mühlbach zu tauchen. Es wurde auch nachts gearbeitet, und die Mühlenräder schaukelten einen so gut in den Schlaf. Damals war ich vier oder fünf Jahre alt. Als Mutter mehrere Monate im Spital war, trieb ich mich den ganzen Tag in der Mühle herum. Es gab vieles zu entdecken.

Ich konnte stundenlang zusehen, wie das Getreide aufgeschüttet wurde, welchen Weg es nehmen mußte, bis es zum Schluß als Mehl die Säcke wieder füllte. Auch beim Mühlenrad saß ich oft lange Zeit und sah zu, wie das Wasser die Drehung vollbrachte. Damals kannte ich noch nicht das Lied, in dem es heißt: «Sah der Räder Spiele und sah dem Wasser zu.» Die alten Mühlen aber blieben für mich stets ein Anziehungspunkt. Nicht nur als Kind, auch als das Alter schon nahte.

Doch nicht lange dauerte in der Kindheit das schöne Mühlenidyll. Mein Großvater erkrankte an Magenkrebs und starb. Meine Großmutter zog zu ihrer älteren Tochter, eines ihrer sieben Kinder, von denen allerdings infolge der großen Kindersterblichkeit zu jener Zeit nur drei Töchter am Leben blieben. Die mittlere wurde meine leider viel zu früh verstorbene Mutter.

Als mein Vater seine spätere Frau kennenlernte, mußten sie ihre Bekanntschaft acht Jahre lang in Ehren halten. Es gab keine Möglichkeit, einen Ehestand zu gründen. Doch nicht, weil mein Vater zuwenig verdient hätte, sondern aus einem anderen Grund: In seinem Elternhaus lebten zwei Schwestern, die uneheliche Kinder hatten. Die Eltern konnten nicht für alles aufkommen, und so nahmen sie auch den anderen noch im Haushalt Lebenden ihren Verdienst ab. Dies erzeugte natürlich böses Blut. Mein Vater aber war ein korrekter Mann und außerdem streng religiös. Er ertrug lieber diese Belastung, als sich mit seinen Eltern zu verfeinden und gegen das vierte Gebot zu handeln. Doch alles nimmt einmal ein Ende. Seine Eltern starben beide 1898. Jetzt führte mein Vater seine schon so lange innigstgeliebte Braut zum Traualtar. Die beiden Schwestern bekamen dann doch noch einen Mann.

Die ältere, Hanni, blieb im Haushalt der Eltern, hatte viele Kinder, die alle sehr brav geworden sein sollen, ihr Mann aber war ein Trunkenbold. Sie selbst sah ich nie, nur im letzten Lebensjahr meiner Mutter kam sie eines Tages zu Besuch, um sich mit Mutter auszusöhnen. Zu dieser Zeit war ich fünfzehneinhalb Jahre alt, lernte seit drei Monaten Schneiderei und kam mittags nur kurz zum Essen heim. Dieser erste und einmalige Blick war zuwenig, um mich später zu erinnern. Weder die Tante noch jemanden von ihren Angehörigen sah ich je in meinem Leben wieder. Auch gesprochen wurde in meinem Elternhaus nie vor uns Kindern über Familienangelegenheiten.

Die andere Schwester, Julie, heiratete einen vornehmen Mann aus Wiener Neustadt, ihr ältester, lediger Sohn war schon in einer Lehre, die beiden ehelichen Kinder, Arthur und Christl, kamen in den Schulferien oft zu unserem Onkel, Vaters jüngstem Bruder.

Wir wohnten im selben Haus, konnten jeden Tag miteinander spielen. Wir wußten aber nicht viel miteinander anzufangen. Sie waren uns zu städtisch und hochnäsig, wir ihnen zu bäuerlich. Schön war es nur, wenn wir Schneeweiß-Kinder allein waren. Was gab es da alles an herrlichen Spielen! Onkels Kinder waren vier und wir zwei, also ein halbes Dutzend. Die Stadtkinder verloren wir aus den Augen.

Dieser Onkel starb, als ich zehn Jahre zählte, und die Witwe schlug sich recht und schlecht mit den vier Kindern durch. Einen ledigen Bruder hatte Vater noch, der bei den Bauern als Knecht arbeitete. Dieser Onkel war mir der liebste und auch am besten bekannt. Da er allein durchs Leben ging, hatte er ja Geld, er gab es gerne für uns Kinder aus. War einmal ein Ringelspiel im Ort, wie dies zu Kirtagen oder Jahrmärkten der Brauch war, wie ging es uns da gut! Immer wieder ließ er uns fahren, fuhr auch selbst mit uns und kaufte uns alles, was so ein Kinderherz nur begehrte.

Diese beiden Onkel waren die einzigen Verwandten aus

Vaters Familie, mit denen wir Verkehr pflegten. Einen anderen Bruder gab es dann noch in Aspang, der hatte eine Tochter, die aber schon erwachsen war, als wir noch Kinder waren. Vaters ältester Bruder lebte in Gleißenfeld, hatte unterhalb des Türkensturzes ein Häuschen; dort gab es zehn Kinder. Vater besuchte ihn manchmal. Ich aber habe nie jemanden gesehen und kannte kein einziges Familienmitglied. Obwohl sie nichts an Unstimmigkeiten auszutragen hatten, gab es doch keinen rechten Verkehr oder Verwandtenbesuche. Das tat mir sehr leid, ich hätte gerne alle um mich gehabt, denn wenn andere Kinder von Onkeln und Tanten erzählten, fühlte ich mich immer um etwas betrogen. Warum ich sie alle nicht kennenlernen durfte, habe ich nie erfahren. Hätte mir doch Vater etwas mehr über seine Eltern erzählt, wie sehr vermisse ich dies, es ist wie eine Lücke, die ich nicht auszufüllen vermag.

Um so mehr ist mir die Erinnerung an meine Großeltern mütterlicherseits, die ich beide noch kannte, erhalten geblieben. Hinzu kommt, daß sich die Familie stets mehr an die Eltern der Frau anschließt –, wovon ich mit meiner Familie keinen Gebrauch machen konnte –, denn meine Mutter starb, als ich sie am meisten gebraucht hätte.

Wie dem auch sei, als meine Eltern im Jahre 1898 heirateten, wurde ihnen anfangs viel Schweres auferlegt. Ich will nicht sagen Schicksal, das ist ein böses Wort. Hört man «Schicksalsschläge», klingt es teilweise wie selbstverschuldet, daher will ich dieses Wort nicht verwenden. Die Landmenschen meiner Heimat gebrauchen es überhaupt nicht. Sie sagen lieber, «es hat halt so sein wollen» oder «unsereiner kann da nichts dagegen tun». Ganz selten wurde von Bestimmung gesprochen. Wird aber manchen Menschen mal zu viel aufgebürdet, so sagt man, der eine muß hier auf Erden alles büßen, der andere im Jenseits. Auch für andere zu leiden, glaubten sie.

Nach der Hochzeit bezogen meine Eltern ihr erstes Domizil, wo sie ungefähr fünf Jahre unter schwerer Müh und Plag lebten und arbeiteten. Es war dies in Aigen Nr. 2 bei einem Bauern, ein kleines Häuschen, mit Zimmer, Küche, einer Kammer und einem kleinen Stall für eine Ziege und ein Schwein. So ein Häuschen war fast bei jedem Bauernhaus dabei, manchmal ganz in der Nähe oder weiter ab vom zugehörigen Hof. Man nannte diese Unterkunft für arme Leute «Stübl», daher ging auch der Spruch im Bauernmund um, sobald zwei Söhne da waren: «Wenn es mal zwei sind, ist es ein Üb'l, der eine kriegt's Haus, der andere das Stübl.» Das bedeutete auch zugleich ein Absinken in den dienenden Stand. Man nannte diese Leute Söldnerleute, woraus man leicht das Wort «Sold» heraushören kann. Es bestand nach einem ungeschriebenen Gesetz die Verpflichtung, daß eines der Eheleute von Ostern bis Allerheiligen beim Bauern für die Wohnung arbeiten mußte. Dazu konnten sie einen Metzen (ca. 40 kg) Kartoffel auf des Bauern Acker ansetzen, etwas Kraut und Futterrüben sowie etwas Gerste anbauen, um eben die Tiere zu füttern. Arbeitete eines der beiden Söldnerleute außer der Zeit wie etwa im Winter beim Dreschen, so wurde die Arbeit bezahlt. Nun kam es auf die Bauersleute an, ob sie gut oder geizig waren. Bei guten Leuten bekamen sie auch sonntags ihr Essen, bei geizigen aber nicht. Die Bauersleute meiner Eltern waren wohl mitleidlos. Meine Eltern haben zu uns Kindern ja nie von den Schikanen gesprochen, die sie durchzustehen hatten. Als ich größer war, wir nicht mehr dort wohnten und meine Tanten öfter auf Besuch bei uns waren, habe ich doch manches aufgeschnappt. Jedenfalls kann ich mich an diesen Anfangsposten meiner Eltern nicht mehr erinnern. Die ersten beiden Jahre, solange noch keine Kinder da waren, mag es ihnen ja gutgegangen sein. Mein Vater ging im Sommer jedes Jahr ins «Schnitt».

Damals wurde noch alle Frucht mit der Hand gemäht und auch nachher mit der Hand und den Dreschflegeln ausgedroschen. Schnitter hatten die Bauern vom Marchfeld bis herauf nach Leopoldau und auf der anderen Seite der Donau bis hinunter nach Hainburg. Vater hat in Fischamend in ein- und demselben Haus 19 Jahre gearbeitet. Der Getreideschnitt begann hier meist schon im Juni, wo in der Buckligen Welt die Frucht noch grün war. Bis es in der Heimat soweit war, hatten sie hier die Arbeit beendet und ein schönes Stück Geld verdient. Vier Leute, zwei Männer und zwei Frauen, bearbeiteten meist 40 Joch. Größere Bauern mit mehr Joch Grund hatten sechs bis acht Schnitter. War schönes Wetter, konnte man die Arbeit in 14 Tagen bewältigen, vorausgesetzt, die Frucht war nicht durch Hagelgewitter am Boden lagernd und nicht zu hoch, wo dann viele Garben gemacht werden mußten. Bei Regenwetter dauerte der Schnitt vier Wochen, dadurch wurde aber auch die Fruchtreife in der Heimat verzögert.

Nach dem Schnitt in Fischamend war Vater dann einige Wochen zu Hause, um daheim bei den Bauern zu helfen, Frucht einzubringen. Dann fuhr er wieder zum Dreschen mit kurzer Unterbrechung zum Kartoffelausnehmen und den Weihnachtsfeiertagen. War der «Drusch» beendet, arbeitete Vater im Holzschlag. Auch viele tausend Schindeln hat er angefertigt. Zu jener Zeit ging man gerade von den Strohdächern zu den Schindeldächern über. Sie waren ebenfalls leicht brennbar und hatten nur eine längere Haltbarkeit. Stroh verfaulte schneller. Eternit kannte man erst später, ebenso Ziegel. Kaum jemand konnte sich das neue Material kaufen, auch kostete der Transport zuviel Geld. Darum blieb es noch lange Jahre bei dem Althergebrachten. Mit Stroh zu decken habe ich selbst noch gelernt in meinen jüngeren Jahren. Ich war schon zehn Jahre auf dem Bauernhof im Dienst, als der Schnee im Winter einmal ein Schuppendach eindrückte. Etwas Neugebautes durfte dann nicht mehr mit Stroh oder Schindeln eingedeckt werden.

Nach dieser Abschweifung wieder zurück in das armselige Bauernstübel, dessen Küche noch eine Rauchküche war mit gemauertem Herd, zu dem man von allen drei Seiten zutreten konnte. Da war ein offenes Feuer, über demselben hing frei auf Draht ein großer Kessel, und man hatte stets heißes Wasser zur Verfügung. Das Feuer am Herd ging fast nie aus, die Glut wurde abends mit Asche zugedeckt und morgens wieder angefacht. So hatte man ganz schnell wieder ein lustiges Feuerlein brennen.

In Töpfen aus Ton oder Gußeisen kochte alles sehr schnell.

Der Rauch zog hinauf zur Decke, bis er einen Abzug im Kamin fand. Die Seitenwände waren weiß gekalkt, der Rauch machte ja nur oben alles schwarz. Der Fußboden war aus Lehm gestampft und im Winter sehr kalt. Ich habe zwar keine Erinnerung mehr an diesen ersten Küchenbereich meiner Mutter, doch auf meinem ersten Dienstplatz im Bauernhaus gab es auch noch solch eine Küche, die erst ein Jahr später umgebaut wurde. Da diese Küche sehr hoch war, baute man nur viel tiefer ein neues Gewölbe und verwendete den Zwischenraum zum Fleischselchen. Einen neuen Sparherd, der Fußboden schon betoniert, eine Neuheit, denn Beton gab es schon, im Winter aber auch sehr kalt.

In diesem Stübl wurde meinen Eltern nach mehr als zweijähriger Ehe, am 11. März, ihr erstes Kind geboren, mein Bruder. Viel Zeit blieb Mutter ja nicht, sich als Wöchnerin zu erholen. Krankenkasse und Wöchnerinnenschutz gab es noch lange nicht. Gar bald war das Osterfest da, und Mutter mußte wieder im Bauernhaus arbeiten. Das Kind wurde in einem Buckelkorb verstaut und auf das Feld mitgenommen. Zu den Mahlzeiten bekam es zu trinken, die restliche Zeit sich selbst überlassen, ob es sich nun heiser schrie oder die Fliegen es zu Hunderten umschwärmten, darauf konnte keine Rücksicht genommen werden. Wie oft setzten plötzliche Regengüsse ein, das Kind wurde mitsamt seiner Bettwäsche einem unfreiwilligen Bade ausgesetzt. Nylon oder einen anderen sicheren Regenschutz gab es damals noch nicht. Das alles war bei meinem Bruder noch verhältnismäßig leicht, da er ja den Sommer über noch zu klein war, um sich schon aufzusetzen.

Bei Kindern, die so viel sich selbst überlassen sind, dauert es dann leider auch viel länger, bis sie alles erlernen. Nicht immer konnte Mutter den Korb mit dem Kinde im Schatten abstellen, die Felder waren groß, da hätte sie zu weit gehabt, schnell einmal hinzulaufen, dem Kind den «Zuzel» zu geben, damit es wieder für lange befriedigt war. Der Zuzel war ein Leinenfleckerl, worin ein Zuckerstück eingebunden war. Schnuller kamen erst zehn Jahre später in den Handel.

Wenn der Korb mit dem Kinde im sonnigen Acker abgestellt werden mußte, steckte Mutter rund um den Korb Laubäste, das gab einen Schatten und wenn das Kind mit seinen Händchen herumschlug, verscheuchte es auch die Fliegen. Im Sommer, bei Schönwetter, sind die Kleinen ja ganz wenig bekleidet, und sie spielen mit ihren Händen und Füßen, nehmen die Zehen in den Mund.

Im Herbst, als mein Bruder herumzukrabbeln anfing, waren die Felder bereits abgeerntet, und es gab mehr Arbeit im Haus, wo es für die Mutter leichter war, das Kind bei sich zu haben. Zur Zeit der Kartoffelernte, wo es meist schon viel zu kalt war, das Kind mit hinaus zu nehmen, war ja dann Vater zu Haus.

Soweit ging alles gut, der Stammhalter lernte im Winter laufen, konnte im nächsten Sommer entweder auf dem Bauernhof spielen oder hinter der Mutter herhumpeln und sich auf dem Felde beschäftigen. Ein Kind braucht nicht viel, ein paar Holzklötzchen oder weiße Kieselsteine, zumal wenn es gewöhnt ist, sich selbst die Zeit zu vertreiben. Mein Bruder war immer ein sehr braves Kind und machte meinen Eltern keinen Kummer. Anders war es, als eindreiviertel Jahre später meine Wenigkeit auf die Welt kam. Vielleicht wurde ich, da es Winter war, bis Ostern etwas verwöhnt, da sich Mutter mir mehr widmen konnte. Als ich jedenfalls dann aufs Feld mitgenommen werden mußte, war mir das unbequem, und mein Bruder kam x-mal zur Mutter gelaufen, um ihr mitzuteilen: «Muatta, Muatta 's Kind rehrt.» Wie mir meine Mutter erzählte, war ich von Geburt an ein lebhaftes Kind, schlief wenig und war in der Entwicklung in allem früher dran als mein Bruder. So kollerte ich bald mit dem Korb die steilen, abschüssigen Felder hinab.

In der Heuzeit ging das alles noch, denn wenn man ins Heu fällt, tut man sich ja nicht weh. Die Erntezeit war dann schon bitterer. Man weiß ja, wie Kinder in ihren Wagen aufstehen, sich anhalten und daran rütteln. Da ist der Wagen aber sicher abgestellt und das Kind angebunden. Wie konnte man das aber auf einem steilen Feld mit einem Buckelkorb tun. So purzelte ich mit dem Korb, der noch weiter rollte als ich, das steile

Feld hinab und blieb von den Stoppeln ganz zerstochen liegen. Mutter sah es nicht immer, wenn sie gerade um eine Biegung arbeitete, oder hörte nicht auf das Geschrei, da es in den kommenden Minuten doch wieder dasselbe gewesen wäre. Sie konnte ja auch nicht immer von der Arbeit weglaufen, da ja die nächsten Schnitter nicht weiterarbeiten konnten, würde sie die Mahd aufgehoben haben. Kam sie aber, so hob sie mich vom Boden auf, um mich wieder in den Korb zu setzen und mir den Zuzel zu geben, den ich doch beim Herumkrabbeln bald wieder verlor. – Wie weh tat ihr dabei das Herz! – Sie weinte bei ihrer Arbeit wie ich in meinem Korb, denn die Wunden von den stachligen Stoppeln taten sehr weh.

Die Erntezeit ging vorbei. Alle Wunden heilten wieder. Die kalte Jahreszeit kam heran, und auch diese hatte ihre Tücken. Man kann ein größeres Kind, welches bald zu laufen beginnt und am Boden herumkriecht, nicht mehr so einpacken, daß die kleinen Händchen nicht halb erfroren wären. Doch ich habe auch dies alles ganz unbewußt überstanden. Das nächste Jahr war es dann auch mit mir schon leichter.

Ich kann es meiner Mutter um so mehr nachfühlen, wie schwer sie es hatte, da ich dies alles später mit meinen eigenen Kindern erlebte. Nun ist es aber nicht so, daß nur die Söldnerin ihre Kinder auf das Feld mitnehmen mußte, nein, auch die Bäuerin mußte dies tun, wenn nicht eine alte Mutter im Hause war, die Küche und Kinder betreute. Manchmal war es auch eine alte Magd, die die Feldarbeit nicht mehr leisten konnte und am Hof das Gnadenbrot bekam. Ja, die alten Mägde, es konnte auch ein alter Knecht sein, waren oft ein großer Segen im Bauernhaus. Die Kinder hingen meist mit größerer Liebe an den Alten als an den eigenen Eltern. Wann hätten diese auch Zeit gehabt, ihre Kinder zu belehren. Die Liebe der Kinder kann jeder erwerben, sofern er nur imstande ist, selbst welche zu geben, und das zur Frau oder zum Mann herangewachsene Kind kann später einmal im Leben nur so viel Liebe weitergeben, wie es in der Jugend empfangen hat.

Ja diese guten Alten! Für uns Kinder waren sie nicht alt,

denn was weiß ein Kind schon von jung und alt. Die Furchen und vielen Fältchen im Gesicht störten nicht ein bißchen. Sie hatten ein langes und mühevolles Leben hinter sich. Gutes, Böses und Originelles konnten sie erzählen. Es blieb ihnen dazu manche Stunde Zeit, und wir Kinder lagerten uns zu ihren Füßen, um mit Augen und Ohren zu lauschen, damit uns nur ja nichts entging. Wie würden sonst alte Sagen und Geschichten der Nachwelt überliefert werden und im Volke weiterleben, wenn es nicht jemand gäbe, der dies besorgt. So erlebten wir als Kinder, auch ohne je ein Spielzeug zu besitzen, Gruseliges und Schönes durch Erzählen, was uns ungeheure Freude bereitete.

Nun aber zu den weiteren Erlebnissen: Der Umzug von meinem Geburtshaus ist mir nicht mehr bewußt. Den genauen Zeitpunkt weiß ich nicht, war es Sommer oder Winter? Sicher war ich noch unter drei Jahren, und man erinnert sich erst zirka ab vier Jahren an bewußt Erlebtes. Mein Geburtshaus habe ich auch später nie betreten, nur von weitem gesehen von einer Höhe zur anderen. Beim ersten Schulweg zeigte meine Mutter hinüber und sagte: «Da drüben bist du zur Welt gekommen.»

An den zweiten Wohnort, der auch ungefähr fünf Jahre unser Heim war, kann ich mich schon erinnern. Gutes, Böses und Schönes. Sorgen kennt ein Kind ja noch keine. Das Häuschen war auf halbem Weg zwischen Kirchschlag und Gehring, bei Aigen Nr. 52. Doch mußten wir in der zuständigen Gemeinde die Schule besuchen. Vor dem Haus war ein kleiner Nutzgarten mit einigen Kirschen-, Äpfel- und Zwetschkenbäumen. Von diesen habe ich ein Andenken bis an mein Lebensende, und das kam so:

Die Buben kraxelten hinauf, ich konnte doch nicht hintanstehen, also ebenfalls hinauf, und prompt purzelte ich herunter. Dabei habe ich mir das Nasenbein gebrochen, jedoch zu niemandem etwas davon gesagt. Hätte es ja doch eine tüchtige Strafe gesetzt, und zu dem einen Schmerz wären noch die Striemen mit der Rute hinten dazugekommen, also doppelter

Schmerz. Bestimmt wäre es eine Kleinigkeit für einen Arzt gewesen, dies zu richten, es wäre aber doch nie dazu gekommen, denn der Arzt, den man damals ja selbst bezahlen mußte, war teuer, und wenn es nicht ans Leben ging, ließ man den Doktor nichts verdienen. Das wußte ich als Kind ja nicht, mir ging es nur um die Strafe, und so laufe ich mein ganzes Leben lang mit gebrochenem Nasenbein herum. – Kinderfreuden – Kinderleiden. – Die Wohnstube war sehr schön und geräumig, die Küche war keine Rauchküche mehr, auch der Stall war größer als in der anderen Wohnung. Im Frühjahr wurden zwei Ferkel gekauft und bis Weihnachten gefüttert, eines davon verkauft, das andere für den eigenen Verbrauch verwendet. Zwei Ziegen standen im Stall und lieferten die Milch für die Kinder, und außerdem vier Kitzlein jedes Jahr, die auch etwas einbrachten.

Wie Kinder nun einmal so sind, lief ich immer hinter meiner Mutter her, ob sie Holz zum Heizen hereinholte oder im Stall das Vieh versorgte.

Einmal lief ich ihr nicht nach. Sie hatte eben in der Küche Trank für die beiden Ziegen hergerichtet, die Kleie mit kochendem Wasser abgebrüht in einem Holzzuber mit hochstehender Daube, der mit einer Hand zu tragen war. Da ging's so schön warm auf, und ich setzte mich mit einem Fuß am Rand hin. Mutter fütterte schnell die Schweine in der Meinung, ich werde ihr wie immer nachlaufen. Sie sagte noch: «Paß auf, daß du nicht hineinfällst!»

Hätte sie nichts gesagt, wäre ich wohl nachgelaufen, so aber machte sie mich aufmerksam, und ich rückte näher der Wärme zu. Plumps! Lag ich auch schon mit einem Fuß in der heißen Brühe!

Wieviele Grade an Verbrennungen ich dabei erlitt, kannte und wußte man nicht; Doktor wurde keiner zugezogen. Am ganzen Fuß bildete sich wildes Fleisch, alles war eitrig. Das war im Februar, den ganzen Sommer über mußte ich nur liegen, meist den ganzen Tag allein, da Mutter ja arbeiten mußte und mein Bruder mit den Nachbarskindern herumlief. Erst im

Oktober war es dann soweit, daß ich aus dem Bett konnte, und nun mußte ich zum zweitenmal das Gehen erlernen.

Man muß sich vorstellen, welches Leid meine Mutter zu tragen hatte, mußte sie doch tagtäglich zur Feldarbeit außer Haus gehen und mich allein zu Hause liegen lassen. Nur mittags, wenn sich die anderen gemütlich zum Essen setzten, nahm sie ihr Essen und lief schnell nach Haus, um nach mir zu sehen. Denn im Bauernhof, wo in der Mittagszeit die Schweine gefüttert und die Kühe gemolken wurden, brauchte sie nicht mithelfen. So lag ich Frühjahr und Sommer, zwei volle Jahreszeiten, im Bett und war ganz betäubt vor Schmerzen. Es hätte mich auch kein Spielzeug interessiert, doch wir hatten ja ohnehin keines.

Nie in meinem Leben hatte ich eine Puppe, ja ich wußte auch lange nicht, wie eine solche überhaupt aussieht. Meine erste Begegnung mit einer Puppe hatte ich, als ich das vierte Jahr zur Schule ging. Eine Schulfreundin nahm mich in der Mittagszeit einmal zu sich mit nach Hause. Wir hatten ja den ganzen Tag Unterricht. Sie mußte noch warten, bis das Essen fertig war, da kam sie mit dem Puppenwagen angefahren und fing an, die Puppen zu frisieren. Ich kam aus dem Staunen nicht heraus. Diese Freundin war freilich eine Friseurtochter und das einzige Mädchen unter vier Brüdern. Ihr Vater machte die schönen Haare selbst, die Puppenteile bekam man zu kaufen. Obwohl dies alles für mich so völlig neu war, kam doch kein Funken Neid in mir auf, wußte ich doch genau, daß es so etwas für mich nie geben kann. Ich war zu jener Zeit auch schon gar nicht mehr zu Hause, da ich schon bei einem Bauern arbeiten mußte.

Nach dieser Abschweifung wieder zurück zu meinem Schmerzensbett, wo ich oft stundenlang leise weinte und schluchzte, weil so lange niemand kam, der mir den Topf gereicht hätte. Wie muß sich da meine liebe Mutter abgehärmt haben, die alles mitleiden mußte und nicht bei ihrem Kind sein konnte.

Dies waren so meine allerersten Erinnerungen, leider keine erfreulichen, im zweiten Heim meiner Eltern.

Freude war aber trotzdem in meinem Herzen, als ich die zweiten «ersten» Schritte an Hand meiner Eltern machte und dann schon allein herumtappen konnte. Zu Allerheiligen konnte ich schon bis zu den näheren Bauernhäusern gehen, und als St. Nikolaus das erste Mal zu uns kam, gings schon flott wie ehedem.

Ja, der Heilige Bischof Nikolaus! Wie kam ich zu dem Wissen, daß es einen solchen gibt? Den Eltern blieb wenig Zeit, uns mit allem bekannt zu machen, was so in den bestimmten Jahreszeiten gebräuchlich war. Von irgend jemandem wurde doch alles an uns Kinder herangetragen. Da gab's in dem Bauernhaus, zu dem unser «Stübl» gehörte, einen ledigen Bruder des Hofbesitzers. Solche Ledige, beiderlei Geschlechtes, gab es wohl in jedem Bauernhof. Sei es, daß sie die Natur nicht mit allen Reizen ausgestattet hatte, um zu einem Ehekameraden zu kommen, oder sie sahen oder hörten nicht gut. Mein Schwiegervater hatte drei solcher Geschwister, die auf anderen Höfen ihr Leben lang Knecht- oder Magdarbeit verrichteten. Es konnten aber auch nicht alle dazu Fähigen einen Hausstand gründen. So viele Stübl gab es nicht und so viel gebaut wie heute wurde damals noch nicht. Wo hätten sie auch Arbeit gefunden, um leben zu können. Da blieben sie eben wenn möglich im Heimathaus und waren meist die gute Seele des Hofes.

So auch Max, der Bruder unseres Bauern. Es war der beste Mensch, den man sich denken kann. Die Natur ließ ihn klein und dick wachsen, er hatte einen Wasserkopf, was ich als Kind nicht sah, doch begegnete er mir im späteren Leben noch mal, er war der beste Freund meines Mannes.

Als ich wegen der schweren Brandwunden nicht mehr liegen mußte, sondern schon sitzen konnte, packte mich Mutter wieder in den Buckelkorb und trug mich wie als Kleinkind mit zur Arbeit. Es kam schon der Herbst, ich saß auf einer Decke mitten im grünen Rasen unterm Apfelbaum. So mancher rotbackige Apfel, den ich mit Freuden verzehrte, fiel mir in den Schoß.

Freude war es auch, nicht mehr in den vier Mauern den ganzen Tag allein zu sein. Mittags lief Mutter schnell nach Hause, um die Tiere zu füttern. Ich blieb zurück, wo ich war, hatte aber sehr liebe Gesellschaft.

Es war die Zeit, in der die Äcker zur Wintersaat bestellt wurden. Die Ochsen wurden über Mittag um 11 Uhr ausgespannt, und der Hüterbub trieb sie zur Weide. Max hatte Zeit, wenn der Stall hergerichtet war, sich zu mir zu setzen. Die schönen Geschichten, Sagen und Märchen vergaß ich nie. Es waren noch drei kleine Mädchen vom Bauern da, die auch brav zuhörten und viel fragten, was ein Kind ja immer wieder tut. Unter all den vielen schönen Sachen erzählte er auch vom Nikolaus, der in sechs bis acht Wochen persönlich kommen sollte, die guten Kinder zu belohnen. Er schilderte alles so anschaulich und wußte es so gut, wie's in der Bibel stand. Als wir dies dann in der Schule lernten, war es mir nichts Neues mehr. Zu mir würde er bestimmt kommen, wo ich doch so viel zu leiden hatte und alles mit Geduld ertragen hatte. Freilich müsse man gut und deutlich beten können, fügte er hinzu. Doch darin hatte es keine Not. Mutter lehrte uns, sobald wir sprechen konnten, das erste Gebet und die Hände falten. Ja, Mutter machte, das weiß Gott, das Kreuz auf Stirnen und auf das Brot.

Wir hatten also den Nikolo nicht zu fürchten.

Vom Krampus hörte ich erst viel später. Ich hatte wieder viel nachzudenken, aber auch etwas, worauf ich mich freuen konnte. Ist doch die Vorfreude viel schöner als das wirkliche Erlebnis.

Ehe es aber soweit war, mußte ich erst gehen lernen. Sicher weiß man schon, wie's geht, aber die Kraft in den Beinen nach monatelangem Liegen ist nicht größer als mit einem Jahr.

Allerheiligen ist auf dem Lande für Kinder ein Freudenfest gewesen. Gab es doch die Heiligenstriezel zu sammeln. Von den Paten gab es einen gut einen halben Meter langen geflochtenen Striezel, in der Mitte steckte je nach Reichtum des Paten ein mehr oder minder großes Geldstück. Das ganze Jahr über gab es nur Brot zu essen, nur das Weihbrot zu Ostern und der

Heiligenstriezel waren weiß. Abermals ein Grund sich zu freuen, ich kann heute noch sagen, es schmeckte besser als die feinste Torte, die wir ja gar nicht kannten. Ein anderer Grund war, daß nun ab Allerheiligen unsere Mutter wieder zu Hause war, um so schneller erlernte ich das Gehen.

Endlich war der sechste Dezember da. Mutter mahnte uns schon morgens, den ganzen Tag recht brav zu sein, damit St. Nikolaus am Abend ja nicht vorbeigeht. Ja, am Abend, warum mußte es erst Nacht werden, ehe er kommt? Niemand wußte es, mir ging das nicht ein. Der Tag ging vorbei, zum Glück wird es um diese Zeit ohnehin früh dunkel.

Auf einmal, man hatte grad nicht daran gedacht, gab es ein Poltern und Klopfen an der Haustür. Auf die berechtigte Frage, wer denn draußen sei, wurde die Tür geöffnet. Wir Kinder liefen schnell unter den Herrgottswinkel und knieten auf dem Schemel nieder, zittrig beteten wir ein Vaterunser und das Schutzengelgebet. Der Nikolo stand hinter uns und hörte, ohne etwas zu sagen, zu. Gar zu gern hätte ich mich umgedreht und ihn genau gesehen. Das durfte man aber nicht, denn das Gebet galt nur etwas, wenn man den Blick zum Kreuz hob. So konnte ich ihn leider nicht genau sehen, und bei dem kurzen Blick, als er zur Tür hereinkam, ist mir ein ganz in Weiß gekleideter, großer, starker Mann mit einem langen Stab und einer hohen Bischofsmütze in Erinnerung geblieben.

Als wir mit unseren Gebeten fertig waren, langte er mit seiner langen Hand über uns Kinder zum Tisch hin und warf eine ganze Menge leckerer Sachen auf den Tisch. Nicht im Traum hätten wir solches erwartet. Vieles davon, wie etwa Schokolade, kannten wir ja gar nicht.

Mein Bruder war aber so erschrocken, als er die weißgekleidete Hand über seinem Kopf sah, da er glaubte, mitgenommen zu werden. All die guten Sachen konnte er vor lauter Weinen gar nicht besichtigen, er weinte, bis er in den Schlaf fiel. Der Nikolaus ging schleunigst weiter zu anderen Kindern. Auch vom Fenster aus war er nicht mehr zu sehen, da alles weiß war wie er selbst. Ich habe mich nie gefürchtet, schon gar nicht vor dem Nikolaus, der uns doch so viele gute Sachen brachte.

Vor dem Schlafengehen mußte ich noch hinaus auf die Toilette, diese war hinten beim Ziegenstall angebracht. Mutter zündete die Laterne an und ging mit. Allein durfte ich nicht gehen, da durch die Laterne ja Feuergefahr bestand. Die Tür ging auf, und da lag auf dem breiten Türstufen noch eine ganze Menge herrlicher Sachen. Mutter sagte: «Das hat bestimmt der Nikolaus verloren.» Dieser war aber schon einige Stunden fort, inzwischen hatte es aber geschneit, und wir mußten lange im Schnee alles heraussuchen. Eine ganze Schürze voll haben wir zu meiner großen Freude noch gefunden.

Mein Bruder konnte sich auch am nächsten Tag noch nicht richtig freuen, er war noch ganz benommen vor Angst. Nachts hatte er mehrmals verschreckt aufgeweint. Mir aber blieb dieses Erlebnis bis ins Alter unvergeßlich. Als ich später auch wußte, daß sich jemand als Nikolo verkleidet, konnte ich mir doch nie vorstellen, wer es war, obwohl ich alle Leute im Umkreis kannte.

Die größten Wunder erlebt man eben nur in seiner Kindheit!

JANE BEESON

Lausbuben und Teddybären

Ich muß gestehen, daß ich längst keine perfekte Mutter bin. Das ist ein mutiges Geständnis, denn Mangel an mütterlichen Fähigkeiten ist, wie ich bei meinen Freunden festgestellt habe, so schlimm wie ein Mann, der nicht Auto fahren kann.

Vielleicht graute es mir eben wegen dieses Mangels ganz besonders vor dem Zubettbringen von Ben, Robbie und Felix – sieben, sechs und vier Jahre alt und allgemein als «die Jungs» bekannt – meine. Den ganzen Tag lang konnte ich alles gut schaffen, «bewältigen», wie es der Psychologe in der Mütterberatung ausdrückte, aber um sechs – Badezeit – merkte ich, wie sich Spannung in mir aufbaute und ich daran zu denken begann, wie die Situation zu meistern sei, um einem Frontalzusammenstoß auszuweichen. Oberflächlich betrachtet, schien alles ganz einfach. Was war es weiter als ein Stellungwechsel – von aufrechter Haltung zum flachen Dahingestrecktsein, von Augen offen zu Augen geschlossen? In der Regel sah mich dieser natürliche Übergang allerdings heiß und rotgesichtig und auf unattraktiv demütigende Art bettelnd vor meinen Kindern stehen, wobei sie mich neugierig beäugten, während ich mich von der sorgenden Mutter zur bösen Hexe und für den Schlußakt – ins Bett stecken und Gutenachtkuß geben – wieder in die sorgende Mutter verwandelte. «Konfrontationen vermeiden», sagte mein Regal voller Bücher über Kinderpflege. Ja, aber wie? Was ich brauchte, beschloß ich, war kein Buch über Pflege, sondern eines über Management – Kindermanagement.

Ich fand mich damit ab, daß das Zubettbringen meiner Kinder mindestens zwei Stunden beanspruchte, und erst, wenn ich um acht wieder klarsah – die unansehnlich verstreut herumliegenden Spielzeugteile im Schrank verborgen, die Tür zugezwängt, die Jungs gebadet und im Bett –, konnte ich tief durchatmen, in einen Sessel sinken, mich entspannen oder mich mit Simon unterhalten, sobald er von der Arbeit kam.

Seit sich unsere Familie um drei vergrößert hatte, schien Simon immer mehr Stunden im Labor verbringen zu müssen. Verständlicherweise – mit drei Kindern brauchten wir eben mehr Geld, hatte Simon erklärt.

«Gibt's für Überstunden viel mehr?» fragte ich ihn in der Nacht, als er gegen zehn hereinschlurfte.

«Überstunden?» sagte er, mich anstarrend. «Was für Überstunden?»

«Die längere Arbeitszeit. Das Extrageld?»

«Ich bekomme keine Überstunden bezahlt, nicht für Forschungsarbeit. Es liegt an mir, wieviel Stunden ich darauf verwenden will.»

Ich schluckte es. «Dann sind es also die Kinder?» fragte ich. «Findest du sie ermüdend?»

«Nein, warum?»

Also ich, dachte ich. Ich genüge nicht.

«Es hat mich nur interessiert», sagte ich.

Insgeheim nahm ich mir vor, daß sich von nun an alles ändern würde. Von morgen an würde ich mich zusammenreißen, organisiert und ruhig sein, die ausgedehnte Zubettbringen-Routine verkürzen, um von meinen Kindern und Simon gleichermaßen geliebt und geachtet zu werden ... Ich schlief gut in jener Nacht, ich hatte einen Entschluß getroffen, hatte einen Plan im Kopf, alles schien ganz unkompliziert zu sein.

Der Morgen graute, Ben und Robbie fuhren wie gewöhnlich mit dem Schulbus davon, Simon ging zur Arbeit, ich nahm Felix mit zum Supermarkt, setzte ihn in den Einkaufswagen, schob ihn herum und bediente mich links und rechts – ein ereignisloser, sogar besänftigender Tagesbeginn, hätte Felix nicht fünfzig Dosen umgeschmissen, während ich an der

Kasse stand. Ich half beim Aufheben, entschuldigte mich, brachte es fertig, meinen Geldbeutel zu verlieren, fand ihn wieder, bezahlte, tat, als ob ich die Schlange wütender Kunden hinter mir nicht bemerkte, setzte Felix in seinen Autositz und fuhr nach Hause. Es schien den ganzen Vormittag zu dauern, nicht schlimmer als sonst.

Nach dem Mittagessen schlief Felix wie ein Engel, deshalb räumte ich auf, wusch und bügelte, bereitete mich gedanklich auf den verbesserten Abend vor und holte Ben und Robbie um 3 Uhr 30 vom Bus ab. Der Bus hatte sich allerdings verspätet, weil er einen neuen Fahrer hatte, der sich verfuhr, und so warteten Felix und ich und suchten vierzig Minuten lang Brombeeren, und gerade als der Bus ankam, kriegte Felix eine Beere in die falsche Röhre und würgte – da konnte ich mich nicht beim Fahrer beschweren, weil ich Felix umdrehte und ihm auf den Rücken zu klopfen versuchte, und alles mit nur zwei Händen. Ben und Robbie halfen, klopften Felix auf den Rücken, die Brombeere fiel raus, und wir gingen alle zum Tee nach Hause. Bereits jetzt begann ich, meine Kräfte für das neue Zubettbringen zusammenzuraffen.

Entsprechend fing ich Punkt sechs Uhr in gewählt beiläufigem Ton an: «Jetzt räumen wir auf – legen die Spielsachen weg, nicht wahr?» Darauf rollte sich Ben fester im Sessel zusammen, lutschte am Daumen und blickte mich wütend an. Robbie setzte eine streitlustige Miene auf und trat gegen einen Bausteinturm. Und Felix saß da und beobachtete seine älteren Brüder, eifrig bemüht, unter allen Umständen «einer von ihnen» zu sein.

«Felix muß zuerst – Felix ist noch ein Baby.»

Felix' Augen füllten sich mit Tränen

«Ich geh erst, wenn Ben geht», verkündete Robbie unzweideutig.

«Wieso soll ich zur gleichen Zeit wie Robbie gehen? Ich bin älter.» Für diese ziemlich abgenutzte Aussage zog Ben den Daumen aus dem Mund.

Ich hob Felix hoch. «Felix und ich gehen zuerst rauf», sagte ich, «und ihr zwei könnt in fünf Minuten nachkommen und jetzt noch ein bißchen spielen, bis Felix aus der Wanne ist. Wenn wir uns beeilen», setzte ich in einem Atemzug hinzu, «haben wir Zeit für eine schöne lange Geschichte.»

Dies wurde mit Stillschweigen quittiert. Triumphgefühle überfluteten mich, ich gratulierte mir selbst, meine Kinder schon früh an die Literatur herangeführt zu haben, denn natürlich wählte ich nur gute Bücher aus, vorzugsweise Kinderklassiker.

Der nun folgende Ablauf der Dinge war eine Improvisation des Standardrituals – Felix im Bad, kurzes Spiel mit den Plastikenten, Gebrummel von Ben und Robbie, daß nicht genug Wasser in der Wanne sei und Felix es «schmutzig» gemacht habe. Dann ließen sie mehr Wasser einlaufen, bis die Wanne fast überlief, und kletterten hinein. Sie lief über. Ich legte Felix ins Bett und ging ins Bad zurück, um den Fußboden aufzumoppen, während Ben und Robbie nackt herumhopsten und ihr Zimmer in Unordnung brachten. Als ich eintrat, sprangen sie schuldbewußt ins Bett, die Augen groß vor Angst, mein Mißfallen könnte «die schöne lange Geschichte» beschneiden. Ich hüllte mich in vornehmes Schweigen, setzte mich zu ihnen und begann. Ja, ich kannte die Bücher auswendig, und – ja – sie langweilten mich zu Tode, aber ich hatte die Fähigkeit entwikkelt, mit angemessenem Ausdruck zu lesen und dabei an ganz andere Sachen zu denken. Fünfzehn oder zwanzig Minuten Vorlesen waren ein geringer Preis für die goldenen Stunden am Kaminfeuer, die vor mir lagen.

Aber das Erschütternde, das wirklich Deprimierende an der ganzen Sache war, daß ich trotz meiner ernsthaften Absicht und des verhältnismäßig ruhigen Verlaufs des Abends keine Zeit gewonnen hatte. Überhaupt keine. Als ich endlich um Viertel nach acht die Treppe hinunterging, stand Simon hungrig aussehend vor der geöffneten Kühlschranktür in der Küche.

«Du bist spät dran», sagte er. «Was hast du da oben gemacht?»

«Was denkst du wohl?» erwiderte ich bissig. «Ich hab ihnen vorgelesen, was sonst?»

«Ich kann sie morgen ins Bett bringen, wenn du willst», anerbot er sich freundlich. Morgen war Sonntag.

«Gut», sagte ich, «du kannst es versuchen.»

«Versuchen? Ich hab es getan, als du an dem Wochenende weg warst. Kein Problem.»

«Ohne sie mit Vorlesen zu bestechen?» fragte ich.

«Ja.»

«Wie?»

«Ich hab ihnen gesagt, es ist Schlafenszeit, packte sie ins Bett und knipste das Licht aus. Das im Flur habe ich angelassen», fügte er hinzu, als hätte er mich zu belehren. «Du mußt mit fester Stimme reden, damit sie merken, es ist dir ernst mit dem, was du sagst.»

Ich unterließ es, ihn zu schlagen, nahm sein Angebot an und besuchte am Sonntag eine Freundin. Sollte er sehen, wie er mit den dreien fertig wurde. Zwanzig nach sieben war ich zurück, und das Haus war wunderbar still. Simon saß neben dem Feuer, und aus der Küche drang angenehmer Zwiebelgeruch.

«Ich habe Suppe aufgesetzt», sagte er.

Am folgenden Abend sprach ich so, daß sie merken mußten, es war mir ernst mit dem, was ich sagte. Ich brüllte. Ben und Robbie betrachteten mich mit schockierten Gesichtern, Felix fing an zu weinen. «Um Himmels willen», sagte ich, «ich habe euch viermal gebeten, aufzuräumen und ins Bett zu gehen, und nichts geschieht, es geschieht absolut nichts. Ihr ignoriert mich. Ihr seid alt genug, alle drei», fuhr ich fort und starrte den armen kleinen Felix wütend an, «um zu begreifen, was ich will.»

Bens Daumen rutschte automatisch in den Mund. Robbie ließ sich nach dem ersten Schreck auf Hände und Knie nieder und schob seinen Lastwagen durch die Gegend. Felix' Tränen versiegten, aber sein Atem verfing sich alle paar Sekunden in einem Schluckauf.

«Simon», brüllte ich, «kommst du mal rauf und hilfst?»

Simon tauchte auf. «Sie gehen nicht ins Bett», sagte ich aufgebracht. «Kannst du ihnen sagen, daß sie mich zur Verzweiflung bringen?»

«Habt ihr gehört, was eure Mutter gesagt hat?» wiederholte er gehorsam. «Ihr bringt sie zur Verzweiflung.»

Er benahm sich wie ein Papagei, ich hatte ihm souffliert. Aber es funktionierte. Ganz unterwürfig ließen sie sich von mir ins Bett bringen, kletterten sogar gleich nach der ersten Aufforderung aus der Wanne und ließen sich in übergroße Handtücher wickeln. Ich war zerknirscht und beschämt. Wie schwach, Simon um Hilfe bitten zu müssen, weil ich mit meinen eigenen Kindern nicht fertig wurde. Ich war tatsächlich so überwältigt von ihrem guten Benehmen, daß ich ihnen vorlas, obwohl es nicht meine Absicht gewesen war.

«Es ist längst acht vorbei», sagte Simon, als ich schließlich in der Küche erschien, um uns etwas zu essen zu machen – er hatte eine Woche lang früher Schluß, während er darauf wartete, daß ein Experiment reifte oder so etwas Ähnliches.

«Sie waren so brav», sagte ich. «Wirklich lieb. Ich dachte, ich müßte ihnen schnell noch was vorlesen, es wäre nicht fair gewesen.»

Er hob die Augenbrauen und sagte nichts.

Eine Woche lang lief alles besser. Meine erhobene Stimme schien ihren Zweck erfüllt zu haben. Bis eines Abends ein wichtiges Buch, das Robbie gehörte – und aus dem ich offenbar gerade an diesem Abend unbedingt vorlesen sollte –, verschwand. Wir suchten überall, unter der Wanne, in den Schränken, unter den Kissen, im Sofa und in den Sesseln, im Garten. Ich suchte sogar in den Abfalleimern. Robbie zog es vor, sich auf den Boden zu schmeißen und als Begleitung zu seinem anhaltenden Wehklagen gegen alles, was sein Bein erreichte, zu treten. Bens Daumen zeigte einen wunden roten Saugfleck. Eine neue Tragödie bahnte sich an – ich war mit meiner Weisheit am Ende. Um neun gab es ein Hörspiel im Radio, und wenn ich es hören wollte, mußte jetzt etwas geschehen.

Ich sagte, naiv wie ich war: «Ich werde euch eine Geschichte erzählen.» Drei braune Augenpaare sahen mich fragend an.

«Was für eine Geschichte?» fragte Ben.

Robbie wimmerte und trat immer noch um sich, aber nicht mehr so wild.

«Eine Geschichte von ...», sagte ich hilflos und sah mich Eingebung suchend im Zimmer um, bis mein Blick auf dem Regal über dem Schrank hängenblieb, «... von Gelb-Teddy, Rosa-Teddy und Schwarzweiß-Teddy.» Dies waren die phantasielosen, wenn auch passenden Namen des abgewetzten Trios, das mit glänzenden braunen Augen auf mich herunterstarrte. Ja, zum Glück hatten sie noch Augen, obwohl das eine von Schwarzweiß-Teddy ein bißchen heraushing.

Das wirkte wie ein Zauberspruch. Robbie erhob sich leise, und er und Ben folgten Felix und mir die Treppe hinauf. Das Baden ging reibungslos über die Bühne, und ich gratulierte mir selbst zu meiner Eingebung und meiner Fähigkeit, Kinder zu «bewältigen». Und in allerkürzester Zeit reihten sich drei begierige Gesichter nebeneinander im Ehebett.

«Einmal», begann ich und hatte nicht die leiseste Ahnung, was nun käme, «gingen Rosa-Teddy, Gelb-Teddy und Schwarzweiß-Teddy spazieren», ein äußerst langweiliger Anfang ohne jegliche Originalität, aber meine Zuhörerschaft war gefesselt.

«Weiter», sagten sie und strampelten wild unter der Decke.

Und ich erzählte, und es dauerte ewig. Die Rollen mußten verteilt werden: Rosa-Teddy war drollig, tat und sagte lustige Sachen, geriet in Fallen, blieb mit der Pfote in Marmeladengläsern stecken (ich klaute schamlos von Milne und Kipling, niemand störte es, Kunst lebt von Kunst, sagte ich mir – Kunst?), Gelb-Teddy stiftete zu Abenteuern an und war tapfer bis zur Tollkühnheit, Schwarzweiß-Teddy war ein Träumer und erkannte keine Gefahr, auch wenn er mit der Nase drauf gestoßen wurde – o ja, eine Menge Gefahr mußte dabei sein! So wie ich es jetzt sehe, kann ich sagen, daß meine Geschichte die klassische Form einer Seifenoper annahm – ein amüsanter Beginn mit klar definierten Verhaltensmustern, die jede Episode zu einem aufregenden Crescendo aufbauten, d.h. Rosa-Teddy und Gelb-Teddy unter einem Felsen, Jaguar sprungbereit darüber, Schwarzweiß-Teddy sieht Jaguar, aber ist zu verträumt, um die Gefahr zu erkennen und zu warnen, bis der Jaguar loslegt. Im gleichen Augenblick schreit Schwarzweiß-Teddy auf, und Gelb-Teddy und Rosa-Teddy laufen davon, gerettet aus tödlicher Gefahr. Ich entschuldigte meinen alarmierenden Mangel an Phantasie vor mir selbst damit, daß es das Ende eines langen und, wie ich hoffte, fürsorglichen Tages mit meinen Kindern war.

Während der Geschichte saßen meine Kinder in absoluter Stille da, wandten nicht ein einziges Mal den Blick von meinem Gesicht, als sie jede dieser schrecklich zusammengesponnenen Situationen in sich aufnahmen. Bens Daumen war ihm aus dem Mund gerutscht und lag auf der Decke; sobald ich schwieg, war er wieder drin. Fügsam wie gutgenährte Kätzchen rollten sie sich an diesem Abend zum Schlaf zusammen und ließen mich schwindlig von meinem Erfolg zurück.

Als ich die Treppe hinunterging, kam Simon gerade nach Hause. Er äußerte sich zur ungewöhnlichen Stille im Obergeschoß.

«Ich habe ihnen eine selbsterfundene Geschichte erzählt», erklärte ich stolz auf meine neu entdeckte Fähigkeit. Von Talent sagte ich nichts. «Es scheint funktioniert zu haben», fügte ich bescheiden hinzu.

Simon schien weniger beeindruckt, als ich es erwartet hatte. «Paß auf», sagte er, «jetzt kommst du nie mehr darum herum.»

Ich lachte. «Es lohnt sich», sagte ich, «um des Friedens und der Ruhe willen. Ist doch besser, als wenn sie die halbe Nacht durchs Haus rennen, wie die meisten Kinder unserer Freunde.»

«Ja», pflichtete er mir ohne Überzeugung bei. Ich war verstimmt. Der hatte gut reden.

«Nächstes Jahr um diese Zeit ist Felix in der Schule», erklärte ich, um mir Mut zu machen. «Mrs. Baker hat gesagt, sie erzählt oft Geschichten – im Grundschulalter nehmen die Kinder Informationen so besser auf, als wenn man ihnen vorliest.»

«Ja», sagte Simon. Und dann: «Es ändert nichts an seiner Schlafenszeit . . .»

«Nicht ihre Schlafenszeit, nein. Aber am Tag . . .»

«. . . hast du viel mehr Zeit für dich.»

Sofort bekam ich ein schlechtes Gewissen. Warum sollte ich Zeit für mich haben? Hatte ich die Kinder nicht bekommen, weil ich sie wollte? Ja, mehr oder weniger. Und als sie da waren, war ich in sie vernarrt. Bens Geburt war das aufregendste Ereignis meines Lebens gewesen – und Robbies und Felix'. Wie mir Ältere und Klügere sagten, müßte ich jetzt das Beste aus ihnen machen, denn so klein wären sie nicht lang!

«Vielleicht kannst du ihnen morgen abend eine Geschichte erzählen», sagte ich.

«Nein», entgegnete Simon entschieden. «Ich bin bereit, ab und zu vorzulesen, aber ich bin kein Geschichtenerzähler.»

«Bis heute dachte ich auch nicht, daß ich einer bin», sagte ich, noch immer stolzgeschwellt, «aber vielleicht fällt mir keine neue ein.»

«Stimmt», sagte Simon, «du könntest auf dem trockenen sitzen.»

Es war fast eine Herausforderung. «Ich schaffe sicher noch einen Abend», sagte ich hochmütig. «Danach haben sie es wahrscheinlich satt und wollen wieder vorgelesen bekommen.»

«Sei nicht so sicher.» Sein Ton brachte mich aus der Fassung. Ich mochte den prophetischen Klang nicht, den seine Stimme annahm, wenn er von seinen Gemeinplätzen überzeugt war. Ziemlich arrogant. In solchen Fällen weigerte er sich, deutlicher zu werden.

«Ich kann nicht glauben», sagte ich, «daß du unfähig bist, dir auch nur eine Geschichte auszudenken.»

«Sie sind zufrieden mit deiner», sagte er. «Das ist gut. Mach weiter so.»

«Simon, du scheinst überhaupt nicht auf die Idee zu kommen, daß es mich erschöpfen könnte, wenn ich am Ende eines langen Tages noch Geschichten erfinden muß.»

«Doch, deshalb meinte ich ja, daß du dich nicht darauf einlassen solltest.»

«Ich habe mich aber darauf eingelassen», sagte ich. «Jetzt ist es zu spät. Ich habe ihnen für morgen eine neue versprochen.»

«Für morgen und übermorgen und überübermorgen.»

Robbie kam am nächsten Tag mit dem verlorenen Buch im Rucksack aus der Schule. Gleich packte ich die Gelegenheit beim Schopf. «Schau, Robbie, ist es nicht ein Glück, daß wir deinen Namen hineingeschrieben haben? Sonst hätte deine Lehrerin nicht gewußt, wem es gehört. Ich kann es euch heute abend vorlesen. Wenn wir ein bißchen früher hinaufgehen, schaff ich es vielleicht sogar bis zum Ende.»

Das wurde schlecht aufgenommen. Besser ließ sich Enttäuschung von drei Gesichtern nicht wiedergeben. «Nach all dem Theater – wollt ihr's denn nicht?»

Ben nahm seinen wunden Daumen raus. «Wir wollen eine Teddygeschichte, wie gestern abend.»

«Ach . . .»

«Du hast es versprochen», sagten sie anklagend.

Das Zubettgehen war kein Problem, selbst das Wegräumen der Spielsachen war eine Leichtigkeit. Im Handumdrehen waren die geschrubbten Gesichter wieder auf mich gerichtet und strahlten erwartungsvoll, daß sich mein Mund öffnete und Perlen herausfielen. So groß ist die Macht der Projektion!

«Muß es unbedingt mit Teddys zu tun haben?» fragte ich versuchsweise, hoffnungsvoll.

«Ja», kam es im Chor.

«Na schön», räumte ich ein, murmelte rasch ein Bittgebet zu einer namenlosen Muse und begann. Ich versicherte mir, daß sie es in zwei oder drei Tagen satt hätten. Ich vertraute auf ihren von Natur aus guten Geschmack, den ich so sorgfältig gepflegt hatte. Auf halber Strecke kam mir diese zweite Teddygeschichte dermaßen schal vor, daß ich sie fragte, ob ich nicht lieber aufhören und Robbies Buch vorlesen sollte.

«Nein!» Ihre Augen funkelten mich böse an.

«Du kannst nicht mittendrin aufhören.»

«Weiter!»

Ich begann zu begreifen, in welchem Dilemma sich die alten Barden befunden haben mußten – die Notwendigkeit, unter allen Umständen weiterzumachen. Wenn ich nur Luft holte, war ich schon in Schwierigkeiten. Wörter hatten herauszusprudeln, wenn nicht wie aus einem unversiegbaren Brunnen, dann doch wenigstens wie aus einem Gartenschlauch. Ich konnte die Angst der Barden, bei Nichterfüllung gefressen zu werden, verstehen. Und als die Tage – oder besser die Nächte – vergingen und ich weiterhin meine dürftigen Kreationen gegen ein paar Stunden Frieden eintauschte, wurde mir die Formel immer klarer. Wich ich von ihr ab, wurde ich unterbrochen und mit unmißverständlichen Worten zurechtgewiesen. Jede Episode mußte – ja, mußte – unbedingt die drei Hauptcharaktere, Komödie und den lauernden Tod enthalten. Nur das war akzeptabel. Und jeder Charakter mußte seiner Rolle treu bleiben. (Alle waren männlich; hätte ich Mädchen gehabt, wären zweifellos alle weiblich gewesen – Identifikation war wichtig.) Griff ich charakterlich daneben – ließ ich zum Beispiel Gelb-Teddy statt Rosa-Teddy herumalbern, oder machte ich Rosa-Teddy gar zum Träumerle wie Schwarzweiß-Teddy einer war –, wurde ich sofort korrigiert. Felix, das heißt Schwarzweiß-Teddy, durfte auf keinen Fall mit den anderen konkurrieren. Felix beschwerte sich nie. Er verstand es nicht, redete ich mir ein. Zurückblickend weiß ich aber jetzt, daß ich die Dumme war.

Wie die Spannung, so nahm auch der Druck Abend für Abend zu, und ich versuchte es mit Ausweichmanövern. Ich schützte Müdigkeit vor, Kopfschmerzen, einen rauhen Hals. Widerwillig reichten sie mir dann ein Buch, akzeptierten mein Unwohlsein, ohne auch nur eine Sekunde lang daran zu glauben, zögerten jedoch, meine Worte in Zweifel zu ziehen. Die

Atmosphäre der Unzufriedenheit, die sie jedoch hervorzurufen verstanden, war ebenso überraschend wie deprimierend. Während ich das Buch zuklappte, klang es im Chor: «Wann erzählst du uns wieder eine Teddygeschichte?»

«Wenn mir eine einfällt», sagte ich ausweichend. Aber das war nicht alles. Die Abende, nachdem ich einfach vorgelesen hatte, verliefen weder ruhig noch ungestört. Ben, Robbie und sogar Felix fanden es nötig, zwei- oder dreimal unten aufzutauchen, weil sie Orangensaft brauchten oder «einfach nicht schlafen konnten».

«Wann erzählst du uns wieder eine Teddygeschichte?»

Einzeln machten sie sich an mich heran, um es mir ins Ohr zu flüstern, damit es Simon nicht hörte und womöglich losbrüllte.

«Morgen», sagte ich zögernd und spielte mit dem Gedanken, auszugehen und einen Babysitter zu bestellen.

Aber ich hatte mich verrechnet. Am folgenden Morgen um sieben saßen drei kleine Gesellen auf meinem Bett und wollten eine Teddygeschichte hören.

«Ich bin zu müde, schlafe noch, kann nicht denken.» Ich drehte mich um und zog mir die Decke über den Kopf. Simon stellte sich schlafend. Ausreden wurden ignoriert. Sie saßen da wie Sieh-nichts-Böses, Denk-nichts-Böses und Tu-nichts-Böses, lutschten an ihren Daumen und warteten. Es war wie ein Fluch. Schließlich stützte ich mich auf einen Ellenbogen, verlangte, daß sie mir etwas zu trinken brachten, um meinen trokkenen Hals zu schmieren, und begann in tranceartiger Benommenheit: «Einmal wollten Rosa-Teddy, Gelb-Teddy und Schwarzweiß-Teddy . . .»

Es ging so weit, daß ich mit dem Gedanken spielte, Rosa-Teddy, Gelb-Teddy und Schwarzweiß-Teddy in den Abfall zu schmeißen. Aber das war selbst für mich zu grausam. Das Erstaunliche, ja Unglaubliche war, daß die Kinder meiner Geschichten nie müde wurden, wie schlecht sie auch waren, und immer neue Episoden verlangten.

Schließlich war es Felix, der meinen dünner werdenden Geschichten einen neuen Impuls gab. Er mußte nämlich ins Krankenhaus, um wegen eines schielenden Auges operiert zu werden. Es war das erste Mal, daß so etwas mit einem unserer Kinder passierte, deshalb herrschte große Aufregung, die sich durch scheinbare äußere Ruhe, sorgfältig beherrschte Stimmen und dergleichen bemerkbar machte. Felix wurde sofort zum Mittelpunkt der Aufmerksamkeit, und selbst Robbie nahm ihm seltener als sonst die Spielsachen weg.

Als der bedeutsame Tag kam und wir Felix ins Krankenhaus fuhren, hielten wir in der Hauptstraße an, um ihm als Trost ein Geschenk zu kaufen – einen herrlichen braunen Teddybär. Wir fanden das angemessen, da der Faden von Schwarzweiß-Teddys Auge schließlich gerissen war. Ben und Robbie beguckten sich Braun-Teddy.

Als Felix fünf Tage später mit Braun-Teddy im Arm aus dem Krankenhaus kam, tat ihm sein Auge sehr weh. Aber Felix' Erziehung durch seine Brüder gestattete ihm nicht zu jammern. «Was», flüsterte ich in sein kleines durchscheinend rosiges Ohr, als er mit dem Gesicht nach unten auf dem Kissen lag, «kann ich tun, um es besser zu machen?»

«Erzähl eine Teddygeschichte», murmelte er, «mit Braun-Teddy drin.»

Und so geschah es. Ich achtete nicht auf irgendwelche Regeln, und trotz der bestürzten Blicke von Robbie und Ben machte ich Braun-Teddy zum Helden – tapfer, witzig und klug – einfach alles! Felix war begeistert. Er war kein Dummkopf, und jeden Abend zur Schlafenszeit tat ihm sein Auge so weh, daß ihm nur eine Braun-Teddy-Geschichte helfen konnte. Und bevor ich mich's versah, war ich mitten in einer Teddyserie, die noch länger als die erste lief. Ja, sie machte mich fertig.

«Simon», sagte ich, «ich kann nicht mehr. Ich kann einfach nicht mehr.»

Weil Simon den Verdacht hatte, das Schielen könnte ein Erbstück seiner Familie sein, löste er mich ab. Wie sich zeigte, konnte er phantastisch Geschichten erzählen. Aber nach einer

Weile mußte auch er die Waffen strecken. Er schlug vor, daß wir mit einem Inserat eine «Hilfe» suchten – die unbezahlten Überstunden hatten sich wohl doch bezahlt gemacht, wenn Sie wissen, was ich meine. Er war befördert worden. Welch ein Segen! Ich führte mit den «Hilfen» Bewerbungsgespräche, bat die Bewerberinnen, eine Teddygeschichte zu improvisieren. Erstaunlicherweise probierte es nur eine. Sie hieß Miranda und bekam den Job. Ihre Phantasie überstieg meine bei weitem, wenn nicht gar seine. Die Jungs folgten ihr abends wie kleine Entchen. Ben hörte sogar auf, am Daumen zu lutschen.

Ich sagte zu Simon: «Sie sind jetzt auch schon ein bißchen älter, nicht wahr?»

«Was willst du damit sagen?» fragte er.

«Ich meine, wir haben das Beste aus ihnen gemacht», sagte ich.

«Ja, da bin ich völlig deiner Meinung.»

Wir aßen unseren Salat vor dem Fernseher und unterhielten uns dabei. Von oben hörten wir Mirandas Stimme und die begeisterten Gluckser der Jungs. Frieden. Zumindest für eine Weile.

MICHAIL KRAUSNICK

Der Hauptgewinn

Gisi ist ganz sicher. Irgendwann einmal wird sie gewinnen. Das hat sie sich fest vorgenommen. Ihr kleiner Bruder lacht natürlich. Aber dem wird sie es schon noch zeigen. Mit einem richtigen, mit ihrem Hauptgewinn. Ihre Chancen nämlich stehen überhaupt nicht schlecht. Die Illustrierten sind voller Rätsel. Und im Schnitt löst Gisi mindestens ein Preisausschreiben pro Tag. Das sind im Monat dreißig, im Jahr sogar dreihundertfünfundsechzig Gewinnchancen. Das muß man sich mal vorstellen.

Ihre Mutter mosert zwar: «Denk bloß nicht, daß dir das Glück in den Schoß fällt!» Aber das weiß Gisi ja auch selbst. Ohne Fleiß kein Preisausschreiben. Wissen muß man nämlich eine ganze Menge. Zum Beispiel: Was reinigt porentief rein und ist so knusperknackig im Geschmack? Oder: Womit fängt der Morgen an? Oder: Was empfiehlt Frau Dankwert ihrer Schwiegertochter? Und was der Zahnarzt seiner Familie?

Fragen über Fragen. Gisi wird die richtigen Antworten bestimmt noch herausfinden. Genau wie das wahre Geheimnis einer wirklich wirksamen Busenpflege und das Gründungsjahr der ältesten Bierbrauerei. Und was sie noch nicht weiß, nun ja, da muß sie halt noch ein bißchen kombinieren, rubbeln, knobeln oder raten.

Tja, so ist nun mal das Leben. Rätselhaft, sehr rätselhaft. Aber auch schön, das Leben ist schön, aprilfrisch und kuschelweich dank ... dank ... dank ...?

Ja, wenn sie das jetzt wüßte. Punkt. Punkt. Punkt. Punkt. Ein Wort mit vier Buchstaben.

Nein, das Glück fällt einem wirklich nicht in den Schoß. Vorher muß man ja sowieso erst noch eine Postkarte kaufen, den Gewinncoupon aufkleben, das Lösungswort schreiben, dazu die Anschrift, und zwar leserlich, was mindestens die doppelte Zeit kostet. Danach die Karte zum Briefkasten bringen, einwerfen, und was das Schwerste ist: wochenlang warten.

Ihr blöder kleiner Bruder aber nervt sie. Echt. Behauptet, sie würde ja doch nie gewinnen, nur alles Geld für Briefmarken verplempern und die Familie in Not und Elend stürzen. Doch das ist überhaupt nicht wahr, das Porto zahlt Gisi nämlich meistens selbst, von ihrem Taschengeld. Und gewonnen hat sie schließlich auch schon einmal: eine Probe mit Schönheitscreme. Die hat sie sich gleich ins Gesicht gerieben und hatte garantiert den ganzen Tag über eine frühlingsfrische Pfirsichhaut ohne Runzeln und Falten – doch keiner hat was gemerkt. Nur ihr blöder kleiner Bruder. «Pfui Spinne», hat er geschrien, «was ist denn hier für ein Gestank! Bist du das, Gisi?»

Doch bevor sie ihm eine donnern konnte, hatte der elende Feigling schon die Tür hinter sich zugeknallt und war spurlos verschwunden. Nun ja. Das Leben ist aufregend. Jeden Tag kann es läuten, und der Geldbriefträger steht vor der Tür. Vielleicht auch ein schneeweißes Cabrio. Oder das Telefon klingelt. Und endlich, endlich der heißersehnte Anruf aus der Glückszentrale der Glücksspirale: «Fräulein Gisi, wir gratulieren! Sie haben eine Traumschiffsreise in die Südsee gewonnen – für zwei Personen.»

Das mit den zwei Personen ist allerdings ein Problem. Weil, um Himmels willen, wen soll Gisi denn bloß mitnehmen? Mama oder Papa?

Im Augenblick wohl eher Papa, weil sich Mama grad mal wieder danebenbenommen hat und ungeheuer ranzig war. Nur wegen dem bißchen Nagellack im Teppichboden. Dabei: was spielt dieses klitzekleine rote Fleckchen denn überhaupt noch für eine Rolle, wenn sie sowieso bald umziehen. In die weiße Villa, die auf Gisi wartet. Weil sie herausbekommen hat, welcher Kaffee mit sechs Buchstaben das goldene Verwöhnaroma hat. Na ja, nur noch 14 Tage, dann wird man ja sehn. Dann die Ziehung – falls noch mehr richtige Lösungen eingehen sollten.

Neulich allerdings war Gisi sehr traurig. Erstens weil so schlechtes Wetter war. Zweitens alles so langweilig. Und die Schularbeiten, drittens, so entsetzlich zäh. Gerade an einem solchen Tag hätte sie dringend einen Hauptgewinn gebraucht. Statt dessen jedoch erwartete sie, viertens, noch ein weiterer Tiefschlag.

Gisi hatte im Briefkasten nämlich ein persönliches Glückslos der Klassenlotterie gefunden und ihrem Vater auf den Schreibtisch gelegt. Doch der, statt seine Chance zu ergreifen, was tat er? Erst beachtete er es überhaupt nicht, später nahm er es beiläufig in die Hand, warf nur einen kurzen Blick drauf und zerriß es kaltblütig über dem Papierkorb. Einfach so und dazu noch direkt vor Gisis Augen, die plötzlich voller Tränen waren. Trotzdem hat sie nicht geweint, sondern geschimpft und ihren Vater gefragt, was er sich eigentlich dabei denkt und wie das mal werden soll, wenn er sein Glück immer nur mit Füßen tritt.

Da hat ihr Vater auf einmal ganz verdattert geguckt und wußte überhaupt nichts zu sagen. Aber nach einer Weile, als Gisi sich wieder abgeregt hatte, hat er sie plötzlich gepackt, in den Arm genommen, geküßt und dabei gemurmelt: «'tschuldige, Gisi, aber ich seh das etwas anders. Weißt du: mein Glück, das will ich mir nicht erträumen. Das will ich sehen. Die Mama zum Beispiel, die ist mein Hauptgewinn, du bist mein großes Los und der Peter meine Riesenchance.»

Na ja, er hat eben sehr altmodische Ansichten, Gisis Herr Vater. Und versteht überhaupt nichts vom Träumen.

Quellenverzeichnis

Isabel Allende, «Das kleine Mädchen Alba», aus: *Das Geisterhaus*, Suhrkamp Verlag, Frankfurt am Main 1984.

Vicki Baum, «Familienporträt», aus: *Es war alles ganz anders*, Kiepenheuer & Witsch Verlag, Köln 1987.

Jane Beeson, «Lausbuben und Teddybären», aus: *Das Teddybären-Buch*, Scherz Verlag, Bern und München 1993.

Sophie Brandes, «Oli hat einen Freund», aus: *Hauptsache, jemand hat dich lieb*, Programm Beltz & Gelberg, Weinheim, Beltz Verlag, Weinheim und Basel 1976.

Ilse Gräfin von Bredow, «Alles paletti?», aus: *Willst du glücklich sein im Leben . . .*, Scherz Verlag, Bern und München 1984.

Nicole de Buron, «Eine vornehme Familie», aus: *Denn erstens kommt es anders . . .*, Scherz Verlag, Bern und München 1993.

Irene Dikkers, «Mütter, Väter, Kinder . . .», aus: *Mama wird's schon richten . . .*, Scherz Verlag, Bern und München 1985.

Trude Egger, «Ich will keine Hausaufgaben mehr machen!», aus: *Er streichelt die Katze öfter als mich*, Scherz Verlag, Bern und München 1988.

Hans Fallada, «Familienfahrt», aus: *Damals bei uns daheim*, Aufbau Verlag, Berlin und Weimar 1982.

William Faulkner, «Die Spitzbuben», aus: *Die Spitzbuben*, Fretz und Wasmuth Verlag, Lachen 1963.

Nicholas Gage, «Die Großfamilie», aus: *Elenis Kinder*, Scherz Verlag, Bern und München 1990.

Karl Gautschi, «Elternsorgen», aus: *Die bösen Nachtbuben*, Menzach Verlag, Menziken 1990. (Die Rechte liegen beim Autor.)

Maria Gremel, «Meine Eltern und die Verwandten», aus: *Mit neun Jahren im Dienst*, Böhlau Verlag, Wien 1991.

Ursula Haucke, «Papa, Charly hat gesagt ... Das große Familienspiel», aus: *Papa, Charly hat gesagt ...*, Rowohlt Taschenbuch Verlag GmbH, Reinbek 1979.

Fritz von Herzmanovsky-Orlando, «Das Familienbild», aus: *Gesamtwerk*, Langen Müller Verlag in der F. A. Herbig Verlagsbuchhandlung, München.

Karl Hillenbrand, «Christbäume, Dampfmaschinen und allerlei Unfälle», aus: *Kottenbacher Geschichten*, Scherz Verlag, Bern und München 1981.

Michail Krausnick, «Der Hauptgewinn». (Die Rechte liegen beim Autor.)

Inge Krupp, «Eiko». (Die Rechte liegen bei der Autorin.)

Eliza Leslie, «Ein Abend bei den Watkinsons», aus: *Familiengeschichten von W. S. Maugham bis F. S. Fitzgerald*, ausgewählt von Mary Hottinger, Diogenes Verlag AG, Zürich 1964.

Franca Magnani, «Eine italienische Familie im Exil», aus: *Eine italienische Familie*, Kiepenheuer & Witsch Verlag, Köln 1990.

Carlo Manzoni, «Eine geruhsame Flugreise», aus: *Die Lügengeschichten des Carlo Manzoni*, Langen Müller Verlag in der F. A. Herbig Verlagsbuchhandlung, München.

Barbara Noack, «Brüder und Schwestern», aus: *Täglich dasselbe Theater*, Langen Müller Verlag in der F. A. Herbig Verlagsbuchhandlung, München.

Gunther H. Ruddies, «Familienkonferenz», aus: *Mit einem lachenden Auge*, Universitas Verlag in der F. A. Herbig Verlagsbuchhandlung, München.

Saki, «Der Märchenonkel», aus: *Meistererzählungen*, Diogenes Verlag AG, Zürich 1964.

Evelyn Sanders, «Zelten ist Glückssache», aus: *Mit Fünfen ist man kinderreich*, Hestia (Verlagsunion Pabel-Moewig KG), Rastatt 1980 und 1989.

William Saroyan, «Der Sommer des schönen Schimmels», aus: *Ich heiße Aram*, Europa Verlag, Wien 1979. (Die Rechte liegen bei der Agentur Mohrbooks, Zürich.)

Wolfdietrich Schnurre, «Onkel Aluco, einige Vögel, die Zeit», aus: *Als Vaters Bart noch rot war*, Arche Verlag, Zürich 1958. (Die Rechte liegen bei den Erben des Autors.)

Wolfram Siebeck, «Die Verwandtenexplosion», aus: *Klappe zu – Affe tot*, Nymphenburger Verlag in der F. A. Herbig Verlagsbuchhandlung, München.

Finn Soeberg, «Ruhe zum Arbeiten», aus: *Mein Gott, Alfred!*, Scherz Verlag, Bern und München 1986.

William Trevor, «Das Picknick», aus: *Das Teddybären-Buch*, Scherz Verlag, Bern und München 1993. (Die Rechte liegen bei der Intercontinental Literary Agency, London.)

Una Troy, «Wir sind 7», aus: *Wir sind 7*, Scherz Verlag, Bern und München 1958 und 1973.

Kurt Tucholsky, «Familienbande», aus: *Gesammelte Werke*, Rowohlt Verlag GmbH, Reinbek 1960.

Maxie Wander, «Geht's ni, gibt's ni», aus: *Guten Morgen, du Schöne*, S. 125–136, Deutscher Taschenbuch Verlag, München 1993. (Die Rechte liegen bei Fred Wander, Wien).

Dieter Zimmer, «Eine burschikose Klamotte», aus: *Für 'n Groschen Brause*, Scherz Verlag, Bern und München 1980. (Die Rechte liegen bei der AVA, Herrsching.)

Wir danken den genannten Rechtsinhabern für die Genehmigung zum Abdruck der Auszüge aus den obengenannten Werken.